KB071678

당신이 최고의 교사입니다

# REAL TALK FOR REAL TEACHERS

# 당신이 최고의 교사입니다

초보 교사는 어떻게 베테랑 교사가 되는가?

**레이프 에스퀴스**Rafe Esquith 지음
**박인균** 옮김

추수밭

# 당신이 최고의 교사입니다

**초보 교사는 어떻게 베테랑 교사가 되는가?**

1판 1쇄 발행 2014년 5월 21일
1판 4쇄 발행 2017년 9월 26일

**지은이** 레이프 에스퀴스 Rafe Esquith
**옮긴이** 박인균
**펴낸이** 고병욱

**기획편집1실장** 김성수 **기획·편집** 허태영, 김경수
**마케팅** 이일권, 송만석, 황호범, 김재욱, 곽태영, 김은지 **디자인** 공희, 진미나, 백은주 **외서기획** 엄정빈
**제작** 김기창 **관리** 주동은, 조재언, 신현민 **총무** 문준기, 노재경, 송민진

**펴낸곳** 추수밭
**등록** 제2005-000325호
**주소** 06048 서울시 강남구 도산대로 38길 11(논현동 63) 청림출판 추수밭
      10881 경기도 파주시 회동길 173(교하읍 문발리 파주출판도시 518-6) 청림아트스페이스
**전화** 02)546-4341
**팩스** 02)546-8053

www.chungrim.com
cr2@chungrim.com

ISBN 979-11-5540-015-9 (03370)
값 16,000원

66

나무에 새로운 영감을 불어넣어 준
호바트 셰익스피어 연극반에 이 책을 바칩니다.

99

# 〔 차례 〕

## 시스티나 예배당과 아내의 부엌

나는 아내를 사랑한다.

두 해 전 여름, 바바라와 나는 큰 선물을 받았다. 마음씨 좋은 친구가 우리 두 사람이 일을 너무 많이 한다면서 여행사 연줄을 통해 거의 무료로 이탈리아 여행을 보내 준 것이다. 이탈리아는 우리 부부가 늘 가 보고 싶어 하던 곳이다. 그 여행의 수많은 추억 중에서도 가장 멋진 순간은 시스티나 성당을 방문한 감동적인 저녁이었던 것 같다.

시스티나 성당을 한 번이라도 본 적이 있는 사람은 (이렇게 말하는 나를 용서해 주길 바란다) 그것이 종교적 경험이라고 이야기할 것이다. 믿기 힘들 만큼 압도적인 느낌은 뭐라 표현할 방법이 없다. 그 어떤 사진이나 영화에 등장하는 시스티나 성당도 직접 본 시스티나 성당을 따라오지 못한다. 머리 받침대가 있는 특수 의자에 등을 기대고 앉아 천장을 올려다보면 솟아오르는 이미지들을 빨아들이는 하늘에 실제로 가 닿을 수 있다.

하지만 내게 그보다 더 흥미로웠던 것은 이 성소의 앞쪽 벽에 그려진 그림이었다. 가이드의 설명에 따르면, 미켈란젤로는 천장을 완성하고 23년 뒤에 이 부분을 그렸다고 한다. 그런데 이 그림은 달랐다. 머리 위의 기쁨에 가득 찬 이미지와 달리 암울했다. 미켈란젤로의 삶은 젊은 시절 이후로 계속 우울했고, 그림에는 커져 가는 그의 냉소적 태도가 잘 반영돼 있다. 나이와 경험은 한 인간에게 이런 영향을 미칠 수 있다. 나 또한 분명 가르치는 일을 시작했던 30년 전보다 비관적이다. 미켈란젤로와 내가 공통된 무엇인가를 가지고 있다는 생각이 나쁘지 않았다.

그런데 공통점이 하나 더 있었다. 그는 점점 우울해지면서도 계속 그림을 그렸다. 그는 성장하고 변하고 고통스러워했지만 자기 자신에게만은 진실했다. 그는 여전히 예술가였다. 나 또한 여전히 교사로서 교실을 지키고 있다는 점이 자랑스럽다.

워싱턴 D. C. 교육감을 지낸 미셸 리[Michelle Rhee]는 교육과 관련된 많은 감정 다툼의 한가운데 있곤 했다. 그녀가 한번은 이런 말을 했다.

한 직업에 30년 또는 10년씩 헌신하는 사람은 없습니다. 대학을 졸업하자마자 곧장 들어가서 쭉 자리를 지킨다는 직업을 하나만 대 보세요. 더 이상 그런 현실은 없습니다. 의학 분야는 예외일지도 모르겠습니다. 하지만 그런 사람들을 제외하고 처음 직업을 평생 가져가는 사람은 없습니다.

이 말이 사실일지 모르나, 그렇다고 그런 현상이 좋다는 의미는 아니다. 그것은 사실 우리 사회가 뭔가 잘못돼 가고 있음을 보여 주는 슬픈 징후라고 생각한다. 헌신의 부재는 개인 관계에서부터 계약의 재협상에 이르기까지 일상적인 삶의 모든 측면에서 관찰된다.

나는 30년이 지난 지금도 여전히 아이들을 가르치고 있다. 교실을 떠나 행정관이 되거나 전혀 다른 직업을 갖게 된 훌륭한 사람들을 비난하려고 하는 말이 아니다. 하지만 최전방을 지키고 있는 교사에 대해서는 뭔가 할 말이 있다. 몇 해의 경험을 가지고 직업적으로 성숙한 사람은 삶을 바꿀 수 있고 이전에는 닿을 수 없던 아이들에게 가 닿을 수 있다. 패스트푸드가 범람하는 이 사회에서 베테랑 교사는 처음부터 훌륭한 교사란 없다는 사실을 잘 보여 준다. 능력 좋은 2년차 교사는 있을 수 있지만 1~2년의 교실 경험만 갖고 진정으로 훌륭한 교사가 될 수는 없다. 베테랑 교사가 되는 데는 평생이 걸린다.

나는 운이 좋은 교사다. 동료와 졸업한 학생, 유명 인사, 비즈니스 세계가 56호 교실(에스퀴스가 담임을 맡은 반, 호바트 셰익스피어 연극반으로도 유명하다—편집자)로 세상에 알려진 마법의 교실을 만드는 데 도움을 준다. 어린아이들이 자기가 가장 잘 하는 것을 발견해 내는 행복한 순간들로 하루하루가 채워진다. 하루가 멀다고 졸업한 학생들이 안부를 물으려고 56호 교실에 찾아와 지난 모험에 대한 재미난 이야기를 들려준다.

무엇보다 보람 있는 일은 아이들을 가르치며 신 나는 하루를 보내고 나서 사랑하는 여인이 기다리는 집으로 돌아갈 수 있다는 것이다. 우리는 20년 넘게 행복한 결혼 생활을 이끌어 오며 사랑스러운 자녀들을 두었고, 이제는 손자들까지 보았다. 나는 지금껏 연인이자 친구인 바바라를 행복하게 해 주려고 최선을 다했다.

하지만 지금껏 들어주지 못한 바바라의 바람이 하나 있다. 바로 새 부엌이다. 우리는 1930년대에 지어진 아름다운 집에 살고 있다. 우리 결혼 생활을 현명하게 이끌어 온 바바라는 집을 구입하는 것이 그래도 가능하던 시절에 이 집을 샀다. 더없이 살기 좋은 곳이지만 부엌이 조금 불만이다. 바바라는 현대적이고 편리한 부엌으로 리모델링하고 싶어 하지만 그 바람은 아직까지 이뤄지지 못했다.

나는 공립학교 교사다. 돈을 많이 벌지 못한다. 솔직히 얘기하자면 로스앤젤레스 교사 월급 중에서도 최하위 수준이다. 교사가 조금이라도 돈을 더 벌려면 방과 후나 저녁에, 주말에, 심지어는 온라인으로 추가 수업을 해야 하는데, 나는 그 시간을 가르치는 데 쓰기로 했다. 불평하는 게 아니다. 내 아내도 불만은 없다. 하지만 나는 아내가 새 부엌을 너무도 갖고 싶어 한다는 것을 알고 있다.

자녀 넷을 대학까지 졸업시킨 우리 부부에게는 사치품에 쓸 만한 여윳돈이 없다. 우리는 꽤 검소한 생활을 하고 외식도 잘 안 한다. 그렇게 신경을 쓰기 때문에 해마다 조금씩 저축을 할 수 있는데, 내 계산대로라면 500년을 가르쳐야 바바라에게 새 부엌을 마련해 줄 만한 돈을 모을 수 있다. 그러니 바바라가 원하는 부엌을 마련하려면 앞으로 470년을 더 가르쳐야 한다. 그것도 나는 괜찮다. 가르치는 일 덕분에 나는 운 좋게도 온 세상의 수많은 일들을 경험했다. 56호 교실에서 아이들을 가르치는 것보다 더 좋은 일은 없다.

그저 교실에 남아 있다고 해서 훌륭한 교사가 되는 것은 아니다. 진심

어린 눈으로 학교를 관찰하면, 가르치는 일을 해서는 안 되는 교사도 있다는 것을 알 수 있다. 그래도 나는 이 책이 불가능한 확률 앞에서도 젊은 교사들이 가르치는 일을 포기하지 않도록 해 주길 바란다. 독자들은, 교사를 괄시하는 사회에서도 온갖 역경을 견디며 진정으로 우수한 사회의 일원을 길러 내는 이 영웅과도 같은 베테랑 교사들을 존중해 주기 바란다. 30년 동안 교실을 지키며 산꼭대기에 오르게 될 훌륭한 교장 선생님들이 앞으로 많이 나오길 희망한다.

우리가 가르치는 일을 포기하지 않고 뛰어난 전문가로 발전한다면, 학생들을 세상을 변화시키고 더 나은 곳으로 만들 훌륭한 인물로 키워 낼 수 있다. 그때가 되면 우리 모두 새 부엌을 가질 수 있을 것이다.

> 시작하는 교사들에게 한마디만 조언해 주세요.
> 제가 아이들의 미래에 큰 영향을 끼친다는 게 두려워요.
> 아이들을 꼭 줄 세워야 하나요.
> 동료 선생님들과 사이가 좋지 않아요.

# 오늘 처음 교실에
# 들어서는 당신에게
· 초보 교사에게 건네는 조언 ·

모든 일은 완벽하게 진행되는 것 같다가도
한순간에 무너질 수 있습니다. 그러나 한 가지만은 무너지지 않아야 합니다.
바로 당신입니다. 당신은 교실에서 변하지 않는 기준이 되어야 합니다.
당신의 가르침은 힘난한 세상에서 학생들이 흔들려 넘어지지 않도록
도와주는 기반이 됩니다. 수업은 첫날 이후에도 계속된다는 것을 기억하세요.
학생들과 함께하는 시간이 가르치고 싶은 것을 모두 전해 줄 만큼
충분하지는 않습니다. 그래서 하루하루가 중요한 겁니다.
폭풍우가 몰아칠 때는 배의 키를 잡고
올바른 경로로 되돌려 놓을 수 있는 사람이 되어야 합니다.
당신이 도와준다면, 아이들은 많은 것을 배울 수 있습니다.
일은 언제나 어긋납니다.
그리고 교사의 역할은 바로 그것을 되돌리는 것입니다.

# chapter 1

 교사는 하루아침에
이루어지지 않는다

지난 몇 년 동안 수천 명의 젊은 교사들이 우리 교실을 방문해 교육에 관한 수많은 질문을 던졌다. 가장 자주 묻는 질문은 이런 식이다. "레이프 선생님, 초보 교사에게 한 가지만 조언하신다면 어떤 게 있을까요?" 충분히 심사숙고하고 나서 답할 만한 아주 좋은 질문이다. 나는 대개 다음과 같은 달달한 조언을 해 준다.

"교사의 세계에 입문하신 걸 환영합니다. 당신이 우리와 함께 일하게 되다니, 기쁘기 그지없습니다. 당신을 동료로 맞이하게 된 우리 교사들도 행운이지만, 당신을 교사로 두게 될 아이들도 행운아입니다."

교사라는 일을 시작하기 전에 알아야 할 것이 하나 있다. 당신은 아마도 연수를 받는 동안 교사라는 일을 어떻게 시작해야 할지에 대한 멋진 아이디어를 몇 가지 얻었을 것이다. 학급 운영과 수업 계획, 동기부여에 대해 배웠을 테고, 운이 따랐다면 인류를 바람직한 모습으로 키워 내는 베테랑 교사를 만나는 기회도 누렸을 것이다.

당신의 준비와 헌신은 칭찬받을 만하다. 그러나 내가 모든 초보 교사에게 알려 주고 싶은 것은 따로 있다.

## 거친 녀석들을 만날 준비를 하라
•

나쁜 소식을 전하게 되어 유감이지만, 사실이 그렇다. 당신은 거친 녀석들을 만날 것이다. 끔찍한 나날들이 이어질 것이다. 모든 준비를 완벽하게 했는데도 뜻대로 되지 않는 수업들로 괴로운 날이 있을 것이다. 수업 계획은 더없이 훌륭하고 교수 방법에는 공을 많이 들였을 것이다. 수업 주제는 관련성이 높고 흥미로울 것이다. 여전히 긍정적인 마인드를 유지할 것이고 상황이 나빠져도 유연하게 대처할 것이다. 다른 교사들에게 상담을 받고 그들의 통찰력과 지혜를 빌려 당신의 프로그램을 강화했을 것이다. 그리고 모든 학생이 스스로를 가치 있고 존중받을 만한 중요한 존재로 느끼도록 학생 하나하나를 정성껏 돌볼 것이다.

그런데도 뜻대로 되지 않는 날이 있다. 아무리 준비하고 연수를 받아도 교실에서 엇나가는 일에 대비할 순 없다. 그럼 당신은 살면서 어느 순간에도 느껴 보지 못한 실망감을 안고 집으로 돌아갈 것이다. 많은 경우에 당신은 혼자 울다 잠들 것이다. 가끔은 로스쿨에 진학하는 편이 더 낫지 않았을까 하는 회의가 들 수도 있다.

맥이 빠질수록 자극이 될 만한 일을 찾을 것이다. 어쩌면 교사들을 그린 최신 할리우드 영화를 찾아서 볼지도 모르겠다. 영화에는 세계를 놀라게 만드는 슈퍼스타 못지않은 교사가 등장할 것이다. 이 구원자는 모두를 구해 낸다. 모든 학생이 교사를 사랑하고, 영화 마지막에는 모두가 중요한 시험에 통과하거나 중요한 경기에 이기거나 큰 성과를 거둔다.

그러면 당신은 한층 더 우울해질 것이다. 당신은 그러지 못하니까!

그런데 단 한 가지만 기억해 주길 바란다. 그것은 어디까지나 영화일 뿐이다. 현실은 다르다.

## 선생님도 때로는 흔들린다
·

초보 교사들이 내게서 배워 갔으면 하는 점이 있다면, 바로 상황이 뜻대로 되지 않는 게 실력 없는 교사이기 때문은 아니라는 것이다. 나는 오랜 세월 교단에 있었다. 그런 나도 상황이 늘 뜻대로 되지만은 않는다. 그 많은 세월을 교단에 있었던 내게도 여전히 끔찍한 상황들이 벌어진다. 모든 교사가 그렇다.

어떤 해에는 수업 첫날 '올해는 편하겠구나' 하는 생각을 했다. 놀랍게도 결석이 하나도 없었기 때문이다. 학생 수가 많은 공립학교에서는 흔한 일이 아니었다. 나는 우리 반에 조이라는 아이가 굉장히 다루기 힘드니 조심하라는 얘기를 이미 들은 터였다. 아이들이 줄을 서서 교실로 들어갈 때 문제가 될 만한 녀석을 찾아보았지만 눈에 띄지 않았다. 다소 피곤하고 긴장한 듯 보이는 아이들이 몇 있을 뿐 시한폭탄 같은 아이는 보이지 않았다.

다 같이 수업 시간표를 살펴보면서 나는 아이들에게 학교에서의 점심 식사에 대해 이야기했다. 대부분 아이들은 가정 형편이 넉넉지 않아 무료 급식을 이용한다. 나는 매일 점심을 거르지 말 것을 당부하면서 그것이 학교생활과 건강에 얼마나 중요한지 설명했다. 또한 깜박 잊고 점심 식권을 가져오지 않은 학생에게는 기꺼이 점심을 사 먹을 수 있는 돈을 주겠노라고, 내 생각으로는 꽤나 관대하게 말했다. 그러고 나서 다른 질문이 있는지 물었다.

그때 교실 가장자리에 앉은 한 남자아이가 손을 들었다. 정확히 말하면 손이 아니라 가운뎃손가락이었다. 열 살짜리 아이에게서 이렇게나 보편적인 의견을 받은 데 너무 놀란 나는 완전히 할 말을 잃었다. 그러나 그 녀석은 할 말이 많았다.

"그러면 선생님이 날마다 저한테 돈을 주면 되겠네요. 우리 누나는 헤퍼서 가진 돈을 몽땅 마약 사는 데 쓰니까요. 그래서 점심 값이 없거든요."

"조이, 네가 우리 반에 들어와서 얼마나 좋은지 모른단다."

조이와 나는 그해를 잘 보냈지만 쉽진 않았다. 조이는 청개구리 같은 녀석이었고, 사람들의 화를 돋우는 걸 아주 좋아했다. 무엇보다 화를 돋우는 데 꽤나 소질이 있었다. 지금까지 가르친 아이들 가운데 과학 실험을 망치고, 역사 수업을 방해하고, 문학 수업을 훼방 놓는 데 조이만큼 도가 튼 아이도 없었다. 힘겨운 숱한 나날들 가운데 상당 부분이 조이 때문이었지만 상황은 훨씬 더 나빠질 수도 있었다. 내가 2년차 교사였다면 조이는 혼자 힘만으로 내 교실을 송두리째 흔들어 놓았을 것이다. 하지만 나는 26년차 교사였고, 조이는 수업 시간을 그럭저럭 견뎠다. 젊음과 기술이 연륜과 지혜를 이기지는 못한다.

하지만 한 세기의 4분의 1이 넘는 기간 동안 교사 생활을 해 온 내게도 어려운 날들은 있다. 이제 힘든 날들이 확실히 줄어들긴 했지만 여기까지 오기가 결코 쉽지만은 않았다. 힘든 날들은 너무 자주, 그리고 다양한 원인으로 찾아온다. 자녀, 부모, 동료, 행정관이 모두 진심을 짓밟을 수 있다.

한번은 펜실베이니아에서 온 경력 3년차의 젊은 남성 교사를 만났다. 그는 순조로운 출발을 보이고 있었다. 그는 두 어린 자녀를 둔 유부남이었으며, 자녀들과 함께한 경험이 학생과의 커뮤니케이션 기술을 형성하는 데 상당한 영향을 미쳤다. 그의 교실은 엄격한 교육 과정과 높은 기대치에 적절한 양육이 더해지면 훌륭한 학습 환경이 조성된다는 점을 보여 주는 좋은 본보기였다. 학생들은 배우는 데 열심이었고 매일 아침 서둘러 등교했다.

학부모들도 그를 마음에 들어 했다. 당연한 일이었다. 자녀들이 매일같이 행복감에 젖어 집으로 돌아오니 말이다. 구름 한 점 없이 맑은 날들이 이어지고 더없이 순조로운 항해를 즐기는 젊은 교사가 있다면 바로 이 남자였다. 그는 성공적인 교사 이야기에 등장하는 바로 그런 교사였다.

그는 역사를 가르치는 데 아주 열정적이었으므로 워싱턴으로의 수학여행은 5학년 아이들이 수업 시간에 배운 것을 직접 경험할 수 있는 훌릉한 기회가 되리라 판단했다. 불가능하기만 한 꿈은 아니었다. 워싱턴은 학교에서 차로 두 시간 거리였고, 많은 학부모들이 국가 수도로 떠나는 수학여행을 열성적으로 지지했다.

이 스타 교사는 지극한 모범생이었다. 책에 나와 있는 그대로를 따랐다. 적절한 양식을 작성하고 올바른 경로를 모두 거쳤다. 교사 생활 3년째 되는 해의 대부분을 수학여행을 계획하는 데 보냈다. 모두가 수학여행을 떠날 계획이었다. 이 여행은 5학년 학기가 모두 끝나고 며칠 뒤에 떠날 예정이었다. 교육청에서 승인이 떨어졌고 필요한 기금도 모아졌다. 몇몇 학부모와 보조 교사가 인솔을 돕기로 했다. 자연재해가 일어나지 않는 한, 이 선생님이 멋진 계획을 실행에 옮기고 학생들이 인생을 바꿀 만한 경험을 하리라는 것은 기정사실이었다.

한 학년이 끝나고 여름이 시작되기 전 교육청에서 공문서가 날아들었다. 교육청에 있는 누군가가 마음을 바꾼 것이다. 한 사람, 꼭 한 사람이 이 교사는 경험이 충분치 않다고 생각했고, 그것으로 끝이었다. 그는 몹시 화를 냈고 아이들은 크게 실망했다. 그는 애초에 허가를 내주지 않았다면 모르지만 그렇게 갑자기 말도 안 되는 이유로 허가를 취소한다는 데 대해 도저히 이해할 수 없다고 항변했다. 그에게는 너무나 힘든 하루였다. 몇 날 며칠을 뜬눈으로 지새울 만큼 가르칠 의욕이 떨어지는 힘든 나날이었다.

이런 식의 황당하고 불공평한 행운의 반전이 교사라는 직업의 어두운 순간들에 자주 나타난다. 할리우드 영화에서는 이러한 이야기가 흥미로운 소재나 줄거리가 되지만, 열정과 희망을 갖고 교실로 들어서기를 점점 더 어렵게 만드는 사소한 실망들은 끊임없이 이어진다. 바로 지난 학기에 나한테 그런 일이 일어났다.

## 정신없이 달려 봐도 캄캄하기만 할 때

나는 수업이 끝나면 아이들과 함께 남아 셰익스피어<sup>William Shakespeare</sup>를 가르친다. 셰익스피어 작품을 골라 1년 동안 연습한 뒤에 원작 그대로 무대에 올리는 것이다. 단순히 셰익스피어 작품뿐 아니라 에너지 넘치는 로큰롤 밴드와 수준 높은 안무도 함께 무대에 오른다. 세계에서 유일무이한 공연이다. 로열셰익스피어극단<sup>Royal Shakespeare Company</sup>(1879년 창설된 영국의 대표적 극단—편집자)조차 공연을 보러 와서 할 말을 잃었을 정도다. 우리 학교 4~5학년 학생들은 누구나 공연에 참여할 수 있다.

언젠가 작품 연습이 한창일 때 에디라는 사내아이가 우리 교실로 찾아와 셰익스피어 모임에 들어올 수 있는지를 물었다. 에디는 5학년이었고 굉장히 다정다감했다. 이미 넉 달 가까이 연습이 진행됐는데 왜 이제 와서 들어오려고 하는지 물었더니, 다른 반 학생들은 셰익스피어 모임에 못 드는 줄 알았다고 대답했다. 그럴 수 있었다. 호바트(에스퀴스가 30여 년 간 근무하고 있는 호바트불르바초등학교 — 편집자)의 의사 전달 체계는 늘 어느 정도 개선의 여지를 가지고 있으니 말이다. 그래서 나는 몇 가지 기본적인 사항들을 훑어 줬다. 에디는 헌신의 의미를 이해했으며, 팀의 일원으로서 매일매일 하는 연습에 최선을 다해야 다른 친구들에게 피해를 주지 않는다는 점을 확실히 알았다고 말했다. 우리 학교 최고의 교사 가운데 하나였던 에디의 담임선생님은 에디가 명석한 학생은 아니어도 믿어 볼 만하다고 말했다. 에디의 참여가 좋은 일이 되리라고 생각했던 것이다. 나도 그런 그녀의 생각에 전적으로 동의했다. 그날 저녁, 힘든 일과를 마친 나는 시간을 내서 서점에 들러 우리가 연습하고 있는 셰익스피어 연극 대본을 하나 샀다. 새로 들어온 학생의 출발이 매우 늦었기 때문에 가능한 방법을 다 동원해 속도를 내도록 도와주고 싶었다. 에디가 읽기뿐만 아니라 듣기를 통해서도 작품을 이해할 수 있도록 연극의 다양한 부분을 CD로 구워 집에 가져가게 했다. 게다가 노래를 외울 수 있도록 나머지 학생들이 이미 배운 모든 음악(14곡 노래)을 녹음하고 가사를 인쇄했다. 어쨌거나 셰익스피어와 레드 제플린$^{Led}$ $^{Zeppelin}$과 엘비스 코스텔로$^{Elvis \ Costello}$와 더 킨크스$^{The \ Kinks}$ (1960년대 영국 록 밴드—편집자) 사이의 연관성을 이해하려면 시간이 걸릴 테니 말이다.

연습 첫 주가 끝나고, 겨울방학 전에 열리는 성대한 파티에 초대받은 에디는 한껏 들떠 있었다. 이 파티에는 우리가 아이들을 위해 준비한 훌륭한 저녁 식사와 함께 각각의 아이들에게 나눠 줄 게임과 상이 준비돼 있었다. 방학이 끝나고 등교 첫날, 에디는 눈에 눈물이 가득한 채로 내게 왔다. 엄마가 에디와 함께 더 많은 시간을 보내고 싶어 해서 셰익스피어 연습을 그만두어야 한다고 했다. 셰익스피어 연습은 방과 후에 있었는데, 에니의 엄마가 수업이 끝나면 아들을 곧장 집으로 보내라고 했다는 것이다. 이런 소식을 듣게 되니 실망감은 이루 말할 수 없었다. 하지만 교사는 언제나 든든한 지원군이 되어야 한다. 그래서 나는 시무룩한 에디에게 셰익스피어 반 활동을 함께하면서 즐거웠지만 가족이 먼저여야 한다고 해도 충분히 이해한다고 말해 줬다.

그러나 얼마 지나지 않아 나는 집착하는 부모에 관한 이야기가 순전히 거짓이었다는 사실을 알게 됐다. 사실은 셰익스피어 연습에 엄청난 시간과 노력이 필요하다는 것을 안 에디가 방과 후에 놀이터에서 노는 쪽을 택했던 것이다. 나는 망연자실했다. 이렇게 최선을 다하려고 노력하지만 결과적으로 아무것도 얻지 못하는 그런 날들이 너무나 많다. 그런 날이 바로 내가 말하는 힘든 날이다.

이런 날에는 뭘 해도 기분이 나아지지 않는다. 어느 날 놀이터 근처에서 과자를 먹으며 놀고 있는 에디가 눈에 띄자 나는 거짓말이 아주 잘못된 일이라는 것을 친절하게, 그러나 단호하게 전해야겠다고 느꼈다. 에디가 자신의 행동이 미치는 결과를 생각해 보길 바랐다. 그 결과란 그에게 더없는 친절을 베푼 사람에게 상처를 입힌 것, 그리고 더 중요하게는 그를 전적으로 믿고 지원해 준 반 친구들을 실망시킨 것이었다. 에디는 어깨를 으쓱하더니 놀이터로 달아나 버렸다. 물론 이것이 세상 끝에 서 있는 그런 경험은 아니었다. 경찰에게서 범죄 조직과 관련된 사고로 학생이 체포됐다거나 다쳤다거나 살해당했다는 소식을 전해 듣는 그런 경험은 아니었다. 누군가가 아이를 학대한 사건도 아니었다. 하지만 그런 무심함과, 솔직히 말하면 배신감의 순간들은 얼마든지 더 일어날 수 있다. 아무리 우직한 낙타라도 너무 많은 짐을 등에 얹으면 주저앉고 말듯이 사기가 떨어지는 것은 한순간이다.

## 조금씩 더 낫게 실패하라

•

그러니 힘든 나날이 이어질 때는 훌륭한 교사라는 사람들도 과거에 많은 실패를 경험했음을 기억하라. 시간이 지나면 잘 헤쳐 나가는 법을 터득하게 되겠지만, 그동안에는 힘든 날이 있어도 앞으로 나아갈 힘을 찾기 바란다. 한 아이가 내게 거짓말을 하고 포기했을 때, 나는 다른 아이들 40명이 셰익스피어를 더 배우기 위해 기다리고 있다고 스스로를 다독여야 했다.

　당신이 이 글을 읽고 있는 지금 이 순간에도, 나는 아마 로스앤젤레스 호바트초등학교의 56호 교실에서 열 살짜리 아이들에게 운명은 스스로가 결정하는 것이고 누구나 멋진 인생을 살 수 있음을 일깨워 주려고 최선을 다하고 있을 것이다. 56호 교실에 있거나 학생들과 여행 중이 아니라면, 나는 아마도 집에서 아내와 함께 어떤 학생을 도와줄 방법에 대해 대화를 나누거나 내 의견을 구하려고 전화를 걸어온 예전 학생과 통화를 하고 있을 것이다. 하지만 이렇게 끊임없는 노력에도 나는 매일같이 실패를 경험한다.

　자기 자신에게 의심을 품지 말기 바란다. 힘든 날을 겪는 데는 다 이유가 있다. 가르친다는 것은 상상할 수 없을 정도로 어려운 일이다. 우리는 불명예가 판치는 세상에서 명예롭게 살라고 아이들을 가르친다. 우리는 무례가 유행이 되고, 심지어 미디어와 결과적으로는 대다수 사람들이 무례를 떠받들기까지 하는 세상에서 예의를 아는 사람이 되어야 한다고 가르친다.

하지만 좋은 소식도 있다. 당신의 힘든 날들은 보람찬 날들이 될 것이다. 여기에는 오랜 시간이 걸린다. 누구도 하루아침에 좋은 교사가 될 수는 없다. 기사나 뉴스에서 기적을 만들어 내는 교사에 관한 이야기를 접했을지도 모르지만 그런 이야기는 대개 과장일 뿐이다. 3년 가르치고 훌륭한 교사가 될 수는 없다. 어떤 일에서든 진정으로 두각을 나타내려면 많은 사람들이 기꺼이 희생하고자 하는 시간보다 더 많은 시간이 필요하다. 최고의 정원사, 설계사, 음악가, 야구 선수, 그리고 교사는 어느 한순간 그 같은 경지에 오른 것이 아니다.

가능하다면 힘든 날들을 혼자서 견디지 말길 바란다. 가르치는 일은 비참하게도 외로운 경험이 될 수 있기 때문에, 사방에 벽을 세워 둔 채 홀로 패배감에 휩싸여 앉아 있으면 아무도 자신의 고통과 회의와 절망감을 이해하지 못한다고 생각할 수 있다. 절대 그렇지 않다.

당신의 학교에는 영웅들이 있다. 지금 당신의 자리에 있어 봤고 그 자리를 잘 견뎌 낸 베테랑 교사들이 있다. 그들이야말로 당신의 소중한 조언자이자 최고의 친구다. 당신이 힘든 날들을 헤쳐 나갈 수 있도록 도와줄 것이다. 좀 더 경험 많은 교사들을 찾아가 당신의 고통과 실망을 솔직하게 털어놓는다면 당신을 기특하게 여기면 여겼지 실력이 없다고 탓하지는 않을 것이다. 당신의 솔직함과 더 잘 하고자 하는 진정한 바람을 높이 살 것이다.

한 가지만 새겨 두기 바란다. 당신이 만나는 교사들 대부분은 훌륭한 사람들이다. 상대방의 마음을 헤아릴 줄 알고 배려심이 많은 사람들이다. 몇 가지 평가 점수로 그들의 가치를 매길 수는 없다. 그러나 당신이 피해야 할 교사들도 있다. 슬프게도 내가 보아 온 거의 모든 학교에 그런 교사들이 있었다. 시간 대부분을 구내식당이나 주차장에서 보내면서 학업 분위기를 망치고, 교장과 학생, 그리고 다른 교사에게 나쁜 태도를 심어 준다. 이렇게 부정적인 사람들은 절대 혼자 다니지 않는다. 이들은 상심한 젊은 교사들을 자신들의 불행의 늪으로 끌어들인다. 이들을 멀리하길 바란다. 이런 교사들은 당신에게는 물론이고 당연히 학생들에게도 전혀 도움이 되지 않는다.

우리가 학생들에게 좋은 친구들과 어울리라고 당부하는 것과 꼭 마찬가지로 당신 또한 좋은 교사들과 어울려야 한다. 좋은 교사들은 당신이 고통의 시간을 견뎌 낼 수 있도록 이끌어 주며, 당신의 교육 방식을 다듬어 나가는 데 값진 조언을 아끼지 않을 것이다. 앞으로도 뜻하지 않게 어긋나는 상황들을 계속 만나겠지만 재앙이 일어나는 횟수는 점점 줄어들 것이다. 그렇게 시간이 가고 경험이 쌓이면 울퉁불퉁한 길에서 만나게 되는 사소한 사고들을 좀 더 능숙하게 처리할 수 있을 테고, 결국에는 사고를 예방하는 최선의 방법을 터득하게 될 것이다.

힘든 날들은 계속 찾아올 것이다. 평정심을 완전히 잃게 하는 구제 불능인 아이들을 계속 만날 것이며, 불운한 상황에 빠져 행정 당국과 학부모 어느 쪽도 당신 편을 들어 주지 않는 듯 느껴지는 날도 있을 것이다. 어느 날 펼쳐 든 신문에 사회의 따가운 시선 말고는 아무것도 없을 수 있다. 그러나 당신이 계속해서 앞으로 나아가며 학교에서 일어날 수 있는 온갖 끔찍한 일들 앞에 무릎을 꿇지 않는다면 한 가지는 확실하다. 당신은 점점 나아질 것이다. 기쁨과 웃음으로 가득 찬 좋은 날들이, 그것도 아주 많이 찾아올 것이다.

실수를 받아들여라. 실수를 통해 배워라. 그러면 언젠가는 베테랑 교사가 되어 있을 것이다. 훌륭한 교사가 될 수 있는 시간은 얼마든지 있다. 반성과 실패를 통해, 그리고 지름길은 없다는 깨달음을 통해 아이들에게 더 나은 삶을 만들어 주겠다는 당신의 꿈은 그저 꿈으로 끝나지 않을 것이다. 그 꿈은 살아 숨 쉬는 현실이 될 것이다. 당신은 변화를 일으킬 것이다.

그 첫날이 이제 시작된다.

$$\Big\{ \quad \text{수업 첫날이 한 해를 결정한다?} \quad \Big\}$$

56호 교실에서 하루를 보내고 나면 초보 교사는 물론이고 베테랑 교사
도 학생들을 관찰하고 학생들과 소통하는 일을 즐기게 된다. 교사들은
아이들이 참여하고 있다는 사실에 흡족해한다. 심각한 학급 규율 따위
는 없다. 학생들은 가장 높은 수준의 학문을 배우게 된다.

그리고 변함없이 이런 말이 들려온다.

레이프 선생님, 학기 첫날 선생님을 만날 수 있으면 얼마나 좋을까요.

대부분 사람들은 대단히 실망할 것이다.

모두가 학기 첫날에 관심이 많다. 학기 첫날에 대한 글과 이야기들이
너무 많이 오가는 탓에 학기 첫날이 필요 이상으로 강조된 면이 없지
않은 것 같다. 물론 첫날은 굉장히 중요하다. 하지만 솔직히 말해 우리

반의 학기 첫날은 학기 마지막 날과 별반 다르지 않다. 등교 첫날에는 마법 같은 일이 일어나지 않는다.

그렇다고 시작이 중요하지 않다는 말은 아니다. 나도 첫날을 매우 진지하게 받아들이지만 훌륭한 교사는 매일을 진지하게 받아들인다. 나는 학기 첫날 이후 한 해 수업에 중요한 사항들<sup>theme</sup>을 전달한다. 나는 아이들이 내 목표를 이해하리라 기대하지 않는다. 심지어 학급 목표가 명확하게 적혀 있는 수업 계획서를 보고 나서도 아이들이 내 목표를 이해하지 못할 수 있다.

### 언제나 수업 첫날처럼
.

미국 대학 농구의 전설적 코치인 존 우든<sup>John Wooden</sup>은 선수들에게 매일 같은 연습을 하게 했다. 선수들이 훈련 첫날 한 연습은 결승전을 하루 앞두고 하는 연습과 다르지 않았다. 56호 교실에는 아이들에게 안정감을 주는 일관성이 있다. 중요한 원칙은 시작할 때 세워진다. 아이들에게 이러한 원칙에 대해 이야기해 주긴 하지만 복잡한 수업 과정을 이해하는 아이들은 거의 없다. 어쨌거나 이제 겨우 열 살인 아이들 아닌가. 그래서 나는 서두르지 않는다. 그저 식탁을 차려 줄 뿐이다. 매일 매 순간 이 식탁에는 소화하는 데 1년 이상이 걸리는 식사가 차려질 것이다.

나는 학기가 시작되는 그날 아침에 생각만큼 말을 많이 하지 않는다. 심지어 아이들의 이름을 바로 알려고도 하지 않고, 아이들이 내 이름을 몰라도 크게 신경 쓰지 않는다. 첫날 아침 나는 7~10분 정도만 말을 한다. 나는 등교하는 일 자체가 아이들에게 신 나는 일이 되길 바란다. 아이들이 자기 일을 진지하게 받아들이고 어떤 과제가 주어지든 최선을 다해 완수하길 바란다. 그래서 공식적인 수업 시작은 8시지만 우리 반은 8시 10분쯤 돼야 수업을 시작한다.

이것이 제대로 된 교실이다. 대부분 교실에서 학생들은 등교 첫날 필요한 교재가 아직 도착하지 않았다는 말을 종종 듣는다. 수학 교과서가 아직 준비되지 않았다거나 과학 교구가 다음 주에 배달된다는 식이다. 56호 교실에서는 절대로 그런 일을 허락하지 않는다. 나는 아이들이 준비되어 있기를 원한다. 다시 말해 우리 교실은 첫날부터 본격적으로 수업을 진행한다는 뜻이다.

첫날 우리 교실에 들어선 아이들은 게시판에 걸려 있는, 눈에 띄게 아름다운 러그를 보게 된다. 못 보고 지나칠 수가 없기 때문에 여기저기서 '오…', '와…' 하는 감탄사가 쏟아진다. 나는 아이들에게 태피스트리(다양한 색실로 그림을 짜 넣은 직물 — 옮긴이)가 마음에 드는지 묻는다. 일제히 터져 나오는 아이들의 함성에는 기대감이 묻어난다. 나는 약 5초 정도 기다렸다가 "어떻게 만드는지 알고 싶니?"라고 묻는다.

만장일치의 환호성이 들리면 나는 조용히 말한다. "그렇게 말해 주니 기쁘구나. 세 시간쯤 뒤부터 너희들도 이런 러그를 만들 거란다." 귀가 먹은 게 아닌가 싶을 정도의 적막이 교실에 내려앉는다. 믿지 못하겠다는 의구심과 억압된 흥분이 한꺼번에 표출되는 순간이다. 학생들은 방금 새로 온 교실에 대해 무엇인가를 깨달았다. 이것이 제대로 된 교실이다. 우리는 기다리지 않는다. 과제와 프로젝트가 끊이지 않는다. 미래는 지금이다. 필요한 물품이 여기 있고 선생님도 준비돼 있다. 언젠가 아이들이 오랜 시간 집중하는 모습에 놀란 한 리포터가 흥미롭다는 듯이 학생 하나에게 물었다. "너희들은 화장실도 안 가니?"

그 아이는 방해를 받아 집중이 흐트러진 데 약간 짜증이 난 목소리로 "이러다가 놓치겠어"라고 조용하게 말했다.

## 56호 교실의 십계명
•

아이들이 학기 첫날 학급 목표를 모두 이해할 수는 없지만, 그래도 아이들에게 몇 가지 사항은 전달할 수 있다. 그것은 56호 교실의 십계명 같은 것으로 반드시 지켜야 하는 규칙과는 아무 상관이 없다. 사실 56호 교실 벽에는 그 어디에도 규칙이 붙어 있지 않다. 그럼에도 학생들은 예의를 갖춰 바르게 행동한다. 당신의 신념이 나와 비슷할 필요는 없다. 하지만 나는 첫날 출석을 부르기 전에 아이들에게 종이 한 장을 나누어준다. 이 종이에 적힌 내용은 설명이 필요 없을 만큼 아주 간단명료하다. 여기에서 시작된 대화는 적어도 1년 동안 계속되겠지만 일단 어딘가에서는 시작해야 한다.

> 호바트 셰익스피어 연극반
>
> 1 · 우리의 사명 : 배려하자, 최선을 다하자
>
> 2 · 우리 반 급훈 : 지름길은 없다
>
> 3 · 호바트 셰익스피어 연극반은 정직하다

4 · 호바트 셰익스피어 연극반은 자주적이다

5 · 호바트 셰익스피어 연극반은 자신의 행동에 책임을 진다

6 · 호바트 셰익스피어 연극반은 때와 장소를 가려 행동한다

7 · 호바트 셰익스피어 연극반은 질문을 결코 두려워하지 않는다

8 · 호바트 셰익스피어 연극반은 보여 주기의 중요성을 안다

9 · 호바트 셰익스피어 연극반은 정리 정돈을 잘한다

10 · 호바트 셰익스피어 연극반은 겸손하다

나는 아이들과 1년을 보내면서, 그들이 배우는 기량이 위의 십계명과 어떻게 직접적으로 연결되는지를 끊임없이 상기시킨다.

앞으로 수학 문제를 풀거나 지리 공부를 하거나 야구 경기를 할 때 우리는 이 행동 강령을 되새길 것이다. 이것은 정규 수업 같은 게 아니다. 그저 학급 활동에 짜 넣은 대화의 일부일 뿐이다. 하지만 앞으로 각각의 행동 강령은 자주 반복되고 또 확장될 것이다.

물론 이 목록은 주관적이다. 당신의 목표는 위의 열 가지 목록과 비슷할 수도 있고 전혀 다를 수도 있다. 다만 이 같은 목록은 최대한 단순하게 만들 것을 제안한다. 그리고 인내심을 가지라고 말하고 싶다. 이것은 평생 동안 계속되도록 설계된 수업이다.

## 배려하자, 최선을 다하자
•

나는 배려하는 사람들이 좋다. 대화를 나누다 보면 대부분 아이들도 그

렇다는 것을 알게 된다. 배려하는 사람들은 서로 돕는다. 이야기를 들어 주고 존중해 준다. 다시 말해 다른 학생이 뭔가를 이해하지 못해서 질문 할 때 조용히 들어 준다는 의미다. 야구 경기 때 삼진을 당한 선수를 놀리지 않는 것과 마찬가지다. 우리는 프로젝트를 일찍 끝내면 도움이 필요한 친구를 찾아서 도와준다. 우리 교실에서는 사실 끝난다는 게 없다. 서로를 거들어 주고 도와주기 위해 늘 더 해야 할 일이 있기 때문이다. 나는 끊임없이 학생들에게 묻는다. "우리는 언제 끝나지?"

학생들은 합창하듯이 항상 대답한다. "절대 안 끝나요."

우리는 '항상 수업 중'이다. 배려한다는 것은 '항상' 배려한다는 뜻이다. 나는 학생들에게 중요한 내용을 전달하고자 할 때 다음과 같은 예가 매우 유용하다는 것을 알게 됐다. 나는 학생 하나를 호명해 교실 앞으로 나오게 한 다음, 우리가 야구장에 함께 가기 위해 부모님에게 허락을 받아야 하는 상황을 연출한다. "고메즈 씨, 이번 토요일 오후에 리카도를 야구장에 데려가고 싶은데요. 제가 리카도를 '조금' 돌보겠습니다. 그래도 될까요?" 아이들은 어처구니없는 질문에 콧방귀를 뀌며 얼굴을 찡그린다. 나는 다시 질문한다. "알겠습니다, 고메즈 씨. 걱정이 되시겠지요. 제가 아드님을 '많이' 돌보면 어떨까요?" 당신은 아마 아이들의 반응을 쉽게 추측할 수 있을 것이다. 아이들은 리카도를 '항상' 돌보는 것이 내 일이라는 것을 알게 된다.

배려도 마찬가지다. 우리는 항상 배려해야 한다. 선생님이 있는지 없는지는 중요하지 않다. 담임선생님이 차별 대우를 하든, 체육 선생님이 권위적이든, 반 친구가 무례하게 굴든 그런 것은 중요하지 않다. 배려는 늘 행해야 하는 일이다. 그것은 "약간 임신할 수는 없다"라는 속담과 같다. 56호 교실에서는 배려를 하든 하지 않든 둘 중 하나다.

이 사명의 다음 부분은 최선을 다하자는 것이다. 우리는 공부할 때 최선을 다하려고 노력한다. 잘 쓰려고, 정확하게 계산하려고, 끊임없이 생각하려고 애쓴다. 우리가 하는 일을 더 잘 하려고 노력한다. 우리는 우리 일을 진지하게 받아들이고 늘 그러려고 노력한다. 하지만 그 노력이 암울하진 않다. 56호 교실은 웃음이 많다. 우리가 최선을 다하고 더 나아지려고 노력하면서 웃을 수 있다면 분명 웃음은 많아지고 재미는 늘어난다는 것을 나는 알게 됐다. 실수를 하면 우리는 마음껏 웃는다. 노래를 부르다 음정이 흔들려 화음이 깨지면 고막이 찢어질 것 같지만 동시에 굉장히 웃기기도 하다는 것을 떠올린다. 하지만 웃음소리가 잦아들면 우리는 다시 연습한다. 목소리가 완벽한 화음을 이룰 때까지 계속 연습한다. 우리는 스스로 기준을 높게 잡는다.

1년 내내 매 수업마다 우리는 서로를 배려하고 우리 일을 진지하게 받아들인다. 아이들의 마음속에 자리 잡은 이것은 우리 교실 문화의 일부이자 학생들이 실천하는 모든 일의 원동력이 된다.

## 지름길은 없다

•

이 급훈은 교실 앞에 걸려 있다. 아이들은 그들의 삶에서 1년 동안 이 급훈을 보게 된다. 학생들은 실제로 학기 첫날부터 시작해 무슨 일을 하든 늘 이 급훈을 되새길 것이다. 나는 새 학년의 첫날 시작되는 미술 프로젝트를 통해 이 교훈이 전달되기를 희망한다.

나는 학생들이 교실로 들어오면서 보게 된, 게시판에 걸린 매듭 장식 러그에 대해 먼저 말을 꺼낸다. 러그는 굉장히 아름답다. 나는 동물, 만화 주인공, 아름다운 풍경, 꽃, 그리고 형형색색의 문양으로 완성된 러그 사진과 함께 약 35개의 새로운 러그 프로젝트를 학생들이 볼 수 있도록 교실 뒤쪽에 전시해 놓는다. 대부분 아이들은 쉬는 시간에 전시된 작품을 충분히 관찰하고 나서 만들고 싶은 작품을 결정한다.

아이들이 러그를 만들기 시작하면, 나는 러그를 완성하기까지 한 달 이상은 족히 걸린다는 점을 말해 준다. 러그가 크다면 4개월 이상 걸릴 수도 있다.

그리고 바로 그날 오후부터 작업에 들어간다고 해도 첫날은 러그에 고리를 다는 일도 시작하지 못한다. 상자에 담긴 실타래를 자세히 살펴보고 색깔별로 나누는 데만도 여러 날이 걸린다. 이 작업은 말처럼 쉽지 않다. 각각의 색깔에는 미묘한 차이가 있다. 학생들은 지시 사항을 읽고 빨간색, 파란색, 노란색 이외에도 스파이스 컬러(향료, 풍취, 정취를 연상케 하는 색의 총칭. 겨자의 갈색, 파프리카의 녹색이 대표적 — 옮긴이), 산호색, 크림색, 적갈색 등도 사용하게 되리라는 사실을 알게 된다. 내가 준 다양한 색상표를 읽고 이해하는 데 보통 며칠이 걸린다. 색깔별로 분류한 실을 보관할 비닐봉지에는 꼬리표를 조심스럽게 붙여 놓는다.

아이들은 이 작업을 하면서 러그를 만드는 일에 즐거움을 느낄 뿐 아니라 '지름길은 없다'는 중요한 교훈을 이해하는 여러 단계 중에서 첫 단계를 밟게 된다. 한 시간쯤 지나도 실 분류 작업을 마친 학생들은 거의 없을 것이다. 하지만 대개 학생들은 이미 즐거운 시간을 보내고 있고, 불평하지 않는다. 오히려 러그를 완성하는 것보다 실을 분류하는 과정이 더 중요하다는 사실을 깨닫는다. 아이들은 내일 야구를 시작할 때도 이 교훈을 가져갈 것이다. 스포츠에 대해 공부는 하지만 한 달 이상은 실제로 경기를 하지 않는다. 첫 일주일 동안에는 공을 던지고 받는 방법만 익힌다. 우리 교실에서는 그 누구도 서두르지 않는다. 무언가를 잘하려면 오랜 시간이 걸리기 마련이다. 그래서 우리는 충분히 시간을 갖고 과정을 즐긴다. 지름길은 없다.

## 우리는 정직하다

•

학년 첫날 나는 많은 학생들이 이미 알고 있는 이야기를 한다. 그들은 긴 인생은 아니지만 그동안 네다섯 명의 선생님을 만났을 테고, 게다가 매년 다른 선생님을 만났을 것이다. 학년이 바뀔 때마다 규칙도 달라졌을 것이다. 나는 첫날 몇 분에 걸쳐 내가 화내는 일은 거의 없다고 학생들에게 말한다. 숙제를 하지 않거나, 물감을 엎지르거나, 교과서를 잃어버리거나, 수업 시간에 무례한 행동을 하는 것은 모두 실수일 뿐이며 사느냐 죽느냐의 문제는 아니다. 하지만 우리 관계를 바꾸어 놓는 것이 하나 있다.

호바트 셰익스피어 연극반은 정직하다.

학년 첫날에는 이 말이 거의 무의미하다. 아이들은 집에서, 그리고 실제로 지금까지 거의 모든 교실에서 정직의 중요성에 대해 수도 없이 들었다. 하지만 어쨌든 나한테서도 그 말을 듣는다. 학생들이 거짓말을 해도 나는 선생님으로서 여전히 최선을 다하겠지만 우리 관계는 정말로 바뀔 것이라고, 나는 학생들에게 말한다. 거짓말은 지금까지 내가 학교에서 봐 온 수많은 실수 가운데 유일하게 바로잡을 수 없는 실수다.

그해의 첫 번째 수학 시간이 시작되면 나는 우리 반 5학년 학생들을 관찰하면서 덧셈, 뺄셈을 알고 있는지 파악한다. 보통은 덧셈, 뺄셈을 할 줄 모르는 학생이 몇 있다. 4학년 때 배운 것을 잊어버린 경우도 있지만 애초에 기본적인 개념조차 이해하지 못한 아이들도 있다.

수학 시간은 끝나기 약 10분 전이 가장 중요한데, 이때 수업 중에 풀어 본 20~30개 문제의 오답을 바로잡기 때문이다. 모든 문제를 완벽하게 이해하지 못한 것 같은 사람은 손을 들고 물어보면 다시 한 번 설명해 주겠노라고, 학생들에게 말한다. 교실을 돌면서 설명해 줘도 이해하지 못하는 아이들이 있고, 또 정답을 모두 맞히긴 했지만 마음 깊은 곳에서는 개념을 완전히 이해하지 못했는데도 운이 좋아 정답을 맞혔다는 것을 아는 아이들도 있다.

그래서 나는 학생들에게 질문해 달라고 부탁한다. 첫날은 아무도 손을 들지 않는다.

나는 기다린다.

나는 조금 더 기다린다.

그러면 보통 용감한 영혼 하나가 손을 든다. 용기 있는 행동이다. 열 살 정도 된 아이들은 "이 문제는 다 끝났어"라고 말하는 성미 급한 선생님 때문에 당황했던 경험이 있다. 설상가상으로 틀린 문제로 질문을 했다는 이유로 반 친구들의 비웃음을 사고 상처를 받기도 한다.

하지만 첫날 나는 손을 들어 질문할 아이를 찾는다. 그러면 몇 가지 일들이 일어난다. 아이는 질문에 대한 답을 얻고, 나는 아이가 질문했다는 점을 반드시 칭찬한다. 아이들이 첫날 배우는 것은 많지 않을지 모르지만, 적어도 수업 시간에 질문을 하면 선생님이 답을 해 준다는 것은 알게 된다. 나는 학생들에게 너희를 도울 수 있어서 기쁘다고 말하고, 그러면 학생들은 내가 약속을 지키는 사람이라는 것을 알게 된다. 정직은 선생님에게서 시작된다. 많은 젊은이들로 하여금 최고가 되지 못하게 방해하는 두려움을 제거하는 첫 단계가 바로 정직이다. 정직하면 삶은 더 나아질 것이다.

그러나 첫날 이러한 행동 강령을 만들었다 해도 오래도록 지속되는 신뢰 관계가 형성되는 것은 아니다. 많은 아이들이 수업 첫날 최고의 모습을 보여 준 선생님이 시간이 지나면서 서서히 지치고 짜증을 내는 장면을 목격해 왔다. 교실에서 이런 일이 일어나서는 안 된다. 첫날은 특별한 날은 아니지만 누구든 질문하면 예외 없이 늘 선생님이 답을 해 준다는 사실을 아이들에게 알릴 좋은 기회다. 학생들과 교사 사이에 신뢰가 쌓이면 학생들의 학습 효과와 자부심 또한 올라간다.

**우리는 자주적이다**
•

첫날 나는 2~3분가량 '자주성'이라는 단어에 대해 이야기한다. 이 단어는 아이들이 수업 시간에 맞춤법과 어휘를 배울 때 익히는 말 가운데 하나다.

학교에 다니는 아이들 대부분은 물을 마시고 싶거나 화장실에 가고 싶어도 선생님의 지시가 있을 때까지 기다리거나 선생님의 허락을 받아야 한다고 배운다. 충분히 이해할 수 있는 일이다. 많은 교사들은 틈만 나면 제멋대로 하려는 아이들을 다뤄야 한다. 훌륭한 교사라면 수업 시간에 학생을 통제하지 못할까 봐 걱정하는 게 당연하다. 학생들이 수업에 집중하지 않으면 아무것도 배우지 못할 테니 말이다.

하지만 아이들에게 자주적으로 행동할 기회를 주면서 스스로 결정을 내리고 그에 따른 책임을 지도록 하면, 학생은 인형이고 교사는 그 인형을 부리는 사람에 불과한 교실보다 훨씬 높은 수준의 교실을 만들 수 있다는 것을 알게 됐다.

첫날 누군가가 화장실에 가도 좋은지 물어보면 나는 의아하다는 표정을 지으며 "화장실에 가도 좋은지를 왜 나한테 묻지?"라고 묻는다.

학생의 반응은 보통 "지금까지 물어보고 갔는데요"라는 식이다.

그렇게 '자주성'에 대한 1년간의 긴 대화가 시작된다. 이 단어와 곁들여 나는 선생님이 교실에서 나가지 못하게 하는 실질적 이유에 대해 굉장히 현실적인 설명을 해 준다. 아이들은 그 이유가 선생님이 자신들을 믿지 못해서라는 사실을 알게 된다. 선생님이 아이들을 믿지 못하게 된 이유는 대부분 아이들 쪽에서 제공한다.

나는 아이에게 화장실을 가도 좋다고 허락하기 전에, 그리고 앞서 첫 질문을 던진 후에 반드시 다음과 같은 대화를 나눈다.

레이프 : 왜 교실에서 나가려고 하지?

학생 : 화장실에 가려고요.

레이프 : 화장실에 가는 길에 대해 말해 볼래?

학생 : 네?

레이프 : 화장실에 가는 방법에 대해 말해 봐.

학생 : 네?

레이프 : 뛰어갈 거니, 복도 난간을 타고 내려갈 거니? 어느 쪽이 더 위험할까?

학생 : (이제 알았다는 듯이) 걸어갈 거예요.

레이프 : 왜? 뛰는 게 안 좋은 건가? 난 뛰는 게 좋은데!

학생 : 네?

레이프 : 뛰고 소리 지르기 딱 좋은 곳이 있지. 누가 말해 볼까?

모든 학생 : 운동장… 바닷가… 공원…….

레이프 : 그렇지. 그런데 왜 화장실에는 조용히 걸어가야 하지?

학생 : 우리가 다치거나 다른 교실에 피해를 주면 안 되니까요.

레이프 : 바로 그거야. 화장실에서는 어떤 일이 일어날지 말해 볼래?

학생 : 어떤 일요?

레이프 : 화장실에서 어슬렁거릴 거니?

학생 : 그냥 볼일만 보고 올 거예요.

레이프 : 화장실에서 볼일을 보고 교실로 오기 전에 뭘 할 거니?

학생 : (말을 멈추고, 진지하게 생각하다가) 손을 씻을 거예요.

레이프 : 뭘로?

학생 : 비누로요. 비누가 있으면요. (우리 학교는 비품이 자주 떨어진다는 사실을 아는 아이들이 씁쓰레하게 웃는다.)

레이프 : 좋은 지적이구나. 만약 비누가 없으면 56호 교실에 있으니 갖다 써도 된단다. 손을 닦은 종이 타월은 어떻게 할 거니?

학생 : 쓰레기통에 버릴 거예요.

레이프 : 젖은 휴지를 천장으로 던지지 않을 거지?

학생 : (아이들이 화장실에서 무슨 짓을 하는지를 내가 알고 있다는 데 놀라며) 네.

레이프 : 한 가지 더. 선생님은 네가 이제 화장실에 가도 좋다고 생각해. 하지만 방금 이야기한 것들을 지키지 않으면 어떻게 될까? 뛰어다니고, 다른 교실 수업을 방해하고, 화장실에서 어슬렁거리다가 발각되면 무슨 일이 일어날까? 너와 나의 신뢰가 깨지면 무슨 일이 일어날까?

학생 : 다시는 화장실에 못 가요.

레이프 : 아니야. 화장실에는 가도 돼. 하지만 네가 아직 혼자서 무언가를 할 수 있는 준비가 되지 않았기 때문에 널 감시하는 사람과 같이 가야만 할 거야. 내 생각은 그래. 네 생각도 그러니?

학생 : 네.

레이프 : 그렇다면 화장실에 가도 좋아! 우린 할 일이 있잖니!


한 해 동안 아이들은 이 간단한 대화에 담긴 개념을 중심으로 돌아가는 수많은 수업을 듣게 될 것이다. 수업 내용을 놓치지 않으려면 정해진 시간에 화장실을 이용해야 한다는 것도 그중 하나가 될 것이다. 하지만 실제로는 수학 시간 또는 읽기 시간에 화장실에 가야 하는 상황이 발생한다. 아이들은 교실이 운영되는 방식에 대해 알아 가기 시작한다. 나는 아이들에게 신뢰를 주고 아이들은 자기 행동에 책임을 진다. 화장실에 가기 위해, 물을 마시러 가거나 코를 풀러 나가기 위해 내 허락을 받을 필요는 없다.

또한 아이들은 청소 당번이 아닐 때도 교실을 청소하고 악기를 닦는다. 아직 과제로 나가지 않은 수학 문제를 풀기도 한다. 학급 발표회 때 특별한 배역을 맡지 않은 학생들은 재미 삼아 대사를 암기한다. 일단 아이들이 '자주성'이 중요하다는 점을 이해하면 선생님의 허락이나 승인을 기다리게 해서 아이들의 발전을 방해할 필요가 없다.

이 모든 것이 책임감에 달렸다. 아이들은 자주성을 보일 수 있는 자유가 주어지면 자기 행동에 책임을 지기 시작한다. 교사는 통제 수위를 조금 낮추고 심지어는 아이들이 형편없는 결정을 내리고 실수하는 과정도 겪어 보게 함으로써, 학생들이 성공과 행복을 가져다주는 퍼즐의 중요한 조각의 가치를 이해하고 받아들이도록 도와줄 수 있다.

**우리는 행동에 책임을 진다**

•

학생들이 성적표에 기재된 자신의 성적에 대해 해명할 때 사용하는 언어를 주의 깊게 들어 보면 상당히 재미있다. 성적이 좋을 때는 대부분 "나는 A를 받았어"라고 말하지만, 성적이 좋지 않을 때는 "선생님이 D를 줬어"라고 표현한다.

그 누구도 아무 일에 책임을 지지 않으려는 듯 보이는 요즘 시대이지만, 이제는 입장을 취할 시기가 됐다. 우리 교실에서는 학생들이 책임을 진다. 학생들이 자기 일을 하면서도 다른 사람을 배려하리라 기대할 수 있다. 만약 잘못을 저지르면 '쟤가'가 아니라 '제가'라는 말로 해명해야 한다.

나는 아이들이 등교할 때 부모가 책가방을 들어 주는 모습을 종종 보곤 한다. 과제물이나 교과서 또는 학부모 서명이 필요한 가정 통신문을 가져오지 않아 수업 시작 몇 분 전에 집에 전화하는 광경도 자주 눈에 띈다. 나는 아이들에게 잊어버리고 온 게 있다면 그냥 그렇다고 말하는 편이 낫다고 가르친다. 그런 일은 얼마든지 고칠 수 있다. 그러나 자녀가 두고 간 물건을 학교로 가져다주는 것은 부모의 책임이 아니다.

나는 학생들에게 학교에서 벌어지는 일은 각자의 몫이라고 말한다. 그렇기 때문에 학생들은 자기 몫을 신중하게 수행해야 한다. 책상과 수업 자료는 질서 정연하게 정리해 둬야 한다. 교실이 원활하게 운영되면 나는 학생들에게 너희 덕분이라고 말한다. 일이 잘못됐다면 그 비난을 받아들이라고 말한다. 제발 선생님인 나는 거기에서 빼 주길 바란다. 그렇다. 나는 단지 선생님일 뿐이다. 학생들에게 최고가 될 기회를 주려고 함께하는 것이다. 성장하고 성취하는 것은 전적으로 학생 자신에게 달렸다.

나는 과학 시간에 빈둥거리며 시간을 허비하면 그날 과학 실험은 못하게 될 것이라고 말한다. 만약 미술 용품을 다른 데 사용하면 그날 미술 수업에 들어올 수 없다고 말한다. 결국 손해 보는 것은 너희이고 너희 인생이며, 행동에는 결과가 뒤따르기 마련이라고 말한다. 첫날에는 바로 이런 대화가 오간다. 그리고 이 대화는 친근하고 편안한 목소리로 시작된다. 이 대화의 목적은 다른 사람이 자신에게 더 좋은 삶을 줄 때까지 기다려야 하는 아이들에게 자유를 주는 데 있다.

그것은 시작이다. 하지만 앞에 놓인 길은 현실적으로 바라보자. 우리 반 학생들은 유치원에 입학한 첫날부터 학교에서 제공하는 아침과 점심 식사를 무료로 이용해 왔기 때문에 자신들에게 무료로 식사할 권리가 있다고 믿는다. 학교는 학생들에게 공책과 연필도 주고, 심지어 지각이 잦은 학생에게는 자명종을 주기도 한다.

그러한 사고방식은 극복하기 어려울 수 있지만, 나는 학생들이 각자의 교육에 책임을 지게 하려고 최선을 다한다. 나는 학생들을 도와줄 수 있다. 이전에 모르던 것들을 알 수 있도록 문을 열어 주고 방법을 보여줄 수 있다. 현명하고 훌륭한 사람들은 학교가 학생들의 성공을 도울 수 있는 방법에 대해 끊임없이 논의하고 토론한다는 점을 아이들에게 언급한다. 교사가 아이 교육에 가장 중요한 요인이라고 말하는 사람이 많다. 부모라고 말하는 사람도 있다. 아이들이 실패하거나 성공하는 이유로 가난을 지적하는 사람도 있다. 이 모든 의견이 곱씹어 삼키고 소화시켜야 할 것들이다.

하지만 56호 교실 아이들은 학년이 시작되는 첫날 미래는 전적으로 자신들의 손에 달렸다고 배운다. 학년이 끝날 즈음에는 대부분 아이들이 얼마 안 되는 돈으로도 시장에 가서 자신들을 유혹하는 영양가 없는 음식보다 건강에 좋은 음식을 사서 학교에 가지고 오는 방법을 익힌다.

이를 통해 스스로가 더 강해졌다고 느끼고 학교에서도 더 잘 하게 됐을 때 아이들은 자신들이 주도권을 쥐고 있음을 깨닫는다. 앞으로 한 해 동안 아이들은 선생님인 내가 아닌 자기 스스로의 내면을 보는 방법을 배울 것이다. 그리고 그 뒤에는 그들 스스로가 전화를 걸고, 양식을 작성하고, 자기 앞날에 도움이 되는 정보를 가진 사람을 찾을 것이다. 아이들은 생각하는 것보다 더 많은 해답을 얻게 된다.

## 우리는 때와 장소를 가릴 줄 안다

•

56호 교실은 대체로 조용하다. 말을 안 하는 게 아니라 조용하다. 심지어 아이들 몇십 명이 한꺼번에 대화하고 있을 때조차 그렇다. 학년 첫날 나는 아이들에게 떠드는 것에 반대하지 않는다고 설명한다. 하지만 나는 아이들이 상황을 살필 줄 아는 것이 얼마나 중요한지 생각해 볼 수 있도록 때와 장소에 대한 다음과 같은 대화를 나눈다.

> **레이프** : 소리 지르거나 고함치는 걸 좋아하는 사람?
>
> **아이들** : (대개는 반응이 없다. 이상한 질문인 데다 첫날이므로 과거 경험으로 보아 선생님이 듣고 싶어 하는 대답을 해야 하지 않을까 하고 걱정한다.)
>
> **레이프** : 선생님은 떠드는 거 좋아하는데. 우리 반에는 떠드는 거 좋아하는 사람 없니? (이제 많은 아이들이 손을 든다.) 좋아! 이번에는 조금 더 어려운 질문이야. 선생님은 해변에서 파도타기를 하면서 소리 지르는 걸 좋아해. 해변에서 소리 지르는 건 괜찮니?

**아이들** : 네, 당연하죠. 괜찮아요.

**레이프** : 해변 말고 떠들어도 괜찮은 장소로는 어디가 있을까?

**아이들** : 야구장… 공원… 수영장…….

**레이프** : 병원은 어떨까?

**아이들** : (설마 하는 표정으로 낄낄 웃으며) 당연히 안 되죠.

**레이프** : 장례식장은?

**아이들** : 안 돼요.

**레이프** : 조용히 하는 게 더 어울린다고 생각하는 장소가 또 있니?

**아이들** : 병원… 교회…….

**레이프** : 그래, 맞아. 이번 질문이 제일 중요해. 병원 벽에 '떠들지 마시오'라고 적혀 있기 때문에 떠들지 않는 거니?

**아이들** : 아니요.

**레이프** : 뛰어다니면 안 되는데 뛰어다니다가 혼날까 봐 병원에서 조용히 하는 거니?

**아이들** : 아니요.

**레이프** : 그러니까 너희 말은 떠들지 않는 것이 왜 중요한지 실제로 알고 있기 때문에 병원에서 조용히 하는 거란 얘기구나. 그건 규칙과는 상관이 없어. 병원에서 떠들지 않는 것은 상식이니까. 세 살짜리 아이가 병원에서 떠들 때 우리는 화내지 않아. 왜 그럴까?

**아이들** : 어린 아이들은 모르니까요.

**레이프** : 아주 정확히 말했구나. 하지만 너희는 알고 있지. 우리는 자라면서 주변 세상에 대해 알게 된단다. 우리 행동이 다른 사람들에게 영향

을 줄 수 있다는 사실을 알게 되지. 그 사람들이 중요한 거야. 우리는 의사나 간호사가 최선을 다해 일할 수 있도록 병원에서 조용히 하는 거야. 환자들은 휴식이 필요하지. 환자 가족들은 걱정이 많을 테고. 그래서 우리는 그 사람들을 방해하지 않으려는 거야.

이 대화의 주제는 '배려하기'다. 이 대화에서 전달된 간단한 교훈들은 훨씬 더 복잡하고 미묘한 여정의 일부를 이룬다. 사람들은 서로 배려할 필요가 있으며 이것은 상황을, 다시 말해 어떤 시기와 장소에서 특정한 행동이 적합한지를 늘 고려한다는 뜻이다. 결국 우리 반 학생들은 야구 경기를 하면서 신 나게 소리를 지르다가도 수업이 진행 중인 학교 건물로 들어오면 곧바로 조용해질 것이다. 아무도 그들에게 목소리를 낮추라고 말하지 않는다. 이 가치는 특히 학년이 시작될 때 자주 강조된다.

항상 조용하게 말하는 것은 내게도 도움이 된다. 나는 학생들에게 화가 날 때도 목소리를 높이지 않는다. '조절'이라는 단어는 학생들이 배우는 첫 번째 어휘 가운데 하나다.

내가 수업을 할 때는 조용하다. 학생들이 질문이나 토론을 할 때도 조용하다. 놀 때는 시끌벅적하지만 문학작품을 읽을 때는 조용하다. 이러한 종류의 배려를 모델로 해 한 해 동안 꾸준히 대화를 나누다 보면 배려하는 아이들은 결과를 두려워하지 않아도 된다.

아이들이 스스로의 가치에 따라 행동하지 않음으로써 스스로에게 실망할 때의 결과에 직면했을 때 강력한 모델이 만들어진다. 자신의 교육에 스스로가 책임질 때의 그 짜릿함을 알게 되면 배우는 일이 즐거워진다. 아이들은 교실에서 보내는 시간을 소중히 여기고, 남은 인생의 다양한 때와 장소에서 이 신성한 순간과 교훈들을 몸소 실천할 것이다.

## 우리는 질문을 두려워하지 않는다

•

나는 거의 30년 동안 교직에 있으면서 몇천 명이나 되는 아이들의 이야기를 들어 왔다. 그런데 아이들은 거의 예외 없이 학교에 두려움을 느끼고 있으며, 그런 일은 너무 자주 일어난다. 나쁜 친구들을 두려워하고, 혼나는 것을 두려워하며, 성적이 나쁠까 봐 두려워한다. 사실상 학교에서 일어나는 거의 모든 일에 두려움을 느끼며, 때로는 학교에 있는 것 자체를 두려워한다.

그러나 그 많은 두려운 일 가운데서도 단연 최고는 친구들에게 비웃음을 당하는 것이다. 이처럼 잔인한 일은 늘 일어나며 평생의 상처를 남긴다. 이 같은 두려움의 수많은 슬픈 결과 가운데 하나는 바로 아이들이 질문하기를 꺼리게 된다는 것이다. 아무리 노련한 교사라도 "질문 있는 사람?" 하고 물었을 때 돌아오는 무거운 침묵의 순간을 잘 알고 있을 것이다. 정말로 도움을 주고 싶어서 그렇게 물은 선생님은 기가 꺾이지만 이해 안 되는 부분이 있으면 기꺼이 인내심을 가지고 설명해 주겠다는 뜻을 다시 한 번 전달하려고 애쓴다. 하지만 그런 노력이 무색하게도 아이들은 비웃음이라는 고통의 위험을 무릅쓰기보다 모르는 쪽을 선택하곤 한다.

질문을 독려하고 질문에 대해 기분 좋게 답변을 들을 수 있는 교실 문화를 만드는 일은 공원에서 산책하는 일처럼 간단한 게 아니다. 아이들에게 교실에서는 마음 편하게 질문할 수 있다는 것을 이해시키고자 할 때 교사가 할 수 있는 가장 기본적이지만 자주 간과되는 일이 하나 있다.

바로 미소를 짓는 일이다.

아주 단순한 일이지만 그 효과는 굉장히 크다. 그러나 우리는 초보 교사들에게 정반대의 행동을 부추기는 경우가 너무 많다. 지금까지 여러 해 동안 수천 명의 교사들이 우리 교실을 참관하러 왔는데, 그들 대부분이 말하길 대학원에서 강의를 들을 때나 다른 교사들과 대화할 때면 학년 첫날에는 절대로 미소를 짓지 말라는 충고를 많이 들었다는 것이다. 심지어 크리스마스 때조차 미소를 짓지 말라는 조언을 들었다는 사람도 있었다. 또 어떤 교사는 첫날 쓰레기통을 발로 차서 누가 대장인지를 아이들에게 알려 줘야 한다는 얘기까지 들었다고 했다.

바로 지난해에 어린 소녀 하나가 내게 미소의 중요성을 일깨워 줬다. 제니스라는 이 아이는 4학년 때 내가 방과 후에 지도하는 셰익스피어 연극반에서 활동했다. 나이는 어리지만 굉장히 똑똑한 아이였다. 총명하고 눈치도 빠른 데다 친절하고 무슨 일이든 척척 잘해 내서 모든 교사가 꿈꾸는 그런 학생이었다. 어찌나 똑똑한지 교사로서 제니스를 위해 해 줄 수 있는 일이라곤 그 아이가 하는 일을 방해하지 않는 것이 고작일 정도였다. 앞날이 창창한 아이였기 때문에 선생님이 해 줄 수 있는 일이란 그저 문을 열어 주는 것뿐이었다. 그러면 나머지는 제니스 스스로 알아서 했다.

제니스의 엄마는 조그마한 미용실에서 일했다. 밤 10시가 돼야 일이 끝나는 탓에 제니스는 엄마의 일이 끝날 때까지 가게 한쪽 구석에서 조용히 책을 읽으면서 저녁 시간을 보냈다. 셰익스피어 수업이 끝나고 몇 번 제니스를 미용실까지 차로 데려다 줄 기회가 있었다. 제니스의 엄마는 아이를 믿고 밀어주는 훌륭한 사람이었다. 제니스가 늦게까지 학교에 남아 있을 때 내가 도움을 줄 수 있어 기뻤다. 한번은 미용실로 가는 길에 제니스에게 5년 동안의 학교생활이 어땠는지 물어보았다. 제니스는 매년 만난 선생님들에 대해 한 명씩 이야기를 들려줬다. 제니스는 선생님을 좋아하는 아이였는데, 운 좋게도 호바트에서도 실력을 인정받는 최고의 선생님들을 담임으로 만났다. 나는 학교에 다니면서 몇 학년 때가 가장 좋았는지 물어보았다. 제니스는 주저 없이 1학년 때 만난 담임선생님이 마음에 들어서 1학년 때가 가장 좋았다고 말했다. 나는 제니스가 말하는 그 여선생님이 매우 훌륭한 교사인 줄은 알았지만, 그래도 적잖이 놀랐다. 높은 학업 성취도와 진학률로 존경받는 호바트의 유명한 교사 둘 중 하나를 선택할 것으로 생각했기 때문이다.

나는 제니스에게 그 선생님과 함께한 1학년이 왜 좋았는지 물었다.

"C 선생님은 미소가 정말 멋지거든요."

무뚝뚝한 표정으로 당신을 대하던 식당 종업원이나 판매 사원을 떠올려 보라. 미소 짓지 않는 간호사는 또 어떤가. 이제 아이의 입장이 되어 미소 짓지 않는 선생님을 바라보는 상상을 해 보자.

아이들이 질문하지 않는 것도 놀랄 일은 아니다.

만약 우리 목표가 아이들의 학습 수준을 높이는 것이라면 죽을 정도로 두렵게 만드는 것이 해답은 아니다. 나는 엄격한 선생님이다. 나는 우리 초등학교 학생들이 수학과 문학만큼은 대부분 사람들의 기대를 훨씬 넘어설 만큼 뛰어나길 바란다. 그러나 엄격하다는 것이 겁을 준다는 의미는 아니다. 많은 교사들은 아이들이 열심히 공부해서 시험을 잘 보게 하려고 겁을 주지만, 내가 오래전에 알아 낸 바로는 만약 교사가 기꺼이 더 힘든 길을 택해 좀 더 친근한 환경을 만들려고 열심히 노력하면 두 가지 일이 일어난다. 첫 번째는 교사가 열정적인 행동에 관한 모범을 직접 보여 주기 때문에 아이들이 더 친근함을 느끼게 된다는 것이고, 두 번째는 더 많은 학생들이 질문하게 된다는 것이다. 남을 배려하는 사람은 다른 사람을 비웃지 않는다. 친근한 사람들은 서로를 배려한다. 다들 직접 경험해 봤으므로 질문하는 일이 두렵다는 것을 안다.

첫날에도, 그다음 날에도 미소 짓는 것을 잊지 말길 바란다. 이제 열한 살이 되어 6학년에 올라갈 제니스를 기억하자. 제니스는 인생의 6,000시간 정도를 학교에서 보냈다. 숱한 과제와 프로젝트를 수행하며 그 긴 시간을 보내는 동안 제니스에게 가장 기억에 남는 것은 선생님의 사랑스러운 미소였다.

처음부터 단호하고 엄격해야 하는가? 반드시 그래야 한다. 학생들에게 최고가 될 것을 요구해야 하는가? 꼭 그래야 한다. 하지만 아이들이 두려움 없이 질문해도 된다는 사실을 안다면 잠재력을 맘껏 발휘할 수 있을 것이다. 당신의 미소, 당신이 자주 보여 주는 그 미소가 신뢰를 쌓는 안전망이 되어 아이들로 하여금 남을 배려하는 솔직한 질문을 할 수 있도록 용기를 주는 첫 단계가 될 것이다.

## 우리는 '보여 주기'의 중요성을 안다

·

나는 교복을 입는 데 한 번도 찬성해 본 적이 없지만, 엄격한 복장 규정이나 교복이 바른 행동을 유도하고 결과적으로 학습 환경에 도움이 된다고 믿는 훌륭한 교육자들은 절대적으로 지지한다. 하지만 결국 교복은 아이의 외면과 더 관련 있어 보인다는 게 나의 한결같은 믿음이다. 나는 내면에 더 관심이 있다.

그래도 보여 주기는 정말로 중요하다고 믿는다. 학생들이 첫 작문 과제물을 준비할 때 나는 깔끔하고 체계적으로 정리해 제출할 것을 요구한다. 깔끔하게 정리되지 않은 채로 제출된 과제물은 상단에 "다시 쓸 것"이라고 써서 학생에게 되돌려준다. 나는 아이들에게 보여 주기는 중요하다고 말한다. 불공평하다고 생각할지 모르지만 아무리 멋진 글이라도 정리가 안 돼 있다면 읽는 사람이 내용을 보기도 전에 흥미를 잃어버릴 것이라고 설명해 준다.

무엇보다 그것은 자기 과제물이다. 보여 주기는 항상 중요하다. 학생들이 첫날 교실에 들어섰을 때 교실이 빛나던 것도 그 때문이다. 비록 천장에 얼룩이 있고 지붕에는 25년 이상 제대로 수리되지 않은 타일들이 늘어져 있지만 교실은 환하게 반짝인다. 게시판은 받침을 새로 덧대고 가장자리는 형형색색으로 새롭게 꾸몄다. 벽을 덮고 있는 대학 깃발들은 여름 내내 가동된 에어컨으로 쌓인 먼지를 제거한 뒤에 말끔하게 정돈했다. 56호 교실을 거쳐 입학한 수백 명의 이름이 적힌 대학 명판들도 물로 닦았다. 갖가지 멋진 일을 하며 살아 가는 56호 교실 졸업생의 다채로운 사진이 들어 있는 액자 틀도 광을 내고 책상도 깨끗이 닦았다. 책상 내부도 청소를 마치고 바닥도 문질러 닦았다. 56호 교실은 새로운 학생들이 들어오는 처음 그 순간부터 보기도 좋고 냄새도 향기롭다. 보여 주기는 중요하다.

나는 가르칠 때 옷을 잘 차려입는다. LA 학교 통합 교육구에서 요구하는 사항은 아니지만 매일 셔츠에 넥타이를 맨다. 머리를 잘 빗고, 우리 교실처럼 나도 깨끗하게 단장하고 학교에 출근한다.

여기에는 두 가지 교훈이 있다. 자기 자신과 자신이 한 일을 잘 보여주는 것은 자기 가치와 자신감을 키워 준다. 게다가 좋은 보여 주기는 다른 사람의 관심을 끈다. 그들은 내가 가진 것을 궁금해한다.

나는 아이들이 자기 일을 신중하고 깔끔하게 하기를 원한다. 《위대한 개츠비The Great Gatsby》에 버금가는 멋진 작품을 썼어도 아무렇게나 보여 준다면 아무도 시간을 들여 읽으려 하지 않을 것이라는 사실을 아이들이 마음 깊이 새기기를 바란다. 학년 초에는 이것을 잘 이해하지 못할수 있지만, 우리 교실 환경과 나 자신의 모습만으로 내게는 아이들에게 박물관 벽에 걸어도 손색없을 만큼 과제를 잘 단장하라고 요구할 권리가 있다. 우리 교실이 티끌 하나 없이 깔끔할 필요는 없다. 나 또한 마찬가지다. 다만 나는 전문가이기 때문에 지금까지 이 방식을 고수해 왔다. 나는 아이들이 모든 일에 전문가처럼 접근하기를 바란다. 내가 모범을 보인다면 이 교훈은 훨씬 더 쉽게 받아들여질 것이다.

앞으로 몇 달에 걸쳐 보여 주기에 대한 토론이 계속 이어질 것이다. 56호 교실 졸업생들이 후배들에게 자신들의 대학 지원서 양식과 에세이를 보여 주려고 찾아올 것이다. 그때 후배들은 부정확하게 작성한 지원서와 문법 오류가 있는 에세이는 지원자가 넘쳐 탈락시킬 빌미를 찾고 있는 대학들에게 좋은 이유가 된다는 이야기를 듣게 될 것이다.

많은 아이들이 그저 교정만 거닐어도 머릿속을 스쳐 지나는 생각들을 말로 표현할 기회를 얻을 수 있다. 아이들은 옷차림이 불량한 선생님들을 본다. 그들이 나쁜 선생님이라거나 알 가치도 없는 선생님이라는 얘기는 아니다. 내가 아이들에게 늘 예로 드는 이야기지만, 학급 소풍이나 특별활동에 아이들을 참가시키기 위해 학부모 모임이 열린다고 하자. 이 모임은 학부모 회의만큼 간단한 것일 수도 있다. 하지만 이때 내 모습이 단정하지 못하다면 학부모에게 내 지도력이나 판단력을 신뢰하게 만드는 데 쓸데없는 장벽이 생길 것이다. 하지만 이 장벽은 쉽게 없앨 수 있다.

결국 아이들은 포장이 단순히 겉을 싸는 일만 말하는 게 아니라고 결론짓는다. 만약 우리가 행사에 늦으면 사람들이 우리를 인식하는 방식에 그런 행동이 영향을 미칠 것이다. 복도를 걸을 때 내가 보여 주는 태도와 목소리는 '나'라는 큰 그림을 구성하는 일부다. 한 해 동안 학생들은 끊임없이 카메라에 찍히고 마이크에 녹음되는 지금 같은 세상에서 그 어느 때보다 우리 행동이 사실상 하루 24시간 감시당하고 있다는 사실을 깨닫기 시작할 것이다.

인식이 현실이 된다는 것을 완전히 이해하는 데는 거의 평생의 시간이 걸리며, 성장하는 데는 분명 여러 해가 걸릴 것이다. 첫날에는 반짝반짝 빛나는 교실로 아이들을 맞이하자. 선생님이 아이들 자기 자신과 그들이 하는 일을 어떻게 보여 주길 기대하고 있는지 교실을 통해 온전히 보여 주도록 하자. 아침에 아이들이 교실로 들어오기 전에 거울을 찬찬히 살펴보자. 당신 책상은 깔끔하게 정돈돼 있는가? 나눠 줄 자료는 보기 쉽게 인쇄돼 있는가? 옷은 다림질을 했는가?

그랬다면 아이들에게 깔끔하고 정성스레 작성한 과제를 제출하라고 요구할 준비가 된 것이다. 최고를 향한 여정은 이제부터 시작이다.

## 우리는 정리 정돈을 잘한다

아이들이 정리 정돈의 가치를 배우는 일은 중요하다. 56호 교실에서는 늘 정리 정돈에 관한 이야기를 한다. 아이들은 정리 정돈을 잘하면 목표를 이루는 데 도움이 된다는 이야기를 듣는다.

뭔가를 질서 정연하게 정돈하려면 시간과 공간이 필요하다. 궁극적으로는 모든 아이가 각자의 가방, 책상, 침실, 그리고 무엇보다 시간을 잘 정돈했으면 하는 것이 나의 바람이다. 학생 책상이 오래된 사탕 껍질과 지저분한 종이로 가득 찬 모습을 보면 사람들은 깔깔거리며 웃는다. 하지만 이것은 결코 재미있는 광경이 아니다. 우리는 학생들이 교실에서나 실생활에서나 명료한 사고와 체계적 접근 방식으로 다양한 문제를 해결하길 원한다. 신중하게 계획된 환경이 집중하는 데 도움이 된다는 사실을 이해한 학생들은 사고 과정에도 그와 똑같은 신중한 정돈이 필요하다는 사실을 더욱 쉽게 깨닫는다.

여기서 다시 첫째 날의 러그 만들기 프로젝트에 대해 이야기해야겠다. 초보 교사 시절에는 멋진 끈 공예 프로젝트로 학년을 시작했지만, 몇 년 전부터 나는 더 많은 정리 정돈이 요구되는 러그 프로젝트로 바꿨다. 러그 프로젝트는 모든 사물을 제 위치에 두는 가치를 아이들에게 심어 주겠다는 내 목표를 더욱 확고히 해 줬다.

많은 아이들이 물건을 어디에 두었는지 또는 물건이 어디에 있는지 기억할 만한 단서 하나 없이 우리에게 온다는 것은 참 슬픈 일이다. 가정교육 문제라고, 아니면 텔레비전이나 비디오게임 때문이라고 탓할 수도 있겠지만 책임 공방은 에너지 낭비일 뿐이다. 물론 지원을 아끼지 않는 부모가 아이에게 중요한 가치를 가르침으로써 미래를 준비시키려고 노력한다면 더 바랄 게 없다. 실제로 그런 경우도 꽤 있고 말이다. 하지만 적잖은 아이들이 물건을 관리하는 방법을 전혀 모른다는 사실은 학생들에게 중요한 기량을 가르치기 위해 노력하겠다는 우리 결심을 더욱 굳게 만든다. 그런 기술을 기말고사에서 점검하지 않더라도 말이다. 우리 러그 프로젝트에 필요한 수천 개의 실 가닥을 색깔별로 나눠 상자에 넣고 꼬리표를 다는 일은 시간이 오래 걸린다. 이 일은 결코 쉽지 않다.

정리 정돈은 우리 교실의 밑바탕이 되는 하나의 생활 방식이다. 아이들은 과제물과 수업 자료를 서류철에 정리할 때 신중을 기한다. 주말에는 일정 시간을 할애해 오래된 자료를 살펴보면서 필요한 자료는 챙기고 더 이상 필요 없는 자료는 재활용한다. 또한 다음 날 학교에서 사용할 과제물이나 악보를 빠트리지 않도록 매일 밤 잠자기 전에 준비물을 챙긴다.

정리 정돈의 진정한 가치를 깨달은 아이들은 정리 정돈에 집착하게 되는 것 같다고 농담을 하기도 한다. 마침내 그들 중 일부는 야구팀이나 라인업이 적힌 자신만의 도표를 만들어 보관하기 시작한다. 학생들은 아주 일찍 등교하거나 늦게까지 학교에 남아 사물함에 있는 물건들을 신중하게 정리한다. 심지어 음악책을 작곡가 이름 알파벳순으로 맞춰 정리하기도 한다.

숙제는 시간에 맞춰 끝낼 뿐 아니라 필요할 때 쉽게 찾을 수 있도록 준비해 둔다. 내년에 56호 교실에 오게 될 학생들은 공예 프로젝트에 쓸 망치를 찾아 헤매는 일이 없을 것이다. 왜냐하면 그 전해 학생들이 사용했던 도구를 같은 장소, 같은 상자에 그대로 정리해 둔 덕에 새로운 학생들도 똑같은 방식을 마주할 것이기 때문이다.

정리 정돈은 전염성이 있어서 생활의 한 방식이 된다. 그것은 첫날 러그 프로젝트와 함께 시작되고, 그 뒤로 매일 이어진다. 유치원 교사든 고등학교 물리 교사든 아이들에게 정리 정돈 방법을 가르치는 것은 충분히 시간을 들일 만한 일이며, 첫날부터 교실에서 가르쳐야 할 만큼 중요한 일이다.

**우리는 겸손하다**

•

모든 사람이 겸손을 가르치는 데 동의하는 것은 아니다. 요즘은 겸손이 구식이 된 것 같다. 명예는 오래가지 않는다고 한 앤디 워홀[Andy Warhol]의 예언대로라면, 어린 학생들이 살고 있는 지금 이 세상을 볼 때 그들의 마음속에 겸손이란 존재하지 않을지도 모르겠다. 시카고 커브스(미국 메이저리그 소속의 야구팀 — 편집자)의 훌륭한 2루수였던 라인 샌드버그 Ryne Sandberg는 명예의 전당(특정 분야에서 위대한 업적을 남긴 사람들을 기리기 위한 기념관 — 편집자) 수락 연설에서, 많은 선수들이 선수 대기석에 빨간 전등이 어디에 있는지는 알면서 팀 동료를 다음 베이스로 보내는 방법은 모른다고 말했다. 텔레비전 리얼리티 쇼는 사실상 아무런 업적도 없는데 그저 유명하다는 이유만으로 연예인을 만들어 낸다.

이런 이유로 어린 친구들에게 잘난 체하지 말라고 가르치는 일은 굉장히 어렵고, 그래서 나는 아이들로 하여금 다양한 삶을 경험하게 하려고 열심히 노력한다. 내가 여태까지 봐 온 최고의 교사들은 교육청에서 내려온 교수안을 무턱대고 따르지 않고 자기 신념에 따라 교실을 이끌어 간다. 이 교수안이 수업의 출발점이 돼야 하지만, 교실의 리더인 당신은 문장 끝에 찍힌 마침표다.

우리 반의 경우 이 문장에 잘난 체하지 않기가 들어 있다. 겸손을 가르치는 수업이 따로 있는 것은 아니지만 학년 첫날 한 가지 예를 들어 이 문제에 대해 짚고 넘어간다. 우리 학교는 수학경시대회를 비롯해 다양한 성취도 평가에서 우수한 성적을 거둔 학생과 학급에 상을 준다. 교사나 학교가 학생의 우수한 성과를 인정하는 시간을 갖는 것은 당연한 일이다.

실제로 나는 학년이 시작되는 첫날 아이들과 함께 본관 복도를 걸으면서 출석률이 우수한 우리 학교에 주어진 트로피를 손으로 가리킨다. 호바트에서는 출석률이 매우 중요하다. 각 학급은 하루라도 결석생이 나오지 않도록 하기 위해 서로 경쟁한다. 애석하게도 나는 그러한 경쟁에 본질을 흐리게 만드는 순간들이 있다는 사실을 알게 됐다. 100퍼센트 출석률도 당연히 가치 있는 목표이기는 하나, 나는 아이들이 배우고 기회를 찾는 일에 재미를 느껴서 학교에 왔으면 좋겠다.

그렇게 복도를 둘러보고 교실로 돌아온 나는 아이들에게 우리 교실에는 상장을 걸어 놓지 않는다고 말한다. 어디를 봐도 상장은 없다. 그리고 앞으로 1년 동안 '호바트 셰익스피어 연극반은 겸손하다'는 전제를 실천하기 위해 다들 노력해 줬으면 한다는 내 바람을 상기시킨다. 우리는 조용히 많은 것을 이뤄 낸다.

우리는 터치다운을 한 뒤에 세리머니를 하거나, 홈런을 치고 나서 상대편 투수를 바라보며 으스대지 않는다. 우리는 수학 시험에서 만점을 받아도 기뻐하면서 소리 지르거나 야단법석을 떨지 않는다. 언젠가는 《앵무새 죽이기》To Kill a Mockingbird》를 함께 읽으면서, 손에 소총을 든 애티커스 핀치가 아이들과 같이 쓸쓸한 거리를 걸어가 미친개와 마주하는 멋진 장면을 보게 될 것이다. 애티커스 핀치의 아이들처럼 우리 아이들도 이 조용한 남자가 사실은 마을에서 최고 실력을 가진 총잡이라는 사실을 알고 놀랄 것이다. 그러고는 그의 아들 젬처럼 우리 아이들도 이해하게 된다. 멋진 성과를 올리고도 우리는 펄쩍펄쩍 뛰어다니면서 자축하지 않는다. 대신 우리는 그 에너지를 아껴 두었다가 다른 반 공연에 박수갈채를 보내고 환호한다.

요즘 볼 수 있는 모습은 아니다. 하지만 나는 한 해 동안 아이들에게 겸손이 훌륭한 가치라는 점을 납득시키기 위해 모든 노력을 다한다. 힘겨운 전투와도 같은 일이지만 헨리 5세처럼 우리 교사들은 예의 바른 태도를 만들어 내는 사람들이다. 노숙하는 아이들에게 꼭 필요한 물품을 가져다줄 때는 그들이 있는 곳으로 물건을 가져다줄 뿐 누군가 인정해 주기를 기대하지 않는다. 한 해 동안 셰익스피어 작품을 무대에 올리기 위해 함께 연습하다 보면, 아이들은 연습이 끝나고 30초만 지나면 어느새 바닥을 닦고 소품들을 정리하고 있다. 모두 조용히 일사불란하게 움직인다.

우리 학생들을 보고 내성적이라고 말하는 사람도 있다. 좀 더 자신감을 키워 주는 것이 어떻겠느냐고 제안하는 사람도 있다. 텔레비전은 선생님의 관심을 얻으려고 천장을 찌를 듯한 기세로 손을 들면서 정답을 외쳐 대는 흥분한 아이들의 모습을 담은 영상으로 많은 것들을 팔아 왔다. 그것도 괜찮지만 우리 교실은 다르다. 아이들은 정답을 알면서 손을 안 들기도 한다. 다른 사람들이 우리가 안다는 것을 아는지 모르는지는 중요하지 않다. 어쨌든 우리는 알고 있으니까.

다음 학년이 되면 이 아이들은 문학, 영화, 그리고 실생활을 통해 겸손이라는 개념과 그 매력에 노출될 것이다. 이 가치를 거절하는 학생도 있을 것이다. 그래도 괜찮다. 그것은 어디까지나 그들의 선택이고, 또 그들의 선택이어야 한다. 하지만 가르침의 미학은 훌륭한 교사가 자신이 좋아하는 요리를 학급 메뉴에 올려 두는 데 있다. 56호 교실에서 겸손은 절대 '오늘의 요리'가 아니다. 그것은 매일매일의 특별 요리다.

## 첫날이 한 해를 만든다

•

첫날은 왔다가 간다. 하지만 첫날의 교훈은 한 해 내내 지속된다.

학생들은 내가 무엇을 기대하는지 듣는다. 내가 그들에게 바라는 것을 완전히 이해하지는 못한다. 하지만 우리 교실에서는 모두가 끊임없이 노력한다는 것을 알게 된다. 나는 목소리를 높이지 않는다. 나는 미소 짓고 웃는다. 다음 시간이 끝나면, 그다음 날이 지나면, 그다음 주가 지나면, 또 앞으로 몇 달이 지나면 어떤 일이 벌어질지 늘 이야기한다. 자주성, 조절, 정리 정돈, 겸손 같은 단어들이 자주 언급된다.

첫날이 끝나는 동시에 나는 학생들과 단호하지만 애정 어린 관계를 쌓기 위한 첫발을 내딛는다. 나는 아이들이 원하는 사람이 되고 싶다는 점을 주지시킨다. 겉으로 보기에 주의를 기울이지 않고 있는 것 같은 때도 아이들은 보고 있다.

나는 아이들이 출발을 잘할 수 있도록 모든 노력을 기울인다. 첫날이 끝날 즈음에는 여기저기 미소가 보인다. 내일, 모레, 그리고 글피에는 어떤 일이 일어날까 기대하며 흥분된 모습을 보이기도 한다.

오해하지 말아야 할 것이 있다. 첫날에는 마법 같은 일이 일어나지 않는다. 하지만 첫날 나는 앞으로 함께할 시간 동안 아이들이 고려하게 될 수많은 선택을 식탁에 풍성하게 차려 놓는다. 그렇게 천천히, 인내심을 갖고, 때로는 고통도 감내하다 보면 마법이 일어나기 시작한다.

- 첫날에는 아이들이 당신의 프로그램을 이해하지 못할 것이다. 일 단은 프로그램을 소개하는 것부터 시작하자.
- 아이들이 원하는 사람이 되자.
- 과거 경험으로 대부분 학생들이 갖고 있을 학교에 대한 두려움을 없애 주도록 노력하자.
- 당신의 개인적 임무를 학생들에게 소개하자. 당신이 왜 이 자리에 있는지 말해 주자. 당신은 학생들에게 애정을 갖고 있으므로 학생 들이 좀 더 나은 삶을 살 수 있도록 도와주려고 여기에 있는 것이 다. 1년 동안 함께하게 되어 기대된다고 말해 주자.
- 당신의 교실이 '무엇'으로 구성되어 있는지보다 '왜' 그런 식으로 운영되는지를 이해할 수 있도록 학생들과 대화를 시작하자.
- 첫날에는 최대한 인내심을 발휘하자. 지난 한 해 훌륭한 성과를 올렸기 때문에 이번 해에 새로 만난 학생들과 가야 할 길이 너무 먼 것처럼 보일지 모른다. 사실 작년이 더 만족스러운 해였던 것 은 아니다. 그저 당신의 훌륭한 가르침으로 많은 일을 해냈을 뿐 이다. 이제 당신은 다시 출발선에 섰다. 인내심을 갖자. 이전에 해 냈다면 이번에도 해낼 수 있다.
- 당신만의 십계명을 만들어 모든 수업의 기준으로 삼자. 단순하고 일관성 있는 십계명이라면 아이들은 높은 곳까지 도달할 것이다.
- 즐기자. 당신이 즐긴다면 아이들도 즐길 것이다.

chapter
3

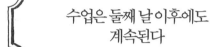

수업은 둘째 날 이후에도
계속된다

많은 초보 교사들은 첫째 날에 대해 질문하느라 시간을 보낸다. 둘째 날
에 대해 묻는 교사들은 훨씬 적다. 내 경험상 첫째 날에 많은 것들이 잘
못될 수 있기는 하지만 실제 교실의 모습과 더 가까운 쪽은 둘째 날이
다. 그것은 마치 두 번째 데이트 같다. 첫 번째 데이트에서는 대개 최고
의 행동을 보인다. 그러나 함께하는 시간이 늘어날수록 현실이 개입되
고 발견이 이뤄진다. 익숙함은 무심함의 씨앗이 될 수 있다.

  당신과 학생들 모두가 첫째 날을 성공적으로 보냈다 해도 자축하기
에는 이르다. 최고의 순간은 아직 오지 않았을 테니 말이다. 마찬가지로
최악의 순간 역시 아직 오지 않았다. 둘째 날이 그날이 될 수도 있지만
오해하지 말기 바란다. 지금껏 쌓아 올린 모든 게 한순간에 무너지는 그

런 날 또는 그런 시간이 올 것이다. 바로 그 끔찍하게 괴로운 순간에 목표를 기억할 수 있다면 열심히 노력하는 교사들을 무너뜨리는 눈물과 좌절을 피해 갈 수 있다.

## 시행착오는 당연하다

•

그런 끔찍한 순간을 일으키는 요인은 어디에나 존재할 수 있다. 수업 중 사소한 잘못도 그러한 요인이 될 수 있다. 경험이 많지 않은 1년차 교사였던 나는 멋진 과학 시간을 계획했다고 자신했다. 학년이 시작되고 둘째 날이었는데, 천문학으로 과학 교과를 시작하는 게 좋은 아이디어라고 생각했다. 아이들은 과학을 좋아하고 늘 우주에 관심이 있다. 나는 대학 시절 몇 년 동안 로스앤젤레스 과학박물관과 그리피스 천문대에서 일하면서 견학 온 아이들에게 과학에 대해 설명해 준 경험이 있었다. 첫째 날은 잘 지나갔다. 아이들은 내가 선생님인 것을 잘 받아들인 듯했고, 대부분이 내게 그들의 관심을 끌 만한 기회를 줄 의지가 있어 보였다.

과학 수업 첫날, 나는 과거로 거슬러 올라가 옛날 사람들도 우주에 관심이 많았다는 것을 아이들에게 보여 주면 재미있겠다고 생각했다. 그래서 코페르니쿠스와 갈릴레오 같은 위대한 사상가들이 기존 생각에 의문을 던지기 전까지는 점성술이 많은 사람들의 생각을 지배했다는 점을 가르치려고 계획했다. 아이들이 황도십이궁의 별자리를 보면서 내가 인쇄해 온 별점 표에 따라 미래를 생각해 볼 수 있도록 유인물을 준비했다. 나는 체계적이고 열정적으로, 그리고 재미있게 내가 준비한 내용을 보여 주려고 했다. 아이들이 웃어 주길, 아니면 적어도 놀라움의 탄성이라도 질러 주길 바랐지만 아이들이 울음을 터뜨리리라고는 전혀 예상하지 못했다. 내 유머 감각이 뛰어나지 않다는 것은 알았지만 그래도 그 정도는 아니었다. 그런데 유인물을 다 돌리고 나자 여자아이 하나가 울기 시작했고, 60초쯤 지나자 적어도 예닐곱 명이 그녀의 울음에 동참했다.

생텍쥐페리는 한때 눈물의 땅은 비밀 장소라고 썼다. 무엇이 잘못됐는지 이해하는 데는 몇 분이 걸렸다. 성공적인 과학 수업이 되리라 확신하며 세웠던 그 모든 계획이 왜 첫 단계를 밟기도 전에 곤두박질쳤는지를 깨달았다. 별점 표의 첫 번째 문장이 아이들 대부분을 얼어붙게 만들었던 것이다.

**질문 1 : 생일이 언제인가요?**

절반이 넘는 아이들이 자신의 생일을 몰랐다. 게다가 학년이 시작되고 둘째 날이었기 때문에 모든 학생의 개인 정보가 담긴 공식적인 인쇄물을 아직 받지 못한 상태였다. 아이들의 생일을 알려면 교무실로 가서 서른 개가 넘는 서류를 훑어봐야 했고, 그러려면 아이들을 기다리게 해야 했다.

나는 아이들에게 사과하고 전적으로 내 잘못이라고 말했다. 열 살짜리 아이들이 자기 생일을 잘 모른다는 데 충격을 받았지만, 그것을 아이들 앞에서 내색하지는 않았다. 나는 젊었고 배울 게 많았다. 그리고 얼마 후 나는 집 주소와 전화번호를 아는 아이들이 거의 없다는 사실에 한층 더 놀랐다. 하지만 그런 사소한 혼란이 미래의 혼란을 피하는 데 이용될 수 있다. 교사는 수업을 성공적으로 하려면 아이들이 수업 시간에 가져오는 지식이 무엇인지 이해하는 것이 중요하다는 사실을 배운다. 나는 아이들에게 내 실수를 사과하고(호바트 셰익스피어 연극반은 정직하다) 앞으로는 더 잘 하겠다고 약속했다. 하루하루 지나면서 수업은 향상됐고 나는 아이들을 더 잘 알게 됐다. 많은 학생들이 자기 생일을 모른다는 사실에 충격을 받은 뒤에 나는 감각을 회복했고, 가르치는 일을 계속했다. 결국 그날은 아이들에게 임의로 생일을 알려 주고 점성술을 경험해 보는 것으로 수업을 마무리했다. 큰 계획에서 이것은 사소한 문제였다.

하지만 정반대 쪽에는 대재앙과도 같은 혼란의 날들이 있다. 경험이 있어도 그런 날은 올 수 있다. 내가 지금까지 겪은 최악의 둘째 날은 첫째 날을 훌륭하게 보냈다고 생각한 다음 날 찾아왔다.

## 수업은 기대대로 흘러가지 않는다

•

매듭 장식 러그 프로젝트로 비꾸기 몇 년 전끼지만 해도 첫째 날은 항상 매년 하는 실 공예 프로젝트로 마무리했다. 아이들은 늘 공예 프로젝트를 재미있어 했다. 나는 선풍적인 인기를 끌고 있던 레이먼드 가터드 Raymond Gautard 의 《아름다운 실 공예 The Beautiful String Art Book 》라는 책을 이용했다. 이 프로젝트를 완성하는 데는 한 달 이상이 걸렸고, 20년도 더 전에 완성된 학생들의 작품이 아직도 교실에 전시돼 있다. 프로젝트를 시작하는 첫날 아이들은 100가지 가운데 원하는 것을 하나씩 골랐다. 작품 배경으로 사용하도록 미리 잘라 둔 나무가 교실 한쪽 구석에 쌓여 있었고, 아이들은 각자 나무 조각을 가져와 표면이 대리석처럼 부드러워질 때까지 약 30분 동안 사포질을 했다. 그런 다음 신문으로 덮은 탁자에 나무를 놓았다. 앞으로 몇 주 동안 작품에 사용될 색깔들을 돋보이게 해 줄 적절한 배경 색을 신중하게 선택해 나무에 페인트를 칠하면 그날이 마무리됐다.

이 프로젝트는 늘 엄청난 성공을 거뒀다. 내 몫의 실수를 할 만큼 했고 거기서 많은 걸 배웠다. 이 프로젝트를 10~15년 진행하다 보니 어떤 종류의 나무를 사용해야 가장 좋은지, 그런 나무를 구하려면 어디로 가야 하는지에 대해 거의 모든 것을 알게 됐다(고 생각했다). 어떤 페인트를 사용해야 하고 어떤 붓이 비싸지 않으면서도 작품을 빛내 줄 만한 품질을 가졌는지 알게 됐다. 나는 교사들이 이용하는 철물점도 찾아냈는데, 친절한 그곳 점원들이 나 대신 못을 대량으로 구입해 줘서 시간과 돈을 절약할 수 있었다. 그들은 실 공예에 더 적합한 브랜드의 못도 알려 줬다. 해가 갈수록 실 공예 시간에 일어날 수 있는 최악의 문제는 망치로 엄지손가락을 내리치거나 페인트를 엎지르는 정도일 것이라고 확신하기 시작했다.

하지만 어디까지나 바비를 만나기 전 이야기다.

첫날, 바비는 5분 늦게 교실에 불쑥 나타났다. 엄마와 누나를 대동하고서 말이다. 나는 이미 새로 만난 학생들과 몇 가지 기본적인 얘기들을 하고 있었는데, 그들은 자신들 때문에 내 말이 끊긴 상황을 전혀 개의치 않는 듯했다. 바비의 누나는 자기 동생에게 문제가 있으니 매일 밤 바비의 학교생활이 어땠는지를 알려 달라고 말했다. 나는 미소를 지으며 교실까지 찾아와 알려 줘서 고맙다고 말했다. 엄마와 누나는 교실을 나갔고 바비는 자리를 찾았다. 나는 다시 하던 이야기를 이어 갔다.

그날 오후 늦게 우리는 실 공예를 시작했다. 아이들은 들떠 있었다. 나는 사포를 안전하게 사용하는 방법과 나무가 쪼개지지 않도록 주의하는 방법을 보여 줬다. 늘 그랬듯이 모두가 잘 따라와 줬다. 교실이 사하라 사막이 되지 않도록 모두가 사포질을 하러 바깥으로 나갔다. 그리고 페인트를 칠할 시간이 됐다. 지금까지 몇 년 동안 해 온 대로 나는 페인트를 붓에 묻히는 방법을 보여 준 뒤에 사용할 색깔에 따라 아이들을 그룹으로 나누었다. 새로 뚜껑을 연 페인트 통의 빛나는 페인트에 어서 빨리 붓을 담가 보고 싶어 하는 아이들을 여덟에서 아홉 그룹으로 나눴다. 아이들은 내 지시에 귀를 기울였다. 탁자에 조심스럽게 신문을 펼친 아이들은 내가 붓에 페인트를 적신 후 페인트가 흘러내리지 않도록 페인트 통 안쪽 모서리에 조심스럽게 붓을 닦은 다음 나뭇결 방향으로 페인트를 칠하는 모습을 집중해서 지켜보았다. 아이들은 조용한 분위기에서 즐겁게 페인트를 칠하기 시작했다. 공들여 사포질한 덕분에 목판에 새 페인트가 쉽게 칠해진다는 것을 알고 기뻐했다. 보기 드물게 잘 지나간 첫날이었다. 아이들은 주어진 과제를 잘해 냈고, 의식은 못 했지만 내가 가르치고자 하는 많은 가치들을 마음에 새기기 시작했다.

그런데 그때, 바비가 페인트 붓이 막대 사탕인 양 굴기 시작했다. 바비가 연둣빛 페인트 통에 붓을 담근 뒤에 거꾸로 치켜들고 핥는 모습에 아이들은 경악했다. 내가 그만두라고 말했을 때는 이미 혀로 붓을 두세 번 핥은 뒤였다. 바비는 씩 웃더니 친구들에게 초록색으로 물든 혀와 치아를 자랑스럽게 내보였다.

그 전에는, 그리고 그 후로도 우리 반 5학년들에게 붓을 핥아서는 안 된다고 알려 준 적이 없었다.

나는 그 상황에 잘 대처했다고 느꼈다. 페인트는 친환경 제품이라 독성이 없었지만 교실에는 슈렉을 둘 만한 공간이 없었다. 나는 바비의 입을 닦아 주고 나서 자리로 돌아가 맞춤법 숙제를 하게 했다. 목소리를 높이거나 다른 어떤 식으로도 바비를 창피하게 만들지 않았다. 나머지 아이들은 각자 페인트칠을 하느라 여념이 없어 바비에게는 크게 신경 쓰지 않았다. 무엇보다 많은 학생들이 바비의 이런 터무니없는 행동을 이미 본 적이 있던 터라 크게 놀라지 않았다. 나는 바비에게 오늘은 아직 페인트칠을 할 준비가 안 된 것 같으니 내일 다시 기회를 보자고 말했다. 나는 공정하고 합리적이었다. 그 뒤로 나머지 미술 수업은 순조롭게 진행됐다. 내일이면 이 말썽쟁이 녀석과 좀 더 나은 관계를 쌓고 수업 시간에 지켜야 할 행동들을 단호하면서도 공정하게 일러 줄 수 있을 터였다.

그렇게 내일이 왔다. 둘째 날은 할 일이 많아 바쁘다. 수업 말고도 고등학교 3학년들을 맞이해야 하는데, 학생들이 교사를 직업으로 고려하도록 훌륭한 영감을 주는 선생님들과 만날 수 있는 기회를 제공하는 특별 프로그램의 일환이었다.

우리 교실은 일과를 일찍 시작한다. 둘째 날에는 아침 일찍 학교에 나와 복잡한 낱말 문제를 푸는 방법을 배우려는 학생들을 대상으로 수학 수업을 시작한다. 첫 번째 시간이 순조롭게 끝나고, 공식 학교 일과가 시작되기 5분 전인 7시 55분쯤에는 수학 자료를 치우고 있었다. 나머지 아이들이 교실로 들어서고 있었다. 그중 몇몇은 벌써 등교해 공부하고 있는 아이들을 보고 놀란 듯 눈썹을 치켜세웠다. 나는 문으로 걸어가 아이들에게 아침 인사를 했고, 그날 참관 수업에 참여하려고 계단을 올라오는 열대여섯 명의 고등학교 3학년 학생들에게도 인사를 건넸다.

계단을 다 올라선 아이들에게 간단한 환영 인사를 채 마치기도 전에 계단 아래쪽에서 우리를 얼어붙게 만든 새된 비명 소리가 들려왔다.

"거기, 너 이 ×××야! 우리 애를 학대했다는 게 무슨 소리야? 내가 가만두지 않을 거야, 이 ×××야!!!"

믿을지 모르겠지만 바비의 엄마가 한 말을 많이 걸러서 그나마 이 정도다. 욕설과 데시벨 수준으로 치면 기록을 세우고도 남았을 것이다. 외설적인 표현들이 뒤섞인 그녀의 장광설은 학교 전체에 다 들릴 정도였다. 사실 그녀는 내가 그 전날 자기 아들에게서 붓을 빼앗았다는 데 화가 나 있었다. 첫째 날은 그토록 멋지게 보냈는데, 둘째 날은 우리 반 아이들과 우리 교실을 방문한 고등학교 3학년 학생들, 그리고 사실상 나를 비난하는 한 여성과 함께 시작된 것이다. 바비의 엄마는 내 얼굴에 침을 뱉었다. 나는 최대한 침착하게 그 전날 있었던 일에 대해 설명하려고 세 번이나 시도하다가 포기했다. 아이들이 있으니 둘이서 조용히 이야기하자고 청했지만, 그럴수록 그녀는 더 많은 욕을 더 길게 쏟아 냈다. 욕설과 분노가 뒤섞인 그녀의 한바탕 소동은 학교 교장을 만난 뒤 시내 교육위원회에 가서 나를 고발할 것이라는 으름장과 함께 끝이 났다.

그날 아침 8시 5분, 고등학교 3학년 학생들은 모두 자리를 뜨고 없었다. 자신들에게는 가르치는 일이 맞지 않는 것 같다며 내게 정중히 말했다. 이날이 바비와 함께한 1년 중 가장 힘든 날이었지만 하루도 힘들지 않은 날이 없었다. 바비는 사람을 불쾌하게 했고 이기적이었으며 교활했다. 가정환경을 고려하면 이해 못 할 일은 아니었지만 쉽지는 않았다. 나는 바비에게 최선을 다했다. 넉 달이나 바비를 돕고자 애썼지만 바비는 결국 실 공예 프로젝트를 끝내지 못했다. 결국 우리는 다른 프로젝트로 넘어갔다. 그중 몇 개는 바비도 완성했다.

그러나 대부분 상황이 바비만큼 극적인 절망감을 주지는 않는다. 가르치는 일은 끊임없는 계획이 필요하고, 상황이 나빠지면 화가 치밀어 오르는, 하지만 자세히 들여다보면 웃기기까지 한 사소한 사건들의 연속이다. 바로 스탠리가 그런 경우였다.

**둘째 날 이후에도 수업은 계속된다**
.

이런 일도 있었다. 역시 학년이 시작되고 둘째 날이던 그날, 아이들은 점심을 먹으러 나서려던 참이었다. 내가 처음으로 기타를 가르쳐 주는 날이라 다들 한껏 기대에 부풀어 있었다. 56호 교실은 점심시간에 식사를 얼른 마치고 기타를 배울 수 있다.

점심을 먹으러 가기 전 나는 아이들에게 교실로 돌아오는 어떤 방법에 대해 이야기한다. 학교가 워낙 혼란스럽다 보니 보조 교사가 있다. 복도와 운동장을 순찰하며 아이들이 있어야 할 곳에 있는지 확인하는 일을 하는 이들을 학생들은 '코치'라고 부른다. 통행증이 없으면 점심시간에 교실로 돌아갈 수 없다.

아이들은 코치를 좋아하지 않는다. 코치들이 비열하고 무섭다며 늘 불평한다. 나는 아이들에게 잠시 코치 입장이 되어 천지 사방을 뛰어다니는 1,000명이나 되는 아이들을 지켜보면서 질서를 유지하는 일이 얼마나 어려울지 생각해 보라고 한다. 그리고 나서 점심시간에 코치와 얼굴을 붉히지 않고 교실로 돌아오는 방법에 대해 찬찬히 설명해 준다.

먼저 아이들에게 작은 통행증을 하나씩 만들어 준다. 명함처럼 생긴 이 통행증은 점심시간에 교실로 돌아와 음악 수업을 들을 수 있다는 내 허가가 적힌 일종의 증서인 셈이다. 코치에게 이 카드를 보여 주면 늘 그 의미를 인정해 준다. 나는 또한 점심 식사를 끝내고 교실로 서둘러 돌아올 때 기억해야 할 몇 가지 사항에 대해서도 말해 준다. 먼저 식탁을 깨끗하게 정리해야 한다. 나는 자기가 더럽히고 간 식탁을 코치나 청소 아주머니가 대신 청소해 주는 것은 공평하지 않다는 내 의견에 아이들도 동의하는지를 확인한다. 나는 아이들에게 자기 식탁은 자기가 치우고 식판은 재활용 통에, 집시는 직질한 수거 용기에 담도록 가르친다. 내 입장에서는 충분히 요구할 만한 일이라는 듯 아이들은 고개를 끄덕이고, 나는 우리 반 아이들이 교내 어느 장소에서든 자기가 머문 자리는 거의 항상 잘 정리한다고 말할 수 있어 뿌듯함을 느낀다.

점심 전 내가 언급하는 두 번째 사항은 코치가 뛰는 것과 떠드는 것, 이 두 가지를 허용하지 않는다는 것이다. 만약 점심 먹은 자리를 조용히 치우고 얌전히 걸어서 교실로 돌아온다면 코치가 멈춰 세우거나 음악 수업 통행증을 보여 달라고 요구하지 않을 것이라고 나는 아이들에게 설명한다. 이것은 학년 후반 현장학습을 떠날 때 반복해야 할 주제다. 호텔에서 우리 아이들은 뛰지 않고 조용히 말한다. 뛰거나 떠드는 일이 나쁜 짓은 아니지만 때와 장소를 가려야 한다는 점을 나는 아이들에게 강조한다. 교실에 수업을 들으러 오는 것과 운동장에서 야구 경기를 하는 것은 분명 다르다. 조용히 걷기만 한다면 아무 문제도 없을 것이다.

한번은 이런 일이 있었다. 그해에도 내가 말하는 이 두 가지 사항이 잘 전달된 것 같았다. 아이들은 오전 시간을 즐겁게 끝내고 행복하게 점심 식사를 하러 가서 굉장히 안 좋은 음식을 소화시킨 뒤에 첫 번째 기타 수업을 들으러 교실로 돌아왔다. 평소 나는 식당에 있지 않고 교무실로 가서 내 우편물을 수거하는데, 교무실에는 운동장이 훤히 내다보이는 커다란 창문이 하나 있다.

그때 우리 반 학생 중 하나인 스탠리가 눈에 들어왔다. 바로 15분 전에 교실로 돌아올 때 지켜야 할 사항을 완전히 이해했다고 고개를 끄덕인 대로 뛰지 않고 걷고 있었다. 또 내가 가르쳐 준 대로 교실로 곧장 오는 길을 따라 걷고 있었다. 학교 복도를 통과해 지름길로 오려고 하지도 않았다. 나는 스무 명이나 되는 아이들이 모두 복도를 지나오면 일하는 교직원이나 수업 중인 다른 교실에 분명 방해가 될 테니 그러지 말라고 일러두었었다. 스탠리는 주차장을 통과해 학교 뒤쪽으로 돌아서 오려는 시도도 하지 않았다. 주차장은 관리하는 사람도 없을뿐더러 학교에서 질 나쁘기로 유명한 아이들이 모이는 소굴 같은 곳이라 교직원들이 출입 금지 구역으로 여기는 장소다. 스탠리는 약속한 그 길 그대로 교실로 걸어오고 있었다. 그런데 스탠리는 우리 약속과는 다른, 사소하지만 아주 중요한 실수를 저질렀다.

우선 스탠리는 식판을 손에 들고 있었다. 점심을 다 먹지 않은 것인데, 호바트 학생들에게는 흔치 않은 일이었다. 하지만 더 이상한 일은 스탠리가 자기 식판을 손에 들고 있었다는 것이다. 아마도 내 지시 사항을 잘못 이해하고 기타 수업 시간에 교실에서 식사를 해도 된다고 생각한 모양이었다. 지시 사항을 명확히 전달하지 못한 탓이라고 생각한 나는 식당으로 돌아가 식사를 마치게 하려고 스탠리에게 갔다.

하지만 스탠리에게는 다른 계획이 있었다. 스탠리에게 다가가던 나는 그 전에는 한 번도 보지 못한, 그리고 그 후로도 보지 못한 광경을 목격했다. 스탠리는 운동장 한가운데서 걸음을 멈추더니 식판에 담긴 음식을 6미터 높이의 공중으로 던져 버렸다. 몇 초 후, 스탠리 주변 바닥은 급식으로 나온 음식으로 뒤덮였다. 아무리 좋게 보려 해도 전혀 구미가 당기지 않는 음식이었던 터라 아스팔트 위에서도 맛없어 보이기는 매한가지였다. 하지만 거기서 끝이 아니었다. 스탠리는 펄쩍펄쩍 뛰며 아스팔트에 떨어진 음식을 짓뭉갰다. 그러더니 피구를 하고 있던 3학년 학생들에게 원반을 던지듯 식판을 날려 보냈다. 그의 계획은 그렇게 마무리됐다. 그러고 나서 스탠리는 조용히 56호 교실로 돌아와 기타 수업을 들었다.

나는 내가 본 광경에 대해 스탠리와 이야기했다. 그날은 새 학년이 시작되고 이틀째 되는 날이라 나는 스탠리에 대해 잘 알지 못했다. 한 시간쯤 전까지만 해도 교실로 조용히 걸어 돌아오라는 내 지시를 이해한 듯 보였었다. 나는 고개를 끄덕이는 스탠리의 행동이 아무 의미가 없다는 것을 알았다. 나는 화가 났지만 우리 교실이 왜 지금 같은 방식으로 운영되는지를 스탠리가 이해했으면 좋겠다는 내 바람을 전달하는 데만 초점을 맞췄다. 그 후로 몇 달이 지나면서 나는 스탠리에 관해 많은 것을 알게 됐다. 스탠리의 가정환경을 알고 굉장히 안타까웠다. 참 좋은 아이인데, 삶은 스탠리에게 너무 가혹했다. 둘째 날에는 알지 못했지만, 스탠리의 관점에서 볼 때 그 아이에게는 학교에서 예의 바르게 행동해야 하는 이유를 장황하게 늘어놓는 선생님의 얘기를 들을 여유가 없었다.

나는 스탠리를 따로 불러 조용히 대화를 나눴다. 단호한 목소리로 이야기했지만 절대 수치심을 느끼게 만들지 않았다. 다른 기회에 기타를 배울 수도 있겠지만, 운동장을 공중에 음식을 날리는 물리학 실험실로 쓰지 않고 조용히 교실로 걸어오기만 하면 우리 반에서 기타를 배울 수 있다는 점을 분명히 전달했다. 다른 기회가 있을 수도 있지만 계속해서 약속한 절차를 따르지 않는다면 기타 수업은 물론이고 다른 모든 즐거움을 누릴 기회를 스탠리 스스로가 거부하는 것임을 이해시켰다. 나는 스탠리의 독재자가 아닌 스탠리의 롤모델이 돼야 한다는 생각을 견지하면서 차분하게 이야기했다. 그렇게 해서 몇 달 후 스탠리는 자신이 느끼고 있는 절망스러운 고통에 대해 내게 털어놓았다. 그해의 둘째 날은 엉망이었다. 그것은 사실이다. 하지만 좋은 교사는 엉망이 된 상황을 다시 돌려놓는 법을 배운다. 그해가 끝날 무렵 스탠리는 우리 밴드의 리드 기타리스트가 됐다.

## 교사는 혼란스런 교실에서 변하지 않는 기준이 돼야 한다

•

모든 일이 완벽하다가도 한순간에 무너져 내린다. 모든 상황이 매우 순조롭게 흘러가다가도 어느 한순간 그 어떤 교사도 예상할 수 없는 이유와 방식으로 무너진다. 내가 아는 한 훌륭한 미술 교사의 경우, 뛰어난 작품을 만들었지만 축하를 받아야 할 사람들에게 그 작품을 파괴당하는 일을 겪기도 했다.

다양한 중학교를 돌면서 훌륭한 교사들을 만나 보는 행사에 참여했다가 존을 알게 된 것은 행운이었다. 존은 기존 삶을 버리고 우연한 기회에 미술을 가르치게 된 교사들 가운데 한 사람이지만, 만약 농구 코치나 물리학 강사가 됐어도 지금 못지않은 훌륭한 선생님이 됐을 것이다. 그만큼 뛰어난 교사였다. 우연히 미술이 그의 전문 분야가 됐지만, 사실 존은 우리에게 가르치는 일이 얼마나 아름다운 일이 될 수 있는지를 일깨워 준 베테랑 교사들 가운데 하나다.

존우 학생들과의 미술 활동에 정점을 찍는 하나의 이벤트로서, 아이들의 작품 활동을 축하하고 자녀들을 응원해 준 부모들에게 감사의 뜻을 전하고자 아이들이 1년 동안 만든 훌륭한 미술 작품으로 전시회를 열기로 결심했다. 그는 1년 내내 학생들을 미술관에 데리고 다니면서

한 갤러리로부터 전시실 두 곳에 학생들의 작품을 전시해도 좋다는 허락을 받아 놓은 상태였다. 멋진 저녁이 기대되는 날이었다.

막상 전시회를 열고 보니 존이 상상했던 것보다 훨씬 더 좋았다. 지역사회 주민들이 전시회 소식을 듣고 방문했다. 그림과 조각 작품들이 워낙 훌륭해 많은 사람들이 사겠다고 나섰다. 수익금은 존의 학교에 기부할 수 있었다. 그다음 해에 사용할 미술 용품을 사는 데 쓸 수 있다면 더없이 좋았을 것이다. 많은 교사들이 그렇듯이 존도 계획을 실행에 옮기기 위해 늘 자기 주머니를 털어야 했다. 이틀간 열린 전시회의 둘째 날이 끝날 무렵 존의 학생들은 수천 달러의 돈을 모았다. 모두가 기뻐했다.

그로부터 2년도 안 돼 슬프고도 익숙한 이야기가 고개를 들었다. 마음만 먹으면 돈을 벌 수 있다고 생각한 학교 사람들이 전시회에 열을 올리기 시작한 것이다. 존의 학교는 시험 성적에 목매는 그런 학교 가운데 하나였으므로 그 전까지는 미술을 '진짜' 과목으로 생각하지 않았다. 그런데 '돈벌이'가 되다니! 사람들이 학교 운영 자금을 마련할 수 있겠다는 생각을 하게 되자, 이전에는 관심도 없던 사람들까지 미술 전시회가 훌륭한 아이디어라며 그 공을 가로채기 시작했다.

순식간에 학교 교직원들은 존의 학생들이 만든 미술 작품들을 가져다 연말 파티에서 전시했다. 방문객은 학생들의 노래와 공연, 그리고 대개는 기금 마련을 목적으로 만든 시시한 구경거리를 관람했다. 학교가 이런 행사를 한다고 해서 문제가 되는 것은 아니지만, 존과 학생들이 완전히 무시됐다는 점이 문제였다. 이 프로젝트에 대해 전혀 모르는 사람들은 작품을 학생의 공으로 돌렸고, 실제로 전시된 작품이 학생들의 아이디어인 듯 말했다. 더 많은 돈이 모아졌다. 하지만 미술 용품을 구입하는 데는 한 푼도 쓰이지 않았다.

모든 일이 완벽하다가도 한순간에 무너져 내린다. 존은 화가 났지만 일개 교사가 무엇을 할 수 있겠는가? 그가 불평한다면 혼자만 돋보이려는 이기적인 사람으로 보일 수도 있었다. 어쨌든 학교는 존이 시작한 무엇인가에서 이익을 얻고 있었는데도, 그의 노력은 고사하고 학생들의 작품에 대해서도 감사의 말 한마디 없었다. 오히려 존은 계속해서 아이들이 훌륭한 미술 작품을 만들어 내는 교실을 이끌어야 했다. 토요일이면 아이들을 미술관에 데려가 공부시키고, 심지어는 점심까지 사 먹이려고 자신의 빈약한 통장에 자꾸 손을 대야 했다. 완벽한 상황은 아니지만 여기서의 교훈은 주변 사람들이 초점을 잃는 순간에도 존은 초점을 잃지 않았다는 것이다. 허망함과 괴로움에 굴복하지 않았다. 전시회는 아이들을 버렸지만 자신은 그럴 수 없다는 걸 알았기 때문이다. 그렇게 몇 년이 흘렀다. 존의 훌륭한 가르침은 그의 학생을 포함한 많은 사람들에게 제대로 평가받지 못하곤 했다. 그 지역에서도 마찬가지였다. 하지만 그가 처음에 품었던 목표는 아이들이 미술의 경이로움을 발견하고 그 같은 작품을 만들 수 있는 각자의 훌륭한 잠재력을 발굴하도록 돕는 것이었다. 그 목표는 지금도 그의 교실에서 매일같이 이어지고 있다.

하지만 이것 역시 초보 교사들이 기억해야 할 중요한 교훈이다. 최고의 교실 리더는 아이들이 선생님에게서 무엇을 배웠으면 하는지를 알아낸다. 그러고 나면 그 목표를 달성하기 위한 방법을 개발할 수 있다.

하지만 목표를 향해 순조롭게 나아가는 순간에도 무엇인가 또는 누군가가 그 노력에 찬물을 끼얹을 것이다.

그럴 때는 열까지 센 뒤에 하던 일에 집중하려고 최선을 다하자. 학생들이 자기 생일을 모른다는 사실을 알았을 때는 생일을 가르쳐 주면 된다. 바비 엄마가 욕을 퍼부을 때는 흥분하지 말고 하루하루 바비에게 최선을 다하면 된다. 스탠리가 교실로 조용히 걸어서 돌아오기 전 급식을 운동장 아스팔트 바닥에 내던져 발로 짓뭉갰다는 사실을 알았어도 기타 수업을 계속하면 된다. 학교 행정관이 당신의 훌륭한 프로젝트를 망치더라도 당신은 그것이 얼마나 멋진 프로젝트였는지를 기억하고 새로운 작가들을 발굴해 내는 데 집중하면 된다.

모든 일이 완벽하다가도 한순간에 무너져 내린다. 왜 그러는지 아는가? 늘 한결같은 것은 없기 때문이다. 아무리 최선을 다해도 어쩔 수 없는 상황들이 발생한다는 점을 잊지 말기 바란다. 훌륭한 교사는 상황에 적응할 줄 안다. 아이들이 자기 생일을 몰라서 수업을 망치는 날이 있을 것이며, 물불 안 가리는 학부모가 소리 지르고 욕을 해 대며 휘청거리는 세상을 조금이라도 단단히 잡아 보려 애쓰는 당신의 노력에 찬물을 끼얹는 날이 있을 것이다. 교실로 돌아올 때 어떻게 걸어와야 하는지, 먹고 남은 음식은 어떻게 처리해야 하는지 알아듣게 얘기한 것 같은데도 공중으로 날아간 음식이 아스팔트 위에서 짓이겨지는 광경을 목격할 수 있다. 아이들의 걸작이 강탈당해 운영 회비를 모으는 데 사용되느라 정작 아이들에게는 관심이 모아지지 않을 수도 있다.

모든 일이 완벽하다가도 한순간에 무너져 내린다. 그러나 한 가지만은 무너지지 않아야 한다. 바로 당신이다. 교실에서 변함없는 한 사람이 돼야 한다. 초보 교사 시절에는 끊임없이 변하는 주변 환경에도 불구하고 수업으로 어떤 가치를 전달하고 아이들에게 어떤 교훈을 안겨 줄 것인지를 발견할 기회가 있다. 인내심을 갖고 일관되게 전달하는 가르침은 너무나 휘청거리는 세상에서 학생들이 넘어지지 않게 딛고 설 기반이 될 것이다. 둘째 날에는 셋째 날도, 서른셋째 날도, 백서른셋째 날도 있다는 것을 기억하라. 학생들과 함께하는 시간이 가르치고 싶은 것을 모두 전해 줄 만큼 충분하지는 않다. 그래서 하루하루가 중요한 것이다. 폭풍우가 몰아치는 날에는 배의 키를 잡고 올바른 경로로 되돌려 놓을 수 있는 사람이 돼야 한다. 음식이 공중에서 날아다니더라도 미소를 잃지 말기 바란다. 충격적이게도 아이들이 당연한 것을 모른다면 수업 내용을 조정하기 바란다. 당신이 도와준다면 음식은 있어야 할 자리에 있을 것이고, 아이들은 많이 배울 것이다.

일은 어긋난다. 어긋난 일을 되돌리는 것이 당신의 역할이다.

◆ 교실에서는 여러 가지 일들이 잘못될 수 있다. 구토에서 싸움질에 이르기까지 교실에서는 매일같이 수업 계획서에 있지 않은 일들이 일어날 것이다. 그럴 때 침착함을 잃어서는 안 된다.

◆ 어긋난 일은 결국 바로잡을 수 있다. 값진 활동이 그 의미를 잃어버렸다면 활동 목표가 무엇이었는지를 기억하고 다른 날 가르치면 된다.

◆ 실수를 그냥 넘기지 마라. 일이 잘못되는 것 자체는 문제가 아니다. 하지만 같은 일이 반복된다면 다른 접근 방식을 시도해 보거나 다른 사람들에게 새로운 관점에 대한 조언을 구해야 한다.

◆ 황당한 일들이 일어나 상황이 예상과 다르게 흘러갈 때는 실컷 웃어라. 유머와 솔직한 자기 비난은 건강에도 이로울 뿐 아니라 교과 활동의 문제점을 바로잡는 데도 효과적이다.

◆ 모든 재난은 당신이 더 나아질 수 있는 기회다. 작년에는 하지 못했던 훌륭한 수업을 뭔가 배움으로써 올해는 할 수 있게 됐을 때의 그 감격은 어디에도 비할 수 없다.

◆ 가르치는 일은 끝이 없다. 한 번도 일이 어긋난 적이 없다가 25년 뒤에 어긋날 수도 있다. 가르치는 일은 결코 지루할 틈이 없다는 사실을 위안으로 삼길 바란다.

chapter
4

{ 학생은 통제받는 존재가 아니라
성장하는 존재다 }

56호 교실을 방문하는 사람들은 대개 교실 문화에 깜짝 놀란다. 이제
겨우 열 살인 아이들이 또래보다 훨씬 수준 높은 책을 읽고, 복잡한 수
학 문제를 쉽게 풀고, 전문 극단의 단원인 양 셰익스피어를 낭송하는 모
습을 즐겁게 바라본다. 하지만 사람들에게 가장 깊은 인상을 남기는 장
면은 하루 일과가 끝났을 때 아이들이 보이는 행동이다.

목판에 못질을 해야 하는 미술 프로젝트 시간에 일부 아이들은 다른
반이 소음으로 방해받지 않도록 바깥으로 나가 못질을 한다. 밖에 나갔
다가 다시 교실로 들어온 방문객들은 내가 못질을 마친 아이들과 함께
작품에 실 디자인을 적용하는 광경을 본다. 못질을 하느라 바깥에 있는
아이들 곁에는 어른이 없다. 그런데도 교실 문을 열고 발코니로 나가 운

운동장을 내려다보면 여섯 명에서 열두 명 정도 되는 아이들이 열심히 못
질을 하고 있다. 게으름을 피우는 아이도, 싸우는 아이도 없다. 인상적
인 광경이다.

**교실 관리의 지름길은 없다**

·

요즘에는 그 어느 때보다 교실을 관리하기가 점점 더 어려워지는 것 같
다. 어느 학년에나 학교 일을 모르는 사람에게는 충격으로 느껴질 만한
품행 문제가 있다. 이런 행동은 학교가 끔찍하고 잔인한 문제아들로 골
머리를 앓고 있다는 기사에서 소개하는 폭력의 수준을 넘어선다. 훨씬
덜 충격적인 수준에서 보자면, 아이들을 자리에 앉히고 말을 듣게 만드
는 것부터가 많은 교사들에게는 고난이다. 결과적으로 교실 관리는 교
육에 관한 수많은 논의의 핵심 주제로 자리를 잡게 됐다.

특히 학생들이 바르게 행동하고, 주의를 집중하고, 할 일을 하도록 만
드느라 진땀 빼는 젊은 교사들이 내게 자주 묻는 당연하고도 이해할 만
한 질문이 하나 있다. 대개 의아함과 절망감이 함께 녹아 있는 이 질문
은 다음과 같다.

"레이프 선생님은 아이들을 어떻게 통제하나요?"

내 대답은 건방을 떨고자 하는 대답이 아니다. 그것은 내가 오랜 세월
을 가르치고 나서 믿게 된 것이다. 사람들이 아이들을 어떻게 통제하느

냐고 물으면 나는 이렇게 조언한다.

통제 같은 것은 없습니다!

(하지만 아이들에게 스스로 통제하는 법을 가르칠 수는 있습니다.)

가르치는 것에 대해 쓴 책은 사실 조리 방법만 가득 실린 요리책에 지나지 않는다. 모든 해답을 갖고 있는 사람은 없다. 학생들을 이끌어 가는 한 가지 단순한 방법으로서 56호 교실에서 사용하는 교실 관리 방법을 여기에 소개한다. 그것은 유일한 방법도, 최선의 방법도 아니다. 그저 교사들이 이어지는 페이지를 읽고 나름대로 가치 있다고 생각하는 방법을 각자의 방법에 응용해 좀 더 즐겁고 효과적으로 하루하루를 보낼 수 있었으면 하고 바랄 뿐이다.

가르침을 주제로 한 수많은 대중적 지침서에 나와 있는 교실 관리 방법들에 대해서는 이미 언급한 바 있다. '크리스마스 때까지 미소 짓지 말라. 주도권을 쥐어라. 누가 대장인지 알려 줘라. 신에 대한 두려움을 심어 줘라.' 기본적으로 초등학교 1학년생이든 고등학교 3학년생이든 잘못된 행동의 결과를 두려워하게 만들어야 한다. 그래야 스스로를 다스리고 성장하는 인간의 위치로 돌아갈 수 있고, 교사는 하루하루를 좀 더 쉽게 보낼 수 있다.

다음에 소개하는 글은 교실 관리에 관한 의무 연수 프로그램에 참여한 다정하고 자상한 한 교사에게서 받은 편지의 일부다.

연수에 참가한 지 2주가 됐는데, 이 프로그램으로 저는 상당한 정신적 외상을 입었습니다. 세미나에서 언급되는 거의 모든 내용이 저와는 맞지 않습니다. 제가 보기에 이 프로그램은 학생들을 괴롭혀서 복종하게 만들라고 가르치는 것 같습니다. 수업마다 그날의 목표를 정한 후 수치화할 수 있는 방법으로 평가하고, 모든 학생의 수행 내용을 세세하게 추적하라고 가르칩니다. 이 워크숍은 깔끔하게 차려입은 직장인 같은 사람들이 진행을 합니다. 세션 사이사이 30초 동안 생각할 시간을 주지만, 비판적 사고나 논의의 시간은 전혀 없습니다. 제가 좋아하는 고등학교 선생님, 대학교 강사님, 그리고 레이프 선생님처럼 제가 존경하는 분들이라면 여기서 옹호하는 이데올로기에 경악할 것입니다. 그냥 이 신병 훈련소 같은 곳에서 세뇌를 견디다가 가을에 새로운 학년이 시작되면 아이들에게 최선을 다해야 할까요?

이러한 세미나를 진행한 강사들은 좋은 의도였으리라 확신하지만, 그와 동시에 나는 결코 그들의 교실에는 가고 싶지 않으리라는 것도 확신한다. 내 목표는 학생들에게 마음에 새길 만한 가치를 가르치는 것이다. 나는 학생들이 결과가 두려워서가 아니라 공부 자체가 즐거워서, 그리고 바른 행동이 마땅히 해야 할 일이라고 생각해서 열심히 공부했으면 좋겠다. 어딜 가나 빠지지 않는 이야기다. 지름길은 없으며 존경을 보이는 태도가 중요하다는 사실을 인정하는 가치 체계로 아이들을 끌어들이기란 결코 쉽지 않다. 어느 학교에서나 구제 불능의 아이들을 찾아볼 수 있는 요즘, 젊은 교사들이 그저 아이들을 자리에 앉히고 (독자들에게는 죄송스럽지만) 입 닥치게 하려고 온갖 방법을 다 동원하는 마음은 충분히 이해할 수 있다. 이런 교사들에게는 최근 대세로 떠오른 몇몇 방법들이 단기적으로는 효과가 있을지 모르나 어디까지나 임시방편일 뿐이라는 점을 말하고 싶다. 교사로서 성장해 갈수록 수업이 좀 더 장기적인 효과를 갖게 된다면 그 편이 더 낫다.

**교육은 비즈니스가 아니다**

•

초보 교사들은 교실을 원활히 운영하기 위해 단순한 기법들을 쓸 것이다. 학생들의 집중을 유도하기 위해 박수를 치거나 호각을 불거나 불을 끄는 등의 방법을 쓰는 초등학교 교사들도 있을 테지만, 그렇다고 나쁜 교사라고 말할 수는 없다. 역사 수업을 듣는 고등학교 학생들이 바르게 행동하는 이유가 방과 후 남기 싫어서거나 부모님을 부르겠다고 끊임없이 위협해서라면, 그것이 초보 교사 시절 조금이라도 교실의 질서를 찾기 위해 터득한 최고의 방법일 수도 있다. 하지만 나는 경험을 통해 무엇을 가능하게 만들 수 있는지에 대한 하나의 비전을 제시하고 싶다. 나는 좋아하지 않지만 많은 교사들이 사용하는 몇몇 기법은 참관인들이 본다면 대부분 효과적이라고 평가할 것이다. 특히 초보 교사들에게는 학생들의 미리에 총을 겨눈 채 하루 일과를 끝내는 방법만 아니라면 모든 게 훌륭한 교실 관리 방법이 될 수 있다. 나라면 더 나은 교실 관리 방법이 있다고 말하겠다. 일부 학교에서 인기리에 활용되고 있고 장점도 있지만 나는 결코 사용하지 않을, 요즘 유행하는 한 가지 방법을 살펴보자.

여러 단어의 첫 자를 따서 만든 슬랜트$^{SLANT}$는 학생들을 진심으로 신경 쓰면서 잘해 보려고 열심히 노력하는 일부 교사들이 사용하는 방법이다. 이 방법을 지지하는 교사들은, 아이들이 제멋대로 굴고 주의를 집중하지 않으면 아무것도 가르칠 수 없는데 슬랜트는 아이들을 조용히 집중시키고 수업 진도를 나가는 토대를 형성해 준다고 지적한다. 생소한 독자를 위해 소개하자면, 슬랜트는 다음과 같은 규칙을 아이들에게 암기하도록 한다.

Sit up : 앉으세요

Listen : 들으세요

Ask and answer questions : 질문하고 대답하세요

Nod : 고개를 끄덕이세요(농담이 아니다)

Track the speaker : 따라 하세요

이 관리 기법을 사용하는 많은 교실을 봐 왔지만, 솔직히 이 방법은 다소 잔인해 보였다. 공정하게 말하자면, 내가 관찰한 모든 교실은 학생들로 하여금 그날의 학습 목표를 완벽하게 달성하도록 하려고 흔들리지 않는 노력을 기울이는 열정적인 교사들이 가르치고 있었다. 그리고 학생들은 '정말' 대체적으로 조용하고 집중하는 모습이었다. 하지만 내 마음이 편치 않았던 이유는 그런 행동이 피상적이었기 때문이다. 선생님이 방문객 때문에 잠시 수업을 중단하거나 화장실 갈 일이 생기면 교

실은 금세 엉망이 됐다. 아이들은 선생님이 있을 때만 슬랜트 규칙을 따랐다. 이 광경을 본 나는 이런 유형의 관리 기법을 사용하는 교사들에게 던져야 할 중요한 질문을 떠올리게 됐다.

당신은 일상생활에서도 슬랜트 규칙을 지키나요?

## 생각하지 않는 교사, 생각하지 않는 학생

•

나는 지키지 않는다. 슬랜트 규칙을 지키지 않아도 조용히 다른 사람들의 말을 듣고 존중을 표현할 수 있다.

물론 아이들을 통제하기 위한 그러한 기법의 목표는 이해할 수 있다. 우리는 아이들이 주의를 집중하길 바란다. 아이들이 교사와 친구들을 존중하길 원하고, 수업 내용을 이해하지 못했을 때는 당연히 질문하길 원한다. 하지만 이러한 기법의 문제점 가운데 하나는 그것이 두려움이라는 요소에 기반하고 있다는 점이다. 학생들을 통제하기 위해 사용되는 대부분의 전략 뒤에는 '규칙을 따르지 않는 사람에게는 처벌이 있다'라는 메시지가 숨어 있다.

어떤 교사들은 특정 숫자부터 거꾸로 세어 0이 될 때까지 아이들이 자리에 앉아 조용히 수업 준비를 하게 만들기도 하고, 또 어떤 교사들은 공중으로 손을 들고 모든 학생들이 똑같이 손을 들 때까지 기다렸다가 교실이 조용해지면 수업을 진행하기도 한다. 교사가 학생의 주의를 집중시키는 방법은 수도 없이 많다.

하지만 나는 다른 방법으로 교실을 통제하는 교사들도 봐 왔다. 예를 들면 이런 식이다. 교사가 조용히 "여러분, 들으세요"라고 말한다. 그러면 아이들은 듣는다. 우리 교실도 마찬가지다. 당신의 교실도 그럴 수 있다.

물론 쉽지는 않다. 특히 이제 시작하는 교사에게는 실현할 수 없는 목표처럼 보일 수도 있지만, 절대 그렇지 않다. 학년 초에는 아이들이 당신 말을 안 듣고 당신과 학급 친구들을 존중하지 않는 날이 있을 것이다. 하지만 당신이 아이들에게 기대하는 행동을 직접 보여 주고 아이들이 관심 가질 만한 흥미로운 내용으로 수업을 한다면, 하루하루 지날 때마다 울퉁불퉁한 부분들이 매끄러워질 것이다. 천천히, 인내심을 갖고, 차분하게, 아이들은 당신을 본보기 삼아 따라올 것이다. 어느 정도의 통제는 포기해야 할 것이다. 주의를 집중하지 않는 몇몇 아이들은 포기해야 할 것이다. 나는 아이들에게 나를 따라 하라고 요구하지 않는다. 시간이 지나면서 아이들 스스로가 나를 따라 할 가치가 있음을, 그리고 교실의 모든 친구를 따라 할 가치가 있음을 깨닫길 바랄 뿐이다. 가능한 한 최상의 학습 환경을 조성하기 위한 질서를 유지하는 데는 이 방법이 훨씬 더 합리적이고 효과적이다.

학생들에게 슬랜트 방법을 사용하는 내 친구 하나는 직원 회의 때도 자신이 슬랜트 규칙을 따르고 있더라고 말했다. 회의가 지겨울 때도 행동을 바르게 할 수 있고, 실제로는 회의에 관심이 없지만 관심 있는 것처럼 보이기 때문에 교장에게 꾸중 듣는 일도 피할 수 있다는 것이다.

이것이 가장 어려운 부분인데, 동시에 충분히 논의되지 않는 부분이기도 하다. 학교에 심각한 품행 문제가 있다는 것은 사실이며, 이런 문제는 흔히 부족한 가정교육이나 가난 또는 사회적 가치의 타락(이유를 열거하자면 끝이 없다) 때문에 나타난다. 하지만 학생들이 학교에서 품행이 바르지 못한 이유는 대개 지루하기 때문이다. 대부분 교사들이 애써 논의하려는 이유보다 지루함 때문인 경우가 훨씬 더 많다. 학교에는 말썽을 일으키는 학생들이 늘 있을 것이다. 당신이 우유처럼 부드러운 교사든 강철처럼 냉정한 교사든 어떤 아이들은 문제를 일으킬 것이다.

## 학생들이 만들어 가는 질서

•

어쨌든 내 경험상 교실 질서를 유지하는 가장 효과적인 방법은 흥미로운 수업을 하는 것이다. 교과 활동이 신 나고 즐거우면 잘못된 행동에 대해 더욱 합당한 처벌을 내릴 수 있다. 예를 들어 활동에 참여하지 못하게 하는 것이다. 뭔가 흥미진진한 것을 놓칠 줄 알면서 수업에 빠지고 싶어 하는 학생은 거의 없다.

한번은 어떤 기자가 56호 교실의 한 학생에게 관심을 보였다. 이 아이는 휴식 시간에도 계속 교실에 남아 기타 연습을 하느라 내리 네 시간을 꼼짝 않고 교실에 붙어 있었다. 기자는 학생에게 물었다. "너는 화장실도 안 가니?"

"제미난 걸 놓칠까 봐요." 그날 보충 과제로 내준 끼다로운 수학 퍼즐을 빨리 풀고 싶어 하며 어린 학생은 말했다.

흥미로운 수업을 구상하는 데는 몇 년이 걸린다. 처음에는 교육청 또는 교무처에서 요구하는 바를 다 하는 것이 합당하고, 또 그래야 한다.

교육청에서는 매 수업 시간에 가르쳐야 할 책, 질문, 시험 목록을 발행한다. 하지만 아이들을 가르치다 보면 교육청에서 지정한 몇몇 수업은 아무리 열정을 갖고 노력해도 아이들의 흥미와 관심을 끌지 못하고, 아이들에게 딱히 중요하지 않은 수업도 있을 것이다. 당신은 경험을 활용해 교육청에서 가르치라고 내려 보낸 기본 커리큘럼을 보완할 방법을 찾을 것이다. 특히 아이들의 관심을 유발하는 흥미로운 수업을 만들 줄 아는 최고의 교사들과 협력하게 될 것이다. 마음을 사로잡는 수업을 하는 교사들은 대부분 반 아이들의 품행 문제로 고민하는 일이 드물다. 처음 아이들을 가르치기 시작할 때는 협박하고 괴롭히고 겁을 주어 복종시키는 방법이 더 쉬울 수 있지만, 장기적으로 볼 때는 좋은 방법이 아니다.

장기전에 관한 이 격언은 '지름길은 없다'는 개념으로 다시 돌아간다. 이 급훈은 학생뿐만 아니라 우리에게도 적용된다. 수업 중에는 여러 가지 일들이 어긋날 수 있다. 당신이 어떤 교실 관리 전략을 사용하느냐에 관계없이 행실이 바르지 못한 아이들이 있을 것이다. 기차가 선로를 벗어날 때, 주의를 집중하지 못하거나 얼굴을 찌푸리고 아무 이유 없이 무례하게 구는 아이가 있을 때는 다음 제안을 고려해 보기 바란다.

**때로 훗날을 위해 잠시 접어 두자**

•

훌륭한 교사는 가르치는 일이 내적인 작업이라는 것을 알게 된다. 궁극적 목표는 학생들이 강요를 받아서가 아니라 스스로가 바르게 행동하고 주의를 기울이고 싶어서 정해진 규칙을 따르도록 만드는 것이다. 교사들은 모두 비슷한 목표를 갖고 있다. 우리는 학생들이 주의를 집중하고 성실히 수업에 임하며 다른 사람들과 잘 어울리기를 바란다. 젊은 교사들은 뜻대로 되지 않는 상황이 자주 발생한다는 것을 금방 알게 된다. 불행한 현실은 많은 학생이, 때로는 거의 모든 학생이 우리 목소리에 귀를 닫아 버린다는 것이다. 그런 학생들은 공부하는 데 전혀 관심이 없고 다른 사람들에게도 아주 못되게 군다. 결과적으로 많은 교사와 직업 개발 수업이 점점 더 극단적인 조치를 취함으로써 아이들을 자리에 앉힌 뒤에 입 닥치고 공부하게 만들고 있다.

수업을 큰 계획의 일부로 구성하려고 노력하라. 그날의 핵심은 수학 또는 과학 프로젝트의 50분 수업이 될 수도, 역사 수업의 토론 시간이 될 수도 있지만 궁극적 방향은 당신 머릿속과 학생들 마음속에 있는 더 큰 그림이 되도록 노력하라. 수업 중에는 그날 수업 내용과 연결되는 다음 수업과 프로젝트에 대해 계속 언급하는 것이 효과적임을 알게 될 것이다. 나는 수업을 마칠 때 지금 배운 내용과 연결되는 내일 배울 내용에 대해 자주 이야기한다. 나는 아이들과 문학작품을 읽다가 관심이 최고조에 달한 순간 멈추기도 한다. 아이들은 무슨 일이 벌어지는지 알려면 내일까지 기다려야 한다는 것을 알고 아쉬운 투정을 부린다. 이 전략은 학생들의 흥분을 고조시킨다. 주말에 고등학교 학생들과 수업할 때는 그해 후반에 하게 될 것과 직접적으로 연결되는 부분을 읽고 공부한다. 학생들도 이런 사실을 알고 있기에 스스로 집중한다. 수업을 미래와 연결시키면 현재가 한층 더 평화로워질 것이다.

젊은 교사들 대부분은 품행이 완벽하지 못한 학생들을 다그친다. 이는 작문 숙제를 채점하면서 손에 빨간 펜을 들고 오타 하나하나에 동그라미를 치고 문법적 오류가 있는 구문을 일일이 수정하는 것이나 마찬가지다. 우리 교사들은 실수를 바로잡으라는 훈련을 받는다. 우리 직업 설명에 그렇게 나와 있다. 하지만 우리가 교관처럼 학생의 모든 행동을 하나하나 통제하려 하는 것은 문제가 된다. 그럴 경우 우리는 어떤 가르침도 끝맺지 못할 것이다. 우리가 학생과 함께하고 있는 이 순간이 긴 여정임을 잊어서는 안 된다. 어떤 것은 훗날을 위해 잠시 접어 둬도 된다. 별것 아닌 일로 속 태울 필요는 없다. 나도 수업 중에 수십 가지 바르지 못한 행동들을 목격한다. 젊은 시절이었다면 즉각 주의를 줄 행동들이지만, 세월이 흐르면서 행동을 바로잡는 데 쓰는 에너지를 좀 더 완벽한 수업을 만드는 데 더 잘 쓸 수 있다는 것을 알게 됐다. 그렇게 하다 보면 잘못된 행동들이 줄고 아이들은 더 많은 것을 배운다.

지금부터 내가 가르치기 힘들었던 세 학생에 대해 이야기하겠다. 이 아이들은 같은 반이 아니었지만 모두가 새 학년을 시작한 지 이틀이 채 지나기 전에 앞으로 내 인내심을 시험할 아이들이구나, 하는 생각이 들게 해 줬다.

## 말썽쟁이도 학생 가운데 하나일 뿐이다

.

애나는 예쁘고 굉장히 똑똑한 아이였다. 늘 말을 많이 했고 가끔은 지금 배우는 주제에 대해 이야기하기도 했다. 하지만 다른 사람의 말을 자르기 일쑤였고, 담임선생님을 무시하곤 했으며, 자신의 말재간으로 학교를 무난히 졸업할 수 있으리라 생각했다. 그해 반에서 영어를 쓰는 몇 안 되는 부모를 둔 덕분에 시험을 쉽게 통과했고 언어 능력도 뛰어났다. 그러나 애나는 타인에 대해서는 상당히 둔감했다. 때로는 정확하지만 잔인한 관찰력으로 친구들을 모욕하며 상처 주는 등 대놓고 심술을 부리기도 했다. 몇몇 아이들은 애나를 무서워했다. 애나의 레이더에 걸렸다가는 언어폭력으로 씻을 수 없는 상처를 입을 수도 있었기 때문이다.

나는 애나에게 잘 대해 줬는데, 그 점이 애나와 반 친구들에게는 놀라운 일이었다. 애나가 수업 시간에 집중하지 않아도 나는 수업을 계속했다. 며칠 뒤에 나는 애나를 조용히 불러 교실에서의 예의 바른 행동에 대해 이야기했다. 그러자 애나는 눈물을 흘리며 지금까지 만나 온 모든 선생님이 자신을 오해하고 부당하게 대했다고 설명했다. 나는 애나의 엄마를 학교로 불렀다. 애나의 엄마는 좋은 사람이었고, 기꺼이 상담하러 학교로 나와 줬다. 우리는 애나가 다른 사람을 좀 더 배려하는 법을 배워야 할 것 같다는 내 걱정에 대해 이야기를 나누었다. 나는 애나가 다른 아이들이 말할 때 주의를 기울이지 않는 일이 자주 있다고 설명했다. 또 애나가 과제물을 대충 해서 제출한다는 점도 지적했다. 그랬더니 애나의 엄마는 매우 기쁘다는 듯 애나가 다른 아이들에게 주의를 기울이지 않는 것은 애나의 지적 능력이 다른 아이들보다 뛰어나기 때문이고, 중요한 것은 과제 내용이므로 형식이 엉성하다고 해서 문제 될 것은 없으며, 보여 주는 것이 중요하다는 내 관점은 어리석고 유치한 발상이라고 반박했다. 나는 미소를 지으며 학교까지 나와 줘 고맙다고 인사했다.

교사가 어떻게 해야 한단 말인가? 우리는 늘 학생이 말을 듣지 않고 가정에서 학생을 뒷바라지하지 않는 상황에 직면한다. 그래도 우리는 학생들이 배우길 원하고 우리 반이 효율적으로 운영되길 바란다.

그렇기 때문에 많은 교사들이 엄격한 방법으로 공포심을 조성해 애나 같은 학생을 입 다물게 만드는 것이다. 애나가 나를 무시할 때 나는 거기에 별 반응을 보이지 않고 관심을 주지 않음으로써 그래도 수업은 계속된다는 가르침을 주었다. 시간이 지나면서 애나의 행동은 나아지기 시작했다. 무례한 말들을 내뱉는 방법으로는 누군가의 관심을 받을 수 없음을 깨달은 것이다. 여기서 분명히 짚고 넘어가자. 이 어린 소녀는 나 때문에 변한 것이 아니다. 갑자기 신이 나타나 애나의 행동을 변화시켜 테레사 수녀처럼 만든 것이 아니다. 그러나 시간이 흐르면서 애나는 조용해졌고, 수업 시간에도 바르게 행동했으며, 무엇보다 단 한 명의 학생 때문에 다른 학생들이 교사의 독재를 견뎌야 하는 일도 일어나지 않았다. 애나는 우리 교실에서 공부하는 아이들 서른네 명 중 하나였다. 이 점을 애나는 이해하게 됐고, 자신이 사실은 교실을 구성하는 매우 작은 일부일 뿐이라는 것을 깨닫게 됐다. 그리고 애나의 달라진 행동은 반 친구들을 설레게 했다.

## 억지로 문 앞까지 끌고 가지 마라

•

알렉스는 다른 유형의 학생이었다. 친구들을 다치게 하거나 괴롭히는 유형이 아니었다. 굉장히 똑똑한 아이였고 무례하게 굴지도 않았다. 다만 작은 문제가 하나 있었다. 사실상 공부를 전혀 하지 않았다. 수학 문제를 풀고 작문 숙제를 하기보다는 비디오게임 생각만으로 머릿속이 가득 차 있었다. 매일같이 비디오게임 캐릭터가 그려진 티셔츠를 입고 등교했고, 늘 좋아하는 게임에 등장하는 캐릭터를 끼적거렸다. 알렉스를 따로 불러 이야기하거나 함께 앉아 과제를 거들지 않고 넘어가는 날이 하루도 없었다. 숙제는 해 오는 일이 거의 없어서 늘 수업 시간에 숙제를 마치느라 허둥댔다. 나는 알렉스가 숙제를 마칠 수 있도록 매일 오후에 진행되는 특정 미술 프로젝트에 참여할 기회를 주지 않았다. 알렉스가 집에서 뭔가를 끝내 오리라고는 기대할 수 없었기 때문이다. 알렉스의 엄마는 거의 집에 없어서 알렉스를 길러 준 할머니에게 이야기를 했는데, 겨우 열 살짜리 아이가 하루 여덟 시간에서 열 시간씩 비디오게임을 하는 게 뭐가 어떠냐는 답변만 들었다. 알렉스는 새벽 5시에 일어나 게임을 하다가 학교에 왔고, 마지막 수업이 끝나는 종소리가 울리기 무섭게 손에 조이스틱을 쥐고 있었다.

한번은 어떤 학교를 방문했는데, 그곳 교사들은 빈정대는 말이 아니라 진심으로 얘기하길, 학생들을 발로 차고 소리를 질러서라도 대학에 집어넣을 것이라고 했다. 학생에게 최선이 무엇인지 알고 있는 상황에서는 이런 식으로 느끼는 것도 이해할 만하다. 하루 종일 앉아서 아무것도 안 하고 게임만 하는 학생은 많은 기회를 놓치게 되리라는 데는 많은 사람들이 동의할 것이다.

내가 방문한 이 학교는 학생들이 숙제를 해 오지 않거나 수업 시간에 딴짓을 하다가 걸리면 특이한 벌을 받았다. 바로 학교가 끝난 뒤에 남아서 두 시간 동안 시계를 쳐다보고 있어야 하는 벌이었다. 교사는 학생이 벌을 다 받을 때까지 교실에 함께 앉아 있었다. 이것이 이 학교의 보통 광경임을 감안할 때 나는 과연 이 방법이 효과가 있을지 의문이 든다. 매일 몇 명씩 학교에 남겨 시계를 쳐다보게 하면 그중 몇몇은 결국 그 같은 끔찍한 처벌을 피하고자 집중할지도 모르겠다. 그러나 가장 타당한 결과는 아이들에게 흥미를 잃지 않게 하면서 부적절한 행동을 고치고 집중해야 하는 진짜 이유를 일깨워 주는 것이 돼야 한다. 가르침은 즐거운 경험이어야 하는데, 격려가 아닌 강압을 통해 수업에 집중하게 만든다면 즐거움을 찾기 힘들 것이다.

물론 알렉스도 마치지 못한 과제에 따른 결과와 마주쳐야 했다. 기초적인 과제조차 안 해 온 날에는 좋아하는 미술 프로젝트에 참여하지 못하고 수학 과제나 작문 숙제를 마쳐야 했다. 하지만 문은 늘 열려 있었다. 과제를 제대로 마치면 나머지 활동에 참여할 권리를 얻었다.

우리 반의 사명은 배려하고 최선을 다하는 것이다. 우리 사명이 배려하는 것인데 내가 알렉스에게 소리를 지른다면, 일관되지 못한 메시지를 전달하는 셈이다. 나는 매일같이 알렉스와 함께 시간을 보내면서 이야기를 해 주고 그 아이의 생각을 들었다. 나는 알렉스에게 그를 돕기 위해 끊임없이 노력하는 어른으로 보이길 원했으므로 알렉스를 달래서 과제를 마치도록 도와줬다. 알렉스에게는 자신의 잠재력을 믿어 주는 누군가와 함께 시간을 보내는 것이 중요했다. 비록 그 믿음에 대한 근거는 거의 보여 주지 못했지만 말이다. 그래도 결국 공부하기로 결정을 내리는 사람은 알렉스여야 했다. '전교생이 공부하는 학교', '전교생이 대학에 가는 학교'라는 현수막을 자랑하듯 내거는 요즘 교육 환경에서는 두 가지를 예측할 수 있다. 우선 칭찬받을 만한 감상을 가득 담은 목표에도 불구하고 그런 일은 일어나지 않으리란 것이다. 학생들이 이러한 목표를 달성하지 못하면 젊은 교사들은 낙담해서 포기한다. 높은 기대치도 중요하지만 비현실적인 기대치는 어느 누구에게도 도움이 되지 않는다. 알렉스에게 밝은 미래가 기다리고 있다고 생각하진 않는다. 지금의 길을 계속 걷는다면 알렉스에게 밝은 미래는 없으리라는 걸 알고 있다. 그렇기 때문에 매일같이 알렉스를 다독인다. 몇 년이 지나 언젠가는 성실한 학교 공부의 가치에 대해 설명했던 나의 조언들이 알렉스의 사고방식에 조금이나마 영향을 미칠 수 있기를 바라는 것이다. 물론 알렉스를 협박해서 과제를 하게 만들 수도 있었지만, 사실 그런 방법은 도움이 되지 않았을 것이다. 결국에는 알렉스 스스로 숙제를 해야 한다. 나는 소리를 지르고 손을 잡아 주는 것이 학생을 위한 최선의 방법이 아님을 알게 됐다. 학생들은 또한 다른 아이들에게도 선생님의 관심과 지원이 필요하기 때문에 아무리 도움이 필요해도 선생님이 자기하고만 시간을 보낼 수는 없다는 점을 이해해야 한다.

**우등생보다 올바른 학생으로**

•

학생을 범죄자로 부른다는 게 다소 가혹해 보일 수 있겠지만 도둑질한 아이를 잘했다고 말하지는 말자. 학교에는 도둑질을 하는 아이들이 있다. 학생들이 자기 소유가 아닌 물건을 가져가도 된다고 생각하는 이유를 분석하는 것도 흥미로운 일일지 모르지만, 실제로 그런 사건이 일어나면 프로이트<sup>Sigmund Freud</sup>가 되어 도둑질한 학생의 심리를 파헤쳐 볼 만한 시간이 없는 경우가 대부분이다. 가정교육(또는 가정교육의 부재), 욕심, 또래 친구를 비롯한 수많은 다른 요인들이 문제의 원인이 될 수 있다.

우리 교실에는 아이들이 맡은 일을 수행하고 그에 따른 급여를 매달 받는 경제 체계가 있다. 교실 곳곳에는 '현금'이 놓여 있기도 하다. 모노폴리 게임(부동산을 사고파는 보드게임의 일종 — 옮긴이)에서 쓰는 돈과 비슷하게 생긴 이 종이돈에는 유쾌한 그림과 급훈이 인쇄돼 있다. 지폐 액면가는 25달러, 50달러, 100달러의 세 가지다. 대개 화이트보드 선반이나 뒤쪽 탁자에 놓여 있는 이 돈에 아이들은 손을 대지 않는다. 호바트 셰익스피어 연극반은 정직하다. 정직은 학생들이 상당히 진지하게 생각하는 가치다.

그런데 한번은 엄청나게 많은 돈을 예금하러 온 여학생 때문에 '은행장'이 당황한 사건이 있었다. 학급에서 가장 돈을 잘 버는 학생도 이 여학생이 손에 쥐고 있는 만큼의 현금을 번 적은 없었다. 은행장은 즉시 내게 알렸고, 나는 데보라를 한쪽으로 불러 돈이 어디서 났는지 물었다. 그런 게 아니라며 납득할 수 없는 말로 몇 차례 부인하더니, 마침내 내가 몇몇 아이들과 클래식 기타 수업을 하고 있던 쉬는 시간에 돈을 가져갔다고 털어놓았다.

도둑질은 심각한 문제다. 수업 시간에 껌을 씹는다거나 숙제를 잊어버렸다거나 하는 것과는 차원이 다르다. 나는 데보라와 긴 얘기를 나누며 이 어린 소녀가 생각하지 못했던 끔찍한 현실을 지적해 줬다. 나는 이 상황에 대해 상의하려고 데보라의 부모님에게 연락했고, 딸이 도둑질을 했다는 사실에 놀란 부모님은 내 노력을 전적으로 지지해 줬다. 그들은 다른 두 자녀는 한 번도 그런 짓을 한 적이 없다고 내게 말해 줬다. 그중 한 아이를 가르친 적 있던 나는 그들의 말이 진심이고 사실이라는 것을 알았다.

데보라는 56호 교실에서 신성시하는 신뢰를 깨뜨렸다. 결과적으로 데보라는 심각한 상황에 처하게 됐다. 데보라는 학급 친구들과 나에게서 방과 전후의 즐거운 시간을 누릴 권리를 가질 만하다는 인정을 받을 때까지 모든 자율 학급 활동에서 제외됐다. 화장실에 갈 때도 반드시 다른 학생과 함께 가야 했다. 데보라는 부정한 행동 때문에 수업 중에 화장실에 가고 싶다는 단순한 요청조차 의심을 받게 된다는 것을 알아야 했다. 그러나 반 친구들은 모두가 나를 본보기 삼아 데보라에게 함부로 행동하거나 무례하게 굴지 않았다.

데보라는 여전히 우리 반 학생이었고, 결국 친구들에게 다시 한 번 기회를 얻기 위해 회의를 요청했다. 두 번의 회의를 거쳐 마침내 데보라는 다시 모든 학급 활동에 참여하게 됐다. 데보라는 큰 실수를 했지만 실수를 만회할 수 있는 문이 열려 있지 않았다면 자신의 행동을 고치기 위해 노력하겠다는 동기를 얻지 못했을 것이다.

부정행위는 학교뿐만 아니라 사회에서도 심각한 문제다. 많은 교사들이 시험 부정행위를 우려하는 것도 이해할 만하다. 그래서 학생들 사이에 판지로 가름대를 놓아 다른 학생의 시험지를 엿보지 못하게 하는 방법을 쓰기도 한다.

나는 학생들이 시험을 칠 때 가름대를 사용하지 않는다. 이 경우 학생들이 부정행위를 저지를 가능성이 훨씬 높아진다는 것이 사실이다. 또 교사가 시험 중에 모든 부정행위를 사실상 제거할 수 있는 힘을 갖게 된다는 것도 사실이다. 교사가 가름대를 사용하고 썩은 고기를 찾는 독수리처럼 교실을 돌아다니면 대부분 학생들은 옆에 앉은 학생의 시험지를 엿보거나 책상 밑에 넣어 둔 쪽지를 훔쳐볼 기회를 얻을 수 없을 것이다.

나는 의도적으로 이런 방법을 사용하지 않기로 결심했다. 나의 교실 관리 목표는 학생들에게 스스로를 관리하는 법을 가르치는 것이다. 그리고 궁극적으로는 데보라가 도둑이 아니니 도둑질을 하지 않게 되길 바란다. 나는 일관된 메시지를 갖고 솔선수범함으로써 학생들이 교실에 놓여 있는 학급비를 탐내지 않고 부정하게 정답을 찾기보다는 정직하게 오답을 선택하는 정직함을 마음속에 새기길 바란다.

최근 실시된 여론조사에서 95퍼센트의 고등학교 학생이 이전 학년에서 부정행위를 저지른 적 있다고 인정한 사실을 감안할 때, 누군가의 마음에 진정한 도덕심을 키워 준다는 것은 돈키호테 같은 발상일지도 모르겠다. 그렇다면 좋다. 나는 기꺼이 로시난테(돈키호테의 애마—옮긴이)에 올라타 풍차를 공격하겠다. 공포와 위협으로 반 전체가 부정행위를 저지르지 못하게 막을 수도 있지만, 이런 방법을 쓴다면 지금은 아니더라도 결국 언젠가는 부정행위를 저지르게 된다. 내 목표는 학생들이 시험을 잘 칠 수 있는 기회를 주는 것이지만, 그보다 중요하게는 우리 교실에서 심은 씨앗으로 싹을 틔워 정직함이라는 행동 규칙을 마음에 새기도록 하는 것이다.

## 학생 안의 '어른'스러움을 끄집어내라

•

메시지가 제대로 전달되도록 하려면 교사들이 결과를 설명할 때 사용하는 언어가 중요하다. 학생들에게 사용하면 좋은 효과를 얻을 만한 대화법이 하나 있다. 학교에서 젊은 교사들이 자주 겪는 상황은 공들여 가꿔 놓은 교실 모습이 자기만 없으면 여지없이 무너진다는 것이다. 특정 교사가 주변에 있을 때만 학생들이 바르게 행동한다면 사실 그것은 학생들이 전혀 바르게 행동하고 있지 않다는 신호다. 아이들이 열심히 공부하고 바르게 행동하는 이유가 선생님의 카리스마 때문이든 엄격한 규칙 때문이든, 궁극 목표는 학생들이 학교에서 훌륭하게 학업을 수행하도록 하는 것이다. 그 가치는 학생들 안에 있는 것이지 학생과 상관없이 외부에서 강요할 수 있는 것이 아니기 때문이다.

이 점에 대해서는 이미 언급한 바 있지만 다시 한 번 강조해도 좋을 것이다. 새 학년이 시작되고 얼마 안 된 시점에 나는 반 아이들이 지켜보는 앞에서 한 학생을 불러내 내 옆에 앉힌다. 그리고 다음과 같은 대화를 나눈다.

레이프 : 데이비드, 방금 내게 다저스 경기 티켓이 생겼는데 너랑 함께 가고 싶구나. 부모님께 너를 경기장에 데려가도 좋을지 물어보면서 선생님이 너를 '조금' 돌보겠다고 약속하면 허락해 주실까?

데이비드 : 아니요! (이 우스꽝스러운 질문에 여기저기서 웃음이 터진다.)

레이프 : 좋아. 그렇다면 너를 '많이' 돌보겠다고 말씀드리면 어떨까?

모든 아이 : 절대 안 돼요! 당연히 안 되죠! (이쯤 되면 아이들은 질문의 의도를 파악한다.)

레이프 : 선생님은 잘 이해가 안 되는구나. 다저스 경기 티켓은 구하기 어려운데!

데이비드 : 선생님은 저를 '항상' 돌봐 주셔야 해요.

레이프 : 그렇지. 선생님은 그래야 하지.


대화가 시작된다. 우리 반은 '항상'을 좋아한다. 우리는 다른 사람이 말할 때 항상 귀를 기울인다. 항상 옳은 일을 하는 사람을 존경한다. 치과 의사가 치아를 치료할 때는 항상 집중해 주길 바란다. 도로의 운전자는 항상 주의를 집중해야 한다. 연극을 보러 가면 배우들이 항상 대사를 또렷하게 말하길 기대한다. 아이들은 수십 가지 흥미로운 예를 제시한다.

드디어 관심이 집중되는 것이다. 선생님이 주변에 있을 때만 아이들이 바르게 행동한다면 실제로는 바르게 행동하는 것이 아니다. 손님이 교실을 방문해 뭔가 말하려고 하면 우리는 집중한다. 집중하는 것이 예의 바른 태도이고 마땅히 해야 할 일이라고 생각하기 때문이다. 집중하지 않으면 두 시간 동안 시계를 쳐다보고 있어야 하기 때문이 아니라, 집중하는 것이 모두에게 이로운 윈윈 상황이라는 것을 이해하게 됐기 때문이다. 말하는 사람은 자신의 말을 잘 전달할 수 있어서 이롭고, 들는 사람은 말하는 사람에게서 가치 있는 뭔가를 배울 수 있는 기회를 얻어서 이로우며, 교실의 다른 학생들 역시 뭔가를 배울 권리를 무례한 학생에게 박탈당하지 않아서 이롭다.

학생들로 하여금 바르게 행동하도록 강압적으로 접근하는 걱정 많은 교사들이 있다. "네 인생을 망치고 싶다면 내가 상관할 바 아니지만 내 교실에 있는 이상은 행동을 똑바로 해야 할 거야. 내가 감시하는 동안에는 우리 교실을 망칠 수 없어"라는 말로 학생을 야단치는 교사도 있을 것이다.

열정은 칭찬할 만하다. 초보 교사 시절에는 얼마든지 이런 과정을 밟을 수 있다. 그러나 잘 생각해 보길 바란다. 궁극적인 목표는 학생들이 인생에서 도움이 될 바른 행동을 마음에 새기도록 하는 것이다. 우리가 학생들을 부당하게 대하고 그들에게 창피를 주어 굴복시킨다면, 교사에게 도움이 될지언정 학생에게는 도움이 되지 않는다.

가르치는 일은 내적인 작업이다. 이성과 논리와 공정함이 있어야 한다. 물론 단호한 태도도 필요하지만 화가 폭발할 것 같은 순간에도 냉정을 잃지 말아야 한다. 결국 정말로 중요한 것은 교사의 감시가 아니라 학생 스스로의 감시라는 것을 기억해야 한다. 이 점을 명심하라. 그러면 언젠가는 당신이 가르친 많은 학생들의 행동에 항상 존중과 품위가 배어 있을 것이다. 당신이 보든 말든 신경 쓰지 않는다. 자기 자신만을 신경 쓸 뿐이다.

→ **에스퀴스의 제안** ←

- 교실을 관리할 때는 언어 선택이 중요하다. 학생들을 협박해 고분 고분한 죄수로 만들지 않도록 주의하라. "내가 그러라고 했으니 까" 같은 식의 표현이 단기적으로는 효과가 있을지 모르나, 단호 하고 합리적인 접근 방식으로 교실의 규칙을 세우는 편이 장기적 으로 봤을 때는 훨씬 더 효과적일 것이다.

- 아이들에게 자기 절제를 가르치는 데는 많은 시간이 필요하다. 학년 초에는 아이들에게 스스로의 행동에 책임질 수 있는 기회를 줘도 많은 실수들이 나올 테니 이에 대비해야 한다. 이러한 실수 를 학생들에게 더 나은 행동 방식을 가르칠 수 있는 기회로 사용 하자.

- 정규 교과 외에 학급 토론회를 열어, 이전 학년의 학급 규칙에 대 해 어떤 경험들을 갖고 있는지 들어 보자. 점심시간은 학생들에게 과거에 겪은 좋은 경험과 나쁜 경험에 대한 이야기를 듣기에 좋은 시간이다. 당신이 학생들의 감정에 진심으로 관심을 보인다면, 아 이들은 당신이 제안하는 교실 안팎에서의 행동 방식을 좀 더 쉽게 받아들일 것이다.

- 말을 너무 많이 하지 않도록 노력하자. 목표는 학생들이 각자의 행동에 책임을 지게 하는 것이다. 대화를 나눌 때 당신이 말하는 시간을 줄일수록 아이들은 더 많은 시간을 자신들의 행동에 투자 할 것이다.

chapter
5

한발 물러서서 바라보면
교단이 달라보인다

내가 아는 한 훌륭한 교사가 한번은 내게 '모든 것은 ⋯ 투쟁'이라는 책을 써 보라고 제안한 적이 있다. 그는 거창하지 않은 목표를 달성하는 데도 장애물에 부딪혀 포기해야 하는 자신의 처지를 한탄하던 중이었다. 규칙이니 규정이니 하는 것들이 사사건건 그의 아이디어를 가로막았다. 그는 만일 자기 반에서 암 치료제를 발견하면 암 옹호 기관에서 나와 학생들에게 그 정보를 세상에 알리지 못하도록 명령을 내릴 거라며 쓴소리를 했다.

물론 농담으로 한 말이지만 그의 불만이 허튼소리만은 아니다. 실제로 큰 성공을 거둔 한 사업가가 우리 교실을 후원할 생각으로 이런저런 상황을 확인하러 들른 적이 있다. 늘 학생들을 맞이하고 떠나보내는 교

당신이 최고의 교사입니다
108

사의 삶에 매력을 느낀 그는 한 주에 몇 시간만 56호 교실에서 보내려던 계획을 바꿔 일주일 내내 우리와 함께 지냈다. 모든 회의에 참석해 수업 계획을 살펴보았고 내가 재학생, 졸업생, 학부모, 행정관, 방문객을 만날 때마다 그림자처럼 따라다녔다. 한 주를 마친 그는 평생 후원자가 됐는데, 그보다 더 좋은 일은 우리가 멋진 친구 사이가 됐다는 것이다. 그는 이런 의견도 내놓았다.

"레이프 선생님, 선생님의 가장 훌륭한 점은 지난 25년 동안 아직 아무도 죽지 않았다는 거예요!"

나는 웃음을 터뜨렸지만 그는 내 웃음을 가로막으며 말했다.

"정말이에요. 이런 환경에서 어떻게 침착함을 잃지 않고 살아남을 수가 있지요? 어떻게 그토록 냉정하세요? 이번 주만 해도 아무리 참아도 소리는 질렀을 테고 참지 않았다면 코라도 부러트렸을 것 같은 사람들을 만났는데 말이에요. 비결이 뭔가요?"

## 나는 왜 교단에 섰을까

•

이 질문에는 두 가지 답이 있다. 큰 계획이라 할 만한 대답은 항상 아이들이 지켜보고 있음을 기억하는 것이다. 학생들이 다른 사람들을 대할 때 예의를 갖추고 존중하길 원한다면 나부터 그렇게 해야 한다. 사람들이 무례하게 굴 때가 바른 행동을 배워야 할 가장 중요한 시기일 것이다. 학생들이 지켜보는 앞에서 우리 교사들은 학생들이 학교에서는 물론이고 그 너머 세상에서도 다른 사람과 어떤 방법으로 관계를 맺을지 선택할 수 있다는 것을 보여 주어야 한다.

나는 또한 실용적인 이유에서 '조용한 사람'이 되는 것이 최선이라는 사실을 깨닫게 됐다. 우리 교사들이 화를 내는 이유는 대개 학생을 진심으로 생각하기 때문이거나, 수많은 어린 학생들이 좀 더 나은 삶을 사는 데 도움을 주려고 진행하는 프로젝트에 정성을 다하기 때문이다. 이 분노와 대의를 위해 기꺼이 싸우고자 하는 의지는 좋은 의도에서 비롯된다. 일주일에 8일을 무관심한 교사보다는 차라리 혈기 왕성한 교사가 낫다. 하지만 혈기 왕성한 교사보다 더 좋은 교사는 '능률적인' 교사다.

다음은 너무 힘든 일을 겪고 교직을 떠났다가 한 번 더 시도해 보려고 고민 중인 한 젊고 헌신적인 교사가 내게 보낸 편지다.

처음 교단에 섰을 때 제 열의는 정말이지 대단했습니다. 음악을 하는 사람으로서 학생들에게 음악을 가르치는 것이 굉장히 중요한 일임을 알았지요. 제가 가르치는 학교에는 음악 커리큘럼이 없었습니다. 그나마 비슷한 것이 '종합 예술' 교사가 가르치는 수업이었는데, 이 선생님은 수업 시간마다 아이들에게 소리를 질러 댔습니다. 당연한 얘기지만 그 때문에 아이들은 예술 활동에서 얻을 수 있는 기쁨을 전혀 누리지 못했습니다. 그래서 저는 새 학년을 시작하면서 아침 일찍 음악반을 운영하겠다고 약속했습니다. 학생들에게 기타와 글로켄슈필, 베이스, 멜로디언을 연주하는 법을 가르쳐 줬지요. 아이들은 아주 좋아했고 저 역시 그랬습니다. 당연히 제 시간을 쪼개서 아이들을 가르쳤기 때문에 돈은 받지 않았습니다. 그런데도 교장 선생님은 제게 아침 음악반의 수업 계획서를 제출하라고 요구했습니다. 제가 석사 논문을 준비하면서 했던 것을 그대로 하는 것이기 때문에 수업 계획서는 없다고 말씀드렸더니 그 즉시 프로그램을 중단시켜 버렸습니다. 저는 상처를 받았지만 아이들은 절망에 빠졌습니다. 아이들과 한 제 약속은 지켜지지 못하게 됐습니다. 신뢰가 바탕이 돼야 하는 교실에서 수많은 약속들을 해 왔지만 학교 정책과 행정 한계 때문에 약속을 지키지 못한 건 그때가 처음이었습니다. 재미는 모두 창밖으로 내던져졌습니다. 저는 우리 반에서 매달 열리는 경매와 다른 '과외' 활동(예를 들어 인생과 감정에 관한 이야기나 좋은 사람이 되는 길에 관한 이야기를 나누는 활동) 중에 교장이 들어오지나 않을까 두려워하며 살았습니다. 저는 결국 교장 선생님이 학교에 안 계신 날을 골라 이 중요한 수업들을 이어 가려고 했지만, 제가 방법을 찾았을 때는 아이들이 더 이상 저를 진지하게 생각해 주지 않았습니다. 아이들을 탓하진 않습니다. 아이들은 그저 엇갈리는 메시지들을 받았을 뿐입니다. 교장 선생님이 주변에 계실 때는 냉철한 교관처럼 굴다가, 교장 선생님이 사라지면 공부 잘하는 것도 중요하지만 그보다는 예의 바르고 배려할 줄 아는 사람이 되는 것이 더 중요하다는 점을 일깨워 주려고 노력하는 상반된 모습을 보여 줬으니까요.

교장 선생님이 제게 심어 준 두려움이 결국 우리 교실로까지 찾아들어 모든 것이 두려움에서부터 출발하게 됐습니다. 그 학년이 끝날 때쯤 저는 일주일이 멀다 하고 말싸움과 몸싸움을 벌였습니다. 저의 교실 운영 기술과 관련해 신랄한 질책을 받았고, 다른 직업을 생각해 봐야 할 것 같다는 말까지 들었습니다.

어쩌면 교장 선생님의 말씀이 맞는지도 모릅니다. 저는 지금까지 제가 이룬 것들을 자랑스럽게 여겨왔습니다. 그런데 마지막 학년을 끝으로 제 모든 노력은 망설임과 회의, 극도의 절망이라는 구름 속으로 증발하고 말았습니다.

1년 내내 괴롭힘을 당한 저는 학년 말 교사 평가에서 교장 선생님에게 '만족스러움'이라는 평가를 받았습니다. 제 교실 운영이 만족스러웠다면 그렇다고 말해 줬어야 하는 게 아닌가요? 하지만 교장 선생님은 이 소식을 제게 전하면서 교육청 기준이 자기 기준보다 훨씬 낮아서 그런 것이지 사실 저는 '만족스러움'이라는 평가를 받을 자격이 없다고 했습니다. 당연히 그랬겠지요.

그렇게 저는 지금 유럽의 기능성 신발을 팔고 있는 신세가 됐습니다. 스트레스도 거의 없고 수당으로 돈도 꽤 많이 벌 수 있습니다. 선생님께 편지를 쓰기까지 참 힘들었습니다. 지난해를 떠올리는 것조차 괴로웠습니다. 제 첫 교직 생활은 너무 많은 고통으로 점철됐습니다. 제 두려움을 물리치고 성공적으로 다시 교실로 들어서고 싶습니다. 제가 포기한다면 제 자식들에게 무슨 본보기가 되겠습니까?

참으로 학생들에게 줄 것이 많은 훌륭한 사람이다. 하지만 훌륭한 사람들에게도 한계점이란 게 있다. 그는 교실을 떠날 수밖에 없었다고 말하지만, 정작 가장 큰 비극은 학생들이 최대 피해자라는 점이다. 그가 교실로 돌아간다고 해도 똑같은 절망들이 그를 기다리고 있다. 침착함을 잃지 않는 것이 교사 자신과 학생들에게 가장 좋은 길이다.

첫발을 내디딘 교사들에게 하고 싶은 제안이 있다. 교실로 들어서는 하루하루 원대한 전략을 세워라. 수업 계획과는 다르다. 아무리 철저히 준비했어도 상황이 각본대로 돌아가지 않을 수 있음을 이해해라. 단순하게는 긴급회의부터 당신의 수업을 '우려'하는 교육청 공무원의 갑작스러운 방문에 이르기까지, 마차 바퀴가 굴러가지 못하게 만드는 사람 또는 상황 때문에 당신의 하루하루는 자주 방해를 받는다. 매일 아침 수업이 시작되기 전에 나는 그날을 성공적으로 보냈다고 느끼기 위해 완수해야 할 일을 두세 가지 선택한다. 내 수업 계획서에는 열다섯 가지 목표가 있을 수 있지만, 내가 바라는 모든 일이 그대로 이루어진 날은 거의 없었다. 그래서 나는 우선순위를 정한다. 문구를 빌리자면, 나는 보상에 시선을 고정한다. 누가 봐도 화가 날 만한 장애물이 눈앞에 놓여 있으면 나는 그 즉시 그날 완수해야 할 임무를 떠올린다. 교사가 누군가와 싸움을 벌여 원하는 목표에 도달하는 일은 거의 없다. 싸움에는 명분이 없다는 얘기가 아니다. 하지만 나는 폭력을 당해 초점을 잃거나 같이 맞서 싸우기보다는, 그러고도 학생들이 배우고 성공하는 데 이롭도록 정당한 분노를 사용하는 훌륭한 교사들을 많이 봐 왔다. '조용한 사람'이란 겉으로 보기에는 전투에서 진 사람이지만 겸손하게 전쟁에서 승리하는 사람이다.

**현실에 실망하지 않고 현실을 이용한 F 선생님**
.

F 선생님은 내가 운 좋게도 수업에 참관한 적 있는 총명하고 창의적인

4학년 선생님이다. 내가 다소 주관적인 평가를 내리고 있다면 사과해야 할 일이지만, 나는 그녀가 어렸을 때부터 그의 가족을 알아 왔고 그때 이후로 그녀는 조금도 변하지 않았다. 그녀는 멋진 아이였고 훌륭한 학생이었다. 어린 시절 가족과 래프팅 여행을 떠났을 때도 점심시간에 강가에서 읽으려고 책을 가져갔다.

그녀가 처음 교사가 되고 2~3년은 좌절의 연속이었다. 여느 초보 교사들과 마찬가지로 교실을 바르게 운영하면서 자기 목소리를 찾느라 갈수록 고통이 심해지고 있었다. 하지만 흔히 그러하듯 학생들이 가장 큰 문제는 아니었다. 학교는 읽기 수업에 대본이 있는 기초 읽기 교재를 사용했는데, F 선생님은 훌륭한 문학작품을 사용하고 싶어 했다. 재미없는 국정 교과서로 아이들을 지겨워 죽게 만드느니 《나니아 연대기 The Chronicles of Narnia》를 읽히는 편이 더 낫겠다고 느꼈기 때문이다. F 선생님이 교직 2년차 중반에 접어들었을 때 그녀의 4학년 학생들은 독서광이 되어 학교에 있지 않을 때도 틈만 나면 책을 읽었다. 독서에 재미 붙인 아이들의 욕구를 채워 주려고 F 선생님은 너무 많은 교사들이 그러하듯 자기 주머니를 털어 학생들이 탐독할 만한 흥미진진한 소설들로 가득 찬 학급문고를 만들었다.

하지만 안타깝게도 선의의 행정관 두어 명이 일주일에 몇 차례 그녀의 교실을 방문하고는 우려를 나타냈다. 이 젊은 교사가 금서 목록을 무시했다는 것이다. 감독관 중 한 사람이 특히 신랄하게 F 선생님의 노력을 깎아내렸고, 그녀는 어찌해야 할지 몰라 몇 날을 고민에 빠졌다. 그녀는 아이들이 독서가로 빠르게 성장하리라 굳게 믿었고, 학교에서도 F

선생님이 가르쳤던 아이들을 받게 된 5학년 담임선생님들은 흥분을 감추지 못했다. F 선생님이 보낸 학생들은 교내에서 가장 열성적이고 가장 훌륭한 독서가들이었다.

하지만 비난은 그치지 않았다. 최후의 결정타는 그해 말 도착한 F 선생님의 평가서였다. 공문서에는 F 선생님의 학급에 책이 너무 많은 것이 잘못이라는 언급이 있었다.

이러니 젊은 교사들이 절망에 빠지지 않을 수 있겠는가?

F 선생님은 고래고래 소리를 지르며 항변하고 싶은 심정이었겠지만 평가서에 서명했고, 서명과 함께 자신에 대한 평가를 받아들였다. 겉으로는 감독관의 제안을 따르고 자신이 좋아하는 문학작품 대신 기초 읽기 교재를 사용했다. 시간은 더디게 흘러갔고 그들이 그녀의 교실을 방문하는 횟수도 줄어들었다. 그동안 다른 교사들이 걱정 많은 행정관들에게서 관심을 받았고, F 선생님은 그들의 레이더망에서 걸러졌다. F 선생님은 서서히 기초 읽기 교재를 사용하는 횟수를 줄이고 읽기 수업에 자신이 아끼는 고전소설을 사용했다. 교사 생활 4년째, 이 조용한 교사는 학생들에게 문학작품만을 읽히고 있었다. 그녀를 예의 주시하던 사람들은 다른 곳으로 관심을 돌렸고 더 이상 학교에 있지도 않았다. F 선생님은 이제 교직에서 10년을 보냈다. 역설적이게도 〈로스앤젤레스 타임스Los Angeles Times〉는 악명 높은 교사 평가 제도에서 F 선생님을 로스앤젤레스에서 가장 뛰어난 교사 가운데 한 사람으로 평가했다.

## 은밀하면서 유연하게, J 선생님과 함께한 금요일

•

주변 사람들이 입 다물고 있길 원하는 가운데서도 자기 목소리를 찾기 위해 F 선생님이 견뎌야 했던 것 같은 불합리한 상황들은 자주 일어난다. J 선생님은 학생들을 재미있게 해 주려고 어떤 학급 전통을 시작했는데, 다친 사람도 없고 교육청 교과과정에서도 벗어나지 않았음에도 반대에 부딪혔다.

J 선생님 역시 4학년 담임교사였다. J 선생님을 담임교사로 맞은 아이들은 운이 좋은 학생들이었다. 그녀의 성격은 수준이 높고 유쾌했다. 학생들은 자발적으로 많은 가외 시간을 교실에서 그녀와 함께 보내면서 흥미로운 프로젝트에 참여했다. 세 자녀의 엄마이기도 한 J 선생님은 옛날식 재미를 양념 삼아 교과과정에 버무려 넣을 때 엄격한 교과과정이 가장 큰 효과를 발휘한다는 것을 잘 알았다. 그녀는 페드로에게 8번 문제 정답이 무엇인지 묻는 차원을 넘어서는 관계를 학생들과 구축하길 원했다. 그래서 매주 금요일 반 아이들과 점심 식사를 함께하기로 결심했다.

계획은 지극히 간단했다. 금요일마다 학생들과 함께 줄을 서서 급식을 받은 뒤에 식판을 들고 다 같이 교실까지 걸어서 돌아오는 것이었다. 교실에 와서는 함께 식사를 하며 심각한 문제부터 우스갯소리에 이르기까지 다양한 주제로 이야기를 나누고 서로를 알아 가는 시간을 가졌다. 그 과정에서 아이들은 이제 막 끝마친 한 주를 되돌아보며 무슨 일이 있었는지를 떠올리고 다음 주에 나아갈 방향을 생각했다. 수업 시간은 건드리지 않았다. 학습 진도도 빠뜨리지 않았다. 헌신적인 교사는 늘 그렇듯이 기꺼이 자신의 점심시간을 포기하고 휴식 시간을 희생해 학생들을 도왔다. 그녀는 함께하는 점심 식사가 아이들이 사회적으로, 정서적으로 성장하는 데 도움이 된다고 믿었다. 점심 식사가 끝날 즈음에는 식판이 적절한 수거함으로 배출됐고, 교실은 티 하나 없이 깔끔해져 있었으며, J 선생님의 학생들은 제자리로 돌아와 그들의 하루를 마무리하면서 학교 교과를 정확히 따랐다.

머잖아 J 선생님은 교무처로 불려 갔다. 한 감독관이 교실에서는 음식이 허용되지 않으므로 이 같은 방식의 식사를 그만둬야 한다고 설명했다. J 선생님은 기가 막혔다. 아니, 솔직히 말하면 화가 났다. 교실로 피자를 배달시키거나 생일이나 특별한 행사가 있는 날 학부모들이 컵케이크를 교실로 가져오는 일은 굉장히 흔한 풍경이었다. 도대체 왜 그녀만 안 된다는 것인가? 그녀가 분통을 터트리자 여러 동료 교사들이 기꺼이 그녀의 편에서 행정 당국에 항의하겠다고 했다. 하지만 그녀는 현명하게 그들을 말렸다.

J 선생님의 점심 계획을 지지하는 이들이 많았지만 그녀는 조용히 있었다. 대신 목표는 그대로 두고 방법을 바꿨다. 한 학교 건물 근처에 좁다란 풀밭이 있었는데, 이 풀밭은 외부에 있어서 그 누구도 교실에서 음식을 먹는다고 나무랄 수 없었다. 이제 매주 금요일 J 선생님은 이 풀밭에서 학생들과 점심을 먹는다. 얼마나 보기 좋은 풍경인지 모른다. 아이들은 기분 좋게 식사를 하고 선생님은 중요한 교훈을 가르친다. 누구도 그녀를 간섭하지 않는다. 사실 그녀를 힘들게 했던 감독관은 학교를 떠

났다. 알고 보니 금요일 점심 식사를 하기에 풀밭은 교실보다 훨씬 더 좋은 장소였다. 행정관의 부당한 대우에 부닥쳤을 때 맞서 싸울 수도 있었겠지만, J 선생님은 자신의 초점을 잃지 않고 애초 원하던 것을 얻어 냈다. 물론 가장 큰 혜택을 본 쪽은 아이들이다.

## 선생님이 흔들리면 학생들은 휘청인다
.

때로는 사소한 문제처럼 보여도 금세 욕이 튀어나올 것만 같은 상황이 발생하기 마련이다. 하지만 이러한 경우에도 끝까지 참는 것이 최선의 방법이다. 한번은 자신이 처한 상황으로 심란해 하던 한 일류 교사가 내게 연락을 해 왔다. 10년 넘게 아이들을 가르쳐 온 이 교사는 눈에 띄는 교육 성과로 자주 인정을 받던 사람이었다. 요즘의 많은 훌륭한 교사들처럼 그 또한 교실 경제라는 개념을 일부 도입해 교실을 운영했다. 두 자녀를 두고 행복한 결혼 생활을 이어 가던 이 교사는 창의적이고 열정적이었다. 많은 학생들이 그의 반에 들어가고 싶어 했고, 학부모들은 아이들이 수업을 좋아하고 분명 중요한 기술이라 할 수 있는 절약하는 방법과 가계부 쓰는 방법 등을 배워 오는 모습을 보고 입이 닳도록 그를 칭찬했다.

그런데 이 반에는 유독 게으름을 피우는 한 학생이 있었다. 선생님이 다독이고 여러 차례 기회를 줬는데도 그의 은행 잔고는 늘 텅 비어 있었다. 학용품을 살 수 있는 학급 경매가 벌어질 때면 이 학생은 열심히 노력한 친구들이 그날 산 물건들을 갖고 집으로 돌아가는 모습을 그저 지켜봐야 했다. 하지만 늘 그렇듯이 화가 난 학부모는 아이를 활동에 참여시켜 주지 않는다면서 교사를 비난했다. 이 아이는 학교 다니는 내내한 번도 수업이나 활동에 성실하게 임한 적이 없다는 점을 기억해야 한다. 그러니까 잘못은 교사에게 있는 게 아니라 학생에게 있다는 얘기다.

그 학부모는 교사에게 면담을 요청하지 않았다. 심지어 교장에게 찾아가지도 않았다. 교육청 감독관에게 직접 연락해 자기 아들을 부당하게 대우하는 끔찍한 교사에 대해 불평했다.

베테랑 교사라면 그 뒤에 벌어졌을 상황을 쉽게 짐작할 수 있다. 감독관은 교사를 불러들였고, 아이에게 상처를 주는 무자비한 프로그램을 운영했다며 질책했다. 교사는 지금껏 자신이 성공해 온 여러 사례와 수많은 표창장을 언급하려고 했다. 하지만 감독관은 막무가내로 경제 프로그램을 즉시 중단할 것을 요구했고, 더 이상 대화는 없었다.

한 학생의 학부모가 12년간 쌓아 온 노력을 전화 한 통으로 무너뜨려버렸다.

이 교사가 화를 가라앉히는 데는 다소 시간이 걸렸지만 어쨌거나 잘참았다. 그 일로 학년이 끝날 때까지 경제 프로그램은 더 운영되지 않았다. 학생 하나가 서른 명이 넘는 다른 학생들에게 슬픔과 실망을 안겨준 결과가 됐다. 비록 화는 났지만 학생들에게 돈을 절약하고 미래를 위해 계획을 세우는 것에 대해 가르치는 일만은 즐거웠다. 그는 앞으로도긴 세월 동안 학생들을 가르치고 싶었기 때문에 조용히 입을 다물었다. 교육청이나 지역 언론사에 항의하거나 제보하지 않았다.

이듬해 그의 학생들이 다시 한 번 가계부를 적고, 돈을 벌고, 남은 인생에서 유용하게 쓰일 기술들을 익혔다. 1년 중 일부를 잃었을지 모르지만, 정당한 분노를 삼킴으로써 다가오는 해에는 계속해서 학생들을 도울 수 있을 것이다. 좋은 소식은 화를 삼킨 덕에 다가올 때를 기다릴 수 있게 됐다는 것이다.

프로그램이 중단되긴 했지만 가르치는 일은 계속됐다.

## 학생들에게 가장 좋은 길을 선택하라

•

이 장을 쓰기 두 달 전은 내 생애 가장 기억에 남을 만한 6월 중 하나였다. 해마다 이 시기가 되면 여덟 살에서 열 살까지의 학생 마흔 명이 셰익스피어 연극을 원작 그대로 무대에 올린다. 뛰어난 실력을 갖춘 많은 전문가들이 공연에 도움을 주는데, 그 자체가 굉장한 즐거움이다. 올해 작품은 보통 때 같으면 지겹도록 해서 되도록 피하는 〈한여름 밤의 꿈A Midsummer Night's Dream〉이었다. 그런데 아주 재미있는 학생들이 이 작품에 신선한 생명력을 불어넣었다. 극장에 자주 다니는 연극광까지도 그보다 훌륭한 〈한여름 밤의 꿈〉은 본 적이 없다고 칭찬할 정도였다. 한 여성은 웃다가 턱이 빠질 뻔했다고 내게 말하기도 했다. 좋은 시간들이었다.

하지만 바로 6개월 진만 해도 나는 30년 가까운 교직 생활 중 처음으로 교사를 그만두겠다고 선언하기 직전까지 갔었다.

학교에 새로운 교장이 왔는데, 굉장히 밝고 능력 있는 지도자일 뿐 아니라 모든 사람을 진심으로 대하는 친절함까지 갖춘 사람이었다. 그가 우리 학교를 이끌게 됐다는 소식에 나는 굉장히 기뻤다. 결정은 그 전년도 여름에 났다. 사무장은 모든 교사에게 학교 경비 체계에 변화가 있을 테니 열쇠를 다 반납하고 그 소재를 파악해 보안에 만전을 기하라고 알렸다. 이것이 내게는 문제가 됐다. 역시 훌륭한 지도자였던 이전 교장은 내게 학교 열쇠를 맡겼었다. 그래서 토요일에도, 방학 기간에도 아이들을 만날 수 있었다. 정규 교과가 끝나고 학교에 남아 있을 때면 나는 늘 학교 경비원을 불러 경보기를 꺼 달라고 했다. 20년 넘게 해 오던 일이었고 한 번도 문제가 생긴 적이 없었다. 방과 후 시간은 잠재력을 갖춘 수많은 아이들에게 멋진 경험과 삶을 바꿀 만한 활동이 펼쳐지는 소중한 시간이었다.

나는 사무장에게 여름 동안 열쇠가 필요하다고 말했고, 그녀는 걱정 말라고 했다. 2주 뒤에 열쇠를 돌려줄 테니 그때 다시 하던 일을 하면 된다는 것이었다. 2주가 지나 열쇠를 받으러 들른 나는 9월에 학기가 시작될 때까지 기다려야 한다는 얘기를 들었다. 열쇠를 내주지 말라는 내용의 교육청 사무관 지침이 돌았고 새로운 교장은 아직 확실한 지휘권을 잡지 못한 터라 도움을 구할 사람이 없었다. 두 달간 진행될 예정이던 셰익스피어 연습은 수포로 돌아가고 말았다.

9월이 오고 셰익스피어 연극반은 다시 가동됐지만 두 달이나 일정이 늦어져 있었다. 연습 일정을 맞추려면 토요일 아침 시간이 절대적으로 필요했다. 나는 이 상황에 대해 의논하려고 교장을 찾아갔다. 교장은 내 딱한 사정을 잘 알겠다며 교육청에 전화를 걸었지만 지침에 예외는 없다는 소리를 들었다.

나는 충격에 휩싸여 교장실을 나왔다. 열쇠 하나 받는 일이 이토록 힘들 이유가 전혀 없어 보였다. 물론 간단히 전화를 걸어 상황을 설명하면 아이들은 멋진 공연을 무대에 올리는 데 필요한 가외 시간을 얻어 인생 전반에 새겨질 훌륭한 교훈을 익힐 수 있을 것이다. 하지만 규칙이 바뀌었다. 결국 우리는 전년도에 사용했던 1,000시간 이상을 잃게 되리란 걸 알았다. 나는 조용히 있었다. 그해의 아이들은 특히나 열의가 대단하고 능력이 다분했는데, 리허설 시간을 가질 수 없다는 사실은 아이들로 하여금 그 전보다 훨씬 더 열심히 연습하게 만들었다.

겨울방학이 다가올 무렵 나는 교정 관리인과 청소 담당 직원들이 크리스마스 전 한 주 동안 오전 7시에서 오후 6시까지 학교에 나와 있을 거라는 얘기를 들었다. 이때야말로 연습을 하기에 가장 좋은 시간이라는 데 모두가 동의했다. 교문이 열리고 경보기가 꺼진 이때는 56호 교실로 돌아와도 좋다는 허락을 받았다.

첫 월요일에는 비가 억수같이 쏟아졌다. 교실로 새어 들어오는 빗물을 받느라 양동이를 여섯 개나 사용해야 했지만 그 무엇도 리허설을 막지는 못했다. 모든 게 순조로웠다. 그날 아침 세 시간 동안 우리는 그 전 3주에 비해 작품 완성도가 훨씬 더 높아졌다는 것을 느꼈다. 사기는 하늘을 찔렀고 우리는 더 잘 할 수 있었다. 내가 예전에 가르쳤던 조안은 음악 박사 학위를 준비하면서 키보드를 딥딩한 학생들이 까다로운 부분을 잘 연주할 수 있도록 지도해 주고 있었다.

오전 11시가 조금 지났을 때, 문이 열리자 아이들은 조안이 도착한 줄 알고 환호성을 질렀다. 하지만 청소 직원 하나가 들어오더니, 관리

직원들이 오늘 하루는 집에서 쉬기로 했다고 알려 왔다. 문을 잠그고 경보기를 켜야 하니 모두 학교에서 나가라는 얘기를 했다. 나는 인내심을 갖고 이럴 수는 없다고 설명했다. 교실을 써도 좋다는 허락을 받았고, 지금 당장 집에 갈 수 없는 아이들이 40명이나 있었다. 부모들이 일터에 있기 때문에 일하다 말고 아이들을 데리러 올 수 있는 상황이 아니었다. 남자는 어깨를 으쓱하더니 미안하다고 말했다.

매일 학생들이 모여 점심을 먹는 더러운 벤치 근처의 비바람이 들지 않는 작은 공간으로 아이들을 데리고 나갔다. 비는 여전히 세차게 내리고 있었다. 모든 곳이 잠긴 바람에 아이들이 이용할 화장실도 없었다. 나는 자리에 앉아 아이들을 어떻게 집에 데려다 줘야 하나 고민하다가, 데려다 준다 해도 열쇠가 없어 집 안으로 못 들어가는 아이들이 대부분일 것이라는 사실을 깨달았다. 생각에 빠져 있다 문득 고개를 들자 조안이 거센 바람을 헤치며 주차장을 가로질러 오는 모습이 보였다. 왜 교실에 있지 않느냐고 묻는 조안에게 나는 한숨을 내쉬며 상황을 설명했다.

"조안, 할 얘기가 있어. 우리 셰익스피어 연극 연습은 여기까지가 한계인가 보다 싶은 생각이 처음으로 드는구나."

"선생님, 10년 전에도 이런 적이 있었는데 모르시는군요."

나는 어둡게 미소 지으며 돌아섰다. 그런데 그곳에, 점심을 먹는 벤치 주변에 40명의 아이들이 〈한여름 밤의 꿈〉에 나오는 한 장면을 연습하고 있었다. 아이들 꼴은 말이 아니었지만 아랑곳 않고 연습을 하고 있었다. 아이들은 내게 연극만 생각하면 된다는 점을 일깨워 줬다. 걱정할 것은 아무것도 없었다. 거센 비바람도, 빼앗긴 열쇠도, 심지어는 두어

블록을 걸어 주유소 화장실을 이용해야 하는 수고스러움도 문제가 되지 않았다.

1월에 학기가 시작되자 많은 교사들이 우리 교실로 왔다. 열쇠 사건 소식을 듣고는 돕겠다며 나섰다. 다 같이 힘을 합쳐 교장에게 건의하거나 교육청에 전화를 걸고, 그것도 안 되면 언론에 고발할 생각이었다. 나는 배려와 진심이 깃든 그들의 제안을 거절했다. 내 에너지는 다른 곳에 쓰여야 했다.

6개월 후, 마지막 공연이 끝나고 나는 오베론 역할을 맡았던 환한 얼굴의 남자아이에게 지금까지 살면서 가장 기억에 남는 날이 않았느냐고 물었다. "끝내줬죠." 하지만 그해 가장 좋았던 날은 비 오는 날 바깥에서 연극 연습을 하던 때였다면서, 자기는 그날 우리가 멋진 공연을 펼칠 것이라 직감했다고 말했다.

나는 지금도 학교 열쇠를 받지 못했다. 매일 밤 배선 작업을 하는 인부들은 학교 곳곳을 돌아다니며 사태를 더 골치 아프게 만들고 있다. 그들은 56호 교실을 구경하는 게 제일 재미있다며 평생에 걸쳐 갖춰 놓은 온갖 도구며 장비들을 갖고 장난을 친다. 기타가 없어진 날도 있고, 누군가가 사운드보드에 손을 댄 적도 있었다. 내가 그런 일에 아무렇지도 않겠는가? 절대 아니다. 우리가 교실에 들어갈 수 있고 외부인은 교실에 들어올 수 없는 것이 나와 학생들에게는 훨씬 좋은 일이다. 내가 거기에 대해서 한마디라도 해야 할까? 아니, 나는 하지 않을 것이다. 우리 반은 벌써 내년에 〈법에는 법으로$^{Measure for Measure}$〉를 무대에 올리기 위한 연습에 들어갔다. 이번에도 성공적으로 공연을 마칠 것이다. 조용히.

◆ 가르치는 일에서 느끼는 가장 큰 절망감은 학생보다는 학교 정책
에서 오는 경우가 더 많다.

◆ 전투를 신중하게 선택해라. 혁신적인 일을 하려는 당신을 누군가
가 가로막는다 해도 총 한 발 쏘지 않고 싸움에서 이길 수 있는 길
이 있다.

◆ 행정관 입장이 돼 보라. 그들 역시 피할 수 없는 압박을 받고 있다.
그들과 의견이 안 맞는 부분이 있다면 교사 대 행정관으로서 대화
를 나눠라. 개인적인 감정은 접어 두자.

◆ 당신의 학생들이 매일같이 직면하는 끔찍한 상황들에 비하면 당
신이 느끼는 고통이나 분노는 아무것도 아닐 수 있음을 기억하라.
늘 학생들을 먼저 생각하면 마음을 진정하고 학생들에게 가장 좋
은 길을 선택하기가 더 쉬워진다. 행정관이나 동료와 불꽃 튀는
논쟁을 벌여 봤자 학생들에게는 거의 도움이 되지 않는다.

◆ 당신의 프로그램에 대해 부당한 결정이 내려질 때는 그 상황을 이
용해 학생들에게 교훈을 줄 수 있다. 상황이 나빠지면 당신은 어
떻게 하는가? 논리에 어긋나는 학교 정책에 대해 차분하고 이성적
으로 대응하는 모습을 보인다면 학생들이 부당한 행정 절차에 부
딪혀 삶의 방향을 바꿔야 할 때 도움이 될 수 있다.

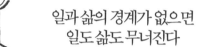

일과 삶의 경계가 없으면
일도 삶도 무너진다

여기서는 불편한 문제에 대해 이야기해야겠다. 지나치게 과장된 말을 하려는 것은 아니지만, 가르치는 일에 관한 한 좀 더 신중하게 들여다봐야 할 진실이 있다.

가르치는 일은 당신을 죽일 수도 있다.

금빛 찬란한 태양과 같지 않은 학생들이 있다. 정상적인 인간이라면, 심지어 훌륭한 인간조차도 공감할 수 없는 수많은 문제를 교실로 가져오는 아이들이 있다. 이러한 현실에도 불구하고 교사들에게 모든 아이에게 손을 내밀라고 요구하는 선의의 정책 입안자들과 블로거들이 있다. 하지만 교사가 기꺼이 자기를 희생해서 도움을 주고자 해도 도울 수 없는 아이들이 있다.

공교육 혼란에 대한 책임이 교사에게 있다는 비난이 커지고 있다. 공정하게 말하면 교사에게도 책임은 있다. 나쁜 교사도 있다. 좋은 교사라면 그 사실을 인정할 것이다. 게으르고 체계적이지 못하며 무능한 교장 선생님도 분명 존재한다. 우리 모두 그런 교사를 만나 봤다. 하지만 나머지 문제는 어떤 교사의 능력으로도 해결할 수 없는 것들이다. 암이 무능력한 의사의 책임인가? 이성적인 사람들은 가난과 다른 사회적 질병이 플라톤, 소크라테스, 아리스토텔레스가 교육을 맡는다 해도 배우려 들지 않을 학생들을 만들어 내고 있다는 사실을 안다.

젊은 교사들은 기억하라. 학생은 누구나 최고의 교육을 받을 자격이 있다. 훌륭한 교사는 학생 하나도 결코 포기하지 않는다. 하지만 학생을 도우려는 노력과, 학생의 모든 문제를 책임지고 해결할 수는 없으며 그렇게 해서도 안 된다는 깨달음 사이에서 균형을 찾아야 한다. 만약 정치인이나 선의의 자선가에게서 우리 교사들이 모두를 살려야 한다는 소리를 들었을 때 당신이 그러지 못하고 있다면 크게 낙담할 것이다.

**스트레스에서 자신을 보호하기**

•

C 선생님은 사랑스러운 교사다. 학생들에게 신경을 많이 쓰고, 교사 회의에서는 아이들을 도울 방법을 끊임없이 모색한다. 학교에 일찍 출근하고 늦게까지 머무르며 반 아이들에게 따뜻한 학습 환경과 더불어 철저한 교육과정을 제공하려고 최선을 다한다. 그녀는 훌륭한 교사다.

어느 해 그녀는 아주 힘든 반을 맡았다. 적어도 열 명은 되는 남자아이들이 운동장에서 다른 아이들을 폭행했으며 교실에서는 위협적인 모습을 보였다. 몇몇은 교실에서 뛰쳐나가 5미터나 되는 학교 울타리를 넘어 도망치곤 했다. 이런 일이 너무 잦아지자 C 선생님은 학교 측에서 아주 작은 도움을 받았다. 제멋대로 구는 학생들이 며칠 만에 잡혀서 교실로 끌려왔다. 하지만 아이들의 폭행과 욕설과 무례함은 그 뒤로도 계속됐다.

C 선생님은 자신이 그 아이들을 구해야 한다는 강박관념에 사로잡혔다. 사회가 그래야 한다고 말했다. 각각의 아이들이 시험을 잘 치고 좋은 시민이 되도록 돕지 않는다면 그것은 의무를 저버리는 일이었다. 물론 상황을 객관적으로 볼 줄 아는 사람이라면 이 같은 의무가 터무니없다는 것을 안다. 하지만 많은 훌륭한 교실의 리더들이 내심 C 선생님처럼 교사에게 주어진 부당한 요구를 실현할 수 있다고 믿고 있다.

어느 날 C 선생님은 교실에서 쓰러졌다. 중압감이 너무 컸던 것이다. 나이가 많지는 않았지만 심장박동이 불규칙하던 터라 의사가 조심해야 한다고 경고했었다. 선생님이 들것에 실려 대기 중인 구급차로 이송될 때, 그녀가 그토록 도움을 주고자 노력했던 몇몇 남자아이들이 뒤에서 소리쳤다. "죽어."

C 선생님은 회복해서 교단으로 돌아왔다. 그런데 D 선생님은 그렇게 운이 좋지 않았다.

나는 D 선생님과 오랜 세월 함께 교직에 있었다. 그녀는 훌륭한 여성이었으며 옛날 방식으로 규율을 강조하는 엄격한 교사였다. 결근하는 법이 없었다. 항상 철저히 준비했고 그녀의 반은 열심히 공부했다. 많은 학생들이 그녀와 한 해를 보내고 나면 크게 발전한 모습을 보여 줬다. D 선생님은 자신을 잘 살폈다. 날씬했고, 담배를 피우지 않았으며, 흠잡을 데 없이 옷을 차려입었다. 그녀는 전문가였다. 나는 교직원 회의 때 종 종 그녀 옆자리에 앉곤 했는데 그녀가 배려 많고 유쾌한 사람이란 것을 알 수 있었다. 가끔씩은 다루기 힘든 자기 반 학생들의 행동과 그들에게 책임을 묻지 않는 듯한 제도에 좌절하는 모습을 보이기도 했다. 특히 기억나는 날이 있는데, 화장실 벽에 낙서한 학생들에게 겨우 낙서를 지우라는 벌을 주었다며 마음이 상해 있었다. 훨씬 더 엄한 벌을 내렸어야 한다는 게 그녀의 확고한 입장이었다. D 선생님은 그런 사람이었다. 관심을 가졌고, 노력했으며, 걱정했다.

그러던 어느 날 그녀가 죽었다. 화요일이었다. 교직원 회의 때 본 그녀는 평소와 다르지 않았다. 우리는 다가오는 학교 행사에 대해 간단히 대화를 나누고 함께 주차장으로 갔다. 그녀는 집으로 갔고 그날 밤 뇌졸중으로 죽었다. 나이가 많지도 않았다. 하지만 25년을 교직에 몸담았다. 좌절과 고단한 날들이 교사를 이렇게까지 갉아먹을 수 있다. 교활한 아이들과 냉담한 부모들, 더 잘 해야 한다는 압박감에 끊임없이 시달리다 보면 그 대가를 치르게 된다. 내가 의사는 아니지만 '가르치다 죽음'이라는 부검 결과를 상상하면 넌더리가 난다.

젊은 교사들은 주의하라. 당신에게도 일어날 수 있는 일이다. 교사는 스트레스가 많은 직업이다. 교사를 비난하는 기사를 접할 테고, 교사가 불평이 너무 많다고 주장하는 매정한 목소리를 들을 것이다. 어쨌거나 매일 오후 3시면 퇴근하고 여름휴가를 꼬박꼬박 챙기는 게으른 교사들이 있는 것은 사실이다. 그들은 1년 동안 엄청난 휴가를 누린다. 교사들이 출근하지 않아도 되는 일수를 생각해 보면 몇몇 사람들은 급여가 확실히 높다고 말할 것이다.

이러한 불평에도 일리는 있지만 대부분 교사들에게는 해당되지 않는 말이다. 많은 교사들이 매우 이른 아침에 학교에 출근해서 정규 시간을 훨씬 넘겨서까지 근무한다. 미래에 대한 계획을 세우고, 애석하게도 때로는 과거를 곱씹으며 휴가를 보내기도 한다. 많은 이들이 햇볕이 내리쬐는 해변에서의 휴가를 생각하지만, 사실은 과연 상황이 더 나아질지 반문하며 홀로 집에서 휴가를 보내는 중에도 교사들의 머릿속에서는 실수와 놓친 기회에 대한 생각이 떠나질 않는다.

### 교실을 나설 때는 교실 일은 두고 가자
·

훌륭한 교사들이 점심시간에 교실에서 우는 모습을 본 적이 있다. 다른 사람들에게 도전할 용기를 주었던 불가능한 목표를 정작 자신이 달성하지 못했기 때문이다. 성심을 다해 돕던 학생이 누군가 차를 타고 가면서 쏜 총에 맞아 죽는 사고를 당해 그 장례식에 참석해야 했던 동료 교사도 본 적이 있다.

이젠 교사에게 업무 책임을 묻기 위해 신문까지도 부당한 공격에 가담했다. 어떤 신문들은 연말에 주에서 실시하는 시험 결과를 기사로 내기도 하는데, 이는 과학적으로 너무 오류가 많아 웃지 않고는 볼 수가 없다. 그런데도 사람들이 잘못된 정보로 작성된 기사를 읽고 비난을 퍼부을 때는 웃을 수가 없다. 기사들은 학생들이 2~3일간 표준화 시험지에 답을 마킹해 순위가 매겨지면 그 순위를 바탕으로 교사 개개인에게 훌륭한 교사 또는 부족한 교사라는 꼬리표를 붙인다. 진정한 교사는 그러한 시험 점수가 학생의 한 부분일 뿐 전체를 보여 주지는 않는다는 것을 안다. 지금까지 내가 만난 교사들 대부분은 책임을 진다는 데 아무 거부감이 없다. 그저 공정하게 평가받길 원할 뿐이다. 하지만 그렇지 못한 경우가 대부분이고, 이는 두 가지 모습으로 나타난다. 하나는 평가에서 나타난 만큼 실제로는 훌륭하지 않은 교사, 다른 하나는 표준화 시험에서는 나타나지 않았지만 우수한 자질을 갖춘 훌륭한 교사다.

이러한 부정확성과 비현실적 기대는 모든 교사, 특히 이제 막 시작한 교사들에게 부담을 준다. 당신은 잘하고 싶어 한다. 그리고 노력한다. 결과를 측정하려 하지 않는다면 그것은 인간이 아니다. 조니가 지난해 시험에서 70점을 받았는데 당신과 한 해를 보낸 뒤 77점으로 향상됐다면 이는 당신이 하고 있는 일에 만족을 느낄 만한 이유가 된다.

하지만 교직 생활 초기에는 분명 거의 모든 사람이 고려하려 하지 않는 어떤 냉정하고도 받아들이기 힘든 사실을 발견하게 될 것이다. 아무리 최선을 다해 노력해도 학생과의 여정을 시작하기도 전에 당신을 좌절시키는 요소들이 있다. 아이의 성공적인 학교생활에는 교사가 가장 중요한 요소라고 생각하고 싶겠지만, 실제로 나는 그런 경우를 본 적이 없다. 학생의 학업성적에는 교사인 당신보다 가족이 더 관련 있음을 깨달을 것이다. 가난 또한 학생의 태도와 잠재적인 발전에 커다란 영향을 미친다.

따라서 교사는 딜레마에 빠진다. 어떤 교사는 제 기능을 못 하는 가정과 가난에 관한 무서운 진실에 맞닥뜨리고 포기한다. 두 손 두 발 다 들고 비통한 울음을 쏟아 낸다. "내가 뭘 할 수 있겠습니까? 초구를 던지기도 전에 경기에서 지고 말았는데요."

하지만 훌륭한 교사는 포기하지 않는다. 언제나 희망은 있으며, 그것이 바로 그들이 가르치는 이유다. 그렇다면 내 얘기가 투지 넘치고 심지어 초인적이기까지 한 당신의 노력을 모든 아이의 문제를 해결할 수 없다는 현실적 깨달음으로써 조율하라는 말인가? 당연히 그렇다. 문제가 있는 아이를 수고할 만한 가치가 없다고 여기고 포기하라는 얘기인가? 절대 그렇지 않다. 하지만 모든 아이를 구해야 한다고 생각하는 사람들에게 분노를 일으킬 위험을 무릅쓰고, 충고 한마디 하겠다.

집에 가서 학교 일을 잠시 잊어버려야 할 때가 있다.

이 책은 아이들을 가르치는 일에 대해, 그리고 아이들을 위해 내가 들인 엄청난 시간과 에너지에 관해 기록한 나의 네 번째 책이다. 사려 깊은 여러 독자들이 걱정하며 물었다. "개인 생활은 있으신가요?"

물론 있다. 가족에 대해 쓰지 않는 이유는 누구도 흥미를 갖지 않을 것이기 때문이다. 결과적으로 나는 가르치는 일밖에 모르는 사람처럼 보일 수 있다. 사실 교실에서 긴 시간을 보내기는 하지만 거기에서 사는 것은 아니다. 학교에서 광란의 하루를 보내고 온 날이면 아내와 아이들을 통해 온전한 정신을 회복한다. 다시 말해 다음의 충고를 유념하라. '가르치는 일은 혼자 하는 일이 아니다.'

스트레스가 쌓이면 걸으면서 떨쳐 버리자. 거의 30년 동안 가르치는 일을 하고 나니 생사가 걸린 상황은 극히 드물다는 사실을 알게 됐다. 학생이 자살을 생각하거나 실종되는 극단적인 경우에는 즉각 조치를 취해야 한다. 하지만 내 경험상 대부분 스트레스는 아무리 밤잠을 설치게 할 정도로 고통스러운 것일지라도 하룻밤 자고 나면 더 이상 그 전날만큼 끔찍하게 여겨지지 않는다. 화가 난 부모가 교장에게 알리겠다고 위협하건, 동료가 당신을 교사답지 못한 태도로 대하건, 최근 읽은 기사에서 교사에 대해 과도한 임금을 받는 게으른 존재라고 비난하건 무시해 버려라.

원반던지기 놀이를 하라. 가서 춤을 추거나 볼링을 치고, 아니면 골프 공 한 통을 다 쳐라. 강아지와 놀아 줘라. 요리를 하거나 정원에서 시간을 보내는 것도 좋다. 산책을 하거나 행복감을 느끼게 해 줄 만한 일을 찾아라. 나는 가족과 시간을 보낸 뒤에 혼자서 기타를 치거나, 야구 경기를 보거나, 볼륨을 최대한 높여 로큰롤을 들으면서 스트레스를 해소한다. 로큰롤 듣기를 시도해 보고 싶다면 더 후The Who(1960년대 결성된 영국 록 밴드 — 편집자)의 〈바바 오라일리Baba O'Riley〉를 추천한다. 스트레스를 푸는 데 확실히 효과적이다. 과연 십대들의 불모지다.

요점은 신경쇠약에 걸리면 누구에게도 도움이 되지 않는다는 것이다. 좋은 기삿거리가 될 수는 있지만, 교실에 필요한 것은 강하고 열정적인 당신이다. 세상을 구하겠다는 욕구를 가끔씩 꺼 두면 더 오래 더 건강하게 살 것이다. 또 그렇게 함으로써 훨씬 더 많은 이들을 구할 것이다.

믿을 수 없을 정도로 열심히 일하는 몇십만의 교사들이 있는데 내가 그들 중 하나라는 사실이 자랑스럽다. 하지만 나는 휴식과 균형의 가치

를 배웠다. 주말이나 휴가, 그리고 근무시간 전후에 초과근무를 하더라
도 일주일에 몇 번은 아내와 로맨틱한 저녁을 먹고, 극장에 가고, 저녁 운
동을 한다. 앞에서 말했다시피 바바라에게 새로운 부엌을 마련해 주려면
470년은 더 가르쳐야 한다. 스트레스가 나를 죽이게 내버려 둔다면 바바
라는 결코 새 부엌을 가질 수 없을 것이다.

　당신은 이기적이라 문제를 내버려 두는 게 아니다. 대부분 문제는 내
일도 여전히 당신을 기다리고 있을 것이다. 심호흡을 하고 정신을 맑게
했는데도 자신이 나쁜 교사라고 느껴진다면, 셰익스피어의 〈헨리5세
Henry V〉 2막 4장의 대사를 잊지 말아라.


　전하, 자신을 사랑하는 것은 자신을 무시하는 것만큼 사악한 죄가 아니
옵니다.

◆ 자신을 돌봐라. 과로를 일삼다가 업무 스트레스로 베니토 무솔리
   니[Benito Mussolini]와 진로를 방해받은 코뿔소의 결합체가 된다면 학
   생들에게 전혀 이로울 게 없다.

◆ 하루가 끝날 무렵에는 친한 친구나 사랑하는 연인과 함께 하루를
   정리하는 시간을 가져라. 그날에 관해 이야기한 뒤에는 그걸로 끝
   내라. 기분 좋은 저녁은 다음 날 더 잘 가르칠 가능성을 높여 준다.

◆ 비난이 어디서 비롯됐는지 생각해 보라. 학교 문제가 무엇인가에
   대해서는 사실상 누구나 할 말이 있다. 그런데 교사를 비난하는
   사람들 대부분은 자신이 무슨 말을 하고 있는지 전혀 모른다. 그
   들도 의견을 가질 권리는 있지만 무식한 비평을 너무 심각하게 받
   아들이지는 말라.

◆ 학생들과 함께 웃고 자신을 향해 웃어라. 가르치는 일이 즐거울
   것이다. 다른 사람 때문에 이 사실을 잊어서는 안 된다.

chapter
7

{ 학생들에게
뺏었던 시간을 돌려주자 }

학기 초 수업 시간에 학생들이 토의에 참여하지 않으려 할 때는 어색함을 없애는 질문을 던져 적극적으로 참여하게 만들 수 있다. 이 질문이면 아무리 부끄러움을 많이 타는 아이라도 말을 하지 않을 수 없다.

나는 학생들에게 숙제에 관한 의견을 묻는다.

나는 교사 생활 초기에 숙제에 충분히 관심을 기울이지 않았다. 숙제를 준비할 때면 모두가 적절하다고 여기는 합리적인 과제에 대해 설명하는 기본 원칙을 따랐다. 숙제를 통해 학생들이 책임감을 갖고 과제를 완수하면서 중요한 기술을 터득하기를 바랐다.

그러다가 몇 해 전 어느 날, 학기 첫날이 끝났는데 한 학생이 감정을 주체하지 못하고 엉엉 울기 시작했다. 하루를 잘 보낸 뒤라 제인이 울자 나는 깜짝 놀랐다. 밖에 나가는 것이 무서워서라고 하는데, 나쁜 학생들 때문은 아니었다. 친구들을 통해 조금 설명을 듣자니, 4학년 때 담임선생님이 자기를 기다리고 있을 거라는 얘기다.

석 달 전 6월 학년이 끝나는 날 담임선생님은 제인에게 숙제를 잔뜩 내줬다. 적어도 일흔다섯 장은 되는 문제지가 스테이플러로 고정돼 있었다. 반복되는 수학 문제와 어휘 연습 문제가 수백 개나 됐는데, 배움에 굶주린 학습자라도 식욕을 잃을 정도였다.

나는 제인과 함께 밖으로 나갔다. 순수한 의도로 숙제를 내준 선생님이 다가와 말을 걸더니, 유죄판결을 받은 흉악범에게 보일 법한 분노보다 더한 노여움으로 어린 소녀를 맹렬하게 비난했다.

이 선생님이 제인에게 소리치며 5학년이 됐다는 핑계로 여름방학 숙제를 제출하지 않을 생각은 하지 말라고 경고하는 동안 나는 제인 옆에서 있었다. 나는 제인의 어머니를 만나 이 일에 대해 걱정하지 말라고 하고 숙제를 다 안 해도 된다고 말했다. 제인은 지금 공부하는 양으로도 충분히 정신없을 것이다. 우리는 교장 선생님의 도움으로 이 일을 바로잡았다.

어떻게 이런 말도 안 되는 상황이 일어났을까?


**숙제를 위한 숙제는 짐이다**

•

교사들이 내주는 숙제의 양은 다 다르다. 나는 대다수 교사보다 숙제를 훨씬 적게 내준다. 너무나도 많은 교실에 의미 없는 숙제들이 쌓여 있다. 이런 숙제를 내주는 장본인은 대부분 아이들을 아끼는 교사들이다. 하지만 그들의 좋은 의도는 방향이 틀렸고 효과도 없다.

많은 아이들이 학교 수업을 따라가지 못한다. 숙제 사태가 벌어진 이유도 여기에 있다. 4학년 교사는 학교를 4년이나 다닌 아이들이 기본적인 문장도 읽어 내지 못하는 모습을 보면 공황에 빠진다. 고등학교 교사는 문법적으로 바른 문장이나 논리 정연한 문단을 완성하지 못하는 학생들과 씨름을 벌인다. 많은 학생들이 놀라울 정도로 뒤처져 있다. 이번 달만 해도 나는 호바트 셰익스피어 연극반 프로젝트에 참여하길 원하는 학생들을 받았다. 학교를 좋아하고 셰익스피어를 공부하며 여름을 보내고 싶어 하는 아홉 살, 열 살 아이들이었다. 학교에서 가장 의욕적이고 성적이 우수한 학생들도 몇몇 포함되어 있었다. 하지만 신청서에 개인 정보를 기입하라고 했을 때 서른 명 가운데 여섯 명만이 주소와 전화번호를 제대로 적었다. 몇 달 뒤면 〈로스앤젤레스 타임스〉가 자기 집 주소도 모르는 아이들의 표준화 시험 점수를 갖고 교사로서의 내 성과를 평가할 것이다. 중압감이 느껴진다.

많은 교사와 학부모가 아이들이 숙제를 해야 하는 근본적인 목적이 무엇인지를 잃었다. 이상적인 모습은 학생들이 숙제를 통해 앞으로 몇 년 뒤 유용하게 쓰일 중요한 기술을 다듬는 것이다. 숙제는 체계적이고 책임감 있는 사람이 돼야 하는 중요성을 아이들에게 가르쳐 줄 수 있다. 그뿐 아니라 학교 수업은 3시에 끝나지만 배움은 끝나지 않아야 한다는 교훈도 줄 수 있다. 수업 내용과 관련된 합리적인 숙제는 학생들을 모범적인 인간으로 키우고, 양질의 숙제는 잠재적으로 학생의 자신감을 향상시키고 학업성적을 높이는 데도 도움이 된다.

안타깝게도 요즘에는 합리적이고 효과적인 숙제가 부족하다. 잠재적으로 중요한 가정학습의 방해 공작은 두 가지 모습으로 나타난다. 먼저 어느 때보다도 학생들은 가장 기본적인 기술조차도 거의 익히지 못한 상태로 교실에 온다. 이 비극은 닳지 않는 배터리와도 같은 수많은 시험에서 곧바로 우수한 성적을 내라고 요구하는 제도와 결합되어 결과적으로 집으로 향하는 아이들에게 지루한 문제지와 과제를 산더미처럼 안겨 줬다.

안타깝게도 부모들까지 이 미친 짓을 믿고, 교사들에게 몇 시간이 걸릴 반복 학습 과제를 내 달라고 요청한다. 여덟 살짜리 어린아이들에게 매일 밤 서너 시간을 들여야 하는 숙제를 내주는 것을 자랑하는 학교가 있다. 고등학교 학생들은 읽기 과제와 프로젝트 때문에 새벽 3~4시까지 잠을 못 자는 야행성 동물이 된다.

비공개적인 편안한 분위기에서 이야기를 나눠 보면, 대부분 학생들이 숙제를 끝까지 하는 이유는 수준 이하의 결과물로 끔찍한 벌을 받거나 낮은 점수를 받지 않기 위해서일 뿐임을 확인할 수 있다. 학생들에게 무언가를 배운다는 생각은 없다.

배움의 즐거움을 깨뜨리는 것이 심각한 문제가 아니라고 생각할지 모르지만, 과도한 숙제는 사실 아이들의 건강에 해롭다. 수면 부족은 학생들에게 점점 더 심각한 문제가 되고 있다. 몇 시간을 자야 한다는 마법의 숫자는 없지만, 다섯 살에서 열두 살 아이들은 하루 열 시간에서 열한 시간은 자야 한다는 게 전문가들의 일반적인 의견이다. 10대 자녀를 둔 부모들도 청소년기 자식들이 올빼미가 됐을 때는 웃을 수 있지만, 귀한 자식이 아침에 일어나면서 우울해하거나 짜증을 부릴 때는 그럴 수 없을 것이다. 연구 결과 잠이 부족한 아이들은 비만이 되거나 심장 질환과 당뇨병을 앓을 가능성이 더 높다. 잠을 충분히 못 자는 아이들이 집중하는 데 더 어려움을 겪는다는 사실은 놀라운 일이 아니다. 역설적이지만 아무리 좋은 의도라도 숙제를 과도하게 내주는 교사는 결국 아이들을 쉽게 지루해하고 기분 변화가 심한 학생들로 만들어 버린다. 방과 후 숙제를 통해 얻고자 한 결과와는 정확히 반대되는 결과다.

지나친 숙제를 내게 만드는 바로 그 힘은 겉으로는 유익하고 교육적으로 보이는 활동에도 영향을 미친다. 학교가 아이들에게 미칠 장기적 효과뿐 아니라 심지어는 단기적 효과조차도 고려하지 않고 숙제 강도를 높임에 따라 학력 차를 줄이거나 학년 수준을 맞추려고 아이들을 미친 듯이 쪼아 대니 이득보다는 해가 많다.

언젠가 한 학교에서 열심히 공부하는 자기 학교 학생들이 56호 교실의 셰익스피어 연극을 직접 참관할 수 있도록 초청해 줄 수 있느냐고 물어 왔다. 우리 아이들이 또래 앞에서 공연하는 것보다 더 재미있는 일은 없기에 나는 흔쾌히 승낙했다. 동부 연안에 위치한 이 중학교는 내게 일정표를 보내왔다. 오전 7시에 비행기를 타는 일정이었는데, 이 계획대로라면 이이들은 새벽 4시에 일어나서 5시까지 공항에 도착해야 했다. 로스앤젤레스에 도착하면 버스가 학생들을 태우고 곧바로 베니스비치로 간다. 해변을 보고 나면 다시 버스를 타고 곧장 우리 학교로 와서 거의 세 시간에 가까운 연극을 본다. 나는 그 학교 선생님에게 전화를 걸어 학생들이 들떠서 비행 전날 밤 거의 잠을 못 잘 것이라고 말했다. 우리의 저녁 7시 공연은 사실상 방문하는 학생들이 다 모이는 10시에 시작할 텐데, 이때까지도 학생들은 여전히 시차에 적응하지 못한 상태일 것이다. 연극이 끝나면 모텔로 돌아갔다가 다음 날 아침 요세미티 국립공원에 가는 일정이었다.

"아이들은 언제 자지요?"

"비행기에서 잘 겁니다."

이 학교 교사들은 모두 부지런하고 열심이다. 이들이 가르치는 사랑스러운 학생들은 가난과 다른 사회적 문제로 출발이 좋지 않았지만 그것은 아이들 잘못이 아니다. 게다가 아이들은 운 좋게도 그 격차를 줄여주려고 노력하는 교사를 만났다. 하지만 아이들이 빨리 '따라잡도록' 도우려는 이들의 노력이 오히려 아이들을 기진맥진하게 만들고 있다. 가르침은 최고가 되기 위한 경주가 돼서는 안 된다. 가르침이라는 여행은 굉장히 중요하며, 모든 여정은 모험과 휴식이 균형을 이뤄야 한다.

젊은 교사인 당신은 불가능한 입장에 처할 수 있다. 고등학교에서 동사와 명사를 구분할 줄 모르는 학생들에게 영어를 가르치거나, 자기 시간표도 모르는 열세 살 학생들을 가르치게 될 수도 있다. 매일 아무리 노력해도 아이들은 뒤처진다. 집에 돌아가 뉴스를 보는데 정부 또는 민간 부문의 누군가가 당신이 제대로 일하지 않는다며 꾸짖는다. 학생들이 많이 뒤처지는 이유가 당신이 어쩔 수 없는 요소 때문이라는 사실은 종종 잊히고 무시된다.

잔인하리만치 정직해 보자. 학생들이 기술을 못 배우고 오는 데는 이유가 있다. 태어날 때부터 읽고 쓰는 능력이 다른 아이들보다 4년 뒤처진 것은 아니다. 때와 장소를 가리지 않는 욕설과 잔인한 태도는 당신의 교실에 들어오기 바로 1년 전에 생긴 것이 아니다. 가정환경과 가난, 그리고 여러 복잡한 요인들 탓에 당신이 손을 내밀기도 전에 그 의지를 꺾어 버리는 학생들이 당신 교실에 앉아 있는 것이다. 개학 첫날 아홉 살짜리 아이가 머리에 두건을 쓰고 성난 표정으로 교실에 들어섰을 때, 이 아이를 우수한 학생이 되도록 도우려는 내 계획은 거의 철저하게 가로막혔다. 첫날에 아이가 전날 밤 아버지와 영화 〈쏘우Saw〉를 봤다고 말할 때, 이 소년에게 다른 삶의 방식이 있다는 점을 납득시킬 시간이 1년도 안 된다는 것은 받아들이기 힘든 일이다. 아이의 지난해 성적은 최악인데, 첫 교직원 회의 때 아이를 다른 학생들의 수준에 맞추는 것은 모두 나한테 달렸다는 말을 듣는다.

포기할 수 없고 포기해서도 안 된다. 모든 아이가 매일 당신에게서 최고의 대접을 받을 가치가 있다. 아이를 믿어라. 아이의 말을 귀담아들어라. 성적이 수준 이하일 때는 따라잡을 수 있도록 과제를 더 내줄 필요가 있고, 때로는 효과적이기도 하다. 하지만 가장 중요한 것은 학년 수준을 맞추기까지는 긴 여정이 될 테고 그렇기 때문에 너무 서둘러서는 안 된다는 사실이다.

## 가르침은 기회의 차이를 좁히는 것이다

•

말은 쉽지만 행동으로 옮기기는 쉽지 않을 수 있다. 많은 젊은 교사들이 학생들의 성적이 좋지 않으면 자기 일자리가 위태로워질까 걱정한다. 물론 아이들에게 평가를 대비시키려면 막대한 노력과 시간을 들여야 한다. 좋건 나쁘건 시험은 현실이며, 학생들을 잘 준비시키는 것은 교사로서 해야 할 일이다. 하지만 더욱 현명한 교사는 일관된 메시지를 갖고 시험 준비와 숙제 사이에서 균형을 맞춘다. 학생들은 나무만 보고 숲을 못 볼 때 일어날 결과에 대해 알아야 한다. 학생들을 시험에 통과시키고 대학에 보내려고 밀어붙이기만 하다가 불행하게도 우리는 학교가 애초에 왜 존재하게 됐는지를 망각하고 말았음을 말해 주어라. 가장 훌륭한 교사는 어린아이들을 도와 배움이 즐겁게 느껴지는 곳으로 안내한다. 알맞은 표현과 방식을 찾는 데 몇 년이 걸릴 수도 있지만, 아이들에게 학교에서 배우는 가장 중요한 것들은 표준화 시험으로 평가할 수 없음을 알려 줘야 한다. 정책 입안자들이 시험 점수의 중요성을 지나치게 강조하는 불행한 현실이지만, 우리 교사들은 아이들이 답안지를 잘 작성하도록 준비시키는 것과 실제로 수학, 쓰기, 운동, 음악, 과학, 역사, 미술, 심지어는 잠의 즐거움에도 흥미를 갖도록 하는 것 사이에서 완충제 역할을 해야 한다.

이것은 균형의 문제다. 교직 생활 초기에 나는 그렇게 많은 숙제를 내 줬지만, 아이들은 애초 숙제의 목적이었던 기량을 익히지 못했다. 훌륭한 선생님들을 관찰하면서 나는 인내심을 길렀고, 배움의 즐거움과 아이들의 건강을 모두 지키면서 또는 어느 한쪽을 망가뜨리지 않으면서 아이들을 성장시키는 법도 배웠다. 햄릿은 어머니에게 좋은 아들이 되기 위해 모질게 굴어야 한다고 말했다. 교사들이 가져야 할 논리적 태도

이기는 하지만, 우리 목표는 학생들이 좋은 사람이 되도록 격려하는 것이었으면 좋겠다. 이른바 성취도 차이를 좁히려고 괴물이 되지는 말자. 나는 '기회의 차이'를 좁히는 데 더 관심이 있다. 아이들이 학교생활을 즐기고 충분히 휴식을 취한다면 집에서도 공부하기 시작할 것이다. 강제로 받은 문제지가 아닌 자신이 배우고 있는 내용에 흥미를 느끼기 때문이다.

올바른 숙제 지침이 있는 것은 아니지만, 수업 시간 외의 과제를 내줄 때 내가 곰곰이 생각하는 몇 가지가 있다.

◆ 학생들에게는 숙면이 필요하다. 학생들의 입장이 돼 보자. 아이
들에게도 삶이 있고 가족 구성원으로서의 의무가 있다는 것을 생
각하자. 숙제를 끝마치는 데 필요한 시간을 계산해서 적정한 양의
숙제를 주자.

◆ 숙제는 당신이 가르친 기량을 연습하고 강화하기 위한 과제가 돼
야 한다.

◆ 숙제를 내준다는 것은 스스로 알아서 하는 책임감 있는 사람이 될
기회를 주는 것이라는 이야기를 아이들에게 자주 들려주자.

◆ 아이들이 잠자리에 들기 전에 숙제를 챙기도록 가르치자. 이는 정
리 기술을 연습할 수 있는 기회. 숙제를 가져오지 않은 학생이
"하긴 했어요"라고 말한다면 숙제를 잘 챙겨서 가져오는 것 또한
숙제의 일부임을 알려 주자. 환자가 수술 도구 없이 나타난 의사
를 어떻게 믿을 수 있을까, 하고 반문해도 좋을 것이다.

◆ 특히 학년 초에는 학급 회의를 열어 일이 잘못됐을 때 어떻게
해야 하는지 토의하자. 그럴 때는 친구에게 도움을 구할 수 있
다. 많은 교사들은 이메일이나 휴대전화로 친구에게 도움을 청
할 수 있도록 하고 있다. 일찍 출근하는 교사라면 학생들에게
문제가 있을 때 선생님에게 와도 된다고 반드시 알려 주자.

◆ 숙제가 처벌이 돼서는 안 된다. 과제는 아이들이 필수 기량을 익
히도록 돕기 위해 주어지는 것이다.

◆ 아이들과 시간 관리에 대해 이야기하자. 보통 몇 시에 집에 도착
하는지 물어보자. 집안일이나 다른 활동, 저녁 식사를 하는 데 보

내는 시간을 계산하도록 가르치자. 그런 다음 숙제를 하는 데 시간이 얼마나 걸릴지 계산해서 어떻게 하면 숙제를 끝내면서도 적절한 시간에 잠자리에 들 수 있는지 설명해 주자.

- 학생들이 어려운 집안 사정으로 숙제를 끝낼 수 없다면 당신의 공간을 내주자. 교사들은 대부분 학교에 남아 채점을 하거나 다음 수업을 준비한다. 이 시간은 집에 문제가 있는 학생들이 숙제를 끝내고, 동시에 교사와 신뢰를 쌓을 수 있는 좋은 기회다.

- 학생들이 다 똑같지는 않다. 유진이 수업이나 시험에서 수학 문제를 하나도 틀리지 않는다면 다른 학생에게 필요한 수학 연습을 반복적으로 시킬 필요가 없다. 유진에게는 좀 더 어려운 문제를 주거나, 숙제를 내주지 마라.

- 음악을 하는 아이들에게는 항상 숙제가 있다. 악기 연습은 오후나 초저녁을 보낼 좋은 방법이다. 악기 연주를 장려하라.

- 숙제를 끝내지 않은 데 따른 결과는 엄격하면서도 적정해야 한다. 의자에 세우거나 창피를 주는 것은 숙제의 목적을 무산시킨다. 반드시 해야 하는 숙제를 하지 않았을 때 낮은 점수를 받는 것은 당연하다. 하지만 문을 열어 놓고, 오늘은 숙제를 안 해 왔지만 앞으로는 더욱 책임감 있게 해 올 것으로 믿고 있음을 보여 주자.

- 정말 현실적인 문제인 표절에 대해 토의하자. 요즘 아이들은 인터넷을 통해, 또는 서로서로 쉽게 숙제를 베낀다. 많은 학생들이 당신의 경고에 주의를 기울이지 않겠지만, 숙제가 정직과 인격을 개발하는 기회임을 말해 줘야 한다. 디오게네스(그리스 철학자로, 훌륭한 인물을 찾으려고 대낮에도 등불을 들고 다녔다고 한다—편집자)에게서 등불을 떼어 놓겠다는 목표를 갖자.

chapter
8

[ 점수가 필요 없다고
말하기 위해 필요한 준비들 ]

우리는 학생들을 평가해야 한다. 훌륭한 교사는 환자 상태를 파악하기 위해 학업 체온을 재야 한다. 시험 치는 것을 나쁘게 생각하는 교사는 본 적이 없다.

하지만 우리는 도를 지나쳤다. 학생과 교사에게 학교에서 배우는 것에 대한 책임을 물으려는 그럴듯한 바람이 눈덩이처럼 커져 아이들에게 상처를 입히고 의미 있는 교육을 빼앗아 가는 사태로 이어지고 말았다. 평가는 젊은 교사들을 매우 어려운 상황으로 몰아가고 있다.

그렇다고 도망가 숨을 수는 없다. 정치적 의제가 없다는 사실을 감안할 때 중대한 이해관계가 얽힌 시험은 꽤 오랫동안 사라지지 않을 것이다. 우리 공화당과 민주당은 엄청난 결함으로 과학자라면 누구라도 신뢰할 수 없는 자료라고 당장 던져 버릴 만한 그런 제도를 만들었다.

비극적이게도 자신들이 입히고 있는 피해를 전혀 이해하지 못하는 힘 있는 사람들이 교차하는 바로 그 지점에 교사들이 위치해 있다. 그리고 좋든 싫든 간에 모든 교사는 학생 교육과는 거의 관련이 없는 일련의 숫자들로 평가를 받는 제도에서 어떻게 일해야 할지 아주 힘든 결정을 내려야 한다.

당신이 가장 먼저 걱정해야 할 사람은 학생이어야 한다. 우리가 다 큰 어른으로서 학생으로 하여금 표준화 시험에서 일련의 사실들(시험 결과가 나오기도 전에 잊힐 사실들)을 반복해서 기억해 내도록 해야 한다는 과도한 압박을 느끼고 있다면, 과연 그 학생은 어떤 느낌일지 생각해 보라. 많은 학생들이 비참함과 두려움을 느낀 나머지 학교에서 얻을 수 있는 값진 것들을 차단해 버린다.

일부 교사와 학교는 교육청의 기본 방침만을 믿고 1년 내내 매 순간을 시험 준비에만 매달린다. 슬프지만 실제로 많은 교사들이 시험 성적으로 학생이 모범생이 됐다고 스스로를 설득한다. 훌륭한 교사들은 이 것이 사실이 아님을 알고 어리석은 시험 준비에 동참하길 거부한다. 강한 교육자는 진정한 배움과는 거의 관련이 없는 시험을 준비하는 데 학생과 자신의 시간을 낭비하지 않는다.

나는 중도를 택했다. 평소에 학생들의 성과를 평가하기 때문에 교육청과 정부에서 아이들에게 던져 주는 시험이 필요 없다. 나는 파블로프의 개가 종소리에 침을 흘리는 속도보다 더 빠르게 학생들의 신음 소리를 끌어내는 악명 높은 시험지로 모닥불을 피우는 상상을 한다.

## 시험은 교육의 한 가지 방법일 뿐이다

●

내가 따르는 몇 가지 원칙이 있는데, 이 원칙은 대부분 아이들로 하여금 시험을 잘 치게 해 줄 뿐만 아니라 진정한 배움에 대한 애정을 내면에 새길 수 있게 한다. 우리 학생들도 시험을 준비하긴 하지만, 한 사람의 가치를 평가하는 데 시험 성적이 가장 중요한 자료라는 믿음이 얼마나 어리석은지 토론하기도 한다. 또 버니 매도프Bernie Madoff(전 나스닥 증권거래소 위원장을 지낸 투자가로, 폰지 사기로 종신형을 선고받았다―편집자) 같은 사람들이나 엔론Enron(미국 역사상 최대의 기업 회계 부정을 저지르고 파산한 에너지 회사―편집자) 사람들도 아마 시험 성적은 굉장히 우수했을 것이라고 배운다. 하지만 제대로 된 사람이라면 이 범죄자들에게 성공한 사람이라는 꼬리표를 달아 줄까? 이들을 성공한 사람으로 분류할 수 있을까?

훌륭한 학생은 다른 사람을 돕는다. 그들은 자신을 둘러싼 세상에 대해 안다. 진정한 학자는 사실을 설명하는 것이 지식의 끝이 아닌 시작임을 안다. 어떤 대사가 햄릿의 대사임을 아는 것과 그 대사의 의미를 분석할 줄 아는 것 사이에는 차이가 있다. 수학 문제를 푸는 것과 그 수학 원리를 이전에 보지 못한 상황에 적용하는 것은 다르다.

이러한 이유로 내가 가르치는 반에서는 시험에서 평가하는 내용과는 상관없이 시험 준비를 한다. 학생들은 매일 아침 문학작품을 읽는다. 이 성스러운 시간에 독해 연습 문제는 주어지지 않는다. 이 시간에는 책을 읽고 토론하며 공부한 자료의 중요한 주제를 되짚어 본다. 그러고 나서 하루 일과가 끝날 무렵 15분 동안 아이들은 재미없는 글을 읽고 답을 기록하며 읽기 시험을 연습한다. 아이들도 그런 연습이 필요악임을 안다. 시험을 잘 치는 것 역시 멋진 일임을 아이들에게 이해시키는 것도 중요하지만, 실제로 어떤 주제를 완벽하게 익히고 방과 후 도서관에서 더 공부하고 배우는 것만큼 멋진 일은 아님을 이해시켜야 한다. 시험을 잘 치는 것과 배우는 것은 전혀 다른 일이며, 그래서 우리는 두 가지 일에 다른 방식으로 대처한다.

우리가 시험을 준비하는 시간은 매우 기본적이다. 시험 치는 기술을 설명하는 자료에서는 시간 관리를 강조할 것이다. 바람직한 수험자는 확실한 오답을 제거해서 정답을 선택할 가능성을 높이는 연습을 한다. 경험 많은 학생은 실수였다는 절대적 확신이 없는 한 처음 선택한 답이 최선임을 안다.

일주일에 몇 번은 수업 시간에 시험 치는 상황을 연출한다. 절대 시험 준비 자료를 숙제로 내주지 않는다. 집에서 시험을 칠 게 아니기 때문이며, 그러한 문제지가 시간 낭비라는 사실을 깨달았기 때문이다. 오히려 교실 환경을 진짜 시험 보는 분위기로 조성하는 게 더 효과적이다. 교실을 조용하게 만드는 것이다. 하지만 이 연습을 아주 짧게만 진행한다. 우리는 등교 첫날 시험 준비를 시작해서 일주일에 몇 차례씩 하루에 대략 20분간 연습한다. 연습이 부족할수록 좋다. 연습 때 푸는 문제가 적으면 실제 시험 때 많이 틀릴 테고, 틀린 문제를 수업 시간에 다시 풀면서 철저히 분석하면 아이들의 성적이 더 향상된다는 것을 알았다. 이 방법이 강제로 문제 몇 백 개를 풀게 하고 틀린 걸 고치기는 하지만 의미 있는 대화를 통해 분석하지 않는 것보다 더 나은 결과를 가져다줬다.

고등학교 교사들은 일정 시간을 할애해 시험 치는 기술만을 연습시킬 생각을 할 수도 있다. 하지만 중요한 교과과정이 시험 연습 때문에 무시돼서는 안 된다. 시험은 교육의 한 방법일 뿐이다. 내가 아는 많은 훌륭한 교사들은 수학 개념을 30분간 가르치고 연습 문제를 20분간 푼 뒤에 수업을 마무리할 것이다. 나는 아이들에게 개념을 정확히 이해시키면 속임수나 시험을 '이길' 수 있는 기술을 사용하는 것보다 더욱 빠르게 성적이 향상된다는 것을 깨달았다.

물론 훌륭한 교사도 아이들에게 항상 시험을 내지만, 현재 정부에서 학교와 학생에게 책임을 물으려고 사용하는 시험과는 전적으로 다르다. 학생이 개념을 이해하고 있는지 확인하고자 교사가 직접 설계하고 작성한 시험이 좋은 시험이다. 학생이 시험을 잘 치면 새로운 개념으로 넘어갈 때다. 또한 이 중요한 평가는 교사가 학생에 대해 잘못 이해한 부분을 발견하는 데 도움이 되고, 이렇게 발견된 정보는 중요한 수업을 다시 가르치는 데 활용할 수 있다.

정부에서 실시하는 시험은 그런 게 아니다. 게다가 슬프게도 교사에게 정확한 정보를 제공하지도 못한다.

**표준화 시험은 표준화되지 않는다**
•

어느 날 중앙 복도에서 절망에 빠진 모습으로 외롭게 서 있는 훌륭한 젊은 교사 두 명을 보았다. 한 명은 운 것 같았다. 질책을 받았는데, 학생들 성적이 작년보다 떨어졌다는 게 이유였다. 결론은 이들 두 교사가 표준을 가르치는 일을 훌륭히 수행해 내지 못했다는 것이다.

무능한 교사는 질책을 받아야 한다. 여기서 문제는 이들 두 교사는 유능했다는 점이다. 그리고 진짜 쟁점은 데이터는 정확할 때만 의미가 있다는 사실이다.

표준화 시험은 표준화되지 않는다. 주 정부에서 주관하는 시험은 동일한 환경에서 동일한 방식으로 치러지지 않는데도 이 점수들을 서로 비교해 정확하다고 추정되는 결론을 도출한다. 많은 학교가 각 교실에서 중요한 주 시험을 치르는데, 학생들의 우수한 시험 성적으로 평판이 좋은 교사들이 바로 그 학생들의 시험을 감독한다. 노스트라다무스가 아니어도 개인, 심지어는 전 학구가 부정한 방법으로 시험 결과를 조작하리라는 것을 쉽게 예측할 수 있다. 최근 여러 학교의 시험지에서 비정상적으로 많은 오답이 지워진 뒤에 정답으로 바뀐 사건이 있었다. 교사들이 아이들에게 지시했거나 시험지를 제출하기 전 교사 스스로가 답을 고쳐 썼을 가능성이 있다. 가끔 정직한 교사들이 그대로 시험지를 제출하면 감독관이 시험 점수를 '높이라'는 말을 하기도 한다.

앞서 말한 두 교사는 무슨 일이 벌어지고 있는지를 알았다. 1년 전 두 교사는 그 전년도 수학 점수가 상중하 중 '상'인 아이들을 받았다. 하지만 진단 평가 결과 그 아이들의 수학 실력이 결코 '상'이 아님을 알게 됐다. 사실 많은 아이들의 수학 성적이 몇 년씩 뒤처져 있었다. 거기서 두 교사의 딜레마가 시작됐다.

그들은 정직한 전문가였다. 하위권에서 맴돌던 아이들도 그해 수학 점수가 향상됐다는 데는 의심의 여지가 없다. 하지만 이전 시험 성적이 부정확했기 때문에 두 교사가 제대로 하지 않은 것처럼 보였다. 아이들이 다시 '상'을 받지 못한 것이다.

눈물이 맺히기 시작했다. 맡은 일을 성실히, 그것도 잘 해냈다. 그런데도 이들의 업무 수행 평가는 타격을 받았다. 이들 두 젊은 여교사는 진실했다는 이유로 처벌을 받고, 동료들은 진실하지 않아서 포상을 받았다.

뭔가 말을 해야 했을까? 하지만 그 무엇도 증명할 방법이 없었다. 앞으로는 억압 앞에 고개 숙이고 시험 때 아이들에게 지시를 내려 점수를 올려야 할까? 그들은 어느 것도 선택하지 않았다.

대신 몇 분 동안 울었다. 그러고 나서 다시 교실로 돌아가 일을 계속했다. 점수로만 보면 이들은 다른 교사들만큼 훌륭히 해내지 못했다. 사실을 모르는 누군가는 점수만 믿고 그들을 비난할 것이다. 정직함의 대가로는 너무 크고 고통스러운 결과다. 이들 젊은 두 교사뿐만 아니라 똑같은 결론에 이른 수십만의 다른 교사들도 시험 점수 때문에 영혼을 팔고 세상을 얻진 않을 것이다. 최고의 교사는 평판이 아닌 인격을 선택한다. 잘못된 정보를 받은 사람들이 우리를 어떻게 생각하는지는 중요하지 않다. 중요한 것은 우리가 진짜 누구인가이다.

### 진짜 선생님, 파예

.

젊은 교사의 경우 지나치게 강조된 시험 점수가 고통스럽고 절망스러운 순간으로 이어질 수 있다. 그리고 가끔씩은 수입 손실로 이어지기도 한다. 베테랑 교사의 경우는 지금까지 평생을 일궈 온 성과에 회의를 느낄 수도 있다.

파예 아일랜드$^{Faye\ Ireland}$는 특별한 교사였다. 교직에 몸담은 첫해에 그녀를 만난 것은 영광이었다. 그때 나는 중상위층 학교에 배정됐는데, 내저서 가운데 한 책에서 농담으로 캐멀롯이라 부른 학교가 그곳이다. 아이들은 유복했고, 부모들은 아이들 교육에 지원을 아끼지 않는 '배운' 사람들이었다. 방과 후에는 수영 팀에서 연습을 하거나 바이올린 개인 교습을 받으며 시간을 보냈다. 전문성과 지혜로 수십 년 동안 아이들을 가르친 특별한 교사들이 가득한 멋진 학교였다.

나는 쩌렁쩌렁 울리는 로큰롤 사운드트랙으로 세상을 구하겠다는 거친 생각으로 가득한 신참 교사였다. 파예는 이런 나를 알아차리고 돌봐줬다. 기질과 방식에서 그녀와 나는 완전히 딴판이었다. 파예는 구식이었다. 고지식하고 까다로운 그녀는 아이들이 작문 숙제를 지우는 것도 허용하지 않았다. 실수하면 숙제를 처음부터 다시 할 수밖에 없었다. 학생들은 군대 사병처럼 정확하게 줄을 섰고, 교실은 스위스 은행처럼 조직적인 모습이었다. 교실에서 외모에 이르기까지 파예에 관한 모든 것은 정돈돼 있었다.

한 가지 사실을 더 말해야 한다. 학생들은 그녀를 좋아하고 존경했다. 그녀는 쉬운 사람이 아니었지만 반 아이들 모두를 중요하게 여겼다. 학생 하나하나를 진심으로 걱정했고, 아이들도 그 사실을 알았다. 해마다 아이들은 더 나은 학생 또는 더 나은 사람으로 성장해 교실을 떠났다. 그녀는 프로였다. 나는 그녀의 기술과 정확성을 존경했지만, 우리 교실은 모든 면에서 완전히 반대였다.

우리 반은 운동장으로 뛰어나가 야구 연습을 했다. 그녀의 반은 운동장으로 조용히 걸어 나갔고, 모두가 어디로 가서 무엇을 해야 하는지 정확히 알고 있었다. 성탄절 공연에서 그녀의 반은 〈북 치는 소년〉을 불렀다. 우리 반은 더 킨크스의 〈산타클로스Father Christmas〉를 불러 학교를 깜짝 놀라게 했다. 이 사건으로 나는 교장 선생님에게 질책을 받았다. 관중은 열광했지만 교장 선생님의 질책으로 나는 우울해졌다. 그때 파예는 나서서 내 기분을 북돋워 줬다.

우리는 자주 저녁 식사를 함께했고, 그녀는 종종 우리 교실에 들르곤 했다. 절대 내 방식을 바꾸라고 하지 않았다. 오히려 내게 용기를 주고 효과적인 교수법에 대한 현명한 조언을 수도 없이 해 줬다. 능숙한 전문교사로서 절대 자만하는 법이 없었으며 자기 방법만이 유일하다고 생각하지 않았다. 그녀는 내게서 다른 사람이 보지 못하는 무언가를 보았다. 그리고 내가 캐멀롯을 떠나 호바트로 오기 전까지 처음 2년의 교직 생활을 잘 견뎌 내도록 도와줬다. 그 뒤로 30년 동안 내가 상을 받으면 축하 인사를 보내는 식으로 우리는 이따금 연락을 주고받았다. 우리 둘다 아이들을 가르치느라 여념이 없었다.

**시험보다 중요한 것은 시험을 치는 학생이다**

·

언론 매체에 대해 이야기해 보자.

최근 기자 두 명이 전 세계 정책 입안자들과 학교 관계자들에게 퍼진

열기를 포착했다. 그들은 (앞서 지적한 바 있는) 부가가치$^{Value-Added}$라고 알려진 심각한 오류투성이 방법으로 초등학교 교사들의 과거 5년간 점수를 가지고 각 교사에게 '매우 능률적인 교사, 능률적인 교사, 능률이 떨어지는 교사, 능률적이지 못한 교사'라는 꼬리표를 붙였다. 학교에도 등급이 매겨졌다. 모든 교사와 학교 순위는 온라인에 공개해 학부모들이 자기 자식을 가르치는 사람에 대한 '정보'를 얻을 수 있게 했다.

　부모는 교사의 자질에 대해 알 권리가 있다. 결국 우리에게 봉급을 주는 사람은 학부모니까 말이다. 하지만 복잡한 문제를 지나치게 단순화하는 일이 빈번히 일어나듯이, 이 '데이터'는 주장하는 것보다 훨씬 더 정확하지 않았다. 전반적으로 동료들과 나는 그 결과를 믿을 수 없어 고개를 가로저었다. 매우 능률적이라고 평가받은 교사들 대부분은 실제로 그렇지 않았다. 낮은 등급을 받은 교사들도 훌륭하게 일하고 있었다. 부가가치 평가 방식은 학생들이 학교에서 배워야 하는 진정으로 중요한 교훈을 고려하지 않았다. 수학과 독해 점수만 본 것이다. 또한 이 시스템이 훌륭하다고 생각하는 사람이 있을지도 모르겠지만, 수학으로 평가받는 일부 교사는 심지어 수학을 가르치지도 않았다. 학생들은 다른 교사에게서 수학 수업을 들었다.

　이른바 평가라고 부르는 이 시스템을 지지하는 사람들은 점수들이 두 과목 시험 점수만 보여 줄 뿐 교사의 능력을 완전히 보여 주지는 못한다며, 게시된 점수보다 중요한 것은 교사의 자질이라 지적했다.

　거참, 대단히 고맙습니다. 현실을 직시하자. 일단 교사의 얼굴에 주홍글씨가 문신처럼 새겨지고 나면 누구도 작은 활자를 읽지 않을 것이다.

누군가를 능률적이지 않다고 얘기하면 사람들은 다 그 말만 기억할 것이다.

이제 파예 아일랜드 이야기로 돌아가자. 평가가 기사화된 뒤에 올라오는 작은 후속 기사들이 내 시선을 끌었다. 내 평생 알게 되어 가장 기쁜 교사 중 한 명인 파예 아일랜드가 낙담한 채 방에 앉아 있다는 내용이었다. 그녀 옆에는 옛 제자들이 감사하는 마음으로 보낸 편지 몇백 통이 쌓여 있고, 반대편에는 〈로스앤젤레스 타임스〉가 놓여 있었다. 그녀에게 '능률적이지 못한 교사'라는 낙인이 찍혀 있었다. 이는 토머스 에디슨Thomas Edison에게 '게으른' 사람이라는 꼬리표를 붙이거나, 파블로 피카소Pablo Picasso에게 '평범한' 사람이라는 꼬리표를 붙이는 것이나 다름없다.

그녀는 45년 동안 아이들을 가르쳤다. 그녀의 학생들은 대학을 졸업하고 성공적인 삶을 살면서 그녀와 지속적으로 연락을 유지하고 있다. 학생들은 그녀가 준 영감과 자신들의 잠재력에 대한 그녀의 흔들리지 않는 믿음에 감사했다.

하지만 지난 몇 년 동안 그녀의 반에는 영어를 못 하는 학생들이 가득했다. 파예는 학생들이 영어를 제대로 말하지 못하는 상태로 초등학교를 졸업하고 중학교에 들어가면 길을 잃고 헤맬 것임을 알았다. 그래서 아이들에게 도움이 안 될 시험을 준비시키는 대신 거의 하루 종일 아이들이 영어에 능숙해지도록 도왔다. 그렇게 해서 그녀의 평가는 타격을 입은 것이다.

그녀는 거의 반세기 동안 학생들에게 자신의 모든 것을 내주고 은퇴

했다. 어떤 정당한 잣대를 들이대더라도 훌륭한 교사였다. 학생, 부모, 행정가, 그리고 동료들 모두가 인정할 것이다. 그런데 〈로스앤젤레스 타임스〉는 그녀를 능률적이지 못한 교사로 분류했다.

항상 프로였던 파예 아일랜드의 바람은 그저 자신을 '시험 점수를 올리는 데 능률적이지 못한 교사'라고 좀 더 정확히 말해 줬으면 하는 것뿐이었다. 내색은 하지 않았지만, 시험에 중독돼 진짜 중요한 것에 대한 초점을 완전히 잃어버린 사회에서 불공평한 평가를 받은 쓰라린 슬픔은 언제까지나 가슴 깊이 남아 있을 것이다.

교사들이여, 힘을 내라. 파예처럼 매일 아이들에게 긍정적 롤모델이 되라. 시험 점수도 중요하지만 학생이 더 중요함을 항상 기억하라. 학생과 점수는 완전히 다른 것이다. 시험 점수는 결국 희미해져 사라지고 잊히지만 학생은 항상 당신을 기억할 것이다.

◆ 학생들에게 앞으로 학교 안팎에서 배울 가장 중요한 것은 표준화 시험에 출제되지 않는다는 점을 알려 주자.

◆ 학생들이 표준화 시험에서 좋은 점수를 받으면 앞으로 학교에서 더 많은 기회를 얻는 데 도움이 된다는 슬픈 현실을 이해하도록 가르치자.

◆ 학기 초부터 표준화 시험에 대비하는 시간을 따로 구분해 두자. 이 시간은 짧고 일관적이어야 한다. 학생들이 정기적으로 시험 연습을 한다면 연말에 진짜 시험을 칠 때 스트레스가 훨씬 적을 것이다. 준비가 가장 중요하다.

◆ 시험 준비 초반에는 시간을 내서 예전에 시험을 친 학생들의 이야기를 듣자. 아이들이 시험을 어떻게 느꼈는지, 어떻게 시험을 준비했는지 파악하자. 무관심과 고통, 그리고 공포에 대한 이야기를 종종 듣게 될 것이다. 아이들에게 시험을 잘 볼 것이라고 분명히 말해 주되, 목표와 합리적인 기대를 갖고 준비하라.

◆ 연습 시험에서 틀린 문제를 고칠 때 아이들을 불러서 왜 그 답을 선택했는지 물어보자. 5번 문제의 정답은 B라고 말하기보다, 학생들을 개인적으로 불러서 B를 선택한 이유뿐 아니라 A, C, D를 선택하지 않은 이유 또한 설명하게 하자.

◆ 교사로서 당신의 능력은 학생들이 교실을 떠나고 10년쯤 지나서 당신이 가르친 기량을 그들이 사용하고 있는지 봐야 더 정확하게 평가할 수 있음을 학생들에게, 그리고 당신 스스로에게 상기시키자. 학생들이 성인이 되어 즐겁게 대학 생활을 하고 있거나, 직장

생활을 시작했거나, 또는 가정을 꾸려 연락해 오면 그것이 누군가
의 서류에 기록된 숫자에 따른 분류보다 훨씬 더 큰 에너지를 줄
것이다.

chapter
9

[ 교육은 선생님
혼자 하는 것이 아니다 ]

나는 조용한 사람이 되는 게 좋다.

교사 연수 모임에서 전문가가 파워포인트로 시험 점수의 중요성을 지나치게 강조하면 나는 아무 말도 하지 않는다. 새로운 읽기 교과서를 소개하며 모든 아이가 읽고 쓸 수 있게 만들 획기적인 도구라고 말할 때는 침묵을 지킨다. 심지어는 교육청 공무원이 모든 아이가 같은 속도로 같은 날 같은 책을 읽게 될 것이라고 설명할 때도 침묵한다. 그들의 말에 동의하지 않지만 손을 들어 이의를 제기한들 무슨 소용이 있겠는가. 아무도 듣지 않는다.

하지만 내게 계속 말을 하라고 부추기는 게 하나 있다. 대통령, 작가, 개혁가, 그리고 토크쇼 진행자가 항상 하는 말인데, 누군가는 왕이 벌거

숭이라는 점을 지적해야 한다.

> 연구를 통해 반복적으로 나타나는 결과는, 교사가 아이 교육에서 가장
> 중요하고도 유일한 학교 관련 요소라는 것이다.

〈로스앤젤레스 타임스〉 웹사이트에서 그대로 가져온 글인데, 의도는
좋지만 과녁을 크게 벗어난 말이다. 나는 한 번도 이 말이 사실인 경우
를 본 적이 없다. 나는 30년간 많은 것을 봐 왔다.

단언컨대 훌륭한 교사는 인생을 변화시킬 수 있다. 전 세계에서 매일
같이 이런 일이 일어난다. 하지만 교사가 학생의 성공에 가장 중요한 요
소라고 결론짓는 것은 옳지 않다. 어떤 이들은 한 걸음 물러서서, 교사
가 적어도 '학교에서' 아이를 향상시키는 데는 가장 중요한 요소라며
이 주장에 단서를 달기도 한다.

여전히 동의할 수 없다. 교사나 제도, 교재, 그리고 다른 어떠한 요인
보다도 아이의 가족이 학교에서 벌어지는 일에 더 많은 영향을 미친다.

내 말을 오해하지 말기 바란다. 교사는 아이의 인생을 바꾸고 개선하
며, 심지어 구할 수도 있다. 낙관은 모든 훌륭한 가르침의 기초다. 하지
만 가정의 중요성을 축소하는 것은 안일한 처사다. 무관심하고, 더 심
하게는 대놓고 아이를 망치는 부모는 교사의 타율을 샌디 쿠팩스<sup>Sandy</sup>
<sup>Koufax</sup>(메이저리그의 전설적인 투수—편집자)보다 더 빠르게 떨어뜨릴 것이다.

더 심한 비극은 훌륭한 가정이 심각한 재정난에 빠지는 것이다. 가난
은 다양한 방식으로 교실에 있는 학생들에게 영향을 미칠 수 있다. 대

충 보기만 해도 가난한 아이들은 공평한 경쟁의 장에 참여하지 못한다는 것을 쉽게 알 수 있다. 책을 못 구해 영양 공급이 딸린다면 성공이라는 결과에 도달할 수 없다. 게다가 직장 여러 곳을 다니느라, 아이들과 시간을 보내면서 아이들의 목표를 찾고 달성하는 데 도움을 주지 못하는 부모들도 있다. 1,500만에 달하는 아이들이 가난 속에 자라는 현실에서, 진정한 교사라면 이 아이들의 성공 가능성이 낮다는 사실을 무시할 수 없다.

학생의 가정환경은 정서적인 것이든 경제적인 것이든 아이들이 학교생활을 잘하느냐 못하느냐에 가장 큰 영향을 미친다.

## 교육은 가족의 힘이다

•

같은 반에서 공부하는 학생 두 명을 살펴보자. 로이와 다니엘은 둘 다 밝은 소년이다. 로이는 예리한 관찰력과 훌륭한 의사 전달력으로 처음 만나자마자 깊은 인상을 심어 줬다. 다니엘도 로이 못지않게 인상적인 학생이었는데, 배우고자 하는 의지를 타고났다. 뭔가를 배우고 있다는 이유만으로 그렇게 자주 웃는 학생을 본 적이 없다. 나는 두 학생 모두에게 큰 기대를 걸었다.

하지만 길이 멀고 평탄치 않았기에 두 아이 다 여정 중에 커다란 돌부리에 걸리고 말았다. 로이는 학년이 시작되고 얼마 지나지 않아 두뇌가 명석한데도 친구가 없다는 게 분명해졌다. 빈정대기 일쑤였고 많은 친구들에게 모질게 굴었다. 로이는 자기 이야기가 재미있다고 생각했지만, 그 농담의 대상이 된 아이들은 웃지 않았다. 유감스럽게도 로이는 자신이 다른 사람들에게 고통을 주고 있다는 사실을 아주 잘 알고 있었다. 그저 신경 쓰지 않았던 것이다.

수업을 시작한 지 3주쯤 됐을 때, 로이 아버지에게 편지를 써서 학부모 면담을 요청했다. 로이에게 큰 기대를 걸고 있으며 우리가 협력한다면 로이의 교우 관계에 도움이 될 것이라고 설명했다. 로이의 아버지는 그날 밤 내게 전화를 걸었고, 다음 주 월요일 방과 후로 면담 일정을 잡았다. 전화상으로 들리는 그의 말투로는 의중을 읽기가 어려웠다. 내 요청에 짜증이 난 것 같았지만 그날 스트레스를 많이 받았을 수도 있다고 생각했다. 나는 분명 전문가답게 로이를 걱정하면서도 긍정적인 어조로 의사를 전달했다.

다음 월요일, 학생 몇 명이 아침 6시 30분쯤 교실로 들어와 내게 로이 소식을 들었는지 물었다. 말을 듣자니, 로이가 학교에서 세 블록 정도 떨어진 쇼핑몰에서 물건을 훔치다가 체포됐다는 얘기였다. 로이는 가게에서 비디오게임을 몰래 가지고 나오려다 경보기가 울리는 바람에 덜미를 잡혔다는 것이다.

그날 일과가 끝난 후 로이 아버지가 학교에 도착했고, 우리 셋은 함께 앉았다. 물건을 훔친 일은 말하지 않았다. 이 만남의 목적은 아들이 친구들에게 무례하고 굴고 짓궂다는 사실을 아버지에게 알리는 데 있었다. 나는 그러한 행동은 용납되지 않는다고 최선을 다해 설명했다. 다른 아이들뿐 아니라 로이 자신에게도 상처가 된다고 말이다. 로이 아버지는 집으로 친구가 전화를 건 적도 없고 로이가 다른 친구들에게 초대받은 적도 없음을 인정했다. 나는 로이에게 이 문제를 해결할 수 있으며, 태도를 조금만 바꾸면 반 친구들이 함께 어울리고 싶어 하는 훌륭한 반장이 될 수도 있다고 말했다.

내가 이야기를 마치자 로이의 아버지는 욕을 하더니 내 일에나 신경 쓰라고 말했다. 내 일은 자기 아들에게 수학을 가르치는 것이지 아들의 친구 관계에 참견하는 것이 아니라는 말이었다. 난 곧바로 포기하고 로이의 아버지에게 와 줘서 고맙다고 인사했다. 이제 막 새 학년이 시작됐으니 아버지의 도움이 있든 없든 나는 최선을 다해 로이를 돕기로 했다.

내가 일어서자 그가 말했다. "아직요. 선생님이 해 줄 일이 있어요."

그는 내년에 로이를 입학시키려는 사립학교에 추천서를 써 달라고 했다. 나는 만난 지 3주밖에 안 된 아이에 대해서는 추천서를 써 줄 수 없다고 분명히 대답했다. 로이 아버지가 계속 추천서를 요구하기에 나는 물건을 훔쳐서 경찰에 잡힌 아이를 추천할 수 없다고 설명했다. 그는 교실을 뛰쳐나가더니 교육청에 가서 항의하겠다며 소리를 질렀다.

다음 날 저녁 로이의 엄마가 미안하다며 걱정스러운 말투로 전화를 걸어왔다. 로이의 엄마는 남편과 이혼하고 몇 년 전 이 지역을 떠났는데, 로이가 물건을 훔친 일을 알고는 자신이 아들을 길러야겠다고 결정했다. 전남편이 아이를 기르는 데 적합하지 않다고 생각했다. 내게 설명하기로는 로이가 응석받이로 버릇없게 자랐고, 그래서 자신이 집으로 가서 로이를 키우겠다고 했다. 그러면서 그 주 안으로 로스앤젤레스에 오겠다고 했다.

로이의 엄마는 그해에 오지 않았다. 로이의 아버지 역시 내가 아무리 전화를 걸어 요구해도 다시는 교실에 나타나지 않았다. 로이는 수업을 견뎌 냈고 모든 시험을 통과해서 중학교에 갔다. 친구들은 로이가 중학교에서도 자주 문제에 휘말렸다고 전했다.

그다음 해 학교 주변 시장에서 나는 놀라운 광경을 목격했다. 한 여성이 로이와 함께 있었는데, 당시에는 그 여성이 로이의 어머니인 줄 몰랐다. 그녀는 로스앤젤레스로 돌아와 아들을 기르겠다는 약속을 지켰다. 내가 그녀를 알아본 것은 시장 사람들 몇이 그녀를 빤히 쳐다보고 있었기 때문이다. 열세 살이나 먹고 중학생이 된 로이는 어머니가 끄는 쇼핑 카트에 앉아 있었다.

다니엘도 로이만큼 똑똑한 학생이었다. 다니엘은 정리를 못했다. 하지만 굉장히 똑똑한 아이였기 때문에 초등학교의 거의 모든 과정을 잘 넘어갈 수 있었다. 반에서도 성적이 좋았지만, 결국 똑똑한 것만으로는 충분치 않을 것이라는 조짐이 보였다. 아니나 다를까 다니엘은 중학교에서 많은 문제를 일으키는 바람에 유급을 당했다.

다니엘의 부모는 아들에 대한 지원을 아끼지 않았다. 다니엘의 담임 선생님을 만나고 내게도 찾아왔다. 아들을 사랑했으며, 아들이 무엇을 잘하는지 잘 알았다. 결과적으로 그들은 몇 가지 합당한 규칙을 만들어 다니엘에게 따르도록 했다. 아들에 대한 기대가 워낙 컸기에 다니엘은 당장 학교 성적을 올려야 했다. 부모는 다니엘에게 최선을 다하지 않은 결과는 용납하지 않겠다는 뜻을 분명히 전달했다. 고등학교에 간 다니엘은 몇몇 학술 팀의 팀장을 맡았고 학교 운동 경기에도 참여했다. 결국 전국 최우수 대학 몇 군데에서 장학금 제안까지 받았다. 그는 부모님과 가까이 있고 싶어 캘리포니아 소재 대학을 선택했고, 덕분에 주말을 집에서 보낼 수 있었다.

여기 두 학생은 같은 반에서 같은 선생님과 공부했다. 나는 최선을 다해 그 둘을 도왔다. 그들을 개인으로 대접해 줬고, 학교 안에서뿐만 아니라 학교 밖에서도 아이들을 위해 시간을 냈다. 한 아이에게는 함께 노력하고 선생님이나 학교와도 기꺼이 협조하는 이해심 많고 든든한 가족이 있었다. 다른 한 아이에게는 허세만 가득한 아버지와 다 큰 아들을 카트에 태워 다니며 시장을 보는 어머니가 있었다. 둘 중 하나는 일류 대학에 진학하고 다른 하나는 세상의 벼랑 끝으로 떨어진 게 이상한 일인가? 아동 발달에 핵심 역할을 하는 요소들은 매우 다양하다. 교사는 퍼즐에서 가장 중요한 조각이 되려고 열심히 노력할 수 있으며, 또 그렇게 해야 한다. 하지만 아무리 초인적인 노력을 기울인다 해도 학생의 가족이 미치는 영향을 대신할 수는 없음을 절대 잊지 말아야 한다. 가족의 힘이야말로 아이를 도울 수도, 실패하게 만들 수도 있는 근간이 된다.

## 그래도 학생을 포기해서는 안 된다
•

그럼 학생의 가족이 당신의 노력을 지지하지 않거나, 심지어 당신의 좋은 의도를 꺾으려 한다면 어떻게 하겠는가?

슬프게도 어떤 교사들은 포기할 것이다. 이들은 한때 최선과 진심을 다했지만 결국 좌절감으로 두 손 두 발을 다 들고 묻는다. "내가 어떻게 해야 하나요? 이 아이는 희망이 없어요." 이런 비극적 예측이 현실로 이어지는 경우가 적지 않다.

제발 포기하지 마라. 끝나지 않았다. 가능성이 백만 분의 1밖에 안 되는 절망적 상황이 있을 수 있지만, 교사가 그만두면 그 가능성은 백만 분의 0이 된다. 많지는 않았지만, 가정환경 때문에 가르치기가 쉽지는 않아도 도울 수 있는 학생들이 있었다.

불가능한 상황에서는 자신만의 기준으로 돌아가라. 나는 책가방이 엉망진창이고 책상이 〈피너츠$^{Peanuts}$〉(찰리 브라운과 스누피가 등장하는 찰스 슐츠의 유명 만화―편집자)에 등장하는 피그펜을 닮은 아이들에게도 정리가 중요하다는 본보기를 계속해서 보여 준다. 내가 가르친 한 학생은 1년 내내 말을 잘 안 들어 나를 낙심시키고 실망시켰지만, 몇 년 뒤 내가 상상했던 것보다 훨씬 더 훌륭한 모습으로 돌아와 우리가 함께 보낸 날들이 인생의 전환점이 됐다고 말했다.

우리 교사들은 사실 인생의 전환점을 보지 못하기 때문에 전환점을 축하한다는 것은 어려운 일이다. 사실 학생 스스로도 전환점을 명확하게 인지하기 힘들다. 하지만 이따금, 우리가 바라는 만큼 자주는 아니지만 그래도 가끔 우리가 포기하지 않았던 시간이 보답이 되어 돌아온다.

대학에 간 조이가 언젠가 내게 편지를 보냈다. 조이는 그리 유복하지 못한 집에서 태어났다. 이민 문제로 어린 시절 대부분을 부모님과 떨어져 지냈다. 친척들이 돌아가며 힐 수 있는 대로 최신을 다해 그를 돌봤지만, 운 좋은 아이들 같은 혜택을 받고 태어난 아이는 아니었다. 그랬던 그가 대학 3학년이 되어 국내 최고 명문대 중 한 곳에서 내게 편지를 보냈다. 거의 8년 만이었다.

레이프 선생님!

선생님의 토요일 수업을 들었던 조이입니다.

잘 지내고 계시지요. :)

저는 나흘 후면 생명화학공학과 3학년이 됩니다.

선생님의 토요일 수업이 제 학과목에 도움이 되어 좋은 성적을 받고 있습니다. (4.3이 A⁺인데) 4.03을 받았답니다.

학과 연구에도 참여하고 있습니다.

자유 시간에는 우쿨렐레를 연주하고, 운동하고, 축구하고, 친구들과 시간을 보냅니다. 이런 시간을 통해 끊임없이 무언가를 배우고 싶어요.

지금 제가 있는 이 자리에 감사하고, 그래서 행복합니다.

교사와 스승으로서 제게 보내 주신 선생님의 도움과 지원이 제 미국 모험을 멋지게 만들어 줬습니다. 선생님이 안 계셨다면 이 자리에 있지 못했을 것입니다.

감사합니다, 레이프 선생님.


　　흔한 일이라고 할 수는 없지만 가난 가운데 자란 아이도 불가능한 확률을 이겨 낼 수 있다. 제 기능을 완전히 상실한 가정환경에서도 놀라운 일을 이뤄 내는 아이들이 있다. 이런 아이들은 우리에게 절대 포기해서는 안 된다는 것을 다시 한 번 일깨워 준다. 하지만 교사의 능력을 넘어서는 다양한 현실적 요소들을 인정하고 모든 것을 쏟아붓는 노력의 강도를 조절하지 않는다면, 거듭되는 패배와 실패로 진심 어린 마음이 짓밟힐 것이다. 교사가 일단 좌절감을 느끼게 되면 조이가 보낸 것 같은 편지를 받을 확률은 '희박하다'에서 '없다'로 줄어든다. 고통스러운 일이기는 하지만, 존 우든은 자신이 최선을 다했음을 아는 마음의 평화를 성공이라 정의했다. 젊은 교사들은 종종 가정 문제로 행방불명된 학생들 때문에 자책한다. 당신이 학생의 운명을 좌우하는 사람이라는 말을 들었다면, 그것은 사실이 아니다. 이 점만 확실히 깨달으면 많은 끔찍한 상황을 극복할 수 있을 뿐만 아니라 다른 상황을 만날 때도 의지를 다질 수 있을 것이다.

알레한드로는 유쾌하고 다재다능한 아이였다. 타고난 코미디언인 데다 반을 곧잘 이끌었다. 운동신경이 좋고 잘생긴 알레한드로는 아버지가 없고 까다로운 어머니만 있었다. 그 아이의 어머니는 우리 반을 몹시 싫어했다. 매일 밤 학급 활동에 대한 아들의 열정에 찬물을 끼얹으면서 내가 아들의 머릿속에 허울뿐인 약속과 거짓말만 심어 준다고 비난했다. 그녀는 끝내 교장 선생님에게 찾아가 아들을 다른 반으로 옮겨 달라고 요청했다. 그런 상황에서 교사를 보호하는 데 탁월한 능력이 있는 우리 교장 선생님은 알레한드로를 불러 생각을 물었다. 알레한드로는 우리 반에 남고 싶다고 어머니에게 애원했지만 어머니는 단호했고, 결국 학년 중간에 반을 옮기게 됐다. 알레한드로는 그날 밤 내게 울며 전화했고 나는 걱정하지 말라며 다독였다. 알레한드로에게는 내 수업이 필요하지 않았다. 워낙 재능이 뛰어나고 똑똑했기 때문에 무엇도 그를 막지 못했다.

몇 달 뒤에 학교를 마치고 동네를 가로질러 버스 정류장으로 걸어가다가 그들을 만났다. 알레한드로에게 인사하자 그가 얼굴을 찌푸리며 등을 돌렸다. 난 충격을 받았다. 어머니가 어떤 사람인지는 알았지만 우리 둘은 항상 좋은 관계를 유지했기 때문에 알레한드로에게 전염병이 걸린 사람 취급을 받으리라고는 상상하지 못했다.

8년이 지난 어느 이른 저녁, 교실에서 채점을 하고 있는데 낯선 사람이 교실로 들어왔다. 핑크 플로이드$^{Pink Floyd}$의 팬이라면 연습 중 스튜디오로 돌아온 문제투성이 창립 멤버 시드 배럿$^{Syd Barret}$을 나머지 멤버들이 알아보지 못한 충격적인 이야기를 알 것이다. 이 젊은 남자는 자신을 내가 오래전부터 알던 멋진 소년이라고 밝혔는데, 인생은 그에게 끔찍한 대가를 치르게 했다. 영양부족으로 망가진 피부에 눈 밑은 수면 부족으로 어두운 그림자가 짙게 배어 몰골이 말이 아니었다. 이 청년은 몇 년 동안 방치돼 고통스러운 삶을 살았다.

알레한드로는 전문대학에 입학했다는 소식을 알리러 내게 돌아왔던 것이다. 온갖 가정 문제로 전국을 떠돌며 지난 8년을 지옥에서 보냈다고 털어놓았다. 내게 안부 인사를 전하고 대학에 갔다는 소식을 알리려고 들렀다고 했다. 전문대학에라도 간 것은 그 집안에서 알레한드로가 처음이었다. 나와 5분쯤 이야기한 그는 교실을 떠났고, 그 후로는 다시 그를 보지 못했다.

젊은 교사들이여, 이것이 승리의 모습이다.

전혀 아름답지 않고 전투의 상처만 남은 승리다. 알레한드로는 불가능의 확률을 이겨 냈다. 그가 떠나온 삶보다 더 나은 삶에 대한 현실적인 희망이 여전히 있었던 것이다. 하지만 그것은 현실을 감안해야 하는 희망이었다. 아이들이 심각한 가정 문제와 경제 문제 사이에서 성장할 때 그것은 아름다운 삶이 아니다. 아이가 학교생활을 잘 해내지 못하는 것이 전적으로 당신 잘못이라는 글을 읽는다면 이 점을 기억하라. 그렇지 않다. 할 수 있는 모든 것을 하라. 어떤 날에는 그보다 훨씬 더 많은 것을 하라. 하지만 당신이 직면한 매우 현실적인 장애물은 절대 잊지 말라.

# ──▶ 에스퀴스의 제안 ◀──

- 교사가 학생의 가정환경이나 경제 상황보다 더 큰 영향을 줄 수 없다는 사실을 받아들이자. 현실적 역경이 당신을 가로막더라도 하루하루 모든 학생에게 최선을 다하는 교사가 되자.

- 학생들이 자기 문제를 이야기할 때 귀 기울여 듣자. 가능하다면 점심시간이나 방과 전후에 학생들과 시간을 보내자. 아이의 사고방식을 알고 나면 그 아이가 바라는 목표를 더욱 잘 파악할 수 있다.

- 학생들에게 공감하되, 누구에게나 힘든 시기가 있다는 점을 알려 용기를 주자. 아무리 어려운 상황도 용기와 노력으로 극복할 수 있다는 것을 당신 자신의 경험이나 다른 사람들의 사례를 통해 알려 주자. 긍정적인 태도를 보이자.

- 옛 제자들의 이야기를 학생들에게 들려주자. 터널 끝의 빛을 보지 못하는 학생들에게는 같은 상황을 겪었지만 바른 결정을 내리고 좋은 결과를 얻은 선배들이 귀감이 될 것이다.

- 정책 입안자들이 사회의 모든 병폐를 우리 책임으로 돌리더라도 낙담하지 말자. 모든 문제가 교사 책임이라고 말하는 대부분은 가르치는 사람이 아니다. 혹 몇 년 전에 가르쳤던 사람이라도 모든 아이에게 손을 내민다는 이야기는 정확하지 않은 주장이다. 마크 트웨인Mark Twain의 말을 기억하라. "나는 어린 시절의 모든 일을 기억한다. 실제 일어난 일이든 아니든 말이다."

chapter
10

$$\left[\quad \text{어른이 없는 세상에서} \atop \text{어른이 된다는 것} \quad\right]$$

열일곱 살 때 엄청나게 쌓여 있는 배설물을 본 적이 있다. 지금까지도 그 배설물이 어디에서 왔는지 모른다. 공룡이 멸종됐다는 증거와 상관없이 나는 그것이 브론토사우루스의 배설물이라고 추측할 수밖에 없었다. 그 배설물은 강당 무대 중앙에 자리를 잡고 여섯 살짜리 아이들의 연극 연습을 방해했다.

나는 여자 친구와 데이트할 돈이라도 벌어 볼까 해서 여름에 캠프에서 아르바이트를 했다. 캠프 리더는 시즌이 끝날 때 아이들이 팀을 짜서 공연하는 프로그램을 운영했다. 노래나 춤, 짤막한 연극을 공연할 수 있었다. 우리 팀 아이들은 내가 피트 타운센드<sup>Pete Townshend</sup>(록 밴드 더 후의 기타리스트—편집자)의 〈핀볼 위저드<sup>Pinball Wizard</sup>〉에 나오는 리프를 기타

로 연주하면 멋질 거라고 했다. 그래서 우리는 더 후의 록 오페라 〈토미
Tommy〉를 바탕으로 한 짧은 연극을 준비했다. 내 친구 몇몇이 도움을 줬
고, 여름이 끝나 갈 무렵 아이들은 놀라울 정도로 실력이 향상됐을 뿐만
아니라 신 나게 즐기고 있었다. 당시에는 알지 못했지만 그 경험이 몇
년 후 우리 반 셰익스피어 공연의 토대가 됐다.

우리는 공원에서 연극과 노래를 연습했고, 부모님을 초청하는 본 행
사 전날에는 총연습을 하기로 했다. 각 팀의 리더는 무대를 미리 익히
도록 30분 전에 아이들을 공원 강당으로 데리고 갈 수 있었다. 각 팀의
공연 시간은 임의로 배정됐다. 열두 팀 정도가 공연을 하는데, 우리 팀
은 그날 마지막으로 리허설을 하게 됐다. 야구장에서 텅 빈 강당으로
걸어갔는데, 엄청나게 쌓인 배설물이 무대 중앙에서 우리를 기다리고
있었다.

나는 너무 순진해서 어떻게, 또 왜 그런 일이 일어났는지 생각조차 하
지 못했다. 그저 눈에 띄는 주차 요원에게 삽을 빌려 아이들이 기다리는
동안 무대를 치웠다. 하지만 시간이 오래 걸려 끝내 리허설을 할 수 없
었다. 사실 문제 될 것은 없었다. 아이들은 즐길 준비가 돼 있었고, 다음
날 저녁 공연에서 관중의 박수갈채를 받았다. 의도적이지는 않았지만
나는 그때 아동 발달에서 창작 활동이 얼마나 중요한지를 느끼기 시작
했다.

여러 해가 지나 나는 동료가 우리 팀 로큰롤 공연을 방해하려고 그런
짓을 꾸몄다는 것을 어렴풋이 깨달았다. 여섯 살짜리 아이들이 노래 한
두 곡 부르면서 춤을 추겠다는데 그것을 방해할 정도로 옹졸한 인간이

있으리라고는 상상하기 힘들었다.

## 예의 없는 시대를 만든 덜 자란 어른들

•

이 문제를 거론해서 미안하지만, 어쨌든 중요한 문제이며 모든 훌륭한 젊은 교사가 마주치게 될 문제다. 돈 헨리<sup>Don Henley</sup>(그룹 이글스의 전 멤버—편집자)가 〈더 하트 오브 더 매터<sup>The Heart of the Matter</sup>〉에서 노래한 것처럼 우리는 '예의 없는 시대<sup>graceless age</sup>'에 살고 있다. 훌륭한 교사들을 만날 때마다 늘 빠지지 않고 들리는 이야기는 단순히 일을 잘한다는 이유로 동료를 미워하는 사람이 있다는 것이다. 시기는 전문가답지 못한 잔인한 행동을 유발하기도 하는 추잡한 감정이다.

지난 수십 년 동안 이러한 현상은 더욱 심해졌다. 소셜 네트워크 서비스가 많은 사람들의 삶을 지배하는 지금, 사람들은 사실상 아무 말이나 할 수 있는 자유를 누리는 것 같다. 인터넷에 올라온 글을 몇 개만 읽어 봐도 그 비열함에 놀라게 된다. 유명인이 비극적인 죽음을 맞았다면 누군가는 분명 하지 않아도 될 혐오스러운 말들을 쏟아 낼 것이다. 이것은 우리가 표현의 자유에 대해 치러야 할, 필요하지만 너무나 슬픈 대가다.

이 비열한 영혼들은 어느 학교에나 꼭 있는 성가신 존재들이다. 나는 아무것도 모르던 교직 첫해에 처음으로 그들의 영향을 목격했다. 어느 금요일 교무실 옆 게시판 주변에 사람들이 모여 있었다. 새로 전시된 작품이 복도를 지나가는 사람들의 걸음을 멈추게 한 것이다. 작품은 매우 아름다워서 마치 뉴욕현대미술관의 큐레이터가 걸작 몇 점을 초등학교에 빌려 준 것 같았다. 4학년 학생들이 그린 멋진 유화들이 벽을 장식하고 있었다. 입이 떡 벌어졌다. 구도도, 내용도 더없이 훌륭했다. 그리고 훌륭한 미술 선생님과 함께 공부한 덕에 이렇게 멋진 작품이 탄생했음을 알게 됐다. 그림에 대한 지식은 거의 없었지만 얼핏 보더라도 아이들이 붓놀림을 훨씬 넘어선 그 무엇인가에 대해 배우고 있음을 알 수 있었다. 작품에서는 끈기, 창의성, 모험, 그리고 즐거움이 묻어 나왔다. 놀라웠다. 작품을 본 나는 그 자리에서 두 가지를 느꼈다. 내 학생들도 그림을 잘 그렸으면 좋겠다는 것과, 이 어린 렘브란트들을 누가 키웠는지 보고 싶다는 것이었다. 내가 가르치는 한 아이들에게서 그런 놀라운 작품이 나올 수 없음을 알았기에 그 선생님의 전략이 궁금해 미칠 지경이었다. 나는 더 나은 교사가 돼야 했고, 그런 내 노력에 도움을 줄 누군가를 만날 수 있다는 사실에 흥분됐다.

교사 세 명이 내 근처에 서서 작품에 대해 말하고 있었다. 비난조 평가로 보아 작품이 사기라고 생각하는 것이 분명했다. 독기를 품은 의견은 하나둘 빠르게 번져 갔다. "학생이 이런 그림을 그렸다는 것은 말도 안 돼." "사실은 교사가 그려 놓고 학생 작품이라면서 자랑하는 거야." "어린애가 이런 그림을 그렸다면 그 아이한테 재능이 있어서겠지. 그런 아이라면 걸작을 그리는 게 간단한 일일 거야." "우리한테도 그런 학생들이 있으면 똑같이 할 수 있을 거야."

이런 말들을 듣고 있자니 정말 슬펐다. 교사라는 직업을 가진 사람들은 누구나 아이들과 동료 교사들을 진심으로 아낀다고 생각했다. 이런 교사들에 관한 슬픈 현실을 이해하기에는 내 경험이 너무 부족했다. 그 미술 교사는 결국 다른 지역으로 떠났다. 나는 멘토가 될 수도 있었던 사람과 대화할 기회를 잃었고, 우리 학교 학생들은 그 이상의 것을 잃었다.

## 학생들은 교사에게 물든다

•

미움은 아주 사소한 문제로도 생길 수 있다. 한번은 학교 선생님 하나가 출산휴가를 떠나 대체 교사가 학년의 나머지 몇 달을 마무리하게 됐다. 그런데 이 대체 교사는 더 바랄 게 없을 정도로 훌륭하게 일을 수행했다. 그저 시늉만 하는 것이 아니라 반 학생들이 한 해를 확실히 마무리하길 원했다. 그녀는 점심시간에 독서회를 시작해 학생들이 독서의 즐거움을 발견하도록 도왔다. 그 누구도 귀찮게 하지 않았다. 그저 점심시간에 교실에 남아 자발적으로 활동에 참여한 학생들과 책을 읽었을 뿐이다.

같은 학년을 가르치는 교사 몇몇이 그녀에게 다가가, 왜 교사 휴게실에 와서 함께 점심을 먹지 않는지 물었다. 그녀는 그렇게 하고 싶지만 점심시간 독서회를 시작했는데 이제 막 열기를 띠고 있는 데다 몇몇 학생들에게는 상당한 도움이 되고 있다고 말했다. 이 같은 설명에 되돌아온 것은 다음과 같은 파렴치한 질문이었다.

"뭘 하려는 건데요? 우리를 형편없는 교사로 만들려고요?"

훌륭한 교사라면 이 말을 듣고 움찔 놀랄 것이다. 물론 그 대체 교사에게는 전혀 그런 의도가 없었다. 하지만 동료 교사들이 자신의 노력에 눈살을 찌푸리는 것을 보고 우울해졌다. 대다수 교직원이 그녀가 한 일을 칭찬했고, 몇몇 교사들은 비슷한 동아리를 시작했다. 그래도 질투에 사로잡힌 일부 동료들 곁을 지날 때면 여전히 불편하다고 그녀는 내게 털어놓았다.

이런 일은 당신에게도 일어날 수 있으며, 분명 일어날 것이다. 실제로 이런 상황에 부닥치면 상처를 받게 마련이다. 당신이 예민한 사람이라면 위로를 듬뿍 받아도 고통이 사라지지 않을 것이다. 역설적이게도 그러한 민감함은 축복이자 저주가 될 수 있다. 학생들을 세심하게 관찰해 더 많은 것을 해 줄 수 있지만, 다른 사람의 감정을 고려하지 않는 비판에 맞설 수 있는 무기는 제공해 주지 않는다.

당신을 두고 하는 말이 아니니 오해는 말라. 당신과는 전혀 상관없는 말이며, 모두 활시위를 당기는 사람들에게 하는 얘기다. 당신의 학교라고 특별하지 않다. 나는 전 세계 교사들과 이야기할 수 있는 특권을 누리고 있는데, 이야기는 바뀌는 법이 없다. 방콕에서 타이베이, 리우데자네이루, 미국 중심가에 이르기까지 어느 학교에나 쌓아 올리기보다는 무너뜨리는 데 여념이 없는 수준 이하의 사람들이 있다.

국가 공인 교사가 되길 원하는 베테랑 교사 두 명이 있었다. 국가 공인 교사 제도는 교육 현장에 관한 지식을 넓히려는 교사들을 위해 다양한 수업과 시험을 제공하는 제도다. 많은 노력과 시간을 기울인 교사들은 국가 공인 교사라는 명예를 거머쥘 수 있으며, 최고의 전문가로 여겨진다.

두 교사는 10년 넘게 같은 학교에서 일했으며, 둘 다 완벽한 전문가로 알려져 있었다. 교실은 체계적으로 운영됐고 아이들은 선생님에게서 기량을 익혔다. 학부모들에게 칭찬을 받고, 행정관들은 두 교사가 국가 공인 교사 수업을 듣기로 했다는 사실에 놀라지 않았다. 그들은 계속해서 성장하길 원하는 유형이었다.

몇 년간 노력한 끝에 결과가 나왔다. 한 명은 시험에 통과해 국가 인증을 받았지만, 다른 교사는 그러지 못했다.

시험을 통과하지 못한 교사는 그 뒤로 시험을 통과한 교사와 말을 하지 않았다.

시험을 통과한 교사는 성공을 자랑하거나 다른 사람에게 잘난 체하지 않았다. 하지만 성취감을 맛봐야 할 시간은 점점 씁쓸한 시간이 됐다. 시험에서 떨어진 교사가 복도에서 마주칠 때 "안녕하세요"라는 인사조차 하지 않았기 때문이다.

자신의 일에서 최고의 경지에 오르려고 노력하는 교사가 그렇게 미숙한 행동을 했다는 것은 역설적이다. 하지만 이는 다른 사람을 싫어하는 이들의 전반적인 문제다. 이런 현상이 무엇보다 심각한 이유는 교사란 무릇 학생에게 본보기를 보여야 하는 존재임을 망각하고 있기 때문이다. 옹졸함, 적대감, 시기는 학생들에게 절대 보여서는 안 될 것들이다. 아주 어린 아이들도 우리 생각보다 훨씬 더 많은 것을 이해한다는 사실을 결코 잊지 말라. 시험에 떨어진 교사는 시험에 붙는 것보다 훨씬 중요한 기회를 잃었다. 이 교사가 만일 학생들에게 시험에 떨어졌지만 다시 도전할 것이라고 말했다면, 아이들은 바닥에 쓰러져도 훌훌 털고 일어날 수 있는 용기를 얻었을 것이다. 훌륭한 일을 해낸 동료를 칭찬함으로써 학생들에게 다른 사람에 대한 예의와 존중의 중요성을 가르칠 수 있었을 것이다. 전문가답지 못한 행동은 그 대상을 다치게 만들고, 그 같은 행동을 한 사람을 깎아내리며, 무엇보다 우리가 애초에 가르치는 이유가 돼야 할 아이들에게 피해를 준다.

**악의적인 사람을 대하는 최고의 태도는 예의바름이다**
•

악의적인 태도가 특정 유형의 교사에게만 국한된 것은 아니다. 훌륭한 성과를 낸 교사들까지도 물들일 수 있다. 교직 초기에 나는 갈림길에 섰다. 내가 기억하고 싶은 것보다 더 많은 실수를 했음에도 초등학교에서 어느 정도 성공을 거두고 있었다. 열정과 노력이 결실을 맺어 어느 날 매우 친절한 한 교장 선생님에게서 전화를 받았다. 로스앤젤레스의 부유한 지역에 위치한 영재 특성화 학교의 교장 선생님이었는데, 갑작스럽지만 드물게 결원이 생겼다는 것이다. 그녀는 내가 자기 학교로 올 생각이 있는지 물었다.

누군가의 구애를 받다니, 기분이 좋았다. 사랑스러운 아이들과 멋진 동료들이 있었지만 아직 호바트초등학교와 결혼했다는 생각은 들지 않았다. 그 시절에는 한자리에 머물면서 입장을 지키는 것이 얼마나 중요한지 잘 알지 못했다. 그때까지도 다른 초원의 풀이 더 푸르지 않을까 하고 생각했다.

화장실 바닥에 신발이 들러붙지 않는 학교에서 든든한 가족을 둔 훌륭한 학생들을 가르친다는 생각이 나를 흔들었다. 한참 뒤처진 아이들을 가르치면서 좌절한 날이 여러 날이었다. 하지만 그런 아이들이 내가 공평한 경쟁의 장을 만들어 주길 기다리고 있음을 아직 충분히 이해하지 못했다. 그래서 새로운 물을 맛보고 싶었던 나는 교장과 약속을 잡았다.

그녀는 나를 자신의 사무실로 초대했는데, 도착해 보니 그녀 혼자가 아니었다. 그녀 말고도 스물아홉 명이나 되는 사람들이 내 가치를 평가하려고 기다리고 있었다. 행정관, 교사, 학부모들이 내게 질문을 하러 와 있었다. 호바트초등학교는 사친회조차 없었기 때문에 그렇게 많은 사람들이 나를 조준하고 기다리는 모습에 다소 충격을 받았다.

면접은 한 시간 이상 걸렸다. 질문은 까다로웠지만 당연히 필요한 내용이었다. 자신들의 뛰어난 학생들에게는 보통 수준을 훨씬 뛰어넘는 교사가 필요하다는 것이 대화의 기본 내용이었다. 이 영리한 학생들에게 동기와 흥미를 유발해 다른 학생들을 앞서게 할 수 있는 내 능력으로는 무엇이 있을까? 나는 호바트초등학교에서 반 학생들과 까다로운 수학 문제를 함께 풀고 방과 후 셰익스피어 연극을 연습한다는 점을 부각하며 나의 교실 활동 몇 가지를 설명했다. 해마다 연극을 원작 그대로 무대에 올릴 것이고, 여기에는 총 1,000시간 이상이 소요되지만 보수는 따로 받지 않겠다고 약속했다.

면접이 잘 진행됐다고 생각했다. 학부모들은 몹시 신 나 보였고 면접이 끝나자 교사 몇 명이 다가와 셰익스피어 연극에 동참하고 싶다는 바람을 내비쳤다. 난 집으로 돌아갔고 새로운 문이 열렸다고 생각했다.

그다음 주에 교장에게서 친절한 편지를 받았는데, 내게 일자리를 줄 수 없다는 내용이었다. 되돌아보면 나를 실망시킨 것은 일자리를 잃은 게 아니라 거절이었다. 왜 이런 결정이 내려졌는지 설명해 주지 않았으므로, 면접이 순조로웠다고 생각한 나는 언제든 비슷한 상황에 처할 경우를 대비해서 교장에게 내가 무엇을 잘못했는지 말해 줄 수 있는지 물었다.

그녀는 자초지종을 말하기가 곤란하다고 했다. 그 학교에는 면접에 관한 정책이 있었다. 지원자는 위원회 위원 서른 명 모두에게 승낙을 받아야 했다. 거부가 한 표만 있어도 부결을 의미했다. 나를 면접하고 투표한 결과 내게 일자리를 주는 데 찬성하는 사람은 스물아홉 명, 반대하는 사람은 한 명이었다.

내가 누구의 기분을 상하게 했는지 물었는데 그녀는 대답하기를 주저했다. 그녀는 내가 아직 젊으니까 이제 막 어려운 교훈을 하나 얻었다고 생각하라고 말했다. 학교에서 발생하는 이 안타깝지만 모두가 사실인 문제들에 관해 당신과 함께 나누고 싶은 그 교훈의 내용은 다음과 같다.

"누가 제게 반대표를 던진 겁니까?" 나는 다시 물었다.

"우리 학교에서 가장 인기 있는 선생님요." 그녀가 슬프게 대답했다.

받아들이기 힘들었다. 하지만 그러한 순간은 여전히 기회로 간주될 수 있다. 당신을 싫어하는 사람을 대하는 최고의 방법은 적극적인 노선을 취하는 것이다. 나는 호바트로 돌아와 전문가로 성장하기 위해 최선을 다했다.

성공은 가장 훌륭한 복수다. 영재 특성화 학교에서 나를 거부한 다음 해에 나는 운 좋게도 월트디즈니가 선정하는 '올해의 전미 우수 교사상 National Outstanding of the Year Award'을 받았다. 다시 그 학교에서 면접을 보러 와 달라는 연락이 왔다. 하지만 이번에는 내가 공손하게 거절의 편지를 보낼 순서였다.

- 잔느 델프<sup>Jeanne Delp</sup>라는 범상치 않은 교사가 있다. 언젠가 그녀는 말했다. "누군가 당신을 보고 자신이 갖지 못한 것을 떠올린다면 그때 적개심이 생긴다." 이 말을 꼭 기억하라.

- 당신이 학교에서 새로운 아이디어를 떠올리거나 뭔가 다른 행동을 하면 누군가는 그런 당신에게 불만을 느낄 것이다. 당신 반이 암 치료법을 발견해도 삐뚤어진 사람들은 암 치료법을 개발했다고 비난할 것이다.

- 바른 교사는 훌륭한 교육자를 미워하지 않는다. 훌륭한 교육자를 모방하고 그들과 협력한다.

- 동료의 전문가답지 못한 행동으로 기분이 울적할 때는, 당신과 일하는 다른 많은 교사들이 아주 멋진 사람들이라는 사실을 위안으로 삼아라. 썩은 사과 몇 개가 수많은 교육자가 인류 발전에 기여하고 있다는 사실을 잊게 만들 수 있다.

- 당신 때문에 다른 누군가가 형편없어 보이는 일은 있을 수 없다는 사실을 기억하라. 불량 교사는 혼자 있어도 형편없어 보인다. 일부러 거들 필요 없다.

- 때로는 힘겨울 수 있지만 삐뚤어진 사람을 대할 때는 가장 확실한 방법을 선택하라. 필요하다면 《앵무새 죽이기》 3장을 다시 읽으면서 애티커스 핀치가 휠체어 신세를 지는 듀보스 부인을 대하는 모습을 살펴보라. 듀보스 부인은 (말 그대로) 못된 사람이지만 애티커스는 그녀를 존중과 위엄으로 대한다. 무례한 사람들에게 예의를 차리는 것은 학생들에게 강한 메시지를 준다.

chapter
11

$$\Big\{ \quad \text{수업을 하지 말고} \atop \text{진짜 수업을 하라} \quad \Big\}$$

반 아이들이 수업을 듣지 않거나 수업에 집중하지 않으면 아무것도 배울 수 없다는 것은 플라톤이 아니어도 알 수 있다. 아이들은 통제해야 하고, 교사는 다양한 전략을 사용해 아이들을 통제된 상태로 유지한다. 어떤 교사들은 아이들에게 겁을 주기도 하고, 재주가 많은 교사들은 수업 시간에 춤을 추거나 랩을 하거나 농담을 하면서 아이들의 주의를 끈다. 그래서 나는 강력한 도구가 될 수 있는 몇 가지 대화를 소개하려고 한다.

56호 교실을 방문한 사람들은 아이들이 긴 시간 동안 집중력을 잃지 않는 모습에 놀란다. 셰익스피어 연극 리허설을 하는 90분 동안 어느 아이도 꼼지락대지 않는다. 모든 아이가 가만히 앉아서 한 시간이 넘도록 마크 트웨인의 글을 읽는다. 교실은 고요하고 조용하다. 여기에는 비밀이 있다. 공부하고 있는 학생에게 다가가 물어보라. "왜 이걸 하고 있니?"

몇 번을 물어도 다음과 같은 대답들을 듣게 될 것이다.

"왜 곱셈 문제를 풀고 있니?"
"선생님이 시켜서요."

"왜 글짓기를 하고 있니?"
"해야 하니까요."

"왜 이 역사 부분을 요약하고 있니?"
"금요일에 시험이 있어요."

"왜 이런 어휘들을 공부하고 있니?"
"연말 시험에 나올 단어니까요."

최고의 대답은 아직 나오지 않았다. 다음과 같은 대답이 바로 내가 제일 좋아하는 대답인데, 아마 당신도 많이 듣게 될 것이다.

"왜 이걸 하고 있니?"
"나도 몰라요!"

만약 우리 반 학생에게 "왜 이걸 하고 있니?"라고 물으면 다음과 같이 대답할 것이다.

"이걸 배우면 더 나은 인생을 살 수 있으니까요."

## 학생들에게 배움의 목적이 무엇인지를 설득하라
•

나는 학생들에게 교실에서 배우는 것들은 앞으로 살면서 사용하게 될 것이라고 항상 말한다. 나는 시험에 대비하려고 가르치지 않는다. 시험은 아이들이 내용을 이해했는지를 알아보기 위한 수단일 뿐 계산이나 글짓기를 배우는 이유와는 아무런 연관이 없다.

관련성이야말로 아이들에게 장기적으로 진정한 동기를 부여할 수 있는 열쇠다. 점수, 상, 파티같이 무의미하게 애만 태우는 미끼로 일시적인 효과를 볼 수는 있지만, 밀접한 관련이 있는 활동을 한다면 분명히 반 전체가 더욱 차분하고 효과적으로 움직일 것이다.

수업 때마다 이 개념을 최대한 자주자주 언급하라. 1년 내내 반복해야 한다.

나는 소수를 가르칠 때 "왜 이것을 배우고 있지?"라고 묻는다.

그리고 "소수를 이해하면 더 나은 삶을 살 수 있으니까요"라고 대답할 때까지 기다린다.

"소수를 언제 사용하는데?"

그러고 나서 나는 아이들에게 신문 기사를 읽어 준다. 병원에서 소수점을 잘못 찍는 바람에 환자가 처방된 약의 열 배를 복용하고 사망한 내용이다. 아이들은 헉! 한다.

"그러니까 소수를 이해하느냐 못 하느냐에 따라 실제로 삶과 죽음이 갈릴 수 있다는 얘기지." 그리고 우리는 공부를 시작한다.

슬픈 고등학교 이야기를 하나 하겠다. 예전에 가르쳤던 제이슨이 최근 나를 찾아와 고등학교 영어 수업에 관한 이야기를 들려줬다. 선생님은 하퍼 리$^{Harper Lee}$의《앵무새 죽이기》를 숙제로 주었다.

마흔 명의 학생들은 집에서 책을 읽고 2주 후에 있을 객관식 시험을 준비해야 했다. 제이슨은 반 아이들을 상대로 익명의 설문 조사를 실시했다. 실제로 책을 읽은 학생은 두 명뿐이었다. 나머지 서른여덟 명은 인터넷에서 소설 요약문과 줄거리를 읽었다. 마흔 명 모두 시험에 통과했다.

여기서 비극은 학생들이 책을 읽고 그와 관련된 활동을 할 기회를 놓쳤다는 것이다. 학생들에게 훌륭한 책은 모두 '그들 자신'에 관한 이야기임을 가르쳐라. 초중고를 비롯한 모든 학교에서 우리 교사들은 항상 아이들과 함께 책을 읽고 인쇄된 페이지와 아이들의 삶 사이의 연결점들을 찾을 수 있도록 도와야 한다.

## 목표를 제대로 세운다는 것

•

우리 반에 굉장히 어려운 가정 형편 때문에 성공으로 가는 모든 길이 사실상 막혀 있는 루디라는 아이가 있었다. 다행히도 루디는 5학년 한 해를 보내면서 훌륭한 문학작품의 중요한 교훈을 깨닫고 새기는 즐거움을 발견했다.

몇 년 후 루디는 뉴욕대학교에 들어갔다. 학자금 지원으로는 학비를 대기에 턱없이 부족했기 때문에 나는 사비를 들여 도와주려고 했다. 통장에 몇백 달러가 있어서 옛 제자에게 수표를 써 줬다. 그는 돈을 거절하며 다음과 같은 편지를 보내왔다.

레이프 선생님께,

돈 문제에 관한 한은 선생님께 최선을 다해 달라고 부탁드릴 수 없습니다. 말씀드린 것처럼 '저 스스로' 해결할 수 있습니다. 조금 더 열심히 일하고 지출을 줄이면 됩니다. 선생님께서 제게 열어 주셨던 바로 그 길에 이제 막 들어선 다른 아이에게 들여야 할 노력이 저 때문에 낭비된다면 전 정말 괴로울 겁니다. 저는 혼자서도 잘 해낼 수 있는데 말입니다. 도와주시겠다는 마음은 감사합니다. 하지만 제게 주신 돈은 선생님 반 아이들을 위해 사용되는 편이 더 좋을 듯합니다. 그럼 언젠가 또 다른 아이가 저와 같은 자리에 서게 되겠지요.

레이프 선생님, 솔직히 선생님이 아니었다면 저는 당장 죽었을 겁니다. 저는 캄캄한 길을 향해 가고 있었습니다. 그곳에서는 마약 거래가 그렇게 나쁜 일로 보이지 않고, 폭력 조직이 저를 받아 주는 유일한 곳으로 보였습니다. 선생님께서 저를 '살려 주셨습니다'. 이제 저는 최고 대학에 다니면서 예술을 공부하고 있습니다. 선생님께서 저를 연극에 캐스팅하지 않으셨다면 결코 예술을 시도해 보지 못했을 겁니다. 선생님은 제게 더 나은 삶과 더 나은 삶을 살기 위한 방법을 보여 주셨습니다. 사람들에게 우리 반과 선생님에 대해 이야기할 때면, 저도 모르게 선생님께서 제게 해 주신 일을 플라톤의 동굴의 비유와 비교하게 됩니다. 선생님을 만나기 전까지는 오직 고통과 좌절뿐이라 세상이 그런 것이라 생각했습니다. 제 인생에 선생님을 보내 주신 신에게 감사합니다.

'이것'이 바로 읽기를 통해 얻고자 하는 것이다. 나는 루디의 표현을 제대로 이해했는지 확인하고자 플라톤의 '동굴의 비유'를 찾아봐야 했다. 스스로의 어리석음을 비웃은 나는 루디가 숙제를 끝내거나 시험을 치려고 책을 읽은 게 아니라 지혜를 얻고 자신의 삶에 적용하기 위해 읽었다는 것을 깨달았다. 이처럼 매일 매 시간 우리 교사들은 아이들이 지금 하는 일에서 관련성을 찾을 수 있도록 도와준다는 결과를 얻은 것이다.

이제 루디는 어엿한 뉴욕대학교 졸업생이다. 그리고 여전히 열렬한 독서가다.

- 항상 아이들에게 물어라. "왜 이걸 하고 있니?" 대답은 "이걸 배우면 더 나은 삶을 살 수 있으니까요"가 돼야 한다.
- 아이들이 교실에서 배우는 수업과 그것을 실제 삶에 적용하는 방법을 연결할 수 있도록 도와주자. 당신이 설명하기보다 아이들이 스스로 관련성을 찾아 설명하도록 하자.
- 대학입학시험[SAT]을 준비하는 일처럼 교육과정이 힘들고 단조롭다면, 그것이 부실한 교육제도의 일부임을 설명해서 관련성을 찾게 하자. 게임을 즐기면서 그 게임을 만들어 낸 제도를 무너뜨릴 수 있다면 학생들은 그들 스스로와 제도 사이의 관련성을 더 확실하게 알 수 있다. 무엇보다 언제 싸우고 언제 게임을 즐겨야 하는지를 배우는 것이 가장 의미 있는 수업이 될 것이다.

# Part 2

> **"**
> 이 길이 나의 길인가 의심이 들 때가 있습니다.
> 여전히 학생들이 무슨 생각을 하는지 모르겠어요.
> 가끔 교실에 갇힌 것 같은 느낌을 받아요.
> 어느 날 문득 학생들을 바라보니 저의 수업을 비웃더라고요.
> **"**

# 오늘과 다른 내일을
# 기대하는 당신에게

· 중견 교사에게 건네는 조언 ·

5년간 교사 일을 해냈다면 축하합니다.

당신의 반은 잘 정돈되어 있습니다. 시계를 보며 하루가 끝나기만을 기다리던

끔찍했던 시간 속에서 당신은 살아남았습니다. 힘든 날들을 겪었고,

더 많은 것을 이루기 위해 다시 돌아갈 수 있을 정도로 강해졌으며,

다행히 조금 더 지혜로워졌습니다.

무언가 잘못되었을 때는 스스로를 보며 웃을 정도에 이르렀습니다.

당신은 인생을 바꿀 만한 힘이 있고

당신의 학생들은 운 좋게도 당신을 만났습니다.

당신은 교직에 처음 들어섰을 때보다 더 차분해졌습니다.

자신만의 목소리를 찾았고 자신감도 생겼습니다. 훌륭한 인생입니다.

이제 갈림길에 섰습니다.

"최소한의 노력만 기울일 수도 있다". 많은 교사들이 그렇게 합니다.

일과를 세우고, 교과과정을 가르치며, 쥐꼬리만한 월급을 받아 집으로 갑니다.

하지만 사람들이 덜 다닌 길을 택할 수도 있습니다.

이제 과거에는 손이 닿지 않던 아이들에게도 손을 내밀 준비가 됐습니다.

당신은 교사라는 직업에서 가장 신 나는 시간이 될 10년의 문턱에 들어섰습니다.

성장할 시간입니다.

가르치는 일이
언제나 행복할 수는 없다

어느 금요일, 복도를 걷다가 교실로 가던 한 여선생님과 마주쳤다. "즐거운 금요일 되세요." 길고 피곤한 한 주를 보낸 사람들은 보통 주말이 즐거우리란 생각에 건넨 인사였다.

"난 금요일 싫어요." 그녀가 으르렁거리듯 대답했다. 내가 자연스레 이어질 질문을 하기도 전에 그녀는 자신의 대답에 못을 박았다. "월요일이 훨씬 가까워졌다는 뜻이니까요."

이는 물이 반밖에 안 남았다고 생각하는 태도다. 그녀는 진심으로 아이들을 보살피는 좋은 선생님이다. 하지만 그녀는 피곤하고 지쳤다. 가르치는 일은 사람을 피곤하게 지치게 만들 수 있기에 교실에서 몇 년을 보낸 뒤 쓸쓸함을 느끼지 않기란 어려운 일이다.

얼마나 많은 일을 겪어야 생각할 줄 아는 어른이 건물에서 뛰어내리게 될까? 직원 교육 시간에 겨우 몇 년 전 전문가들이 제시한 의견과 완전히 반대되기도 하는 '새로운' 교육법을 전해 들었을 때, 힘이 빠지지 않기도 힘든 일이다. 정말 다루기 어려운 학생들 몇 명을 양념으로 넣고 아무 도움도 주지 않는 행정관을 섞는다. 그리고 글을 잘 모르는 고등학교 1학년생의 에세이를 채점하는 것으로 마무리하면 쓴맛을 위한 요리법은 거의 완성된다. 여기에 디저트로, 학교가 무너져 가는 이유는 바로 교사라는 월간지 기사를 더한다. 이런 재료들은 누구보다 이상주의적인 교사조차 화를 잘 내고, 비관적이고 냉소적인 교육자로 망쳐 놓을 수 있다.

가르치는 일을 5년쯤 하고 나면 당신은 갈림길에 서게 된다. 크든 작든 지금까진 뭔가를 이뤘다. 당신은 절망적인 날들을 버텨 냈다. 당신이 맡은 반은 보통 말도 잘 듣고, 제 역할을 다하고 있다. 충분히 오랜 시간을 가르친 덕에 다른 학년을 맡거나 다른 학교로 가더라도 그동안의 경험을 통해 교실을 다잡을 수 있는 방법들을 넉넉히 알고 있다. 당신의 목소리를 찾기 시작했고, 몇몇 아이들과는 진정한 관계를 맺고 있다. 그렇다면 이제는 결정을 내려야 할 때다.

지금까지 하던 대로 다음 20년을 그럭저럭 이어 갈 것인가? 아니면 성장하기 위해 도전할 것인가?

많은 좋은 사람들이 그럭저럭 이어 나가는 편을 택한다. 일도 피곤한 데다, 가정까지 꾸린 사람은 일을 하려고 밤에 학교로 돌아갈 생각은 못 할 것이다. 좀 더 앞으로 나아가고자 하더라도 수많은 작은 패배로 말

미얌아 좋은 교사들도 슬럼프에 빠지고 이렇게 자문하게 될 것이다. '왜 이렇게까지 해야 하지?'

## 직업적인 좌절과 마주하기

•

데니스가 교사직을 택한 이유는 나무랄 데가 없었다. 그녀는 대학 시절 어린이 보육 시설에서 일하면서 자신이 아이들을 사랑한다는 사실을 깨달았고, 유아교육 전공으로 학교를 졸업했다. 처음 몇 년은 가르치는 일이 만만찮았으나, 땀과 눈물을 흘리며 싸워 낸 끝에 젊고 훌륭한 교육 자가 됐다. 3년째 되던 해에는 교사들 사이에서 적극적으로 직책을 맡았고, 학부모와 교직원 사이에서 떠오르는 샛별이라는 평판을 얻었다.

발레리라는 아홉 살이 된 아이가 있는데, 발레리의 어머니는 학교 교 직원들이 혀를 내두르는 사람이었다. 그녀는 수업 시간 중간에 교실로 들어와 딸의 교사에게 소리를 지르며 불만을 터뜨리는 사람이었다. 발 레리가 괜찮은 학생이긴 했지만, 어머니의 눈에는 아인슈타인과 테레 사 수녀와 성모 마리아가 합쳐진 아이였다. 발레리의 숙제가 빛나는 칭 찬으로 뒤덮여 있지 않으면 어머니는 교장실이나 교무실로 들이닥쳐 해당 교사에 대해 사납게 불평했다. 하루는 데니스의 수업 시간에 그녀 가 교실 문을 두드렸다. 그녀는 병원에 가야 하는데 같이 갈 사람이 있 어야 한다며 딸을 데려가겠다고 말했다. 데니스는 발레리가 결석이 잦 고 그 때문에 학습에 지장이 많다고 말했다. 그러자 어머니는 아이들 앞 에서 데니스에게 욕을 퍼붓고는 발레리를 데리고 가 버렸다.

무척 화가 난 데니스는 교장실로 가서, 발레리의 어머니가 수업을 방해하거나 얼토당토않은 이유로 아이를 데려가지 못하도록 조치를 취해야 한다고 말했다. 교장은 이미 여러 번 발레리의 어머니를 만나 얘기를 나눴지만 그녀가 수업 시간에 침입하는 일도 결국엔 참는 수밖에 없더라고 털어났다. 할 수 있는 일이 달리 없다는 말이었다. 데니스는 머리 끝까지 화가 났다. 발레리의 어머니를 학교 밖으로 쫓아내는 한이 있더라도 행정관이 그녀와 맞서야 한다고 생각했다. 일이 뜻대로 되지 않자 데니스는 불만이 쌓여 갔다. 발레리를 함부로 대하기 시작했고, 발레리가 도움을 구해도 시간을 거의 내주지 않았으며, 손을 들어도 무시하는 일이 잦아졌다.

교장이 자신을 정당하게 대우하지 않고 실망을 안겨 줬다고 느낀 데니스는 학교에서 맡은 직책에서 모두 물러났다. 자신에게 아무 도움도 주지 않았다고 생각되는 학교 집행부를 돕고 싶지 않았다. 이런 일은 아주 흔하게 일어난다. 데니스는 갈림길에 다다라 자신의 길을 선택했고, 어느 곳에도 이르지 못했다. 그녀는 여전히 아이들을 가르치면서 그럭저럭 역할을 수행하고 있다. 그녀가 맡은 반은 별다른 문제는 없지만 대부분 학생들이 김빠진 분위기에서 한 해를 보낸다. 멍하니 자기 할 일만 하거나 대부분 시간을 시험에 통과할 생각만 하면서 말이다. 교실은 데니스가 교사 생활 초기에 만들어 가던 행복하고 희망찬 환경과는 거리가 멀어졌다.

셰익스피어의 비극이 비극적인 것은 그저 슬픈 이야기이기 때문이 아니라 실은 기쁨으로 가득할 수 있던 축복이, 가까이 있던 축복이 갑작스레 막혀 버린 이야기이기 때문이라고들 한다. 우리는 그저 햄릿이 죽었기 때문에 눈물을 흘리는 것이 아니라 그가 왕이 될 수도 있었기 때문에 눈물을 흘린다. 직업적인 좌절 때문에 자신의 가능성을 스스로 닫아버린 교사들 역시 비극적인 인물이다. 그들은 훌륭한 교사가 될 수도 있었다.

당연히 가장 큰 희생자는 그들이 가르치는 학생이다.

**때로는 교사도 상처를 받는다**

•

교사들을 쓸쓸하게 만드는 모든 요소를 곰곰 생각해 보면 크게 놀라게 된다. 집행부에 대한 분노는 흔한 일이다. 학생의 가족이 아이 교육에 완전히 무관심한 것도 또 다른 요소다. 중대한 이해관계가 얽힌 시험, 황폐한 학교, 비겁한 동료들, 고마워할 줄 모르는 사회가 한꺼번에 교사의 영혼을 짓누르고 방어적인 사고를 갖게 만든다. 금요일에 울리는 일과 종료 종소리는 괴롭고 의미 없는 일로 보낸 또 다른 한 주가 끝났음을 의미한다. 하지만 교사가 고생 끝에 애써 열어 놓은 문으로 학생이 바보같이 들어가지 않으려고 하는 것만큼 교사의 화를 돋우는 일도 없다. 없는 시간을 쪼개 가며 노력해도 결국 실패하고 만다면 다음에 다시 힘든 상황을 만났을 때 힘을 내기가 훨씬 어려워진다. 리어 왕의 "감사할 줄 모르는 아이는 뱀의 이빨보다 날카롭도다"라는 말은 도움이 필요한 아이들에게 손을 내밀려는 수많은 선생님들에게 갖가지 울림을 전한다.

사람들은 내가 어떻게 쓰러지지 않고 버텼는지 자주 묻는다. 만약 내가 젊은 시절에 그랬던 것처럼 모든 문제를 해결하려 들고 모든 아이를 도우려 했다면 아마 나는 몇 년 전에 벌써 다 타 버리고 말았을 것이다. 어떤 사람들은 가르치는 일을 보람 없는 일이라 생각하지만, 교사 일을 일종의 서비스로 생각하면 영혼에 도움이 될 것이다. 가르치는 일은 가르치는 일 자체로 보상받는다. 물론 진심에서 우러나온 편지를 받거나 감사할 줄 아는 학생과 그 가족에게 인사를 받으면 흐뭇해지겠지만, 그런 인정을 기대하거나 바라는 것은 가르치는 일에서 오는 기쁨을 망치는 미끄러운 비탈로 들어서는 것과 같다.

모든 학생에게 배우고 즐길 기회가 주어져야 한다. 그렇지 않은 사람도 있겠지만 교사들 대부분은 가르치는 일을 사랑한다. 씁쓸함은 우리 노력이 아무런 의미가 없어질 때 찾아온다. 만약 방과 후에 말썽을 일으킨 학생과 상담하거나 아이들을 데리고 미술관에 가느라 토요일 오후를 보내는 등 수업 외에도 추가로 노력을 기울이고자 한다면, 결과는 다음 세 경우 가운데 한 가지가 된다는 사실을 염두에 두는 것이 좋다.

첫 번째 경우, 학생들은 당신의 추가적인 노력 덕분에 그만큼 성장하고 또 거기에 고마워할 것이며, 그래서 당신은 더 많은 일을 해야겠다고 굳게 결심할 것이다. 이제는 대학생이 됐거나 결혼한 제자들이 엽서나 편지를 보내온다면 선생님으로선 더없이 멋진 일이다. 고된 하루를 보낸 뒤에도 그 편지를 꺼내 읽지 않는 선생님을 나는 알지 못한다. 그러한 감사 인사들은 우리 지친 영혼에 활기를 불어넣고, 보상이 박한 이 일을 우리가 왜 선택했는지 다시금 떠올리게 해 준다. 한때 교실 한구석을 차지하고 앉아 있던 어린 소녀가 아름다운 여인으로 성장해 결혼하는 예식장에 가느라 토요일 오후를 보내는 것은 말도 못하게 멋진 일이다. 그 여인이 자신이 성장하고 발전하는 데 당신의 노력이 중요한 역할을 했다고 여긴다는 것은 스톡홀름에서 노벨교육상을 타는 것보다 기분 좋은 일이다.

두 번째 경우, 학생들은 당신의 추가적인 노력 덕분에 성장하지만 감사할 줄 모르고 자신의 성공과 행복이 어느 정도는 당신에게 빚지고 있다는 사실을 깨닫지 못한 채 살아갈 것이다. 이런 일은 수없이 일어나며, 그래서 슬퍼질 수도 있다. 그러나 슬퍼하지 마라. 작심하고 더 노력을 쏟아부어도 많은 아이들은 (이봐, 이것 좀 보라고들) 대개 자신이 받은 축복에 감사할 줄 모를 테지만, 당신은 일을 잘했다는 사실에서 기쁨을 얻으며 좋은 기분을 유지할 수 있다. 언젠가 편부모 가정에서 자란 투렛증후군(틱과 함께 반복되는 무의식적 행동에 의해 특성화된 신경 장애가 나타나는 유전병—편집자)을 앓는 학생을 맡은 적이 있는데, 아이 아버지는 아이가 받은 도움에 대해 아무것도 모르고 생각지도 못했다. 내 아내는 아이와 그 아버지를 태우고 여러 의사들을 만나러 다녔고, 그중에는 안전하게 복용하기만 한다면 효과를 낼 수 있는 약을 알려 준 일류 소아 신경학자도 있었다. 3주가 지나고 몇 천 달러를 들인 이후 아이의 삶은 극적으로 좋아졌다. 틱 증상은 대부분 통제 가능해졌고, 친구들과도 가까워졌으며, 학교생활에도 잘 적응하기 시작했다. 무신경한 아이들에게 괴물로 통하던 아이는 1년 만에 아이들 무리에서 소중한 일원으로 받아들여졌다. 우리는 아이나 그 아버지에게서 고맙다는 인사를 한 번도 받아

보지 못했다. 소년은 대학에 갔고, 지금은 결혼해서 성공한 삶을 살고 있다. 그가 우리 교실에 기금을 내서 자신이 받은 도움을 다른 이들에게 돌려주길 내가 바라고 있을까? 물론이다. 그 청년에게 너그러운 마음을 불어넣지 못해 내 마음이 안 좋을까? 두말할 나위도 없다. 하지만 내가 아직 씁쓸함을 맛본 적이 없는 이유는 내 목표가 그 아이를 돕는 것이었으며 실제로 그렇게 했기 때문이다. 도움을 줬다는 것, 그리고 일을 잘 해냈다는 것이 내게 보상이다.

세 번째 경우는 좋을 게 없는 완전한 실패다. 그저 끔찍한 기분이 들 뿐이며, 이 역시 자주 일어나는 일이다. 손을 내저으며 "이게 무슨 소용이야?"라고 소리쳐 묻지 않는다면 사람도 아니다. 30년간 교사 생활을 하면서 수많은 아이들을 위해 더 먼 곳까지 나아갔지만 아무런 의미가 없었던 적도 많다. 감사는커녕 노력에 따른 아무런 결과도 얻지 못했다.

언젠가 사정이 어려운 학생을 맡은 적이 있는데, 나는 내가 개인적으로 지원을 함으로써 그 아이를 도울 수 있으리라 믿었다. 그러나 나는 그와 앞으로 더 나아가지 못하고, 그저 그를 위해 마라톤만 뛴 셈이 됐다. 결국 나는 아이에게 아무런 도움도 주지 못했다. 나는 그와 온 여름을 보냈다. 잠재력이 있었기에 장학금을 따도록 도울 수 있다고 믿었다. 그는 최고 대학에 진학했고, 나는 그가 가족과 함께 방학을 보낼 수 있도록 비행기 티켓을 사 줬다.

몇 년 뒤 아내와 나는 크리스마스 파티에서 그와 마주쳤다. 우리는 10년 가까이 그를 만나지 못했을 뿐더러 소식도 못 듣고 있었다. 그는 냉소적이고 분노에 찬 젊은이가 돼 있었다. 심하게 취해 있었고 태도는 불량했다. 그는 자기 목소리를 들을 수 있는 모든 사람을 모욕하며 그날 저녁을 보냈고, 자신을 초대한 가족을 향해서도 가시 돋친 말을 퍼부었다. 나는 그가 개인적으로 안 좋은 일이 있어서 끔찍한 밤을 보냈다고 믿고 싶었다. 나는 그의 일행들에게서 그가 늘 그렇다는 얘기를 들었다. 그는 내가 지난 세월 동안 믿음을 주었던 그 아이와는 전혀 다른 사람이 돼 있었다.

이런 일들은 당신을 깊이 실망시킬 수 있다. 이런 일을 자주 겪는다면 교실에 들어서는 발걸음도 가볍지 못할 테고, 눈빛은 더 이상 반짝이지 않을 것이다. 당신의 학생들은 (그리고 당신은) 가벼운 발걸음과 반짝이는 눈빛이 다 필요하다. 그러니 할 수 있을 때 더 멀리 나아가되, 신중을 기하라.

## 교실에 피로와 냉소의 자리는 없다
·

호바트초등학교 주차장에 도착하면 차에서 내리기 전에 매일 하는 일이 하나 있다. 바보같아 보일 수도 있겠지만 나는 효과를 봤고, 다른 사람과 이를 공유한다고 해가 되지는 않을 것이다. 주차장에 차를 세우면 보통 오전 6시에서 6시 5분 사이가 된다. 아직 어둡고, 다른 차는 한두 대 정도뿐이다. 주차장은 고요하다. 자동차 스피커에서 쿵쿵 울리는 비틀스나 더 킨크스를 끄고 나면 더욱 그렇다.

잠시 동안 집중해서 걱정되거나 슬픈 일들을 생각한다. 기도라고 부를 수도 있고, 명상의 시간이라 부를 수도 있을 것이다. 하지만 뭐가 됐든, 나는 잠시 멈춘 채로 어둠 속에서 그 일들을 생각한다. 난산을 겪고 있는 딸을 생각할 수도 있다. 아내가 몸이 좋지 않아 지난주에 병원을 찾았는데, 검사 결과 다행히 심각한 문제는 아니었다. 오늘 수업이 지역 학군에서 나온 바보 같은 감사로 방해받으리란 사실도 알고 있다. 나는 힘 빠지게 만드는 모든 일을 생각한다. 그리고 그 일들을 차에 두고 내려야 한다는 것을 떠올린다. 56호 교실에 그런 것들을 위한 자리는 없다. 교실에는 나와는 비교도 할 수 없이 큰 문제들을 가진 아이들이 있고, 아이들에겐 문제들을 처리할 만한 성숙한 감각이 없다. 언제나 아이들에게는 긍정적이고 도움이 되는 행복한 인간이 필요하다. 교실에는 피로와 냉소와 비관주의가 들어설 자리가 없다. '쓰라린 손가락'으로는 노래를 쓰기 어려우니, 장애물을 인지하고 이를 차에 두고 내리기 위해 힘써야 한다. 하루를 이끌어 가는 것은 즐거움이어야만 한다.

◆ 가르치는 일이 언제나 행복한 일인 척하지 말자. 인정을 받지 못하면 씁쓸해질 수 있다는 사실을 깨닫고, 거기에 투덜대기보다 대처하는 법을 익히자.

◆ 기억상실 능력을 길러서라도 안 좋은 순간들은 잊어야 한다. 상대하기 어려운 학부모나 동료들이 당신에게 몰지각하고 끔찍한 짓을 저지르더라도, 잠시만 기분 나빠 하고 다시 앞으로 나아가라. 상식을 벗어난 미친 사건들을 곱씹는 일은 당신에게나 아이들에게나 좋을 게 없다.

◆ 정확한 공식은 아니지만 학생들에게 너무 많은 것을 해 줄 땐 주의하라. 누구도 구제하지 못한 아이를 도우려고 노력하는 것은 훌륭한 일이나, 그 전에 누구도 성공하지 못한 데는 그만한 이유가 있을 때가 많다. 풍차를 보고 돌진할 때도 있어야 하지만, 그게 버릇이 되면 해결할 수 있는 문제를 가진 아이들을 도울 마음까지 잃어버리고 만다.

◆ 극소수 교사들은 학군과 주변 사람들에게서 성과를 인정받기도 한다. 하지만 대부분 교사들은, 심지어 뛰어난 교사들도 마땅한 인정을 못 받는다. 이 사실을 인정하면 긍정적인 태도와 높은 능률을 유지하는 데 도움이 된다. 인정받는 것은 좋은 일이다. 우리는 다른 사람들의 인정을 필요로 한다. 하지만 현실적으로 가르치는 일의 가장 큰 만족은 알아채든 그렇지 못하든 가르치는 일 그 자체에서 온다. 존 우든 감독이 말한 성공의 정의를 기억하라. 성공은 자신이 최선을 다했음을 아는 마음의 평화다.

chapter
13

 교실에서 가장 소외받는 존재,
보통 학생

교사들 사이에서 반복돼 온 오래된 지혜가 있다. "뭘 가르치세요?"라는 질문을 받을 때, 많은 선생님들이 "1학년을 가르칩니다"라거나 "고등학교 물리를 가르칩니다"라고 답한다. 교사직에서 경험을 쌓다 보면 더 현명한 답이 있다는 것을 알게 된다. "나는 학생을 가르칩니다."

이제 막 부임한 교사들에게 항상 들어맞는 말은 아니다. 대개 우리는 아이들 앞에 던져져 가르칠 과목을 생각하며 많은 시간을 보내고, 그 외에는 우리 자신에 대해 생각하며 시간을 보낸다. 매일 흥미를 돋우기 위해 온 힘을 다하고 마지막 에너지 한 방울까지 쏟아부었다면 퇴근 후 풀썩 쓰러져 여러 실패들과 망가질 대로 망가진 자아를 떠올리더라도 부끄러울 게 없다. 교사가 수업 계획을 적어 둔 공책을 본다면 실제로 가르친 내용으로 가득할 것이다.

몇 년 동안 자신만의 스타일과 리듬을 모색하는 시기가 지나고 나면, 좋은 교사들은 자신이 다뤄야 하는 내용보다 청중에게 더 많은 시간을 쏟게 된다.

## 학생들에게 익숙해지기

•

한 해 동안 수업 기준에 따른 커리큘럼과 끝없이 이어지는 수업 평가를 겪고 나면, 교단에 실제로 서 본 사람은 누구나 불편한 진실을 발견하게 된다. 수업 기준이 모든 초중등 학생들에게 똑같이 적용되지만 초중등 학생들이 모두 똑같지는 않다는 것이다. 지난 시험 점수와 성적 등급과 교사 평가를 바탕으로 조합한 학급이라면 이론적으로 스물다섯 명의 학생들이 모두 비슷해야 하지만, 학급은 놀랍도록 서로 다른 학생들의 진열장 같을 것이다. 학업이나 품행 면에서 편차가 큰 학생들을 가르치는 것은 어려운 일이다. 한 학급에는 언제든 대학에 뛰어들 준비가 된 학생들이 있는가 하면, 창문 밖으로 뛰어내릴 계획을 하고 있는 학생들도 있다.

예를 들어 지난해 나는 5학년 학생 서른다섯 명을 가르쳤다. 몇몇은 영재로 분류될 만큼 똑똑한 학생이었다. 그리고 이런 분류는 학업뿐 아니라 품행에서도 그대로였다. 그들은 똑똑하고 행복한 학생이었으며 매일 학교에 올 시간을 기다려 마지않았다.

한 반의 모든 학생이 그렇다면 멋지지 않겠는가? 두 말할 나위도 없지만 그처럼 빛나는 별들은 서른다섯 명 가운데 여덟 명 정도뿐이다. 다른 학생들은 큰 저항 없이 정해진 과정을 따르는 정도다. 열 살 된 여자 아이 두 명이 있었는데, 이들은 자기들 어머니처럼 열다섯 살에 첫아기를 낳을 거라고 공공연하게 말하고 다녔다. 마이클이란 친구는 우리 교실에 오기 몇 달 전 여자 화장실에서 4학년 학생을 폭행한 뒤에 바닥에 메다꽂고 얼굴에 침을 뱉었다. 굉장하다.

아이들과 지내는 데는 끝도 없이 많은 방법들이 있다. 그 가운데 학급을 관리하는 꽤 성공적인 방법 한 가지를 소개하려 한다(유일한 방법은 아니다). 모든 학생에게 통하는 방법은 아니다. 자신이 파는 것을 모든 학생이 기꺼이 살 거라 믿는 순수한 교사는 만나 본 일이 없다. 그래도 이 방법은 최대한 많은 아이들에게 통할 것이다.

우리 반 아이들을 알아 가면서, 나는 마음속으로 아이들 하나하나를 세 부류로 나누었다. 이는 아이들과 관계를 맺는 일에서 지나친 일반화겠지만, 일단 그렇게 시작해 보자.

**눈길이 가는 우등생, 1번 아이**
•

1번 아이는 신의 선물이다. 이 아이가 제시간에 학교에 오는 것은 배움을 사랑하기 때문이다. 그는 아주 똑똑하고 친구들은 그를 우러러본다. 재미있고, 마음이 따뜻하며, 섬세하다. 미술관에 전시해도 부족함이 없는 미술 작품을 만들고 남는 시간은 다른 친구들을 돕는 데 쓴다. 학교에 일찍 도착해 당신의 수업 준비를 돕고, 당신의 가르침에 진심으로 감사하다고 말할 줄 안다.

아이의 부모는 개학 첫 주에 당신에게 연락을 한다. 세탁소를 운영하고 있는 그들은 셔츠를 드라이할 일이 있으면 기쁘게 돕겠다고 알려 온다. 또 학부모 면담이 있을 때면 시간에 맞춰 도착한다. 그들은 매일 저녁 아이와 함께 식사를 하며 교육의 중요성에 대해 뜻 깊은 대화를 나누기 때문에 학급에 관한 일은 뭐든지 알고 있고, 당신이 뭔가 제안하면 그들은 이 멋진 아이가 지금보다 더 나아질 수 있도록 열성적으로 당신을 돕고자 한다. 회의가 끝날 즈음 그들은 감사의 마음을 담은 아름다운 편지를 당신에게 전하고, 교장실에 들러 당신이 아이의 선생님이라 얼마나 좋은지 모른다고 말한다. 해가 바뀌고 아이와 헤어진 뒤에도 그 가족은 이따금 찾아와 새로운 학생들에게 필요한 물품을 사도록 기금을 낸다.

그만 웃자. 동화 같은 이야기라고 생각하겠지만, 나는 여기 적힌 것 같은 학생들을 만난 적이 있다. 1번 아이를 맡는 것은 동화 같은 일이지만 행복하게 끝나지만은 않는다. 그 이유를 아는가? 1번 아이에게서 겨우 몇 자리 떨어진 곳에 3번 아이가 있기 때문이다.

### 신경이 쓰이는 사고뭉치, 3번 아이

•

3번 아이는 당신을 싫어한다. 사실 3번 아이는 모든 사람을, 모든 것을 싫어한다. 이 아이는 학교에 오는 날보다 빠지는 날이 더 많다. 어떤 교사도 이 아이에게 동기를 부여할 수 없었다. 그는 못됐고, 불길한 표정을 짓고 있으며, 눈에 띄는 누구에게나 시비를 건다. 말을 써서든 주먹을 써서든 끔찍한 사고를 쳐서 하루를 엉망으로 만들지 않고는 잠시도 교실에 가만히 앉아 있지 않는다. 교사들은 그 아이를 맡게 될까 봐 벌벌 떤다. 다른 친구들도 그렇다. 그에게선 나쁜 냄새가 나고, 그는 일부러 역겨운 짓을 골라 한다. 어느 수학 시간에는 일부러 M&M 초콜릿을 코에 찔러 넣을 것이고, 결국 이비인후과 의사를 불러 이를 제거하도록 해야 할 것이다.

3번 아이는 어머니와 함께 산다. 어릴 때부터 아버지를 본 적이 없다. 당신은 어머니와 함께 아이를 도울 계획에 대해 얘기해 보려고 몇 번인가 전화를 건다. 당신은 긍정적인 마음으로 모든 일을 전문적으로, 그리고 밝은 태도로 말해 준다. 그녀는 그냥 전화를 끊기 전에 짧은 욕만 내뱉을 것이다. 맞다. 당신이 그녀에게 해 준 말은 진심 어린 걱정과 일반적인 제안들이었다.

그래도 당신은 흔들리지 않는다. 그녀가 면담하지 않겠다고 할 때도 당신은 그녀를 설득해 직접 집에 찾아가기로 한다. 힘을 보태려고 그녀의 조카가 먼저 와 있다. 그는 취해 있고, 아무것도 걸치지 않은 몸에는 갱단의 일원임을 나타내는 문신이 뒤덮여 있다. 그는 당신 얼굴에 대고 다시 한 번 자신의 어린 사촌을 귀찮게 한다면 당신을 죽여서 무덤에 오줌을 갈길 거라며 위협한다.

이번에는 1번 아이와는 좀 다른 이유에서 웃고 있을지 모르겠다. 하지만 3번 아이의 악몽이 그저 꿈인 것은 아니다. 이런저런 사례를 합쳐 놓은 상황이긴 하지만 나는 이 모든 일을 직접 겪었다.

그리고 이 이야기는 중간에 있는 아이, 2번 아이를 떠올리게 한다. 교사들 대부분은 실질적으로 1번 아이나 3번 아이와 주로 시간을 보낸다. 기분 좋게 1번 아이와 시간을 보낸다는 것은 멋진 일이다. 그는 재밌고 영리하며 열정적이고 감사할 줄 알기 때문에 가르치는 일에 뒤따르는 괴로움들을 잠시나마 잊게 해 준다. 또 다른 경우는 보통 3번 아이와 많은 시간을 보내는 쪽인데, 그가 교실의 흐름을 망쳐서 아이들이 공부도 할 수 없고 즐겁지도 않기 때문이다. 교사로서는 자기 시간의 90퍼센트 정도를 1번 아이나 3번 아이에게 쏟는 것이 이상한 일이 아니다. 하지만 나는 대부분의 노력을 2번 아이에게 쏟아야 한다는 사실을 배웠다. 내가 가장 좋아하는 학생은 2번 아이다.

### 눈에 안 띄는, 그러나 교실의 대다수인 2번 아이
•

2번 아이는 평균적이다. 절대 먼저 손을 들지 않는다. 학교에 잘 오고 과제도 하지만 눈에 띄는 경우는 전혀 없다. 사고를 치지 않는다. 시키는 일은 하지만 당신과 진짜 대화를 나누는 일은 없다.

2번 아이의 부모는 좋은 사람들이다. 학부모 면담이 있으면 이야기를 듣고, 참석 여부를 확인하는 출석부에 서명하고, 다시 연락하지 않는다. 이 부모들은 교무실에 와서 뭔가를 불평하거나 하지 않는다. 누가 봐도 수준 이하인 교사가 있더라도 그들은 아이에게 최선을 다하라고 말한다. 2번 아이는 성취도 평가 시험을 통과하고, 평균 수준의 성적을 받는다. 생활기록부에는 그가 좋은 아이라고 적혀 있지만 어른들은 아이의 취미가 무엇인지, 좋아하는 밴드는 누구인지, 방과 후에는 어떤 일을 하는지 궁금해하지 않는다. 이 아이의 작문은 단조롭지만 문법적으로는 정확하며, 그렇기 때문에 당신은 적당한 평가를 짧게 적은 뒤 또 다른 지루한 작문으로 넘어갈 것이다. 수학 점수는 70점 정도인데, 35점을 받은 다른 두 아이를 살피느라 주의 깊게 들여다볼 시간이 없다. 2번 아이는 아무런 먼지도 일으키지 않은 채로 제도를 통과해 간다.

나는 이런 아이들과 시간을 보낸다. 이 가운데 많은 아이들이 1번 아이다. 누구도 이를 발전시키려 하지 않았을 뿐이다.

나는 수업 중에도, 쉬는 시간에도 2번 아이들과 많은 이야기를 나눈다. 2주차가 되면 한 여학생에게 숙제를 돌려주며 이렇게 말한다. "신시아, 네 글이 멋지다고 말한 적 있니?" 신시아는 말없이 고개를 젓는다. "너는 잘하고 있단다. 작문이 지난주보다 훨씬 좋아졌어. 아침엔 뭘 먹었니? 어쨌든 계속 그걸 먹으렴. 너도 알겠지만 스타인벡도 한때는 어린아이였단다."

말뿐인 칭찬이 아니다. 나는 아이에게 사실 그대로 글이 좋아지고 있다고 말했고, 다음 글이 더 좋아지리라는 기대에 차 있다. 다른 교사들이 2번 아이가 노래를 얼마나 잘 부르는지, 아니면 발표 숙제를 얼마나 꼼꼼하게 준비하는지 말하지 않는 것이 오히려 놀랍다.

눈에 띄지 않던 2번 아이는 누군가 자신을 알아준다는 사실에 들뜬다. 그저 주의를 기울이는 것, 그리고 솔직한 칭찬을 해 주는 것이 가진 힘을 과소평가해선 안 된다. 일단 그렇게 하고 나면 이 세상의 2번 아이들은 1번 아이들처럼 행동하기 시작한다. 이런 과정 초반에는 많은 학생들이 선생님이 자신을 알아준다는 사실에 행복해져서, 콜버그$^{Kohlberg}$(피아제의 인지 발달론을 도덕성 발달에 적용시켜 인간의 도덕성 발달 단계를 제시한 미국 심리학자―편집자)의 도덕 발달 6단계의 3단계(착한 소년·소녀 지향―편집자)에 사로잡히게 된다. 즉 선생님을 기쁘게 하려고 더 노력하는 것이다. 재앙 같은 일은 아니지만, 시간이 지나면 당신은 그저 지나가는 사람이라는 사실을 일깨워 줘야 한다. 그렇게 이 열정적인 학생들은 자기 노력이 당신이 아니라 자신을 위한 것임을 깨닫게 될 것이다.

발견되지 않은 이 보석들에게 개인적으로 더 많은 주의를 기울여라. 수학에서 이들은 주로 70~75점을 받는다. 이들이 잘하고 있다고 생각하기 때문에 교사들은 별다른 관심을 기울이지 않고, 성적이 더욱 절망적이고 도움과 지도가 필요한 학생들에게로 주의를 돌린다. 나는 아이들에게 만약 70점을 받는다면 대부분의 내용을 이해한 것이라고 얘기해 준다. 실은 그렇게 대부분 내용을 이해하고 있다면 아이들 자신이 생각하는 것보다 95점이나 100점에 훨씬 가깝다는 뜻이라고 설명한다. 나는 정말 그렇게 믿는다. 나는 내가 정말로 믿는 것들만 얘기한다.

나는 이 아이들에게 메리언 라이트 에델만$^{Marion\ Wright\ Edelman}$(미국 아동보호기금의 수장인 흑인 여성 변호사―편집자)의 "스스로 과제를 부과하라"는 말을 새겨 두라고 조언한다. 나는 숙제를 많이 내지 않기 때문에 아이들은 집에서 스스로 수학 공부를 할 수 있다. 나는 아이들에게 혼자 할 수 있는 일들을 말해 달라고 한다. 아이들은 책 뒤에 있는 추가 문제를 풀겠다고 말하는 법을 배운다. 이미 푼 문제들을 다시 확인할 수도 있다. 그리고 가장 좋은 점은 아이들 스스로 자신의 문제를 해결할 수 있다는 사실을 깨닫게 되는 것이다. 누가 내준 과제가 아니라 학생들 스스로 만든 과제이기 때문에 아이들은 누가 목 밑으로 들이민 과제를 할 때보다 더 긴 시간과 더 큰 목적의식을 기울일 것이다.

바로 지난해에 우리 학생들이 그 무서운 캘리포니아 성취도 평가 시험을 쳤을 때, 나는 2번 아이들의 성적을 살펴봤다. 만약 전년도 시험보다 7점 이상이 올랐다면 그 학생은 실력이 좋아졌다고 말할 수 있다. 그런데 2번 아이들의 평균 성적은 '80점' 이상으로 향상됐다. 많은 아이들이 이틀간의 수학 평가에서 만점을 받았다. 이들은 더 이상 2번 아이들이 아니었다. 관심을 받은 학생들은 그 덕에 흥미와 자신감을 얻고 눈에 띄는 차이를 만들어 낸 것이다.


### '2번 아이'들로 교실의 무게중심을 잡아라

많은 교사들이 교실 앞에 서서 질문을 던지며 이렇게 생각하고 말한다. "자, 계속 같은 학생만 손을 들지 않았으면 하는데." 일반적으로는 1번 아이들이 수업과 토론을 주도한다. 하지만 시간이 지나면 더 많은 손들이 올라오게 된다. 2번 아이들은 당신이 자신을 믿어 준다는 사실을 알게 되고, 그다음에는 자기 자신을 믿게 된다. 그들은 손을 들 준비가 돼 있고, 처음으로 그들의 목소리가 들리게 된다.

2번 아이들에게 초점을 맞추면 보너스가 있다. 그들을 뒤흔든 지진이 3번 아이들에게 영향을 미쳐 3번 아이들 스스로가 수적으로 불리하다는 점을 깨닫는 것이다. 예전엔 3번 아이들이 수업을 방해할 계획을 짜면 2번 아이들은 그 목표가 되거나 어쩔 수 없이 거기 협력하곤 했다. 그런데 2번 아이들이 과제에 집중하면 3번 아이들은 나쁜 힘을 쏟을 곳을 찾지 못한다.

세 부류를 통해 몇 가지 긍정적인 일이 일어난다. 1번 아이는 계속해서 비상할 것이다. 이 아이들은 자신들의 우수함에 대한 관심이 조금 줄어도 늘 잘할 것이다. 이들은 결국 교실에서 새로운 역할을 맡게 된다. 당신이 2번 아이들을 돕는 동안 1번 아이들은 3번 아이들과 시간을 보낸다. 3번 아이들은 자신들이 깔보던 친구들이 실은 자신들을 신경 써주는 좋은 친구들이라는 사실을 알게 된다. 당신의 특별한 조력자로 활동하려고 자기 시간을 모조리 쏟는 것은 우수한 학생들의 의무가 아니다. 성적이 아주 좋은 학생들은 기본적인 내용 외에도 더 많은 것을 배우기 위한 시간이 필요하다. 하지만 하루 중 약간의 시간을 도움이 필요한 친구에게 쓰는 것은 1등 학생에게나 수렁에 빠져 버린 학생에게나 도움이 된다. 이 시간 동안 교사는 마음 편히 중간층과 시간을 보낼 수 있고, 이 아이들은 더 이상 중간에만 머물지 않게 된다.

3번 아이에 대한 슬픈 진실이 있다. 뒤에 처진 많은 학생들이 단순히 능력이 부족해서 그렇게 된 것은 아니다. 공격적이고 수업을 방해하는 학생들은 대개 온갖 짐들을 안고 교실에 온다. 이 아이들의 힘겨운 삶은 하루아침에 벌어진 일이 아니다. 과거 기록을 살펴보면, 관심을 기울인 교사들이 아무리 도와도 아이들이 오랫동안 공부에 실패해 왔다는 사실을 발견할 것이다. 만일 2번 아이들이 가능성을 보여 준다면 3번 아이들도 할 수 있는 일을 찾아 나설지 모른다. 현실은 이렇다. 3번 아이들이 당신 반에 들어와 예전보다 더 좋은 모습을 보일 수도 있지만, 성공 가능성을 찾아볼 수 없는 환경에 있다면 앞으로도 실패하고 말 것이다. 하지만 선생님이 문제에 빠진 어린 친구들에게 최소한 가능성을 엿보게만 해 줄 수 있다면 아직 희망은 있다.

어떤 선생님들은 절망의 수렁에 빠진 3번 아이들을 구하기 위해 도전하기를 즐긴다. 모두가 불가능하다고 생각할 때 아이가 걸음을 내딛을 수 있게 도전하는 일은 교육에서 반드시 필요하고 칭찬받을 만한 일이다. 하지만 어쩌면 당신의 도움만으로는 역부족인 학생들에게 시간을 쏟는 동안 2번 아이들은 잠자코 앉아 특별할 것 없는 삶으로 향하고 있다는 사실을 명심하라. 중간층에 집중하면 아무도 주목하지 않는 곳에 주의를 쏟은 결과로서 모든 학생이 더 좋아질 확률도 높아질 것이다.

- 학년 초반에는 학생들을 주의 깊게 살피자. 능력은 있지만 중간층에 속한 아이들을 찾자. 이 아이들이 답을 아는 문제가 나온다면 수업 중에 이들의 이름을 불러 주자.

- 2번 아이들과 개인적인 대화를 나누고, 그들을 향한 당신의 믿음을 보여 주자.

- 3번 아이들에게 그들 역시 많은 아이들 중 하나일 뿐이며 다른 아이들만큼만 관심을 받을 수 있다는 것을 알게 하자. 당신이 그들에게 신경을 쓰기는 하지만 다른 아이들도 똑같이 중요하다는 사실을 이해시키자.

- 3번 아이가 자신의 슬픈 이야기를 들려준다면 그 얘기에 공감하고 있음을 보여 주되, 다른 사람들에게도 모두 문제가 있다는 사실을 알려 주자. 당신은 그 아이가 난관을 극복해 낼 수 있다고 믿으며, 실제로 극복해 낸 학생들을 봐 왔다. 친절하되 단호해져라.

- 1번 아이들이 3번 아이들의 수호천사가 되도록 만들어야 한다. 3번 아이들이 1번 아이들의 연락처를 알게 하고, 1번 아이들에게는 도움이 필요한 순간 언제나 기댈 수 있는 곳이 있다는 사실을 알게 하라.

- 다른 학생의 성적은 모르게 하되, 학생들이 과거 성적에 비해 얼마나 나아졌는지를 측정할 수 있게 하자. 어느 곳이든 달리기를 더 잘 하는 사람이 있고, 글을 더 잘 쓰는 사람이 있고, 수학을 더 잘 하는 사람이 있다는 사실을 가르쳐 주자. 지난 과제들을 통해 그들이 나아지고 있음을 보여 주되, 다른 아이들의 과제를 보여

주지는 말자.

* 포기하지 말라. 당신이 포기하면 학생들도 포기한다. 언젠가 다음
  과 같은 편지를 받겠다는 목표를 세워라. "선생님은 제가 저를 믿
  기도 전에 먼저 저를 믿어 주셨어요."

모든 학생을 챙기다 보면
모든 학생을 놓칠 수 있다

단 한 명의 아이도 뒤처지게 놔두지 말라.

기특한 마음이다. '모두에게 깨끗한 물을' 또는 '암은 나쁜 것' 같은 문구와 나란히 벽에 걸어 두면 좋을 법한 옳은 말이다. 아이를 뒤처지게 만들고 싶은 사람은 아무도 없다.

하지만 그래야 한다. 뒤에 남겨지는 아이들이 있어야 한다. 힘겹게 공부 거리를 붙잡고 있는 아이나 집중해서 공부하기 어려운 아이들이 아니라, 앞으로 나아갈 자격이 없는 학생들을 말하는 것이다.

우리는 아이들이 행동에 책임져야 한다는 사실을 이해하지 못하는 상황을 만들어 놓았다. 교육제도는 온 사방에서 날아오는 공격에 모두를 기쁘게 하려고 혈안이 돼 있다. 그렇게 함으로써 정작 도움을 받아야 하는 학생들을 아프게 하고 있다.

현 교육제도에 속한 아이들의 입장이 돼 본다면 열 살짜리 아이들이 어떤 식으로 자격에 대한 인식을 내면화하게 됐는지 쉽게 이해할 수 있다. 아이는 공립학교에 가려고 지원할 필요가 없다. 입학을 위해 그에게 필요한 조건은 학교가 있는 동네에 사는 것뿐이다. 아침에 일어나 느긋하게 학교에 가면, 무료로 아침 식사를 준다. 8시 종이 울리면 그는 다른 아이들과 모여 교실로 간다. 학용품이 없다면 심심찮게 공책과 연필이 지급되곤 한다. 책은 무료다. 희망적인 경우라면 아침 시간 동안 열심히 노력하는 아이일 테지만, 선생님한테 무례하거나 친구들을 못살게 구는 아이라도 12시 15분이 되면 무료 점심을 먹는다.

최고의 구제 불능 아이들도 계속 학교에 온다. 용납할 수 없는 행동을 하고 나서 받는 가장 심각한 벌이라야 교직원한테 꾸짖음을 듣는 정도다. 그런 처벌의 효과는 금방 사라져 버린다.

### 억지로 끌고 가면 많은 것을 놓친다

•

아이들을 엄하게 대하는 법을 나는 매우 힘들게 터득했다. 아주 젊은 교사이던 시절에 나는 우리 반 학생들에게 워싱턴 견학을 시키는 꿈을 꾸곤 했다. 당시 우리 학교는 1년 주기로 일정이 짜였는데, 11월에는 방학을 했다. 11월은 아이들을 미국의 수도로 데려가기에 아주 멋진 시기였다. 아름다운 날씨에 사람들도 적을 테고, 아이들은 눈부신 가을날 미국에 대해 배우고 그 아름다움을 발견할 터였다.

첫 번째 견학 시도는 순조롭게 시작됐다. 시내에 근무하는 감독관은 견학을 위해 개인적으로 수표를 써 주기까지 했다. 첫 모험에서는 나도 많은 실수를 했다. 일정은 너무 빡빡했고, 날씨가 도와주지 않을 경우 어떻게 대처해야 하는지도 잘 몰랐다. 그래도 몇 가지 일들은 제대로 처리했다. 학업적으로나 사회적으로나 아이들은 준비가 돼 있었다. 아이들은 예의 바르게 자신감을 가진 채 비행기에 타고, 호텔에 묵고, 대중교통을 이용할 수 있었다.

하지만 나는 한 가지 큰 실수를 저질렀다. 출발 몇 주 전에 교장 선생님이 나를 불렀다. 한 학부모가 자신의 아이를 데려가지 않는다며 불평했던 것이다. 아이러니하게도 이 아이의 이름은 성서에서 유래한 것이었는데, 분명히 말하건대 그 이름을 가진 인물과 그 아이가 연관된 것이라곤 이름이 전부였다. 학교에서 그 아이는 공포의 대상이었다. 기본적인 과제도 거의 해 오지 않았고, 매춘부들이라도 말하기 힘든 단어를 쓰면서 교직원이며 친구들에게 폭언을 퍼부었다.

나는 교장 선생님에게 이번 여행은 내 개인 시간을 이용하는 것이며, 교육청에서 규정한 견학 절차를 잘 따랐다고 설명했다. 나는 모든 서류를 작성했고, 관련자들의 승인을 받았으며, 마지막 세부 사항까지 꼼꼼히 확인했다. 학부모들은 이 견학이 호바트초등학교와는 연관이 없는 개인적 여행으로 학생 참여 여부는 오직 교사 판단에 있음을 알리는 서류에 서명했다. 하지만 교장 선생님은 내게 그 아이를 데려가 달라고 부탁했다. 나는 그게 좋은 생각이 아님을 알고 있었다. 하지만 나는 교장 선생님이 얼마나 나를 지원하고, 격려하고, 도와줬는지 오래 고민한 끝에 그의 부탁을 들어줌으로써 까다로운 학부모에게서 그를 해방시키는 것이 합당하다고 생각했다. 나는 단단히 틀렸다.

워싱턴의 호텔에 도착해서 나는 그 문제 많은 아이를 제일 믿을 만한 세 아이들과 같은 방에 배정했다. 세 아이들은 새벽 2시에 잠에서 깨어 룸메이트가 자신들의 짐을 뒤져 옷과 지갑, 그리고 내가 지급한 현금을 훔친 것을 발견했다. 분명 나는 본능이 하는 말에 귀 기울여 그 아이를 데려가지 말았어야 했다. 애초부터 그 아이에겐 자격이 없었고, 설사 자격이 있다 해도 친구들과 함께 여행을 떠날 준비는 돼 있지 않았다.

내 기쁨을 더해 주려고 했는지, 여행에서 돌아온 뒤에 나는 교장 선생님의 질책과 아이 어머니의 길고 긴 비난을 들어야 했다. 그들은 아이가 받은 벌이 너무 심하다고 여겼다. 나는 도둑질한 아이를 박물관이나 유적지의 기념품 가게에 들어가지 못하게 했다. 나는 아이에게 큰소리치거나 모욕을 주지 않았고, 물건을 사러 갈 준비가 안 돼 있는 사람은 다른 아이들이 엽서나 책을 사는 동안 남아서 기다려야 한다고 말했을 뿐이다. 아이 어머니가 내게 비난을 퍼붓는 동안 나는 지금 여기서 뭔가 더 거대한 일이 벌어지고 있다는 생각을 멈출 수 없었다. 수많은 아이들이 자신의 행동에 책임이 따른다는 사실을 이해하지 못한다는 생각이 이상한가? 나는 합리적으로 도둑질을 바로잡으려 했기 때문에 고함 소리를 들어야 했다.

여행을 통해 나는 엄하지만 정당한 교훈을 얻었다. 어떤 아이들은 뒤에 남겨질 필요가 있다. 아이들은 경험을 통해 운동장에서 야구를 하든 토요일 오후를 미술관에서 보내든 그들의 품행이 참석 여부를 결정한다는 사실을 분명하게 알고 있다. 내가 이런 생각을 학급 운영에 적용하려 했을 때, 두 가지 일이 벌어졌다.

우선 아이들과 더 세심하게 소통해야 했다. 어떤 활동을 하기 전에 학생들에게 행동에는 결과가 뒤따른다는 사실을 확실히 알려야 했다. 과학 실험이든 야구 시합이든 학생들이 용납할 수 없는 행동을 하면 활동에서 제외된다는 사실을 상기시키고 나서 시작했다. 선생님이 아니라 학생들이 자신에게 기대되는 행동을 직접 설명한 뒤에 수업은 시작됐다. 같은 편이든 다른 편이든 상대를 모욕하거나 큰소리를 지르면 그 선수는 그날 시합에서 제외됐다. 실험 도구로 장난을 치면 그날 실험에서 제외됐다. 이런 방법에 대해 의견을 준 사람들이 있었다. 어떤 사람들은 빌리가 과학 실험에 참여하지 못해서 다른 아이들이 알고 있는 중요한 기량을 배우지 못했다고 말한다. 하지만 아는가? 빌리는 그 기량을 배우지 못했어도 더 중요한 것을 배웠다.

워싱턴으로 떠나기 거의 1년 전에 학생들은 수도에서 보낼 한 주를 위한 준비 작업에 들어갔다. 이 과정에서 여행에서 제외될 수도 있는 10여 가지의 일이 벌어질 수 있었다. 분명 이 아이들은 그동안 잘해 왔고, 비행기에 타도 아무 문제가 없을 훌륭한 시민들이었다. 하지만 좀 더 미묘한 부분에서 아이들은 자신이 미국 횡단 여행을 할 만큼 정서적으로 충분히 성숙하다는 사실을 증명해야 했다. 내가 끊임없이 주의 집중을 요구해야 한다면 아무리 공부를 잘하는 아이라도 비행기 티켓이 아니라 친구들의 엽서를 받아야 했다. 나는 아이 어머니에게 아이가 교실에서 귀 기울이지 않는다면 길을 건너갈 때도 말을 듣지 않을 테니 위험한 일이 생길 수 있다고 설명한다. 나는 학생들을 걱정한다. 아직 듣는 방법을 익히고 있는 학생들은 집에서 5,000킬로미터나 떨어진 곳에서 안전하기가 힘들다.

어떤 아이들은 뒤에 남겨 둬야 한다고 결정하고 나면, 두 번째로는 이런 일이 생긴다. 굉장한 침묵이 교실 안에 감돈다. 교사들은 모든 학생이 할 일을 하고 있음을 확인해야 하고 매일같이 학문적 해탈을 해야 하는 데서 스트레스를 받는다. 여유 있는 교사는 학생 하나가 뒤처져도 혼란에 빠지지 않는다. 나는 교실에서 껌을 씹거나 숙제를 빼먹는 아이를 그냥 포기해야 한다고 말하는 것이 아니다. 우리 교사들은 우리가 가르치는 소중한 내용을 모든 아이가 스스로 집중해 배울 수 있도록 무슨 일이든 해야 한다. 즉 어떤 학생이 과정을 제대로 따라오지 못해도 이를 개인적인 일로 받아들이지 말아야 한다는 것이다. 당신의 일은 문을 열어 주는 것이라는 생각을 갖고 침착해져야 한다. 아이가 그 문으로 걸어 들어가는 데 흥미가 없다면 아이가 의지를 갖고 앞으로 나아갈 수 있게 동행해 줘야 한다. 다루기 힘든 학생들에게도 문은 늘 열려 있어야 하지만, 다른 목마른 아이들이 강을 건너 약속된 땅에 들어설 준비가 됐는데도 교사가 그런 학생에게만 매달려 있을 수는 없다.

### '사랑스러운 꼬마'들과 만나다

•

30년간 학생들의 이야기를 듣다 보니, 아이들이 학교에 대해 털어놓는 합리적인 불만에서 어떤 패턴을 발견할 수 있었다. 아이들은 의미 없는 숙제를 지루하고 끔찍하게 여긴다. 아이들은 그런 숙제가 부당한 선생님과 우스꽝스런 규칙 때문이라고 생각한다(질문하기는 두려워하지만). 학생들은 큰소리를 듣는 걸 싫어한다. 하지만 불만 목록 맨 위에는 가만히 기다리는 일이 있다. 한두 명이 잘못을 저질렀다거나 집중을 안 한다는 이유로 교실 전체가 지루하게 가만히 앉아서 기다려야 하는 날이 많다는 것이다. 이는 우리가 모든 아이를 끌고 가야 한다는 개념을 곧이곧대로 받아들일 때 생기는 일이다.

수업 첫날 나는 아이들에게 원하는 자리에 앉으라고 한다. 미소를 잃지 않으며 혹시 부모님이 친한 친구와 함께 앉지 말라고 말했느냐고 묻는다. 거의 대부분이 손을 들고, 나는 웃는다. 나는 아이들의 긴장을 풀어 주면서 친한 친구와 함께 앉으라고 말한다. "누가 뭐래도 적보다는 친구와 앉는 게 좋지." 아이들은 그 자리에서 우리 교실에는 웃음이 허용된다는 사실을 깨닫는다. 하지만 나는 우리가 해야 할 일이 많다고도 말한다. 성숙한 우리는 친구와 놀거나 잡담하느라 멋진 문학을 이해하고 문제를 바르게 푸는 시간을 방해받지 않으리라 믿는다고 말한다. 짝과 노느라 할 일을 제대로 못 한다면 언제든 자리를 바꿀 거라는 사실을 이해시킨다. 아이들은 나의 신뢰를 받아들이지만, 선물을 받을 때는 책임감이 함께 따라온다는 사실을 안다. 몇 년이 지나 내가 활용한 자리 배정 방법은 학급에 큰 도움이 됐고, 교실에는 따뜻한 여유와 굉장한 집중력이 함께 감돌게 됐다.

하지만 어느 해인가 3인조 소년을 만나서는 즉각 행동을 취해야 했다. 이 아이들은 씻지도 않고 준비도 없이 학교에 왔다. 첫날부터 아무것도 없이 빈손으로 등교했다. 이들은 교실 뒤에 모여 앉아 책상에 발을 올리거나 의자에 두 발을 모두 올리고 앉아 있었다. 내가 우리 반 아이들에게 아침 인사를 했을 때 서른두 명은 주의 집중의 기본 원칙을 알고 있는 것처럼 보였지만 안타깝게도 셋은 그렇지 않다는 사실이 너무나 명백했다. 나는 무리 가운데 가장 무례해 보이는 크리스에게 걸어가 이름을 물었다. 그는 자신에게는 대답할 의무가 없다면서 "아저씨는 내 빌어먹을 선생님이 아니니까요"라고 말했다.

"당연히 나는 네 빌어먹을 선생님이란다. 내 이름은 레이프이고, 네 이름을 알아야겠다." 나는 조용히 말했다.

그해 첫 2~3일은 지옥 같았다. 이 '사랑스러운 꼬마'들은 수업을 방해하거나 학습을 망칠 수 있는 일이라면 뭐든 했다. 4일째에는 내 계획보다 진도가 한참 밀려 있었고, 이제는 행동을 취해야 할 때였다. 처음 며칠간의 관찰을 통해 나는 3인조에 대해 많이 알 수 있었다.

이 거친 무리의 대장은 크리스였다. 지난 몇 년 동안 그는 교실에 있는 시간보다 교무실에 혼자 앉아 있는 시간이 더 많았다. 전임 교사들은 철저하게 심술궂고, 무례하고, 통제 밖에 있는 그를 교실에서 쫓아내곤 했다. 수업이 끝나는 종소리가 울리면 그는 학교 안에 있는 보육 시설로 갔다. 직장에 나간 부모님이 돌아올 때까지 아이들로 하여금 숙제를 마치거나 건전하게 시간을 보낼 수 있도록 하는 프로그램이었다. 하지만 크리스는 그곳에서 자신의 무리와 함께 뛰어다니거나 어린 학생들을 때리고 욕하며 시간을 보냈다.

이스라엘은 셋 가운데 가장 조용한 아이였다. 그는 집에 잘 들어오지 않는 어머니와 함께 살았다. 책을 낭독시켜 보니 독해 기술이 부족하긴 하지만 끔찍하게 나쁜 정도는 아니었다. 하지만 그의 작문 실력은 알파벳도 모르는 아이와 다를 바 없었다. 첫 주에는 전혀 숙제를 해 오지 않았다. 다른 많은 아이들처럼 이스라엘 역시 시계를 쳐다보며 수업 종료 종소리가 울리기만을 기다렸다. 이스라엘이 다음 날 아침 다시 떠밀려 등교하기 전까지는 학교 생각을 깡그리 잊는다는 데는 의심의 여지가 없었다.

바비는 가장 활발하고 의자에 앉아 끊임없이 꼼지락대는 아이였다. 한눈에도 ADHD(주의력결핍과잉행동장애) 진단을 받고 약을 처방받을 만한 아이로 보였다. 나는 그의 기록을 찾아보고, 몇 년 전에 학교 상담사와 아이 어머니가 만나 약을 처방받는 게 좋겠다는 얘기를 나눴으나 엄마가 이를 거절했다는 사실을 알게 됐다.

### 말썽꾸러기를 교실에 포함시키기
•

바비와 이스라엘도 교실에서 훼방을 놓고 무례하긴 했지만 주도자는 명백하게 크리스였다. 두 번째 주 과학 실험 시간에 크리스는 같은 조 친구에게 컴퍼스를 집어 던졌다. 날카로운 물건을 집어 던진 그때가 아이를 뒤에 남겨 둬야 할 시간이었다.

크리스를 다른 아이들과 격리해야 했지만 교실 밖으로 내쫓고 싶진 않았다. 신속하고 단순하게 그의 머릿속에 몇 가지 생각들을 심어 줘야 했다. 나는 구제 불능인 이 아이와 길게 대화하지 않았다. 영화에서처럼 그 자리에서 아이가 품은 분노의 근원까지 내려가야 직성이 풀리는 사람도 있겠지만, 이 책은 현실의 선생님을 위한 현실의 책이다. 나는 학교에 오기 전부터 쉬는 시간과 점심시간, 그리고 방과 후까지 매일 일흔 명가량의 아이들을 상대한다. 크리스와 내가 할리우드 영화처럼 발견-눈물-해법의 순간을 거쳐 행복해지는 시간이 오지 않으리란 법도 없지만, 당장은 교실이 순탄하게 흘러가도록 해야 한다. 크리스는 자신이 이를 막을 수 없다는 사실을 깨달아야 한다. 동시에 그가 많은 학생들 가운데 하나라는 사실을 배워야 한다. 우리는 크리스 없이 앞으로 나아가고 있었다. 그 속에 들어오느냐 마느냐는 그의 결정에 달려 있었다.

나는 교실 뒤편에 책상을 마련하고 크리스를 혼자 앉혀 다른 아이들과 쉽게 눈을 맞추지 못하도록 했다. 이스라엘과 바비는 교실 앞쪽 양편에 각각 앉혔다. 세 번째 주 두 아이는 미술 시간에 뒤에 남겨졌다. 다른 친구들은 점심시간이 지나 러그를 만들고 즐거운 시간을 보내며 질서를 지키는 법, 인내심, 지시에 따르는 법을 배웠다. 이스라엘과 바비는 아침 시간을 장난치며 보냈고, 수학 숙제도 역사 숙제도 해 오지 않았다. 두 아이는 아무런 과제도 하지 않았다는 사실을 들켜 미술 시간에 숙제를 해야 했다. 집에서 하면 됐을 아주 간단한 숙제를 마치지 못해서 다른 아이들이 진도를 나가는 수업 시간에 숙제를 마무리해야 했다. 이스라엘은 러그를 만들고 싶다고 했다. 나는 물론 그래도 되지만 할 일을 먼저 해야 한다고 말했다. 러그 만들기는 다른 숙제를 한 학생들이 할 수 있는 일이었다. 자기 이름이 적힌 러그가 교실 구석에 놓여 있고 다른 아이들은 이미 러그를 완성했는데, 이스라엘은 샐쭉해진 얼굴로 다른 아이들이 즐겁게 마친 숙제를 느릿느릿 하고 있었다.

마지막 작전은 크리스를 위한 것이었다. 크리스는 다른 아이들을 괴롭혔기 때문에 쉬는 시간이나 점심시간에도 밖에 나가지 못하게 했다. 점심시간에 나는 다른 아이들과 함께 가서 크리스와 점심을 먹은 뒤 그를 데리고 교실로 돌아왔다. 나는 크리스에게 우리 사회에서 타인과 어우러지지 못하는 사람들은 격리된다고 말해 줬다. 목소리를 높이거나, 험한 말을 뱉거나, 비꼬는 일은 전혀 없었다. 나는 친절하되 단호했다. 쉬는 시간과 점심시간에 화장실에 갈 수는 있었지만 그사이에 다른 문제를 일으키지 못하도록 다른 아이와 함께 가야만 했다.

"언제 운동장에 나갈 수 있어요?" 크리스가 투덜댔다.

나는 그것은 다른 친구들에게 달려 있다고 말해 줬다. 다른 아이들에게 그가 자기 행동에 변화가 생겼다는 믿음을 준다면 다시 친구들과 어울려 놀 수 있는 권리를 줄 거라고 말이다. 그리고 대화는 끝이었다.

4주차가 되자 세 아이를 뒤에 남겨 둔 조치가 당사자들과 다른 친구들에게 긍정적인 효과들을 내기 시작했다. 이스라엘과 바비는 항상 숙제를 해 왔고 적극적인 태도로 수업에 참여했다. 둘은 다른 아이들이 즐거운 시간을 보내는 모습을 보며 뒤에 남겨지는 것보다 그들 속으로 들어가는 편이 낫다는 판단을 내렸다. 다른 친구들은 둘을 칭찬했고, 예전에는 나쁜 친구로 여겨지던 아이들이 마음을 고쳐먹는 것을 보고 진심으로 기뻐했다. 그보다 더 좋은 점은 두 아이의 거칠고 피해를 주는 행동이 사라졌다는 것이다. 둘이 만든 러그는 놀라울 정도로 멋졌다.

그리고 마지막으로 크리스가 있었다. 넉 달째쯤 됐을 때 아이들이 한

번 더 기회를 주어 그는 다시 운동장에 나가도 좋다는 허락을 받았다. 그러다 일주일 뒤에 한 여자아이를 상스럽게 불러 올린 탓에 다시 교실로 돌아와야 했다. 그의 어머니는 아이가 바르게 굴도록 돕겠다고 약속했으나, 그녀가 학교에 온 것은 그때뿐이었다. 그녀는 크리스의 졸업식에도 참석하지 않았다.

그래도 크리스는 모든 과목에서 진급할 수 있는 성적을 받았다. 가끔 수업을 방해하긴 했지만 읽기 시간을 즐겼다. 크리스는 모든 숙제를 마치고 미술 시간에 참여할 수 있는 자격을 얻었다. 성적은 급격하게 향상됐고, 다른 아이들과 싸우곤 하는 바람에 수업에 별로 참여하지 못했던 과학 점수도 올라갔다. 과학 실험은 멀리 떨어진 교실 한구석에서 바라봤을 뿐인데도 교장실에 따로 불려 가 있는 것보다 훨씬 나았던 것이다.

내가 자리를 비운 날 아주 훌륭한 대체 교사가 나 대신 수업을 맡았는데, 내가 돌아오자 크리스가 믿기지 않을 만큼 변했다고 말해 줬다. 그녀는 내가 크리스를 변화시켰으면서도 그 사실을 믿지 못한다고 말했다. 하지만 냉혹한 현실은 바뀌지 않았다. 크리스가 성공하고 행복한, 사회에 기여하는 일원이 되는 것은 아직 어려운 일이었다. 하지만 1년 동안 그는 교실의 일원이 됐으며 많은 것을 배웠다. 하루도 수업을 빼먹지 않았고 최소한 다르게 행동하는 법을 알 수 있는 기회를 얻었다. 그는 자주 뒤에 남겨졌지만 밖으로 내쫓긴 적은 없었다. 그 사실이 궁극적으로 변화를 이끌어 냈다.

## 아이들이 귀 기울이게 하는 태도

•

몇 년 전에 전국구 신문의 한 기자가 56호 교실을 취재하러 와서 교실을 관찰하고 아이들을 만났다. 이른 오후에 나는 교실 앞에서 학생들의 작문을 살펴보고 있었고, 학생들은 여러 작문 과제를 하고 있었다. 기자는 교실 뒤쪽 구석에 서서 한 여학생과 이야기를 나누고 있었는데, 그녀는 갑자기 무릎이 꺾일 만큼 발작적으로 웃기 시작했다.

그녀가 겨우 눈물을 닦고 정신을 차렸을 때, 나는 뭐가 그렇게 재밌느냐고 물었다. 그녀는 여자아이에게 이렇게 물은 모양이었다. "좀 물어볼게. 친구들이 선생님에게 정말로 집중하고 있어. 레이프 선생님은 목소리를 높이지도 않는데 말이야. 아주 부드럽게 말하는데 다들 귀를 기울이고 있어. 비결이 뭐니?"

여자아이는 이렇게 말했다. "그건요, 이걸 이해하셔야 돼요. 레이프 선생님은 소리를 지르거나 고함치지 않지만 아이들 모두가 알고 있어요. 레이프 선생님한테 까불면 큰일 난다!"

- 수업 시작 전에 피해를 주면 수업에 참여하지 못한다는 사실을 학생들이 분명히 알게 하자. 화를 내거나 불안해하면 안 된다. 당신에겐 끝내야 할 일이 있고, 그 과정에 참여하지 않는 학생 때문에 옆길로 새면 안 된다.

- 학생들이 끊임없이 교실의 규칙에 대해 의견을 낼 수 있도록 하자. 아이들은 무서운 선생님은 참아도 공정하지 못한 선생님은 참지 못한다. 아이들은 규칙들을 만드는 데 직접 참여할 수 있을 때 그 규칙을 더 잘 지킨다.

- 어떤 아이를 뒤에 남겨 둘 때는 언제든지 거기서 빠져나올 수 있다는 사실을 알려 주자. 왜 뒤에 남겨지는지 이해해야 하는 것과 마찬가지로, 행동을 바꾸면 언제든지 다시 친구들 사이로 돌아올 수 있다는 사실을 알아야 한다. 문이 활짝 열려 있지 않으면 학생으로서도 더 잘 할 이유가 없다.

- 학생을 무리에서 솎아 낼 때는 늘 해야 할 과제나 공부 거리를 내주자. 뒤에 남겨진 아이와는 지금 상황에 대해 많은 얘기를 나누지 말자. 아이는 당신이 (그리고 다른 학생들이) 할 일이 있다는 사실을 알아야 한다.

- 활동에 참여하지 못한 학생에게 화를 내거나 냉소를 보여선 안 된다. 미소 짓고 친착하게 할 일을 해야 한다. 학생에게 당신의 감정을 휘두를 만한 힘이 있다는 믿음을 줘서는 안 된다. 그가 교실을 맡은 것이 아니다. 당신이 교실을 맡은 것이다.

# 학생들은 항상 바라봐야하는 존재다

시간은 늘 부족하다.

가르치는 일에 적응하던 시기에 배운 것처럼 제한된 시간과 할당된 일과에 맞춰 커리큘럼을 충실하게 소화하는 것은 정말이지 불가능한 일이다. 교사마다 상황은 다르겠지만, 참고도 할 겸 내가 근무하는 초등학교의 공식 일과를 소개한다. 로스앤젤레스 연합 교육구에 따르면, 교사들은 다음 일과표에 따라 5학년 과목을 모두 소화해야 한다.

08:00 일과 시작

10:45 쉬는 시간

11:05 교실로 돌아올 시간

**12:15** 점심시간

**12:55** 교실로 돌아올 시간

**14:19** 일과 종료


간단한 산수를 해 보면 매 초를 모조리 사용한다고 했을 때 교사들이 학생과 보낼 수 있는 시간으로 하루에 다섯 시간 19분이 주어진다. 물론 실제는 이와 다르다. 일주일에 하루는 직원 교육 때문에 한 시간 일찍 일과를 마쳐야 한다. 학생들이 합주나 합창 연습으로 수업에 빠지는 경우도 드물지 않다. 싸움을 벌인 학생들은 다른 교사들에게 상담을 받으려고 몇 시간씩 수업을 빠져야 한다. 조례에, 소방 훈련에, 수많은 다른 장애물들이 있다. 현실적으로 많은 선생님들은 수업을 위해 가질 수 있는 시간을 하루에 두세 시간 정도로 보고 있고, 많은 경우 그보다 적은 시간을 갖게 된다. 거기에 더해 최소 75~100시간에 이르는 주 성적 평가가 수업 시간을 방해한다.

교육구에서는 모든 교사가 이런 스케줄을 통해 하루 동안 소화해야 하는 내용을 명시하고 있다.


학교 독서 프로그램 세 시간

수학 한 시간

체육 교육 20분

과학

미국사

보건

예술

안전

직업 교육과 시민권 교육

좋은 선생님들은 이러한 스케줄 외에 학생과 점심을 먹거나, 추가 수업 시간을 잡거나, 추천서 등을 쓰기도 한다. 하지만 그렇게 더 나아가도 숫자는 맞아떨어지질 않는다. 그리고 실질적으로 우리에게 요구되는 것을 달성하기란 불가능하기 때문에 우리는 현명하고 효과적으로 시간을 사용할 수 있도록 주의를 기울여야만 한다.

## 시간 관리를 위한 신호등

•

경고 신호가 우리에게 길을 안내해 줄 수 있다. 도로에서 깜빡거리며 운전자에게 속도를 늦추고 갖가지 위험에 대비하라고 알려 주는 노란 신호등을 생각해 보자. 이 같은 경고가 시간을 가장 효과적으로 사용할 수 있도록 도와줄 것이다. 깜빡이는 노란불은 어디에든 있지만, 경험을 통해 감각을 갈고닦은 뒤라면 훨씬 쉽게 발견할 수 있다. 부모들, 동료 교사들, 그리고 아이들 자신이 의도적으로든 우연으로든 시간과 노력을 가장 잘 사용할 수 있는 길을 알려 줄 것이다.

직업적으로 성장해 나가는 시기에 이르면 대부분 스케줄을 자세히 살펴보며 어디서 가르치는 시간을 더 짜낼 수 있나 고민하게 될 것이다.

계속되는 시간 압박에, 모래시계가 쉬지 않고 소중한 모래알을 흘려보내는 모습을 보면 훌륭한 교사들도 이내 초조해질 것이다. 나는 신참 교사 시절에 자주 경고 신호를 놓치거나 무시하고 내 능력에서 벗어나는 아이에게 매달려 있느라 몇 분, 몇 시간, 몇 날, 심지어는 몇 년을 허비해 버렸다.

## 경고 신호를 무시해 벌어졌던 작은 재난

•

내가 교사직을 시작한 지 얼마 되지 않았을 때, 경고를 무시하면 벌어질 수 있는 극단적이지만 가능한 사례 하나를 겪었다. 수지라는 학생이 있었는데, 그 아이의 어머니는 전형적인 극성 부모로 유명했다. 아이 엄마는 줄곧 학교에 와서 아이의 가방이나 악기를 들어 주고, 특별 점심 메뉴를 싸 오고, 만나는 사람마다 자신의 딸이 얼마나 똑똑하고 얼마나 특별한 능력을 가졌는지 시시콜콜 얘기했다. 그녀의 아이는 훌륭한 바이올리니스트였다.

아이 엄마는 끊임없이 교실 문 앞을 맴돌았지만 학급에 도움을 주지는 않았다. 학생들이 토요일 오후에 끝내주는 마그리트 전시를 보러 미술관에 갈 때면 수지는 가장 먼저 참가 신청서에 서명했다. 하지만 수지의 어머니는 한 번도 차를 태워 주거나 간식을 싸 준 적이 없다. 다른 교사들은 아이 어머니의 행동에 혀를 찼다.

간섭 많은 부모가 싫다고 해서 훌륭한 학생인 수지를 대하는 데까지 영향을 미칠 수는 없었다. 사실 나는 바보 같게도, 시끄럽게 회전하는 칼날의 그림자 아래 살아가는 수지를 조금은 구해 줄 수 있으리라 생각했다. 분명 그녀의 어머니도 눈앞에서 깜빡이는 노란불이었지만, 친구들까지 그녀를 멀리하고 있었다.

수지의 어머니는 처음 만났을 때부터 문제를 일으켰다. 수지 어머니는 수지의 과제 평가가 만점이 아니라는 데 화가 나 있었다. 그녀는 자신의 딸이 가장 재능 있는 아이일 뿐 아니라 학교에서 가장 인기 있는 아이라고 말했다. 이는 전혀 사실이 아니었지만, 나는 그래도 수지가 방과 후 셰익스피어 연극반에 남아 있길 원했다. 아이가 어머니를 선택하는 것도 아니고, 수지는 바이올린을 정말 아름답게 연주했기 때문이다.

아이들은 계속해서 수지에 대해 불평했다. 수지는 무대 뒤에서 아이들을 쿡쿡 찔러 댔고 등장하는 아이들의 발을 걸기까지 했다. 나는 두 눈을 크게 뜨지 못했다. 사실상 예전엔 정규 수업 시간 동안 이 아이에게 최선을 다할 가치가 있었지만 더 이상은 그렇지 않다는 명백한 사실 앞에서 두 눈을 감았던 것이다.

그해 중순쯤 리허설을 하는 동안 한 여학생이 춤을 추다가 넘어져 팔을 다쳤다. 접질린 팔 때문에 그녀는 사흘간 깁스를 해야 했다. 수지의 어머니는 교장 선생님을 찾아가, 내 교실이 위험한 곳이며 나는 교사직에 맞지 않는다고 불만을 제기했다. 또한 모든 학부모에게 전화를 걸어 내 무능을 성토했다.

우리는 1년 만에 연극을 올렸다. 연극은 아주 멋졌지만 나는 큰 값을 치러야 했다. 수지는 연극에 끼지 말았어야 했다. 나는 마주치지 말았어야 할 어머니를 상대하느라 숱한 시간을 허비했다. 시간은 더없이 소중한 것이다. 나는 리처드 2세의 딜레마(셰익스피어의 희곡에서 리처드 2세는 상황에 적절히 대응하지 못하는 인물로 나온다—편집자)에 빠져들었다. 내가 시간을 버렸고 시간이 나를 버린 것이다.

## 교사로서 성장한 다음 맞은 비슷한 상황

•

가르치는 일의 묘미는 우리가 실수를 통해 뭔가를 배울 수 있다는 점이다. 교사직 초기에 나는 번번이 경고 신호를 놓쳤고, 그런 맹점들은 때때로 나를 가로막고 뛰어난 교사가 되지 못하게 했다. 몇 년 뒤에 나는 경고 신호에 더욱 민감해졌고, 그때 맡게 된 캐시와 앤서니의 경우는 전혀 달랐다.

우선 교사라면 앤서니보다 캐시를 먼저 발견하게 될 터였다. 그녀는 키가 크고, 마르고, 예쁘고, 성격도 외향적이었다. 그녀는 늘 준비가 돼 있는 훌륭한 학생이었다. 앤서니는 계속 사람을 노려보고 말할 때는 웅얼거리는 아이였다. 한 해를 보내는 동안 캐시는 시작한 지 얼마 되지 않아 셰익스피어 연극의 주연을 맡았다. 발성도 좋고 노래도 잘했다. 앤서니는 연극에 끼고 싶어 하지 않았다.

하지만 연극에 참여한다거나 재능을 타고났다 해서 더 관심을 받아야 하는 것은 아니다. 그녀가 아무리 빛나는 아이라도 말이다. 학기가 계속되는 동안 두 가지 경고등이 내게 너무 캐시에게 집중하지 말라고 신호했다. 한 가지는 주말이나 방과 후에 학생들이 학교를 벗어날 때면 깜빡이기 시작했다. 캐시는 어디에 초대받는 경우가 없었다. 가장 친근하고 지각 있는 아이들이 방과 후에 그저 빵집에 가느라 거리를 걸을 때도 캐시는 거기 끼지 않았다. 내가 상관할 일은 아니었기 때문에 나는 왜냐고 묻지 않았다. 나는 그저 관찰했다. 나는 캐시의 어머니가 아주 말이 많고 가십을 좋아해서 그러리라고 생각했다. 아이들이 캐시의 어머니를 좋아하지 않아 캐시가 피해를 입을 수도 있다고 말이다.

학교 안에서 캐시는 늘 존중받았다. 친구들은 다른 아이들과 마찬가지로 그녀에게도 친근하게 대했다. 하지만 종료 종이 울리고 나면 캐시와 함께 가지 않았다. 그러다 나는 이유를 알게 됐다. 캐시는 주변 사람들을 끌 수 있는 관용이란 덕목을 갖추지 못했다. 캐시는 어머니의 혼란스러운 인격과 평판을 본받았다. 캐시는 그 자신이 어떤 사람인가 하는 것보다 사람들이 자신을 어떻게 보는지를 신경 썼다. 아이들은 캐시를 몇 년 동안 알았고, 자신들 무리에 끼워 주기에는 지나치게 자기중심적인 캐시의 모습을 봐 왔던 것이다.

다른 한편, 앤서니는 그해 초반에는 레이더에도 들어오지 않을 만큼 낮게 날았다. 앤서니는 아버지와 단둘이 살았고, 어머니는 몇 년 전에 두 사람을 떠났다. 그 영향이 그대로 나타났다. 일반적인 관찰자들은 힘겨워하는 이 소년의 모습을 무례함이나 무관심으로 잘못 받아들일 수 있었다. 하지만 교실이 제공한 안락한 분위기 덕에 앤서니는 주변에 있는 선택지들에 서서히 마음을 열 수 있었다. 결국 앤서니는 몇 가지 수업 외 활동에 참여하게 됐다.

성적은 캐시가 훨씬 좋았다. 캐시는 나와 끊임없이 대화를 나누고 편지를 주고받았기 때문에 나는 캐시의 삶에 대해 전부 알고 있었다. 하지만 앤서니는 교실을 청소하려고 늦게까지 남아 있는 학생이었다. 그는 자신의 수고를 인정해 달라고 요구하지 않았다. 빙하가 떠다니듯 천천히 앤서니는 몇 개월 만에 내게 마음을 열기 시작했다. 나는 서서히 그 아이의 삶과 꿈과 불안을 이해하게 됐다. 캐시가 더 붙임성 있는 학생이었지만 나는 경험을 통해 두 눈을 크게 뜰 수 있었다. 캐시는 좋은 학생이긴 해도 아주 훌륭한 학생은 아니었다. 앤서니는 호감 가는 아이는 아닐지라도 몇 년 안에 아버지를 도울 계획을 세우고 조용히 친구들에 대한 걱정과 관심을 표현하는 아이였다. 만약 시간과 기회가 주어진다면 앤서니는 내가 조금이라도 더 시간과 노력을 들이고 싶은 학생이었다.

5학년이 끝났을 때, 나는 관심을 보인 학생들에게 토요일 아침 교실에 와서 셰익스피어, 어휘, 대수학 공부를 더 해도 좋다는 제안을 했다. 대부분 학생들이 다음 학년에 올라가면서 다른 활동을 시작하고 다른 데 관심이 생겨 이를 거절했다. 여름이 되어 나는 혼란에 빠진 캐시의 어머니에게서 전화 한 통을 받았다. 학교 차원에서도 학급 차원에서도 몇 번씩이나 학부모들과 만나 설명을 했는데도, 캐시의 어머니가 교육구에 지원 서류를 내지 못하는 바람에 영재 특성화 학교에 등록하지 못했던 것이다. 다른 지역 아이들도 등록할 수 있는 이 특수학교는 캐시에게 적합한 곳으로 아주 훌륭한 수업을 제공했고 캐시의 집에서 버스로 10분밖에 걸리지 않았다. 캐시의 친구들 중에서는 지침에 따라 이 학교에 등록한 학생들이 많았다.

캐시의 어머니는 통화하는 동안 급하게 두 가지를 부탁했다. 내 영향력을 발휘해 마감 기간이 지나서도 혹시 영재 특성화 학교에 캐시를 입학시킬 수 있는지 알아봐 달라는 게 하나였다. 다른 하나는 이 일을 캐시에게 비밀로 해 달라는 것으로, 캐시가 자신에게 화를 내지 않았으면 좋겠다는 이유에서였다. 자신의 딸에게 비밀로 해 달라는 아이 어머니의 부탁은 위험을 무릅쓰지 않을 정도만 도움을 주라는 경고 신호로 충분했다. 나는 영재 특성화 학교에 있는 친구에게 전화를 걸었고, 그는 등록하려는 다른 학생들에게 피해를 끼치지 않고도 캐시가 들어갈 수 있는 자리를 찾아 줬다. 지난 몇 년 동안 나는 캐시의 어머니에게 만약 캐시가 더 높은 수준의 학업을 원한다면 토요일에 계속 공부할 수 있는 기회가 있다는 사실을 일깨워 줄 수도 있었지만 그러지 않았다. 캐시는 나와 좋은 한 해를 보냈고, 나는 또 다른 좋은 시간이 찾아올 수 있도록 문을 열게 도와줬다. 하지만 그걸로 충분했다.

앤서니는 그해를 마친 뒤 폭력적인 분위기의 지역 중학교로 진학했다. 그 학교는 질서를 세우기 위해 고투하느라 지칠 대로 지쳐 버린 교사들이 가르치는 것으로 유명했고, 폐쇄를 면하기 위해 애쓰고 있었다. 새 학년이 시작되고 2주가 지난 어느 날, 수업이 끝난 후에 앤서니가 다시 교실에 모습을 보였다. 잘 지내는지 묻자 5학년 시절이 그립다고 했다. 계속 질문을 하자 앤서니는 '좋은 아이들'이 정말 그립다고 했다. 나는 앤서니에게 앞으로도 토요일 아침에 교실로 와서 함께 공부해도 좋다고 했지만 앤서니는 그 자리에서 바로 승낙하지는 않았다. 그것은 앤서니의 스타일이 아니었다. 2년 뒤 앤서니는 토요일 아침 수업에 하루도 빠지는 일이 없었다. 앤서니의 학업은 훌륭했다. 앞장서서 반을 이끌진 않았지만 친구들은 함께 축구를 하자며 끊임없이 그를 찾았고, 중학

교 성적도 빠짐없이 완벽했다. 지금도 캐시와 앤서니 모두 학교에서 잘
해 나가고 있고, 이는 좋은 일이다. 보다 더 좋은 것은 경험들 덕분에 내
가 신호를 제대로 읽고, 가장 효과적인 데 추가 시간을 들여 한 소년의
삶을 향상시킬 수 있었다는 점이다.

당시에는 몰랐지만 앤서니가 내 주의를 끈 것은 내가 이른바 피터 맥
Peter Mack 시험을 통과했기 때문이다. 나처럼 당신도 학생들에게 이 방법
을 사용해 보면 좋을 것이다. 추가 시간이 단 15분뿐이고 어떤 학생에
게 이 시간을 쓸지 결정해야 할 때 이 방법은 큰 도움이 된다.

## 피터 맥 시험

•

피터 맥은 캘리포니아 주 카핀테리아의 케이트 기숙학교Cate Boarding School
에 근무하는 훌륭한 교육자이자 선생님이다. 그에게는 사랑스런 아내
와 예쁜 세 아이가 있다. 그는 학생들을 자신의 아이들처럼 대한다. 학
생들은 그를 잘 알고, 존경하고, 신뢰한다. 그는 아이들로 하여금 다시
학교에 돌아가 수업을 받고 싶다는 생각이 들게 만드는 교육자다.

몇천 명이 그 엘리트 고등학교에 지원하는데, 언젠가 피터는 내게 추
가 시간으로 많은 것을 얻을 수 있는 학생을 판별하는 자신만의 리트머
스시험지를 말해 줬다. 그는 점심시간에 식당에 들어서서 거닐다가 학
생들 무리 사이에 갑자기 앉곤 한다고 했다. 그 학교 학생들은 정말 모
두 밝고 예의 바르다. 그는 마음속으로 이 아이들을 두 그룹으로 나눈
다. 아이들은 대부분 예의 바르게 그를 맞고 격식을 차린 티 없는 대화

를 나눈다. 이 아이들은 멋지고, 매력적이고, 옳은 방향으로 나아가고 있다.

하지만 더 많은 일을 하는 학생들이 있다. 이들이 대화에 참여하는 것은 예의 바르고 교육을 잘 받았기 때문이 아니다. 어떤 아이들은 생각을 서로 나누는 것을 진심으로 좋아한다. 이 아이들은 피터 맥이 말하는 내용에 진심으로 호기심을 보이고, 자신의 열의와 신념을 그와 나누는 데도 똑같이 흥미를 갖는다. 그가 자리에 왔다고 해서 말과 행동거지가 바뀌지 않는다. 이 아이들은 진짜다. 앤서니가 그랬다. 그의 행동은 나와 함께 있어도 전혀 바뀌지 않았다. 갑자기 즐거워하거나 시무룩해지는 법이 없었다. 결과적으로 나는 그 아이가 무엇을 필요로 하는지를, 예의를 차리되 그만큼 영혼이 실리지 않은 다른 학생들보다 더욱 잘 이해할 수 있었다.

허투루 노력을 들이기 전에 피터 맥 시험을 생각하라. 학생의 품행에 대해 상담하려고 가정방문을 하거나 수화기를 들기 전에 눈을 크게 뜨고 깜빡이는 경고등을 찾아라. 당신의 시간은 제한돼 있으므로 대상을 분명하게 본다면 매 순간을 가치 있게 사용할 수 있을 것이다.

◆ 하고 싶은 일을 다 하기에는 시간이 부족하다. 일반적으로는 위원회에서 지정한 커리큘럼을 마치기에도 벅차다. 끝없이 문제가 터지고 장애물들이 버티고 있어, 당신이 원하는 수준으로 모든 아이를 돌볼 수는 없을 것이다.

◆ 수업 외 프로젝트에 시간을 쏟을 때는 신중해야 한다. 실패가 분명한 학생을 돕느라 시간을 보냈다간 힘도 빠지고 마음에 상처를 받을 수도 있다. 시간을 쏟을 때는 노란 경고등이 켜지지 않는지 항상 주의해야 한다.

◆ 사정이 좋지 않은 학생에겐 최선의 노력과 관심을 주어야 한다. 하지만 노력으로 현실적인 결과를 얻기가 불가능한데도 정규 일과가 끝난 이후에 시간을 쏟아서는 안 된다.

◆ 어느 학생에게 추가로 시간을 쏟아 도움을 줘야 할지 결정할 때는 피터 맥 시험을 활용하라. 단순히 도움이 필요한 학생이라는 사실만으로는 부족하다. 학생이 도움을 구하고 있다는 신호를 찾아라. 일방적으로 학생을 돕겠다고 결정한다면 결과적으로 아무 도움도 주지 못할 수 있고, 당신의 도움으로 삶을 변화시킬 수 있는 다른 학생들을 잠재적으로 외면하는 셈이 된다.

◆ 모든 교사가 삼진을 당한다. 교사를 하는 동안 추가적인 노력이 수포로 돌아가는 경우도 많을 것이다. 가슴 아픈 일이다. 그래도 다시 일어나 방망이를 쥐고 휘둘러야 한다. 계속 두 눈을 크게 뜨고 더 좋은 공에 방망이를 휘두를 수 있도록 시력을 향상시켜야 한다.

chapter
16

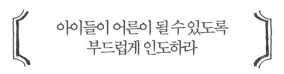

{ 아이들이 어른이 될 수 있도록
부드럽게 인도하라 }

나는 56호 교실에서 종종 아이들과 농담을 하면서 '3단계 사고방식'을 버려야 한다는 점을 지속적으로 떠올리게 한다. 여기서 3단계란 콜버그의 도덕 발달 단계의 3단계를 일컫는다. 3단계 사고방식을 가진 사람들은 타인을 기쁘게 하려고 행동한다. 아이들이 교사를 기쁘게 만드는 일에 길들여지는 경우가 많은데, 이는 실수다. 학생들 스스로가 자신의 미술 작품에 대해 갖는 생각이 내 생각보다 훨씬 중요하다.

좀 더 설명하자면, 일주일에 한두 번 한 아이가 부탁을 해 올 때가 있다. 이를 승낙하거나 거절하기 전에 아이와 간단히 대화를 나눈다. 수학 시간에 유진이 다가오는 경우를 생각해 보자.

유진 : 레이프 선생님, 화장실에 가도 될까요? 쉬는 시간에 가야 하는 건 알지만 그때는 가고 싶지 않았는데 지금은 가고 싶어요. 가도 될까요?

레이프 : 그건 네 대답에 달렸어. 세상에서 제일 똑똑한 사람이 누구지?

유진 : (무슨 대답을 해야 할지 알고 웃는다.) 레이프 선생님요.

레이프 : (다른 학생들도 공부하다 말고 킥킥대는 분위기에서) 제일 좋아하는 색은 뭐지?

유진 : 레이프요.

레이프 : 제일 좋아하는 숫자는?

유진 : 레이프요.

레이프 : 큰딸에게 어떤 이름을 지어 줄래?

유진 : 레이프요.

레이프 : 미국의 초대 대통령이 누구지?

유진 : 레이프요.

레이프 : 유진, 넌 정말 똑똑한 척척박사구나. 화장실에 가도 좋다.


교실은 한동안 킥킥대는 소리로 들뜨고, 유진이 화장실에 가고, 다시 수업이 진행된다. 하지만 요점은 전달됐다. 세상의 중심이 선생님이라고 믿는 학생들이 있고, 그런 생각은 우스꽝스럽다는 것이다.


## 스스로 결정을 내릴 수 있는 힘

•

나는 모든 학생을 위해 어느 정도까지는 뭐든지 될 수 있어야 한다. 학생들에게 최선이 무엇인지를 아는 것이 이 일의 일부다. 평범한 어느 날, 한 아이가 내게 야구방망이를 휘두를 때는 손을 모아야 한다는 말을 들었다고 하자. 한 시간 후에 아이는 작문을 좀 더 분명하게 하려면 문장 구조를 바꾸는 게 좋겠다는 말을 들을 수도 있다. 그는 숫자를 다르게 배열하는 게 좋겠다거나, 아니면 기타 연주를 빠르게 하려면 다른 손가락을 써야 한다는 얘기를 들을 것이다. 학교에 있는 동안 학생은 '뭐가 옳은 방법인지 아는', 권위를 가진 인물에게 끊임없이 교정을 받게 되리라고 이미 생각하고 있을 수 있다.

물론 잘못된 일은 아니다. 전문적인 설명을 제공해 줄 수 있는 교사들은 모든 일에서 학생들에게 올바른 길을 알려 줘야 한다. 그래도 가끔은 미묘하고 중요한 선을 넘어설 때가 있다. 이런 일은 너무나 쉽게, 그리고 자주 일어난다. 아이에게 어떤 기량을 가르쳐 주는 것과 그 아이가 어떤 사람이어야 한다고 말해 주는 것은 별개의 일이다. 학생에게 중요한 정보를 알려 주는 것은 좋다. 하지만 정보나 사고, 행동 또는 가치관을 아이들의 목구멍에 쑤셔 넣는 일은 그렇지 않다. 우리는 성숙한 교사로서 그 차이를 볼 줄 알아야 하며, 그렇게 함으로써 학생들이 우리가 전해 주는 정보를 바탕으로 자기 의견을 세우도록 격려해야 한다.

예전엔 나도 늘 이런 실수를 반복했다. 오랜 세월 동안 나는 학생들에게 정규 수업 전에 하는 이른바 수학 팀 활동을 제안해 왔다. 일주일에 나흘은 45분 일찍 등교해 어려우면서도 흥미를 끄는 문제를 풀며 비판적 사고 능력을 기르는 것이다. 나는 여기 참여하면 학생들에게 큰 도움이 되리라는 것을 뼛속 깊이 알고 있었다. 양질의 다양한 활동을 통해 아이들은 문제 해결 이상의 것들을 배우고 있다. 추가적인 공부를 위해 자원해서 아침 일찍 등교한다는 사실부터가 중요한 사실을 알려준다. 아이는 학교가 중요하다는 판단을 내렸고, 가능한 한 최고의 학생이 되기를 바라는 것이다. 함께 모여 문제를 풀면서 친밀감이 생긴다. 아이들은 타인과 협력하는 법을 배운다. 서로 다른 문제 해결법에 도달할 경우 아이들은 서로의 목소리를 듣는 법을 배우게 된다. 학생들은 알차게 시간을 보냈고, 몇 년 뒤에는 그 시간이 아주 유익했다고 편지를 보내 준다.

하지만 25년 전에 이 활동을 처음 시작할 때는 학교에 일찍 오지 않는 학생들에게 겁을 줬다. 나는 이렇게 말했다. "루이스, 너는 큰 실수를 하는 거야. 수학 팀은 네게 정말 큰 도움이 될 거야. 너는 학교에 일찍 와야 해. 넌 이걸 해야 돼." 루이스가 일찍 나오지 않는다면 나는 매일같이 그에게 수학 팀에 언제든 와도 좋으며, 이 좋은 기회를 차지한 다른 학생들을 따라가야 한다고 얘기했다.

아이들을 억지로라도 설득해 활동에 참여하게는 했지만 나는 큰 그림을 보는 데는 실패했다. 우리가 학생들에게 해 줄 수 있는 가장 좋은 일은 그들이 자신의 운명을 스스로 결정하도록 돕는 것이다. 아무리 좋은 일이라도 우리가 억지로 하게 만든다면, 언젠가 할 일을 말해 줄 우리가 없을 때 아이들이 어떻게 해야 할 일을 찾겠는가? 아이들에게 종류가 다양한 메뉴를 주되, 아이들 스스로 음식을 결정하게 하는 것이 최선이다. 이 사실을 깨달았을 때 나는 부드러운 판매법을 발전시킬 수 있었고, 이를 통해 아이들이 얻은 이득은 계산할 수 없을 정도였다.

## 학생들의 자발적인 참여를 유도하라

•

요즘 우리 교실에서 학생들이 고를 수 있는 활동은 수학 팀뿐이 아니다. 우리 영화 클럽에 들어오면 화요일 방과 후에 고전 영화를 볼 수 있고, 금요일에는 훌륭한 학교 도서관에서 영화를 대여할 수 있다. 쉬는 시간과 점심시간에 기타를 배울 수도 있다. 방과 후에는 모두가 참여하는 연례 셰익스피어 공연에서 역할을 맡는다.

이 모든 활동은 내가 1년 동안 '부드러운 판촉'을 하면서 학생들의 참여도가 굉장히 높아진다. 개학 첫날 나는 학생들에게 선택할 수 있는 활동들을 설명해 주고 학부모에게 편지를 보낸다. 다시 활동에 대해 언급하지는 않지만 궁금해하는 학생들의 질문에는 언제든 대답해 준다. 영화 〈꿈의 구장Field of dreams〉에서처럼 나는 "네가 세우면 그들이 올 것이다"라는 접근법을 따른다. 효과는 놀라울 정도다.

수학 팀에서는 해마다 비슷한 풍경이 펼쳐진다. 첫날에는 반 아이들 서른다섯 명 가운데 여덟 명쯤 나타난다. 수학 팀은 아침 7시 15분에 시작해 7시 55분에 끝난다. 일찍 일어난 새들은 정규 수업이 시작되기 전에 몸을 풀고, 화장실에 가거나 물을 마실 수 있다. 잠시 쉬려고 교실을 나가면 8시 시작 시간에 맞춰 등교하는 친구들을 지나치게 된다. 그제야 도착한 아이들은 먼저 온 아이들이 멋진 시간을 보냈음을 알게 된다. 아이들은 수학을 즐기게 되고, 요즘에 흔히 하는 적중 문제 같은 방법을 사용하지 않아도 놀라지 않는다. 어려운 문제에 도전하고, 함께 머리를 맞대고, 때로는 농담 같은 문제에 몰두하는 것은 아이들에게 하루를 여는 멋진 활동이 된다. 학생들에게 설교하기보다 그들을 행복하게 해 주는 것으로 팀원 스스로 아침 시간의 중요성을 홍보하게 하는 것이다. 시간이 갈수록 아침 시간에 오는 학생들은 아주 쉽게 반에서 수학을 제일 잘 하는 편이 된다.

개학 3~4주째가 되면 쉬는 시간에 열 명 남짓한 아이들이 수줍게 다가와 묻는다. "아직 수학 팀에 들어갈 수 있어요?"

"물론이지." 나는 행복하게 답한다. 문은 언제나 열려 있다.

일반적으로 3개월째가 되면 대부분 아이들이 일찍부터 교실을 찾는다. 여기서 가장 좋은 점은 아이들 스스로 결정을 내렸다는 것이다. 아이들은 자신의 삶을 통제하고 있다고 느낀다. 교실은 탈출을 기다리며 시계를 바라보는 죄수들이 아니라 열의를 품은 자원자들로 꽉 찬다.

영화 클럽의 경우, 대부분 아이들이 여러 이유로 화요일 방과 후에는 학교에 남아 있지 않는다. 어린 동생을 돌봐야 하는 집안 사정 때문인 아이들도 있다. 그래도 여전히 많은 아이들이 수업이 끝나면 즉시 학교를 떠나 여러 보육 시설을 찾는다. 어떤 경우든 나는 미소를 지으며 차분하게 말한다. "말해 줘서 고맙구나. 중요한 건 아니야. 그냥 작은 클럽이지. 사정을 이해하겠구나." 내가 군이 늘어놓지는 않지만 클럽의 이점은 많다. 참가 학생들은 듣기와 작문 능력을 기를 수 있는 훌륭한 영화들을 보게 된다. 화요일 오후는 멋진 파티 같은 분위기가 감돈다.

금요일 아침 영화 클럽 아이들은 수업이 시작되기 전에 주말 동안 집에서 볼 영화들을 고른다. 한 영화를 빌려 같이 모여서 보는 아이들도 있다. 〈리버티 밸런스를 쏜 사나이$^{The\ Man\ Who\ Shot\ Liberty\ Valance}$〉든, 〈제국의 역습$^{\text{The Empire Strikes Back}}$〉이든, 〈오즈의 마법사$^{\text{The Wizard of Oz}}$〉든, 아니면 〈펭귄$^{\text{March of the Penguins}}$〉이든, 클럽에 가입하지 않은 아이들도 아침에 교실로 들어서며 다른 친구들이 영화를 고르는 모습을 보게 된다.

거의 그 자리에서 아이들은 나를 찾아와 클럽에 가입하고 싶다고 말한다. "여동생은 어떡하고?" 내가 묻는다. 그러면 참가가 불가능하리라 생각했던 아이들도 모두 예외 없이 해결법을 찾는다. 화요일 오후 교실은 영화광들로 가득 차고, 아이들의 영화 관람 예절은 나무랄 데가 없다. 실은 요즘 영화 관객들이 시끄러워서 속상하다고 말할 정도다. 어떤 활동에 참가하겠다고 스스로 결정한 학생들일수록 억지로 강요받지 않았다는 점에서 더 잘 행동하게 마련이다. 내가 두 시간 동안 자리를 비워도 서른 명의 아이들은 조용히 영화를 관람한다. 혼날까 봐 겁이 나거나 벽에 걸린 규칙 때문이 아니다. 아이들은 스스로 자신들의 문화를 만들어 낸다.

### 인내심을 갖고 부드럽게 대하라

•

전통적인 학습에서도 이와 같이 가볍게 제안한다는 원칙이 동기 부여의 핵심이다. 부연하자면, 반드시 배워야 하는 기본 능력의 경우 나는 강경한 태도를 취한다. 수업 첫날 아이들은 미술, 음악, 과학, 역사, 희곡 등 수많은 선택 과목들을 듣게 된다. 동시에 모든 과목이 똑같지는 않다는 말도 듣는다. 물론 나는 모든 아이가 토머스 제퍼슨(미국 독립선언서를 기초한 미국 제3대 대통령—편집자)과 루이지애나 매입에 대해 배우기를 바란다. 하지만 현실적으로 중학교에 갈 아이들이 국가에 대한 제퍼슨의 헌신을 이해하지 못한다고 해서 큰 고생을 하는 것은 아니다. 제퍼슨이냐 독해 및 작문 능력이냐를 두고 더 중요한 것을 하나 골라야 한다면, 언어 능력을 향상시키는 쪽이 독립선언문의 작가를 압도할 것이다.

처음 몇 주 동안에는 몇몇 아이들이 이유 없이 숙제를 안 해 온다. 이 학생들은 뒤처져서 온종일 필수 과제들을 하며 시간을 보내고, 다른 아이들은 토머스 제퍼슨을 배우고 로켓 만드는 법을 배운다. 대부분 내게 왜 역사 게임을 하거나 태양계 축소 모형을 만들면 안 되느냐고 묻는 학생들은 다루기 힘든 아이들이다. 나는 그 아이들에게 필수 과제를 하면 언제든 참여할 수 있다고 알려 준다. 나는 아무리 마음이 굴뚝같아도 게으른 학생들에게 모욕을 주거나 비꼬아 얘기하지 않는다. 우리 모두 게으른 아이에게 당장 돌아가서 숙제나 하라고 소리치고 싶을 때가 많기 때문에 여기에는 많은 인내심이 필요하다. 그런 방법이 단기적으로는 효과를 볼 수 있겠지만, 인내심을 갖고 부드러운 판촉을 통해 아이들 스스로 노력하면 학교가 즐거워진다는 사실을 깨닫게 만드는 것이 좋다.

## 교사들에게도 '지름길은 없다'
•

오래전에 출판된 내 첫 책 제목이기도 한 '지름길은 없다'라는 문구는 지금도 우리 교실 앞에 걸려 있다. 방문 교사들에게 저 말이 무슨 의미인 것 같으냐고 물으면, 학생들에게 쉽게 얻을 수 있는 것은 없다는 사실을 깨우쳐 주는 말이라는 대답이 돌아온다. 능력을 기르고 어려운 목표를 달성하는 것은 수천 시간이 걸리는 일이다. 방문 교사들은 오늘날 패스트푸드 사회에서 아이들이 좋은 것을 이루는 데는 시간이 걸린다는 깨달음을 마음에 품기를 바란다.

맞는 말이지만 '지름길은 없다'는 말이 학생들에게만 해당되는 것은 아니다. 교사들도 마찬가지다. 즉각적인 결과를 내야 하고 문제가 있는 아이를 바로잡아야 한다는 마음에 초조하겠지만, 그런 일은 쉽게 일어나지 않는다. 읽기 능력이 5년쯤 뒤처진 학생이 1년 만에 훌륭한 독서가가 되지는 않는다. 교육은 너무 서둘러서는 안 되는 긴 여정이다. 부드러운 판촉을 통해 오랜 시간을 들여 학생들이 생산적 결정을 내리도록 도와야 한다. 학생들 스스로 자신을 발전시키고 배워 가는 기쁨을 즐기게 만든다면 성공적 여정이 될 확률은 급상승한다. 부드러운 판촉은 아이들 스스로 자신의 삶을 이끌어 가게 돕는 주춧돌이다. 더 많은 시간과 인내심이 필요한 일이지만 장기적 효과로 봤을 때는 기다릴 만한 가치가 있다.

◆ 학생들과 소통할 때 당신이 사용하는 언어가 핵심적이다. 쉬운 일은 아니지만 당신의 의견보다는 사실을 제공해 주도록 하라. 이는 그의 삶과 그의 결정에 대한 것이므로, 당신이 사적으로 개입하는 바람에 당신 스스로를 정한 원칙을 무너뜨리는 일은 피하라. 자신의 아이들을 '정중하게 거리 두기' 하고 기른 애티커스 핀치를 생각하라.

◆ 절대 문을 닫아선 안 된다. 학생이 하고 싶어 하지 않는다면 나중에 언제라도 함께할 수 있음을 알려 줘야 한다. 문이 닫혀 있다면, 아이들은 당신이 아이들로 하여금 선택해 주기를 바라던 그 길을 따를 동기를 가질 수 없다.

◆ 좋은 교사, 성숙한 교사일수록 수업 외 학점 과제부터 특별 견학까지 학급 아이들이 선택할 수 있는 일들을 해마다 추가하려고 노력해야 한다. 메뉴가 다양할수록 학생은 자신이 먹고 싶은 음식을 더 잘 찾을 수 있다.

◆ 수업 외 활동에 참여하지 않는 학생들을 존중해야 한다. 정규 수업 시간에 수업 외 활동을 하는 학생들을 특별하게 대하거나 다르게 대해선 안 된다.

◆ 수업 외 활동을 하기로 결정한 아이들이 자기 스스로 원해서 참여했음을 분명히 알게 해야 한다. 학생의 동기를 파악해야 한다. 방과 후 셰익스피어 연극반에 참여하는 학생들 가운데 많은 아이들이 부모님 때문에 참여한다. 당신이나 부모님 또는 친구들 때문에 수업 외 활동에 참여하는 학생들은 당신이 그렇게 애쓴 만큼의 이

득을 얻어 가지 못할 것이다. 학생에게 왜 활동에 참여하는지 자유롭게 질문하라. 만약 다른 사람 때문이라면, 그것은 한 가지 선택 사항일 뿐이며 다른 사람의 강요 때문에 그런 일을 하지 않아도 된다고 말해 주자.

chapter
17

 지금 한 아이의 성공이
미래의 아이들에게 길이 된다

훌륭한 교사들은 학생들이 보다 높은 목표에 도달할 수 있게 하는 비장의 무기를 지니고 있다. 직업 교육 시간에 이에 관해 얘기하는 경우는 드문데, 안타까운 일이다. 5년 이상 아이들을 가르쳐 본 교사라면 자신만의 효과적인 도구를 갖고 있으며, 무엇보다 여기에는 돈이 들지 않는다. 나도 그런 비장의 무기를 갖고 있다.

56호 교실이 성공적인 교실이 될 수 있는 데는 여러 이유가 있다. 훌륭한 아이들과 지원을 아끼지 않는 학부모들이 있고, 학교에는 아이들이 공부하고 즐기고 인격을 도야하는 멋진 공간을 만들어 주는 여러 전문가들이 있다. 하지만 성공의 가장 중요한 요소는 바로 수많은 졸업생들이다.

졸업생들은 56호 교실에 가장 강력한 힘을 발휘한다. 중학생이 된 아이들은 일주일에 몇 번씩 들러 교실 청소를 하거나 숙제를 채점해 준다. 고등학생들은 할로윈에 사탕을 들고 방문하거나 6월에 있는 셰익스피어 연극을 보러 돌아온다. 성인이 된 졸업생은 아이들의 멘토가 되고 경제적 도움을 준다. 졸업생들은 교실을 하나로 이어 주는 접착제다.

**선배는 때로 교사보다 더 좋은 선생님이 되기도 한다**
•

우리 교사들에게는 학생들의 미래 모습을 볼 수 있는 비전이 있다. 우리는 아이들이 성실한 태도를 가질 수 있고, 세계를 변화시킬 창의력이 있으며, 닫혀 있던 문을 통과할 수 있다고 믿는다. 학생들이 이 비전을 가진 경우는 드물다. 어떻게 그럴 수 있겠는가? 학생들의 부모가 대학 교육을 받았고 매일 밤 가족 식사 자리에 함께한다면 다행스러운 일이다. 그런 자리는 아이들을 미래의 슈퍼스타로 만드는 가치들을 배양하는 발판이 돼 줄 것이다. 하지만 아이들 대부분은 그런 사치를 누리지 못한다. 많은 아이들이 가족과 함께 식사하지 못하고, 사실 식사도 제대로 하지 못한다. 폭력과 약물, 깡패들이 일상인 동네에서 자라는 경우도 많다. 현실이 아이들을 어린 냉소주의자로 만들어 놓는다면, 헌신적이고 열성적인 교사라도 물길을 거슬러 헤엄치는 셈이다.

텔레비전 요리 프로그램의 요리사는 시청자의 주의를 끌고자 어떤 특별한 음식을 만들지를 완성된 요리로 보여 준다. 완성된 요리는 환상적으로 보인다. 프로그램 나머지 시간에 시청자들은 어떻게 그 요리를 만드는지 배운다. 재료들을 넣고 요리를 시연하는 것을 보는 동안, 우리는 이미 완성된 요리에 대한 비전을 갖고 있다. 우리가 요리에 필요한 정보를 모조리 흡수하고자 하는 이유는 아주 맛있는 요리가 기다리고 있다는 사실을 알고 있기 때문이다. 우리에게는 비전이 있다.

하지만 어린 학생들 대부분은 그와 같은 비전을 본 일이 없다. 학생들에게 대학에 가는 꿈을 심어 주려는 것은 좋고 바람직한 일이다. 하지만 현실적으로 아이 주변에 대학에 간 사람이 없고 대학에 대한 개념 자체가 없을 때 그 꿈을 이해하기란 어려운 일이다. 아이에겐 몽상처럼 보일 뿐이다.

졸업생들은 지금 가르치는 학생들의 비전이 돼 준다. 그들은 몽상을 현실적인 형태로 바꿔 놓는다. 어린 5학년 학생들은 친구들에게서 학교는 시간 낭비라는 말을 자주 듣지만 그게 전부가 아니다. 우리 교실에는 중학교 2~3학년이 된 아이들이 돌아와 어린 학생들과 얘기하지 않는 날이 없다. 지금 학생들은 동네에서 아무도 학교 따위 신경 쓰지 않는다는 말을 들어도 그 말이 사실이 아님을 알고 있다. 아이들은 자신들과 비슷해 보이고, 같은 동네에서 자랐으며, 학교를 아주 좋아하는 상급생들을 만나 보았다. 어린 롤모델들은 교실에서 내 바람보다 훨씬 커다란 영향력을 발휘한다. 지금의 학생들에게는 그저 자리에 앉아 상급생들과 대화를 나누거나 캐치볼을 하거나 기타를 연주하는 것이 내가 교과서로 가르치는 그 무엇보다 큰 삶의 교훈이 된다.

멘토들은 꼭 교실을 방문하지 않더라도 새 학급이 틀을 잡는 데 도움을 줄 수 있다. 꾸준히 가르치고 예전 학생들에게서 받은 편지를 모아 두면 나중에 가능성의 그림을 그려 보여 주는 풍부한 자료가 된다. 몇몇 편지들은 슬픈 이야기를 담고 있을 수도 있지만, 그런 이야기 역시 작은 교훈을 주거나 귀 기울이는 학생에게 현명한 조언이 될 수 있다. 보석 같은 편지가 내 책상에 놓이면, 나는 학생들이 갖고 다닐 수 있게 이를 복사해 준다. 이렇게 하면 멀리 떨어져 있는 졸업생들도 신입생들과 함께할 수 있다.

## 행복하지 않은 후배들을 위한 캐시의 조언
•

여기 당신의 학생들에게 읽어 주고 싶을 법한 편지 두 통이 있다. 모두 성인이 되어 보낸 편지들이다. 첫 번째 편지는 대학교 2학년생이 쓴 것이고, 두 번째 편지는 일류 대학 졸업생이 쓴 것이다. 두 통 모두, 특히 두 번째 편지는 슬픈 진실을 설핏 드러내고 있다. 용감한 학생들이 자신의 실수와 고통을 다른 이들과 공유한다면 그 뒤를 따르는 아이들에게 길을 그려 보여 줄 수 있다.

　몇 년 전 56호 교실의 5학년 학생이던 캐시는 사랑스러운 소녀였다. 늘 준비된 자세로 학교에 왔고, 배우려는 의지가 강했으며, 가족은 지원을 아끼지 않았다. 특히 음악에 소질을 보였고 운동도 제법이었다. 친근하고 외향적인 성격은 많은 친구를 사귀는 데 도움이 됐을 뿐만 아니라, 자기 마음을 잘 알고 어떤 문제를 만나도 쉽게 해결할 수 있다는 사실을 아는 이 젊은 친구의 강점이기도 했다. 좋은 소식은 캐시가 현재 훌륭한 대학교에 들어가 행복하게 지내고 있다는 것이다. 하지만 흔히 다른 뛰어난 아이들이 그러하듯 자신이 원했던 만큼 행복한 청소년기를 보내지는 못했다.

레이프 선생님께,

9년 전에 선생님 반이었던 캐시예요. 아직 건강하시기를, 그리고 여전히 놀라운 선생님이시기를 바랍니다. 선생님께서 하시는 일을 응원하고 싶어서 편지를 드려요. 선생님은 제 삶에 커다란 영향을 끼치셨거든요. 사실 선생님이 제게 주신 축복 가운데 가장 좋았던 두 가지에 대해 말씀드려야 할 것 같아요.

첫 번째 축복은 학생들이 자기 능력을 믿지 못하는 상황에서도 배려하고 최선을 다하는 것이 가능하다는 사실을 보여 주신 거였어요. 우리 반 학생들도 대부분 이 사명에 대해서는 동의했고, 5학년들이 실천해 내기 어려운 일은 아니었다고 기억해요.

하지만 중학교에 들어가면 변화가 생긴답니다. 성숙하지 못한 사람들이 너무 많아요. 많은 사람들이 함부로 말을 하고, 이유 없이 못된 경우도 많아요. 이런 생각을 했던 게 기억나요. '왜 모두가 성숙한 사람이 될 수 없을까? 우리는 중학생이고, 어른이 될 준비가 됐는데. 규칙을 지키고 배려하는 것이 일반적이어야 할 텐데.' 저는 저를 위해 만들어졌던 5학년 때의 세계가 무너지고 있다는 데 정말 좌절했어요.

그래도 저는 토요일이면 선생님과 함께 셰익스피어 연극반에 참여하고 SAT 수업을 들었죠. '배려하고 최선을 다하자'라는 사명을 놓치지 않으려고 애썼어요. 배려하고 최선을 다했지요. 중학생 때 사회의 압력에 굴복한 적이 몇 번 있었다는 사실을 고백해야겠네요. 그래도 배려하고 최선을 다하자는 생각이 결국 저란 사람의 뿌리가 돼 주었어요. 두 가지를 모두 할 수 있다는 사실을 보여 주셔서 감사해요.

두 번째 축복은 열정과 체력의 조화를 보여 주신 거였어요. 저는 선생님과 비슷한 열정을 가졌거나, 아니면 엄청난 에너지를 지닌 분을 만나기도 했어요. 하지만 지금껏 만난 어떤 선생님도 두 가지 힘을 조화롭게 사용하지는 못했어요.

저는 선생님 같은 교사가 되고 싶어요. 많은 영향을 주는 사람, 수많은 학생들이 훌륭한 사람이 될 수 있게 가능성 속에서 희망의 불을 꺼트리지 않도록 돕는 사람이 되고 싶어요.

사랑을 담아, 캐시 드림


내가 직접 청소년기에 대한 이야기를 들려줄 수도 있지만, 한때 같은 교실에 앉았던 학생이 직접 쓴 글을 읽는 일은 최고의 교사도 할 수 없는 방식으로 중요한 것을 이해시킨다.


**입시를 앞둔 후배들을 위한 셀레스테의 조언**

•

대학 지원 과정에서 자주 고민하고 불안을 겪는 고등학생들은 셀레스테라는 젊은 여성의 편지를 읽으면 정말 중요한 문제에 집중하는 데 도움이 될 것이다. 셀레스테는 우리 반은 아니었지만 친구들과 함께 방과 후 셰익스피어 연극반에 참여했었다. 그녀는 중학생 시절 동안 나와 토요일 수업을 했고, 내게 가르치는 기쁨을 누리게 한 학생들 가운데 가장 재능 있는 작가였다. 셀레스테는 책들을 먹어치우다시피 했고, 토론 시간에는 빛을 더해 줬다. 수학은 달랐다. 그녀는 숫자에 흥미를 느끼지 못했고, 수학 성적은 그녀가 대수학과 기하학에 취미가 없다는 사실을 보여 줬다. 그럼에도 그녀는 훌륭한 글쓰기 실력 덕분에 예술적이고 창의적인 교직원들로 잘 알려진 사립 고등학교에서 장학금을 받을 수 있었다. 결국 셀레스테는 전국에서 가장 훌륭한 대학으로 손꼽히는 곳에 입학했다. 마지막으로 소식을 들은 것은 고등학교 2학년 때였다. 한 친구가 그녀의 대학 입학 소식을 전해 준 것을 마지막으로 8년 전에 셀레스테는 레이더에서 모습을 감췄다.

그러다 작년에 다음 편지를 받았다. 이 편지는 내가 아는 모든 고등학생이 읽어야 할 필독 편지가 됐다.


레이프 선생님께,

지난번에 보내 주신 이메일 감사했습니다. 너무 오랜만에 연락드려 죄송해요. 그리고 얘기 들어 주시는 점 감사드려요. 다른 사람들은 아니라도 선생님께는 제 삶에 대해 들려 드려야 할 것 같아요.

우울한 일도 있고 집안에도 저를 괴롭히는 문제들이 있었는데, 거기에 과로와 스트레스까지 겹쳐도 저는 완전히 탈진되기까지 눈치도 못 챘어요. 중학교 때, 어쩌면 호바트초등학교에서부터 시작됐는지 모를 문제는 대학에 가서 더 심해졌어요.

선생님은 늘 문제가 있으면 언제든 얘기하라고 하셨지만 열 살, 열다섯 살, 심지어 스무 살의 저는 그게 무슨 말인지 몰랐어요. 솔직히 제 앞에 무슨 문제가 있는지도 몰랐고, 도움을 청할 생각도 못 했지요. 어떻게 말해야 할지 몰랐어요. 선생님께 저와 제 가족 문제까지 털어놔도 된다고는 생각지 못했어요. 학업에는 지장을 주지 않았는데, 학업은 저 스스로 통제할 수 있었으니까요. 공부는 제가 존재하는 이유라고 생각했어요. 제 모든 삶은 학교와 좋은 성적을 중심으로 돌아갔고, 아주 오랫동안 학교에 가는 게 즐겁지 않았어요.

제가 그 학교에 간 이유는 좋은 학교이면서 집에서 멀기 때문이었어요. 빚을 질 필요도 없었고요. 입학해서 첫해에 수석을 차지하자 '삶의 목적을 이뤄 버렸기'(제 가족들 말로는요) 때문에 당황하게 됐어요. 저는 그 시절 동안 그곳을 빠져나가겠다는 생각으로 온 힘을 다했고, 대학은 압박에서 벗어날 수 있는 첫 번째 기회였어요. 대학이 일로 가득한 곳이란 것만 빼면요. 저는 뭔가를 배우고 실험하고자 하면서도 '좋은 점수를 받아야 한다'는 압박을 느끼는 완벽주의자의 순환에 빠진 것 같았고, 에너지는 급격하게 줄었어요. 어떤 성공도 부족하게 느껴지는 무한 생존경쟁에 또다시 매달리게 된 것 같았어요.

졸업 후에는 심신을 추스르려고 집으로 돌아왔어요. 지금도 열정에 다시 불을 지피려고 노력하지만, 저를 붙잡을 수 있게 도와주는 지지 네트워크와 함께 겨우 버티고 있을 뿐이에요. 저는 세상에 대한 제 관점을 의심하며 힘든 시간을 보냈어요. 한 가지 이야기에는 정말 수많은 측면들이 있고(〈라쇼몽羅生門〉처럼요!), '진실'을 판단할 진정한 방법은 없으니까요(있는 건가요?).

지금 당장의 삶은, 삶이 어떻게 돌아가고 사람들은 어떻게 자신의 역할
을 하는지, 나는 어떻게 삶에 들어갈 수 있는지 고민하느라 아주 어려워
요. 뭘 하고 싶은지 확신도 없지만 지금의 경제 상황에서 직장을 구해야
한다는 건 말할 것도 없고요. 잃어버린 시간을 메우려고 하는 느낌이에
요. 하지만 선생님이 맞아요. 처음으로 삶이 여행처럼 느껴져요. 불확
실하고 때로는 위험한, 하지만 늘 신 나는 여행요.

셀레스테

두 편지 모두 희망적으로 끝나지만 슬픔을 드러내고 있다. 이런 이야
기들을 어린 학생들과 나누는 것은 필요한 일이고, 또 적절한 일이다.
아이들은 진실을 알아야 한다. 그 진실이 좋든 나쁘든 추하든 말이다.
다행스럽게도 경력이 쌓인 교사들은 예전 제자들에게서 멋진 소식을
듣곤 한다. 한 학생의 성공이 다른 학생 수백 명의 가능성이 되도록 얼
른 복사기로 달려가라.

**선배가 보여 주는 비전**

•

다미안은 초등학교에서 최고의 학생이었다. 그는 중학생이 되어 토요
일에도 나와 함께 공부했을 뿐 아니라 고등학생 때는 자원해서 아이들
을 가르치는 일을 돕겠다고 나섰다. 그는 당연하게도 여러 훌륭한 대학
에 합격했다. 대학생이 된 첫날, 그는 교실로 엽서를 보내왔다.

안녕, 56호 교실!

5학년이던 시절도 벌써 옛날이지만 대학의 시작도 호바트 셰익스피어 연극반의 첫날과 그리 다르지 않은 것 같네요. 쉽지 않겠지만 할 수 있다고 마음 다잡고 있어요. 배려하고 최선을 다해야지요.

56호 교실에 많은 빚을 졌어요. 커 갈수록 이 세상에 우리 집에서 두 블록 떨어진 그 작은 교실만 한 곳은 없다는 걸 깨달아요. 이 모든 일에 감사드려요, 레이프 선생님.

이런 편지를 읽으면 학업 면에서의 미래가 좀 더 분명해진다. 다미안이 지금의 대학 경험을 자신의 초등학교와 연결해 줌으로써 지금의 초등학교 학생들은 가능성을 보게 된다. 공책 사이에 끼어 있는 실제 성공담이 매일 아이의 손가락을 간질인다면 지친 아이에게도 문은 조금 더 넓게 열릴 것이다.

비전을 갖지 못한 아이들로 하여금 미래를 준비하게 만드는 일은 쉽 없는 싸움이다. 대학을 향한 지난한 노력이든, 청소년기에 겪는 고통과 압박이든, 아니면 저 깊은 곳에 똬리를 틀고 잠들어 있다가 몇 년 뒤에야 모습을 드러낼 문제든 졸업생들은 누구도 할 수 없는 방식으로 미래에 관한 안내서를 보여 줄 것이다. 당신의 안내가 졸업생의 실제 경험과 어우러진다면 지금 가르치는 학생들이 행복해지고 성공할 수 있는 기회는 꿈이 아니라 현실이 될 것이다.

◆ 해가 바뀔 때마다 여러 학생들과 연락이 닿을 것이다. 그들과 연락을 지속하려고 노력하고, 그들도 노력하게 해야 한다. 당신에게 그들이 얼마나 중요한 사람들인지를 분명히 알게 하자.

◆ 도움을 요청하는 것을 부끄러워하지 말자. 졸업생이 도움의 손길을 내민다면, 그가 받은 도움에 대해 교실에서 지금 학생들에게 얘기해 달라고 하자.

◆ 군대처럼 서열을 만들어야 한다. 졸업생들이 교실에 돌아오면 어린 친구들은 이들을 말 그대로 숭배해야 한다. 5학년은 중학교 2학년의 말을 잘 들어야 하고, 중학생은 고등학생의 부탁을 모두 들어줘야 한다. 상급생에 대한 존경심은 우리 교실 문화에서 중요한 부분을 차지한다.

◆ 학생들은 지금 긴 여정에 올랐다는 사실을 일깨워 주자. 당신과 함께하는 한 해의 마지막에 그들의 성공을 시험해 볼 수는 없다. 진짜 시험은 교실을 떠나고 10년 뒤에나 있을 것이다.

◆ 아이들과 되도록 자주 미래에 대한 얘기를 나누자. 내년에 무엇을 할지 묻자. 3년 뒤를 묻자. 10년 뒤를 묻자. 실존주의는 카뮈와 사르트르를 공부할 때도 멋지지만 학생들에게 오늘 한 일이 내일 할 일에 영향을 미친다는 사실을 믿게 하는 데도 도움을 준다.

◆ 교실 벽에 명예의 전당을 만들자. 대학에 간 졸업생들의 이름을 써 붙이자. 이름 위에는 대학 이름을 붙여 두자. 아이들에게 대학이 산꼭대기는 아니지만 여정의 일부로 만들고 싶을 만한 장소라는 것을 일깨워 주자.

◆ 여태껏 일을 잘해 왔다면 졸업한 제자들은 당신보다 훨씬 뛰어난 능력을 가졌을 것이다. 우리 교실의 웹사이트와 악보들, 그리고 기금은 모두 졸업생들이 관리한다.

chapter
18

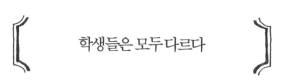

학생들은 모두 다르다

토머스 제퍼슨이 잘못 생각한 중요한 문제 하나가 있다.

제퍼슨이 미국이 낳은 가장 똑똑한 사람 가운데 한 명으로 여겨진다는 사실을 감안할 때 이는 건방진 발언일 수 있겠다. 케네디 대통령이 백악관에 노벨상 수상자들을 초대해 만찬을 열 때 제퍼슨에게 바친 엄청난 헌사를 들어 봤는가? "토머스 제퍼슨이 홀로 저녁 식사를 하던 이후로 백악관에 이렇게 지적인 분들이 계시기는 처음이군요."

하지만 천재들도 틀릴 수 있고, 아이들을 가르쳐 본 사람이라면 누구든 독립선언문에서 제퍼슨이 자명한 진리라고 천명한 어떤 주장은 결코 자명하지 않다고 생각할 것이다.

"모든 사람은 동등하게 태어났다."

정말? 내게는 한 번도 저 말이 사실인 적이 없었다. 나는 아이들과 농담을 하며, 로베르토 클레멘테<sup>Roberto Clemente</sup>(1960~1970년대 메이저리그 야구 선수—편집자)와 내가 야구하는 모습을 본다면 모든 사람이 동등하게 태어나지 않았다는 점이 분명해질 거라는 말을 하곤 한다. 나와 비교하면 클레멘테는 마치 다른 은하계에서 온 것처럼 월등하다.

물론 모든 사람이 동등하게 대우받아야 한다. 동등한 기회를 가져야 하고, 동등한 법 적용을 받아야 한다. 하지만 비약하자면, 우리가 모두 동등하다는 말은 사실이 아니다.

내가 야구를 하면 안 된다는 말이 아니다. 물론 나는 야구를 할 수 있다. 하지만 영감을 불어넣는 제퍼슨의 저 말을 기반으로 교육 체계가 성립되는 경우가 많은데, 그 불안한 기반 위에 세워진 교실은 결국 붕괴되기 마련이며 그 때문에 아이들도 상처를 받을 수 있다.

## 학생들은 동등하지 않다

당신이 맡은 동갑내기 아이들은 똑같은 선생님 밑에서, 똑같은 커리큘럼을 거치고, 똑같은 기회를 갖게 될 것이다. 그럼에도 어떤 학생은《위대한 개츠비》같은 작품을 쓸 준비가 돼 있는가 하면, 어떤 학생은 단 한 문장도 제대로 쓰지 못한다. 학생들 사이에 그랜드캐니언처럼 거대한 능력의 간극이 놓여 있을 때는 어떻게 하겠는가? 현행 체계의 요구대로라면, 아이들은 모두 동등하기 때문에 모두가 똑같이 성공을 거둬야 할 것이다.

하퍼 리는 《앵무새 죽이기》에서 애티커스 핀치를 통해 이 문제를 다루었다. 많은 사람들이 애티커스의 영웅적인 존엄성에 관심을 쏟으면서도, 애티커스가 법정에서 톰 로빈슨의 결백을 주장할 때 마지막 정리 발언을 통해 우리 교육 체계에 가하는 통렬한 공격은 쉽게 간과하곤 한다. 법정에서는 모든 사람이 반드시 법 아래 평등한 대우를 받아야 한다는 점을 분명히 하면서, 애티커스는 이곳만이 모든 사람이 정말 동등해지는 유일한 장소라고 외친다.

배심원 여러분, 끝내기 전에 한 마디만 더 하겠습니다. 토머스 제퍼슨은 모든 인류는 동등하게 태어났다고 말한 바 있습니다. 어떤 사람들은 그 말을 문맥에서 떼어 내 입맛에 맞는 대로 사용하고 있습니다. 제가 아는 가장 우스꽝스러운 예는 공교육을 담당하는 사람들이 근면함과 함께 어리석음과 나태함까지 조장하고 있다는 것입니다. 교육자들은 근엄하게 말할 것입니다, 모든 사람이 동등하게 태어났기 때문에 뒤처진 아이들은 열등감이라는 끔찍한 감정에 고통스러워한다고 말입니다. 우리는 일부 사람들이 믿게 만들려는 것처럼, 모든 사람이 동등하게 태어나지 않았다는 사실을 알고 있습니다. 어떤 사람들은 다른 사람보다 똑똑하고, 어떤 사람들은 태어날 때부터 다른 사람보다 더 많은 기회를 갖게 되고, 어떤 사람들은 다른 사람보다 더 많은 돈을 벌고, 어떤 여성들은 다른 여성보다 더 맛있는 케이크를 만듭니다. 그리고 어떤 사람들은 대부분 사람들이 가진 것보다 훨씬 커다란 재능을 갖고 태어납니다.

애티커스는 멋진 캐릭터지만 허구의 인물이다. 그러나 실제 세계에서, 실제 학교에서 그의 주장은 어디에서나 쉽게 증명된다.

## 칼라는 칼라이고 다이애나는 다이애나다

•

나도 《앵무새 죽이기》를 읽었지만 이 중요한 부분을 새겨듣지는 않았다. 젊은 교사이던 시절, 나는 교실 벽에 독립선언문을 걸어 두었고 모든 사람이 동등하게 태어났다는 말도 믿었다. 하지만 교사가 된 첫해에 나는 합주단 선생님에게 우스운 이야기 하나를 듣게 됐다.

칼라와 다이애나는 학교 합주단에서 연주하는 사랑스러운 소녀들이었다. 두 아이 모두 바이올린을 연주했고, 개학 첫 주부터 레슨을 받아 왔다. 일주일에 이틀, 하루에 40분씩 아이들은 악보를 읽고, 음계를 연주하고, 테크닉을 향상하는 법을 배웠다. 두 아이 모두 바이올린을 지급받았고, 매일 밤 집에서 연습하며 성실하게 바이올린을 배워 나갔다.

5~6개월까지는 다른 초보 바이올린 연주자들하고만 함께 연주했다. 한 해가 다 지나갈 무렵에는 다른 악기를 맡은 아이들과 다 같이 연습하기 시작했다. 3개월 뒤에 합주단은 바흐부터 할리우드 음악에 이르기까지 다양한 음악이 포함된 송년 콘서트 준비를 모두 끝냈다.

아이들은 공연 당일 아침에 모여 11시 30분까지 드레스 리허설을 진행했다. 공연은 오후 7시부터였다. 아이들이 드레스 리허설을 끝내고 악기를 챙기고 있을 때 선생님이 마지막 공지를 전했다.

"애들아, 너희들 모두 정말 자랑스럽구나. 멋진 연주였고, 오늘 밤 공연도 굉장할 거야. 이제 집으로 돌아갈 텐데, 보통 때처럼 의자를 접을 필요는 없다. 오늘 밤 그대로 돌아와 연주할 수 있도록 보면대 옆에 그대로 놔두렴. 나는 15분쯤 피아노 쪽에 있을 테니까, 궁금한 게 있으면 찾아오렴. 악기는 가방에 넣어서 의자 옆에 잘 놔두고. 6시 정각에 모여서 조율하자. 6시 30분에는 몸 좀 풀고, 6시 45분에는 관객이 입장할 거야. 모두 나중에 보자."

악기 가방을 닫는 소리와 의자가 리놀륨 바닥을 긁는 소리가 강당을 채우고 있을 때, 칼라와 다이애나가 선생님에게 다가왔다. 둘 다 질문이 있었다.

칼라가 말했다. "C 선생님, 질문이 있어요. 작은 문제가 하나 있는데 말씀드리고 싶어요. 오늘 할머니가 몇 달 동안 저희와 함께 지내시려고 멕시코에서 오시거든요. 할머니도 콘서트에 오실 수 있다고 해서 정말 신 나요. 그런데 문제가 있어요. 비행기가 LA공항에 오후 4시에 도착해서 가족이랑 같이 마중 나가거든요. 부모님이랑 얘기해 봤는데 6시 조율 시간에는 꼭 올 수 있을 거래요. 그런데 혹시 비행기가 늦게 도착하거나 세관에 줄이 길어서 할머니가 오래 기다리셔야 할지도 모르니까, 제 바이올린은 의자 위에 꺼내 놓고 가고 싶어요. 시간 맞춰 오기는 할 텐데요, 혹시 조금 늦거나 하면 좋은 소리 나게 선생님이 조율해 주실 수 있으세요? 그럴 일은 없겠지만 혹시 몰라서 말씀드리고 싶었어요."

합주단 선생님은 문제없다고 말해 주고 칼라의 사려 깊은 계획을 칭찬했다. 다이애나는 칼라의 질문이 끝날 때까지 참을성 있게 기다렸다가 질문을 품고 다가왔다.

C 선생님이 말했다. "다이애나는 무슨 일이니?"

다이애나는 짧고 진심 어린 질문 하나만 던졌다. "C 선생님… 오늘 밤에 우리 악기를 가져와야 하나요?"

이것은 실화다. 그리고 물론 C 교사는 다이애나에게 자기 악기를 가져오면 더 좋은 연주를 할 수 있을 거라고 설명했다. 두 아이는 모두(칼라는 제시간에 도착했다) 연주를 마쳤고, 기억에 남을 만한 밤을 보냈다.

하지만 두 사람은 동등하지 않다. 이 이야기는 천차만별의 능력을 가진 아이들을 모아 놓은 교실에서, 그래도 더 많은 아이들을 돌보게 하는 데 커다란 도움이 됐다.

몇 년쯤 아이들을 가르쳐 본 교사라면 모두가 동등하게 태어나지 않는다는 사실을 깨달았을 것이다. 하지만 교육구는 모든 학생이 똑같이 숙달해야 하는 과제들을 잔뜩 떠안길 것이다. 관료들은 터무니없는 학습 계획을 내려보내 교사의 부담을 가중시킨다. 이 계획들은 티끌 하나 없이 설계됐고, 모든 학생이 꼭 그 기한에 맞춰 해당 내용을 완벽히 터득해야 한다고 정해 놓고 있다. 선생님들은 무용지물일 따름인 목표들을 보고 웃음을 터뜨린다. 때로는 씁쓸하게. 물론 웅대한 계획을 세우는 것은 좋은 일이고, 선생님들 또한 한 해의 학습 내용을 준비하며 작전을 잘 짜야 한다. 하지만 경험이 쌓인 교사들은 이런 교육구의 목표 사항을 수업을 시작하는 출발선 정도로만 생각한다. 진정한 교사들은 최대한 많은 학생들을 도우려고 노력함으로써 자신이 맡은 반을 차별화한다. 이번 목표는 아주 어려운데, 힘들어하는 학생들은 더 잘 해 나갈 수 있도록, 뛰어난 학생들은 더 높이 날아오를 수 있도록 돕는 것이다.

## 한 사이즈를 모두에게 맞출 수는 없다

•

모든 아이는 동등하게 태어나지도 않았고, 똑같이 태어나지도 않았다. 에릭과 조지는 같은 해에 만났던 친구들이다. 생일은 30일 정도밖에 차이 나지 않았다. 유치원 과정부터 우리 학교에 같이 들어왔고, 둘 다 남자아이였다. 하지만 공통점은 그뿐이었다.

에릭은 몇 년 동안 내가 만난 아이들 가운데 가장 슬퍼 보이는 아이였다. 눈과 입에서는 우울함이 흘러나왔다. 말할 거리가 있은 적이 없었고, 대화를 하려던 내 시도는 번번이 실패로 끝났다. 기껏해야 한두 음절 정도 끌어낼 수 있을 뿐이었다. 지난해 시험 성적은 평균에 한참 못 미쳤다. 4학년 때는 선생님이 학부모를 만나 그가 "바보 같고 게으르다"고 말한 사실도 알게 됐다. 그는 특히 수학에 약했다. 열 살이고 5학년에 올라왔지만 두 자릿수 덧셈도 못 했다. 구구단을 잊어버리지는 않았다. 아예 배운 적이 없었으니 말이다. 작문 과제를 할 때는 종이의 구멍 뚫린 부분을 왼쪽으로 가게 해야 한다는 점을 이해시키는 데 일주일이 걸렸다.

조지는 행복하고 밝은 소년으로, 어쩌면 그렇게 세상을 긍정적으로 대하는지 알 수가 없었다. 아이의 부모님은 그가 두 살 때 이혼했다. 가족을 흩어지게 만든 가장 큰 요소는 술이었다. 어머니는 그와 그의 두 누나를 부양하려고 세 군데 직장을 한꺼번에 다녔다. 집은 텅 비어 있을 때가 많았다. 네 식구는 한 침대에서 잠을 잤다.

그런데도 전염성 강한 그의 웃음에는 자신감과 행복이 흘러넘쳤다.

조지는 배움을 사랑하는 재능 있고 열성적인 학생이었다. 음악 과목에 특히 강했고, 토론 시간에는 영리하고 가치 있는 주장을 폈다. 그를 만난 모든 선생님이 그를 좋아했고, 그의 주변에는 늘 함께 신 나게 노는 친구들로 가득했다. 삶의 시작이 호락호락하진 않았지만 그의 미래가 밝다는 데는 의심의 여지가 없었다. 수업 첫날, 조지는 무엇보다 학교에서 자신을 괴롭히는 점 하나를 내게 털어놓았다. 그는 기다리는 것이 싫었다. 다른 아이들은 끔찍하게 지겨워서 진도를 나가고 싶어 하는데, 선생님이 몇몇 학생들에게 기본 개념을 설명해 주느라 기다리는 게 싫다고 말했다.

로스앤젤레스 연합 교육구는 이 아이들이 한 해 동안 나가야 할 진도를 엄격하게 규정해 놓고 있었다. 여러 문법과 독해 기술을 익혀야 했고, 자연수, 소수, 분수, 정수의 사칙연산을 배워야 했다. 기하학과 대수학을 알아야 했고, 지구과학, 물리학, 생명과학도 마찬가지였다. 에릭은 영어가 서툴러서 1년 만에 그해 마지막에 보는 시험에 통과할 수 있도록 실력을 키우기 위해 함께 시간을 보내야 했다. 뿐만 아니라 이들 두 아이가 200쪽 분량의 보건 교과서 내용을 익혀야 하고, 일주일에 100분의 체육 수업을 하고, 토착민 시절부터 남북전쟁에 이르는 미국사를 배워야 한다는 점을 잊어선 안 된다.

지구상에 사는 교사들에게는 에릭이 이 모든 내용을 배우지 못하리란 사실이 뼈아프게 분명하다. 만약 뒤처진 학생들에게 영어와 수학의 가장 기본적인 개념을 가르치느라 너무 많은 시간을 보낸다면 조지도 아마 진도를 마치지 못할 것이다.

토머스 제퍼슨이 실수를 저질렀다는 점을 깨달은 선생님은 무엇을 해야 할까? 두 아이 모두 중요하다. 두 아이 모두(그리고 서른한 명의 반 학생 모두) 우리의 노력을 받을 자격이 있다. 할리우드 영화라면 두 아이 모두 마법 같은 5학년을 보낸 뒤에 그들이 천재이며 또 다른 토머스 에디슨이라는 사실이 발견되어 일류 대학에 진학하는 것으로 마무리될 것이다. 하지만 이 책은 진짜 선생님을 위한 진짜 책이므로 보다 현실적일 필요가 있다.

### 다른 학생들, 하나의 결과

•

에릭의 경우, 우리 교실에서 한 해를 보내는 동안 어디에 주안점을 둬야 할지 결정해야 했다. 다른 교사들에게 창피를 당하고 아이들한테 비웃음을 사는 바람에 그는 학교를 완전히 등지고 있었다. 그는 여러 과목에서 뒤처져 있었고, 특히 수학은 지난 시험 성적이 바닥이었다.

에릭의 독해 능력은 평균 이하였지만, 그렇게 나쁜 성적은 능력의 결과라기보다 자세의 문제였다. 그가 천재는 아닐지언정 분명 성적표 점수보다는 능력이 있었다. 그래도 다른 과목들은 많이 뒤처져 있었고, 주어진 시간 안에 그 구멍들을 메우면서 또 동시에 모든 커리큘럼을 소화할 수는 없었다. 에릭의 경우는 이미 오래전에 배웠어야 할 능력들을 숙달시키고, 학교를 졸업할 때까지 장기적인 시각에서 그리 중요하지 않은 부분들은 무시하는 것이 전략이었다.

에릭의 이전 선생님들은 진도를 맞추겠다며 그를 과중한 숙제 속에 파묻어 버렸다. 그 탓에 에릭은 수면 부족으로 지쳐서 등교했고, 교사가 이해시키려 했던 중요한 부분들에 집중할 수가 없었다. 더 나쁜 상황은 이해하지 못한 내용을 숙제로 내줘도 집에서 도와줄 사람이 없는 에릭에게는 아무런 도움이 되지 못했다는 것이다.

우리 반은 굉장히 많은 시간을 할애해 미국사를 공부했다. 나는 에릭의 경우는 조금 다른 방식으로, 신중하게 계획된 행동을 취했다. 현실적으로 에릭이 1820년 미주리 타협을 모른다 해도 그가 뛰어난 학생이 되는 데 문제 될 것은 없었다. 하지만 그가 기본적인 수학 계산을 할 수 없다면 여러 문들이 그의 앞에서 닫히고 말 것이다. 많이 뒤처진 학생이 있다면 그가 반드시 배워야 하는 내용이 무엇인지 우선순위를 정하는 것이 좋다. 곱셈을 배우는 것이 지질학에서 모스경도계를 암기하는 것보다 중요하다. 기본적인 문단을 정확하게 써 내는 것이 러그를 뜰 줄 아는 것보다 훨씬 중요하다. 다른 아이들이 러그를 뜨고 있을 때, 나는 에릭과 수학 공부를 했다. 러그는 집에서 뜰 수도 있지만 수학의 중요한 개념들을 이해하려면 개인적으로 도움을 받을 필요가 있었다. 러그를 만드는 아이들은 뒤처진 아이를 기다릴 필요가 없었고, 에릭은 집에서 숙제를 하다 잠드는 대신 러그를 만들면 됐다. 그가 웃는 날이 많아졌다. 나는 그에게 필요한 개인적인 관심과 도움을 주었고, 다른 학생들은 신 나게 다른 활동을 했으니 관심을 못 받았다고 억울해할 일이 없었다.

조지도 멋진 한 해를 보냈다. 그는 그해가 도전할 것들이 가장 많았던 최고의 해였다고 말하곤 했다. 그는 한 해 동안 할당된 커리큘럼을 간단하게 마쳤지만 그것은 시작에 불과했다. 조지는 우리 셰익스피어 연극에 출연했고, 추가로 세 가지 악기를 더 배웠고, 몇 가지 다른 활동도 할 수 있었다. 다른 아이들을 기다리느라 시간을 허비할 필요가 없었기 때문에 이 모든 걸 해낼 수 있었다. 교사가 뒤처진 학생들을 돕느라 애쓰는 것은 칭찬할 만한 일이지만 뒤처진 다른 아이들 때문에 조지가 피해를 받아선 안 된다. 아이러니하게도 뛰어난 학생이 가장 관심 받지 못하는 아이가 될 수 있다.

에릭과 조지는 능력도 가정환경도 동등하지 않았다. 하지만 두 아이 모두 5학년으로 보낸 한 해가 좋은 시간이었다고 느꼈고, 그 점에서는 그들이 옳았다.

에릭은 멋진 한 해를 보냈다. 완벽한 조건에서 바랄 수 있는 만큼 역사와 과학을 배우지는 못했다. 하지만 에릭은 교사가 설계한 개별적인 학습 계획을 따르고 가족의 지원도 받은 덕에 언어와 수학에서 굉장한 발전을 이뤘다. 전에는 기본적인 숙달 정도에 한참 못 미치는 학생으로 평가받았으나, 그해가 끝날 무렵 그의 언어와 수학 능력은 다른 친구들 못지않았다. 에릭은 자신도 다른 아이들처럼 배울 능력을 완벽하게 갖췄지만 어떤 이유에선가 길을 잃었을 뿐이라는 중요한 사실을 깨달았다. 개별적으로 공부하며 한 해를 보내는 동안 그는 자신이 좋은 학생이 될 수 있다는 사실을 발견했다. 학년이 끝날 무렵 그는 어려운 문학작품을 읽겠다고 자원했다. 무엇보다 좋은 점은 그가 교실에서 가장 존중받는 학생 가운데 한 명이 됐다는 것이다. 여러 해 동안 에릭을 게으르거나 이해력이 부족한 학생으로 알아 온 아이들은 실은 그렇지 않다는 점을 알게 되어 에릭만큼이나 기뻐했다. 초등학교를 떠나 중학교에 진학할 때가 된 에릭은 자신이 앞으로도 잘해 나갈 수 있고, 미래로 이어진 문을 열 수 있는 도구를 갖고 있다는 사실을 확실하게 알고 있었다.

조지도 그렇게 행복한 적이 없었다. 그는 자신의 재능을 알아주고 더 높이 날아오를 수 있게 해 주는 교실에 있었다. 조지는 아직 배우지 않은 부분을 읽고 싶다거나 다음 장을 미리 공부하고 싶다고 말해도 속도를 늦추라고 말하는 사람이 없다는 것을 알고 기뻐했다. 그는 평가 시험에서 훌륭한 성적을 얻었을 뿐 아니라 세 가지 악기를 연주했고, 합창단에서 노래했으며, 야구팀에서 주장이자 유격수를 맡았다. 전부터 조지를 좋아하던 교사들은 그가 그렇게 행복해 보인 적이 없다고 말했다. 그의 얼굴에서 광채가 날 수 있었던 것은 그가 전보다 더 똑똑해졌기 때문이 아니라 자신이 속한 반에서는 다양성이란 말이 단순한 단어가 아니라 현실이었기 때문이다. 그는 남들과 다를 수 있는 권리를 얻었고, 자신만의 여정을 시작했으며, 이는 지금까지 이어지며 자신이 가진 남다른 지능의 크기를 발견할 수 있었다.

서로 다른 두 아이의 공통점이 여기 있다. 둘은 각각의 한 사람으로서 대접받았다. 두 사람 모두에게 배움의 기회가 주어졌다. 누구도 그들을 포기하지 않았다. 이는 모든 교사에게 주어진 도전이다. 고등학교 영어 교사는 《멋진 신세계<sup>Brave New World</sup>》를 속속들이 이해할 수 있는 학생이 있는가 하면, 그렇지 못한 학생도 있다는 사실을 알 것이다. 그래도 모든 학생에게 독서의 미덕을 느끼게 해 줄 수 있다. 토머스 제퍼슨의 말대로 모든 사람이 동등하게 태어났다면 멋진 일일 것이다. 하지만 그렇지 않다. 그리고 교사에게 학생들이 저마다 가진 최대치를 끌어낼 수 있도록 도울 기회가 있다는 것은 축복인 동시에 저주다. 바로 이 지점에서 교실은 제퍼슨의 이상에 도달할 수 있다. 아이들은 동등하지 않지만 헌신적인 선생님은 학생들 자신의 최대치를 발견하도록 동등한 기회를 제공해 줄 수 있는 것이다.

◆ 학생들은 동등하게 태어나지 않았고, 똑같지도 않다. 학생들 모두에게 개별적인 과제를 내주는 게 불가능할지라도, 한 사이즈로는 모든 사람에게 맞출 수 없다는 점을 감안하고 과제를 내도록 하라.

◆ 똑같은 학습 계획과 어떤 아이도 뒤처지게 하지 말라는 말이, 교사로 하여금 모든 아이가 똑같은 진도를 똑같은 수준과 똑같은 방식으로 배워 온 학생인 양 수업을 하게 만든다. 많은 사람들이 좋은 의도로 학습 계획을 짰겠지만 그들이 매일같이 학생들과 함께 지내는 사람은 아니라는 사실을 알아야 한다.

◆ 지금까지의 경험을 통해 서로 다른 능력을 가진 학생들이 다 함께 발전할 수 있는 기회를 얻는 수업을 만들라. 뒤처진 학생들이 도달 가능한 목표를 본다면 동기부여가 될 것이다.

◆ 학생들이 지난 학업에 비해 지금 얼마나 나아졌는지를 알 수 있도록 하되, 다만 다른 학생들의 성적은 모르게 하라.

⟨ 가르치는 일은
상처도 각오해야 한다 ⟩

내가 아는 대부분의 좋은 선생님들은 어린아이들과 지내는 일이 즐겁다는 데 동의한다. 하지만 한 가지 끈질긴 진실은 사라지지 않는다. 가르치는 일은 상처를 동반한다는 것이다. 치러야 할 대가가 있고, 그 대가가 부당한 경우도 드물지 않다.

어디서든 만날 수 있는 노골적인 잔인함이 상처를 준다. 당신을 싫어하는 학생을 만날 것이다. 당신에게 무례하게 구는 동료를 만날 수도 있다. 학부모, 간부 교사, 게다가 전혀 모르는 사람까지 당신에게 못되게 굴어 실의에 빠질 수 있다. 마크 트웨인이 허클베리 핀의 입을 빌려 말했듯 "인간은 타인에게 끔찍하게 잔인해질 수 있다".

훌륭한 교사들은 학생들에게 필요한 게 무엇인지 예민하게 알아차린다. 그들은 무엇이 아이들을 아프거나 불안하게 만드는지 감지할 수 있는 레이더를 갖췄는데, 이런 예민함은 칭찬해 줄 만하다. 하지만 아이러니하게도 그와 같은 예민함 때문에 일에 수반돼 날아오는 돌과 화살까지 예민하게 받아들인다.

이처럼 특수한 문제에 대해서는 나 자신도 해결법을 발견하지 못했다. 해결이 불가능한 문제들도 있다. 불치병을 관리는 할 수 있어도 완치하지는 못하는 것처럼 말이다.

이런 위협적인 가능성이 여러 좋은 선생님들의 노력을 저지한다. 특히 성장해 나가는 시기에 끊임없이 잔인함으로 상처 받고 실망하게 되면 아주 포기해 버릴 위험이 있다. 첫 번째 충격은 곧 사라지겠지만 그만큼 회복 능력 또한 줄어들 수 있다. 5년째쯤 되면 고통이 교사의 인간애를 서서히 잠식해 들어갈 수 있고, 교사는 그 고통이 이후 경력 내내 끈질기게 남아 있으리라는 사실을 깨닫게 된다. 이런 교사들은 경험을 통해 그럭저럭 하루를 헤쳐 나갈 수 있으며, 문제가 최소한으로 일어나는 길을 따르기로 결심했을 것이다. 그들이 교실에서 일어날 수 있는 그 어떤 위험도 감수하지 않는 것은 실패의 가능성 때문이며, 그 실패가 뼈아프기 때문이다. 그들은 학부모를 화나게 할까 봐 겁이 나서 깊이 있는 대화를 나누지 않는다. 이런 교사들도 원래는 좋은 사람이지만 좋은 교사가 되려면 고통이 따른다는 슬픈 사실에 굴복했을 뿐이다. 그리고 제정신이 박힌 사람이라면 누가 고통과 실패를 피해 갈 수 있는 길을 두고 힘든 길을 앞장서서 가려 하겠는가?

이런 실망 때문에 학교가 지저분해질 수 있다. 최근 우리 학교의 두 교사가 언쟁을 벌였는데, 지나치게 과열되는 바람에 교장 선생님이 이들을 교실 하나에 말 그대로 가둬 놓고 의견 차를 좁힐 때까지 내보내 주지 않았다. 가르치는 일에 따르는 잠재적 슬픔을 감안하면 더 많은 교사들이 타조처럼 땅에 고개를 파묻지 않는 게 이상할 따름이다.

## 산이 높으면 골도 깊다

산꼭대기가 있는 곳엔 골짜기도 있다. 길에 깔린 장애물과 실패들이 늘어나면 그 상처들 때문에 헌신적인 교사들도 따분한 교사가 될 수 있다.

오래전에 우리 반 학생들이 연방대법원에서 역사 강독을 해 달라고 초대된 적이 있다. 겉으로 보기에 이날은 최고의 날이었다. 학생들은 미국에서 가장 신성한 정의의 전당에서 한 시간가량 낭독을 하고 음악을 연주한 뒤 집으로 돌아왔다. 아이들은 그곳에 가기 전에 정치 성향에 상관없이 유명하고 역사적인 연설들을 조사했다. 배리 골드워터Barry Goldwater(1964년 미국 공화당 대선 후보—편집자)와 로널드 레이건에 대한 헌사를 발표했는가 하면, 클래런스 대로Clarence Darrow(1920년대 흉악한 유괴 살인 사건의 범죄자를 변호한 변호사 — 편집자)와 맬컴 엑스Malcolm X 역시 오랜 시간 다루었다. 준비 기간에는 어떨지 몰랐지만, 아이들의 공연 가운데 어떤 부분은 공연을 보러 온 운 좋은 관객들의 머릿속에 강렬한 인상을 심어 줄 것이 분명했다. 제목은 '자유는 자유롭지 않다'였다.

웨인이라는 소년이 남북전쟁 당시 북부군 설리번 발루Sullivan Ballou가 첫 번째 불런Bull Run 전투 직전에 쓴 감동적인 편지를 읽기도 했다. 아이들은 그 얘기를 켄 번스<sup>Ken Burns</sup>(미국의 다큐멘터리 영화 감독 — 편집자)의 영화상 수상 다큐멘터리 〈남북전쟁<sup>The Civil War</sup>〉에서 처음 접했다. 발루는 아내 사라<sup>Sarah</sup>에게 감동적인 러브레터를 썼지만 전투 중에 숨지는 바람에 사라는 편지를 받지 못했다. 웨인이 아름다운 글귀를 낭독하는 동안 다른 학생 몇 명이 켄 번스의 영화에 감동적인 분위기를 덧입혀 준 〈아쇼칸 페어웰<sup>Ashokan Farewell</sup>〉의 잊을 수 없는 멜로디를 연주했다. 편지를 낭독하는 동안 웨인은 리허설 때는 한 적 없는 행동을 했다. 아내에 대한 완벽한 헌신을 담은 젊은이의 편지를 읽으면서 눈물을 흘리기 시작한 것이다. 전혀 예상하지 못한 아름다운 순간에 청중도 모두 그를 따라 훌쩍이기 시작했다. 웨인의 낭독 영상은 웹사이트(www.hobartshakespeareans.org)나 유튜브에서 볼 수 있다.

그날의 성공은 교사를 꿋꿋이 버티게 해 주는 그런 성과 가운데 하나여야 했다. 청중으로 참석한 유명 인사들이 학생들을 둘러싸고 내 성과를 축하해 줬지만, 진실을 말하자면 그 모든 영광은 웨인 덕이었지 내가 한 일은 한 톨만큼도 없었다. 우리는 오후 늦게 킹 스트리트 역으로 돌아가는 지하철 노선을 발견하고 기타와 바이올린을 들고 버지니아의 호텔로 돌아가는 지하철을 탔다. 엠버시스위트호텔 로비로 들어서는데 날씨가 아주 멋졌다. 호텔에서는 해피아워 동안 무료로 음료와 과자를 제공해 줬고, 아이들은 예의 바르게 줄 서서 기다린 뒤 음식을 받아 와 실내 분수와 나무들 주변에 둘러앉아 서로 잔을 부딪치며 잊지 못할 그날을 축하했다.

내가 자리에 앉아 콜라를 마시고 있는데, 잘 차려입은 신사가 다가왔다. 그는 내 옆에 앉아 물었다. "이 학생들의 선생님이 당신이오?"

"네, 바로 접니다." 나는 행복하게 대답했다. 연방대법원 공연에 관한 소식이 벌써 이 호텔에 닿으리라 생각한 것은 아니지만, 다른 수많은 행인들처럼 과자를 먹는 아이들의 예의 바른 태도를 칭찬해 주려는 것이리라 생각했다.

"그런가요, 정말 역겹군." 그는 이를 악문 채로 내게 격렬하게 으르렁거렸다. "당신 같은 교사들이 우리나라 수준을 떨어뜨리고 있소. 어느 학교요? 학교 위원회에 당신을 쫓아내라고 편지를 쓸 생각이오."

나는 충격을 받아 혼란에 빠진 채 입을 다물고 있었는데, 그 덕에 남자가 설명을 이어 갔다. 그날 아침 아이들이 아침을 먹으러 내려갔을 때가 6시 45분경이었다. 우리는 한 층에 있는 여덟 개 방에서 묵고 있었다. 교실에서 그러는 것처럼 아이들은 방에 있을 때 목소리를 낮췄고, 엘리베이터를 타러 복도를 지날 때는 아예 말을 하지 않았다. 하지만 아이들이 실수를 저지르고 말았는데, 그것은 내 불찰이었다. 아이들에게 호텔 문에 대해 설명해 주지 않았던 것이다. 호텔 문은 소방법에 따라 불이 빠르게 번지는 것을 막기 위해 아주 무겁게 만들어져 저절로 세게 닫힐 수 있어야 했다. 아이들은 그날 아침 조용히 문을 열고 조용히 엘리베이터를 향해 걸어갔지만 문이 소리 없이 조심스럽게 닫히도록 문을 잡고 있진 않았다. 그날 아침 여덟 개 문이 큰 소리를 내며 닫혔고, 이 화난 남자의 신경을 건드렸던 것이다. 분명 이 소리가 그에게 어떤 끔찍한 기억이나 반응을 불러일으켰을 테고, 그가 지금 내게 와서 상스런 말로 무자비하게 욕을 하는 바람에 로비에 있는 사람들 모두가 나를 으뜸가는 공공의 적이라도 되는 양 빤히 쳐다보게 된 것이다.

연방대법원에서 있었던 웨인의 아름다운 낭독은 수천 명의 마음을 뒤흔들었다고 해도 과언이 아니다. 일이 힘겨울 때 교사를 끌어 주고 당겨 주기에 충분한 일이다. 하지만 지금도 그날을 기억하면 나를 쫓아내고 싶어 하는 화난 남자의 모습이 선하다. 그가 얼마나 화가 났든 간에, 그리고 그 화를 표현하는 방식이 아무리 부당하고 무례했다 해도 그것은 내게 상처가 됐다. 문제는 아이들이 아니라 내게 있었음을 알았지만 기억 속에서는 늘 호텔 문을 열고 닫는 아이들의 모습만 떠오른다.

## 가르친다는 것은 고통이다

•

길에 놓인 장애물들은 열정적으로 아이들을 가르치겠다는 결심을 약화시킬 수 있다. 다행스럽게도 많은 장애물들은 옆으로 치워 놓거나, 시스템 결점으로 여기거나, 다른 사람의 무지 탓으로 돌릴 수 있다. 하지만 교사로 하여금 자신이 전혀 쓸모없는 사람은 아닌지 생각하게 만드는 실패라면 뼈아픈 고통일 수 있다.

나는 학생들과 하는 여행을 좋아한다. 아내와 나는 길에서 아이들에게 삶의 기술을 가르쳐 주고자 노력한다. 가장 좋아하는 곳은 오리건 셰익스피어 축제의 고향인 오리건 주의 애슐랜드다. 해마다 여름이면 열흘 정도 그곳에서 보내는데, 수많은 학생들이 그 작은 마을에서 보낸 시간이 얼마나 즐거웠는지 모른다고 말해 줬고, 이미 가정을 이룬 지 몇 년이 지난 졸업생들도 그 시절이 그립다고 말하곤 했다.

그 여행을 준비하는 데는 꼬박 1년이 걸린다. 초등학교를 졸업한 학생들 가운데 몇몇이 토요일 아침에 학교로 돌아와 나와 함께 공부한다. 아이들은 독해, 대수학, 기하학, 그리고 셰익스피어를 공부한다. 우리는 다음 해 여름에 애슐랜드에서 연극을 보려고 1년에 셰익스피어 희곡 다섯 편을 읽는다. 한 해 동안 많은 시간이 인격을 발달시키는 데 바쳐진다. 참가하는 모든 학생은 우리 교실 안에서 이뤄지는 학업을 넘어 지역 공동체에 몸담고 있으며, 우리나라를 굳건하게 하는 착한 아이들이라는 평가를 들어 왔다.

여름이 되면 아내 바바라가 아이들과 함께 비행기를 타고 오리건 주 메드퍼드로 향한다. 거기서 대절한 버스를 타고 20분을 더 가면 애슐랜드에 도착한다. 학생들이 호텔에 도착하면 가방을 비롯한 온갖 물품들이 학생들을 기다리고 있다. 나는 그 전날 밴을 타고 로스앤젤레스에서 애슐랜드까지 1,100킬로미터에 이르는 길을 달린다. 멀고 힘겨운 여정이지만 이 학생들을 위해서라면 그럴 만한 가치가 있다. 밴에는 학생들의 가방뿐 아니라 아이들의 여행을 더 즐겁게 만들어 줄 온갖 스포츠 장비와 각종 게임 및 퍼즐이 실려 있다. 아이들에게는 수영, 축구, 야구, 원반던지기, 아이스크림, 그리고 물론 셰익스피어로 가득한 멋진 여름이 될 것이다.

예의 바른 학생들이지만 그래도 서른 명이나 되는 아이들을 열흘 간 인솔하기란 쉬운 일이 아니다. 매일 아침 나는 아이들을 데리고 시장에 가서 먹을거리를 직접 구매하게 한다. 아이들은 예산을 사용하는 법과 건강한 먹을거리를 고르는 방법을 배운다. 아이들은 스스로 자신의 방을 정리하고, 충분히 잠을 자며, 연극 관람객들 몇천 명을 만나 많은 것들을 배운다. 여름의 일부를 보내기에 더없이 멋진 방법이다.

어느 여름, 일정을 끝낸 아이들은 로스앤젤레스로 돌아가는 비행기를 타러 이른 아침에 출발했다. 나는 오전 5시쯤 아이들의 짐을 들고 출발했다. 저녁 시간에 맞춰 로스앤젤레스에 도착할 계획이었다. 나는 학생들의 집에 들러 가방을 돌려주려고 했다. 일도 많고 아주 긴 하루가 될 테지만, 아이들이 수백 시간 동안 열심히 공부하고 자신의 인격을 길러 온 것을 생각하면 그럴 가치가 있었다.

하지만 그해 여름만은 그렇지 못했다.

오후 8시경이 되어 나는 여러 가지 의미에서 끝을 냈다. 미션을 모두 수행했고, 마지막 학생의 집을 떠나 푹 쓰러져 잘 수 있는 집으로 향했다. 그때 전화가 울렸고, 상냥한 호텔 여직원의 목소리가 들렸다. 그녀는 몇 해에 걸쳐 우리 반과 일해 왔고, 늘 다른 사람들과 마찬가지로 학생들을 칭찬하며 다른 학교 아이들도 우리 아이들 같으면 좋겠다고 말하곤 했다.

"레이프 씨, 이런 일로 전화를 드려 죄송합니다만, 다른 방법이 없네요. 호텔 물건들이 없어졌어요."

나는 충격을 받았다. 멍해졌다. 아무 말도 나오지 않았다.

마지막 날 밤에 여학생 셋이 화장실 벽에 연결돼 있는 헤어드라이어를 훔치기로 마음먹었던 것이다. 아이들은 벽에 달린 드라이어 하나를 확 잡아당겨 빼낸 뒤에, 연결된 문을 통해 아이들이 잠든 다른 방으로 들어갔다. 그곳에서 두 번째 드라이어를 훔쳤다. 이 가운데 한 아이는 나와 4년을 함께 공부한 학생이었고, 일류 고등학교에서 장학금을 받았다. 세 아이 모두 놀라운 기회를 눈앞에 두었고, 더 나은 삶으로 향하는 문도 열려 있었다. 그런데 아이들이 호텔에서 물건을 훔쳤다.

사춘기 반항이 아니었다. 그저 도둑질일 뿐이었고, 그 사건은 전에 없이 나를 뒤흔들어 놓았다. 나는 아이들 부모에게 연락해 이 심각한 문제에 대해 상의하려고 따로따로 만남을 가졌다. 이는 범죄일 뿐만 아니라, 아이들이 행동에 따를 더 큰 결과를 한순간도 반성해 보지 않았다는 뜻이기도 했다. 그들의 부정한 행위는 자신들이 누린 여행 기회를 미래의 아이들에게서 빼앗을 수도 있는 일이었다. 이 아이들의 행동은 부도덕했으며, 나는 왜 그런 일이 일어났는지 이유를 알 수 없었다. 지난날 아무 경고 신호도 없었고, 그중 어떤 아이도 절박하게 관심을 요청할 만큼 위기를 겪고 있는 것도 아니었다. 그저 욕심에 찬, 끔찍하고 잘못된 행동일 뿐이었다.

그중 한 아버지는 왜 자신을 부르느냐며 화를 냈다. 그는 내게 눈을 부릅뜨고 말했다. "다들 도둑질을 합니다. 뭐가 대수라고."

당신은 위안이 필요할 것이다. 세 아이가 물건을 훔쳤다. 나는 오리건 셰익스피어 축제에 1,000명 가까운 학생들을 데려갔지만 쓰레기를 함부로 버리는 아이 한 명 없었다. 하지만 이들 세 아이는 아직도 내 머릿속에서 떠나지 않는다. 마치 잠을 깨우는 자명종처럼, 내 모든 노력을 쏟아부어도 누군가는 끔찍한 일을 저지르고 나를 비웃을 것이라고 말한다. 우리 교사들은 우리가 아이들에게 영향을 준다고 즐겨 생각하고 실제로 그렇기도 하지만, 늘 그런 것만은 아니다.

이런 후퇴를 맛본 교사는 링에 수건을 던지기 직전까지 가거나, 최소한 그런 생각을 해 본다. 가르치는 일은 상처를 준다. 가르치는 일은 고통이다. 실망은 당연히 딸려 오게 돼 있다.

## 교사는 어디에서 즐거움을 찾을까

·

화를 내는 사람들과 구제 불능의 학생들은 문제의 일부일 뿐이다. 최근에 학생들이 해마다 떠나는 워싱턴 여행에 우리 교실 후원자들이 함께 참석한 적이 있다. 국립항공우주박물관에 간 아이들은 신이 나서 라이트 형제관에 들어가, 실제 라이트 비행기와 오빌$^{Orville}$과 윌버$^{Wilbur}$ 형제의 극적인 이야기를 구경했다. 아이들이 라이트 형제가 비행기를 시험해 보며 작성한 글에 빠져 있는 동안, 한 후원자가 다가와 베테랑 교사라면 자주 받을 만한 질문을 던졌다.

"알겠어요, 레이프 선생님. 아이들이 즐거워하는군요. 하지만 선생님은 이 박물관에 스물다섯 번은 왔을 텐데요. 지겹지 않으세요?"

있을 수 있는 질문이다. 확실히 고통, 실망, 반복을 섞어 놓는다면 거기서 즐거움이 나오리라고 기대되지는 않을 것이다.

즐겁게 라이트 비행기를 구경하는 아이들을 바라보면서, 나는 이번이 아이들의 스물다섯 번째 방문이 아니라는 사실을 떠올렸다. 아이들은 이번이 처음이었다. 그리고 아이들은 호텔에서 아무것도 훔치지 않았다. 문을 세게 닫지도 않았다. 이 어린 학자들을 바라보는 일은 나를 태워 없애지 않고 더 밝게 타오르게 한다. 하지만 그 전에 가르치는 일은 상처 받기 쉽고 지치는 일이라는 점을 먼저 알아 두자. 우리는 절뚝거리며 앞으로 나아가는 것이다.

그러다 우리는 반성한다. 잠이 오지 않는 어느 밤에 나는 호텔에서 물건을 훔친 세 아이의 공통점을 발견했다. 나는 아이들을 안쓰럽게 생각했었다. 아이들 모두 개인적인 어려움을 이겨 내고 학교생활을 잘해 나가고 있었지만, 현실적으로 아이들을 여행에 데려가선 안 되었다. 내가 아이들을 데려간 것은 그 아이들의 상황이 안쓰럽기 때문이었다. 세 아이는 준수한 학생들이었지만, 사실 어느 누구도 다른 친구들처럼 특별한 모습을 보여 준 적은 없었다. 나는 그때의 실패에서 동정심 때문에 어떤 학생에게 추가적인 노력을 기울여선 안 된다는 점을 배웠다. 동정심만으로 성적을 올려 주거나 비행기 표를 끊어 줄 수는 없다.

다음 해 여름 나는 다시 한 번 아이들을 데리고 오리건을 방문했고, 그해 여행은 지난 30년간의 여행 중에서도 최고였다. 고통이 찾아오면, 그것은 동시에 반성하고 성장할 기회가 되기도 한다. 몇 해 전에 일어났던 그 일은 나를 슬프게 만들지만, 나는 더 이상 절뚝거리지 않는다. 나는 내년 여름이 되어 다른 멋진 아이들과 오리건으로 달려가기만을 기다리고 있다.

◆ 가르치는 일은 상처를 준다. 익숙해져야 한다.

◆ 누군가 당신을 비판하거나 못되게 군다면 너무 심각하게 받아들이기 전에 그 말을 하는 사람이 어떤 사람인지 생각하자.

◆ 조 디마지오Joe DiMaggio(1940년대 미국 메이저리그에서 활약한 야구 선수―편집자)는 자신의 모습이 관중석에 앉은 아이들이 보는 자신의 유일한 모습이 될 수도 있다는 생각에 내야 땅볼을 치고도 있는 힘껏 달렸다는 사실을 기억하라. 과거의 실수가 현재의 아이들을 가르치는 태도에 영향을 주어선 안 된다. 아이들은 우리가 할 수 있는 최선의 노력을 받을 자격이 있다.

◆ 다른 교사들과 함께 겪고 있는 고통에 대한 얘기를 나눠라. 동료들은 당신의 고통을 누구보다 잘 이해할 테니, 당신에게 힘을 줄 수 있을 것이다.

◆ 강하고 씩씩한 상태를 유지할 수 있게 노력하자. 학생들에게는 긍정적인 사람이 필요하며, 과거의 재난에 파묻혀 산다면 누구에게도 도움이 될 수 없을 것이다.

$$\left[\begin{array}{c}\text{당신의 작은 변화가}\\\text{학생들에게는 큰 기회가 된다}\end{array}\right]$$

겨우 화요일 오후인데 벌써 지칠 때가 있다. 신경 쓰는 정도야 처음 가르치는 일을 시작할 때와 다르지 않다. 일에 따르는 온갖 문제들이 당신의 힘을 약화시키려 음모를 짤 때 어떻게 불씨를 이어 갈 수 있을까? 교사가 되고 얼마 지나지 않았을 때는 금요일이 어느새 다가와 있었는데, 지금은 주말이 몇 광년은 떨어져 있는 것 같다. 한때는 할 일이 워낙 많아 다가온 주말이 슬프기도 했지만, 지금은 금요일 밤이 되기만을 기다려 마지않는다.

이런 방법이 있다. 교실에서 해마다 새로운 활동을 한 가지씩 더해 가는 것이다.

눈을 사로잡는 것일 필요도 없고, 깜짝 놀랄 만한 발명일 필요도 없다. 새로운 활동을 한다고 옷을 차려입어야 한다거나 책상 위로 올라가 춤을 출 필요도 없다. 학생들을 비롯해 누구도 당신이 메뉴를 추가했으며 수업이 더 맛있어졌다는 점을 알 필요도 없다.

하지만 당신은 알 것이다. 학생들은 당신과 함께 여러 날을 보내며 단편적인 기억만을 가져갈 뿐이다. 2차원적인 그림과 입체파의 차이가 바로 그것이다. 당신은 피카소이거나 브라크$^{Braque}$(피카소와 함께 입체파를 발전시킨 프랑스 화가 — 편집자)이고, 당신이 수업에 준 변화로 명암과 관점이 더해져도 몇 해가 지나도록 그 점을 아는 사람은 당신뿐일지도 모른다. 하지만 그런 미묘한 변화들이 당신의 시간을 보다 즐겁고, 효과적이고, 활기차게 만들어 줄 수 있다.

나는 해마다 적어도 한 가지 새로운 활동이나 수업을 추가한다. 5년 정도 경력이 쌓이고 기본적인 리듬을 만든 이후에 교실에 가져왔던 한 가지 아이디어를 소개한다. 별것 아닌 것처럼 보일 수도 있고, 당신과 큰 관련이 없어 보일 수도 있다. 다만 당신이 바로 교실의 예술가이며, 이것을 비롯해 여러 아이디어들로 수업을 발전시킨다면 교실에 활력을 불어넣고 이전보다 더 교실에 헌신할 수 있을 것이다.

**과감하게 새로운 것을 시도해 보자**

•

아이들을 가르친 지 얼마 되지 않았을 때, 나는 유치원생과 3학년 아이들을 맡다가 자리를 옮겨 5~6학년 학생들이 함께 모여 있는 반을 맡게 됐다. 5학년 아이들은 미국 토착민 시절부터 남북전쟁에 이르는 시기를 다룬 미국사 교과서를 읽어야 했다. 책은 조금 무미건조했다. 나쁜 책은 아니었지만, 역사를 가르칠 때 다양한 자료를 활용하면 수업도 더 흥미로워지고 학생들도 더 집중할 수 있을 것 같았다.

히스토리 채널에서 방영한 여러 가지 다큐멘터리를 보여 주고 흥미로운 학습장을 다양하게 활용한 뒤에 재미있는 사실을 발견했다. 역사 수업을 즐긴 학생들마저도 이미 배운 내용들을 잘 기억하지 못했던 것이다. 학생들이 사용하는 말을 빌리자면, 아이들이 지식을 빌리기만 했을 뿐 구입하지는 못했다.

그때 역사 상자를 떠올렸다. 나는 기본적인 커리큘럼을 바탕으로 여러 내용을 익힐 수 있는 방법을 고안했다. 목표는 아이들이 역사적인 '점들을 이어' 영원히 기억할 수 있도록 돕고, 아이들의 미래가 국가의 과거와 연관돼 있다는 사실을 이해하게 만드는 데 있었다.

방법은 이렇다. 나는 사무용품 판매점에 목차 카드 상자를 주문했다. 저렴한 플라스틱 상자 안에 3×5인치 목차 카드가 들어 있는 제품이었다. 학생 각각에게 알파벳 순서에 따라 나눠진 상자들과 줄이 그어진 500장의 카드를 지급하면 1년 동안 부족하지 않을 것이다.

매주 학생들은 그 주에 배울 역사 용어, 장소, 인물이 15~20개 정도 적힌 목록을 받는다. 각각의 항목 옆에는 그에 관한 설명이 적혀 있다. 학생들은 목차 카드를 받아 빈 면에 주제를 적는다. 주제는 제임스 먼로 James Monroe일 수도 있고, 위스키 반란Whiskey Rebellion일 수도 있다. 나는 우리가 다루는 여러 책들에서 인명과 용어들을 수집하는데, 만약 좀 더 빠르고 쉬운 방법을 원한다면 역사적 사실이 목록별로 정리된 역사 학습 카드를 구입할 수도 있다.

학생들은 카드 한쪽 면에 인명이나 사건 이름을 쓰고 다른 면에 그 인물이나 사건에 대한 짤막한 설명을 적는다. 카드는 상자 안에 알파벳 순서대로 정리돼 있고(호바트 셰익스피어 연극반은 정리 정돈을 잘한다), 깔끔하게 적혀 있다(호바트 셰익스피어 연극반은 보여 주기의 중요성을 안다). 학생들은 쉬는 시간이나 집에 있을 때면 다른 사람들과 카드를 가지고 공부한다. 의심할 여지없이 이와 같이 간단한 추가 도구로 학생들은 더 많은 역사를 배우고 더 깊이 이해할 수 있으며, 그 덕에 나 또한 더 즐겁게 아이들을 가르칠 수 있다.

꼭 거창한 아이디어일 필요는 없다. 그저 훌륭한 책을 학생들과 함께 읽는 것만으로도 하루 동안 불씨를 활활 타오르게 할 수 있다. 고등학교 교사도 새로운 것을 시도하느라 공식적인 학습 내용을 미뤘다고 해서 뭔가를 희생하는 것은 아니다. 과감해져라. 어느 해인가는 더글러스 애덤스<sup>Douglas Adams</sup>의 《은하수를 여행하는 히치하이커를 위한 안내서<sup>The Hitchhiker's Guide to the Galaxy</sup>》를 읽으며 함께 껄껄 웃을 수도 있다. 애덤스가 알려 준 것처럼 혼란스러워하지 말고 수건만 챙기면 된다. 새로운 것을 시도하면 일도 더 즐거워지고, 더 좋은 선생님이 될 수도 있다.

## 바로 당신이 만들어 나가는 전통
•

새로운 시도가 좋은 결과를 내는 경우라면, 반응이 아주 좋아 교실 행사로 자리를 잡기도 한다. 부임 초기에 나는 대부분 학생들이 추수감사절에 대해 잘 모른다는 사실을 알게 됐다. 학교를 나흘간 쉰다는 사실은 확실하게 알았지만 그게 전부였다. 어느 해인가 나는 연휴 전날인 수요일 저녁에 조촐한 식사를 함께하면 좋겠다고 생각했다. 첫 번째 저녁 식사에는 지역 정육점에서 구한 얇게 저민 칠면조 고기 약간을 내놓았다. 아이들은 칠면조 샌드위치를 먹고 음료를 마셨다. 좋은 시간이었다. 사실 많은 학생들이 이 조촐한 식사를 그해 가장 좋았던 순간 가운데 하나로 꼽아 깜짝 놀랐다.

지난 25년 동안 이 추가 활동은 주요 행사로 자리매김했다. 추수감사절 연휴 전날인 수요일 저녁이면 70명이 넘는 학생들이 56호 교실에 모인다. 지금 학교에 다니는 아이들도 있고, 중학교와 고등학교에 진학한 졸업생들도 교실에 돌아와 음식을 준비하는 것을 도우며 후배들과 저녁 시간을 보낸다.

그날 수업이 끝나면 아이들은 멋진 영화인 〈자동차 대소동<sup>Planes, Trains & Automobiles</sup>〉을 본다. 비속어가 나온다고 학부모에게 주의를 줬지만 영화를 보지 않았으면 좋겠다고 말한 부모는 없었다. 이 영화는 아주 훌륭한 작품으로, 우스운 장면들이 갑자기 이야기를 뒤틀면서 관객들로 하여금 추수감사절의 진정한 의미를 되새기게 한다.

이날이 오기 전에 학생들은 역사 시간에 추수감사절에 관한 실화나 꾸며낸 이야기들을 배운다. 학생들은 심지어 존 스튜어트의 잔인하고 아이러니한 농담도 듣게 된다. "올해 우리 가족은 전통에 따라 추수감사절을 기념하기로 했지. 이웃들을 화려한 만찬에 초대했어. 그리고 전부 다 죽인 뒤에 땅을 몽땅 차지했지!"

아내는 아이들을 위해 추수감사절 음식을 전부 포장해 주는 식당을 찾아냈다. 음식을 내기 전에 지금 학교에 다니는 아이들은 각자 자리에서 일어나 고마운 일 한 가지씩을 친구들에게 말한다. 주로 가족을 얘기하지만 지금이나 과거나 군인들에게 감사를 전하는 아이들도 있다. 이 시간이면 분위기가 훈훈해져 적잖은 학생들이 눈물을 흘리기도 한다. 교실은 진실한 감정으로 가득 찬다. 아주 좋은 시간이다.

그 뒤에 졸업생들이 현재 학생들에게 저녁을 대접한다. 음악과 웃음이 감돌고 아이들은 가슴 따뜻해지는 음식을 먹는다. 저녁 시간이 끝나기도 전에, 여러 학생들이 어서 다음 해가 되어 다른 학생들에게 음식을 대접해 줄 수 있으면 좋겠다고 말한다. 한때 조촐한 식사로 시작된 일은 이제 분명 뜻깊고 중요한 행사로 발전했다.

베테랑 교사들 앞에 놓인 질문은 '올해는 어떤 프로그램을 추가할까?'이다. 그 일은 당신에게 새로운 활기를 불어넣고, 학생들에게는 앞으로 당신이 오랜 세월을 함께 보내고 싶은 그런 사람으로 성장할 수 있는 놀라운 기회가 될지도 모른다.

- 한 해 과정에 새로운 뭔가를 추가한다면 더 행복하고 더 헌신적인 교사가 될 것이다.

- 새로운 아이디어들이 다 성공하는 것은 아니다. 어설픈 프로젝트도 괜찮다. 더 훌륭한 교실을 만들기 위해 필요한 일이기도 하다. 진짜 실패란 새로운 일을 전혀 시도하지 않는 것이다. 학생들에게 새로운 것을 시도하라고 말하려면 우리가 먼저 모범을 보여야 한다.

- 가능하다면 당신의 특별한 또는 새로운 아이디어가 당신의 교실 안에서 모두 이뤄질 수 있도록 하라. 프로젝트가 교실 벽을 넘는 순간, 다른 학교의 프로그램을 방해할 가능성이 높아지고 당신에게도 문제가 생길 수 있다. 새로운 활동이 당신의 하루를 더 즐겁게 만들어야지, 골치를 썩이는 일이 되면 안 된다.

- 훌륭한 선생님들을 최대한 많이 관찰하라. 56호 교실에서 사용했던 많은 아이디어들은 자신의 교훈을 우리 교실에서 활용하도록 기꺼이 도와준 멋진 선생님들을 관찰한 덕에 얻을 수 있었다.

chapter
21

{ 교실 수업의 경계를 넘어 }

해마다 새로운 일을 시작하면 학생과 교사 모두가 생기를 유지할 수 있지만, 한 가지 일을 오랜 시간에 걸쳐 정말 잘 해내는 것도 그만큼 중요하며 새로운 활기를 불어넣는다. 나는 자신의 열정과 특별한 프로젝트에 따른 결과를 꾸준히 유지하는 훌륭한 베테랑 교사들을 많이 알고 있다. 이런 과제들에는 한 가지 공통점이 있다. 1년을 꼬박 쏟아 일을 완성 짓는다는 것이다. 이런 일들은 교사 스스로 그 활동을 사랑하고 다른 이들에게 전해 주기를 즐기기 때문에 이뤄진다. 그런 프로젝트들에는 어마어마한 양의 에너지가 소비되는데, 그럼에도 이 교사들은 일로 생각하지 않는다.

25년 이상 학생들을 도와 온 훌륭한 고등학교 상담 교사 한 명을 알고 있다. 그는 일도 아주 잘 하고, 학교에서도 존경받는다. 그에게서 현명한 상담을 받은 학생들이 모두 대학에 진학했다거나 단순히 좋은 결정을 내리게 됐다는 점은 그저 그가 학교에서 차이를 만들어 내는 교사로 인정받는 한 가지 이유에 지나지 않는다.

그는 달리기를 사랑한다. 그런 그가 달리기보다 사랑하는 것은 젊은 친구들에게 스포츠의 즐거움을 가르치는 것이다. 해마다 여름방학이 끝나기 전에 그는 학생들을 자신의 달리기 모임에 초대하는데, 모임의 궁극적 목표는 연말에 시에서 개최하는 마라톤 대회에 참가하는 것이다. 이것은 진지한 과업이다. 그의 학생들이 마라톤을 통해 얻는 교훈은 삶의 모든 부분을 아우르는 헌신이다.

아이들은 그저 달릴 뿐이지만 훨씬 더 많은 것을 배운다. 아이들은 식습관과 수면 습관을 바꾸고, 마침내 그들의 삶을 바꾼다. 정확하게 시간에 맞춰 살고, 공부라는 중요한 일과 달리기 일정 사이에서 균형을 잡는 법을 배우며, 그러면서도 여전히 놀거나 휴식을 취할 시간을 찾아낸다.

연초에 모임에 등록한 모든 학생이 그런 높은 목표치에 도달하고자 스스로를 갈고닦는 것은 아니다. 하지만 많은 아이들이 그렇게 한다. 마라톤에서 결승점을 통과하면, 그들은 한 가지 여정을 마무리하고 다른 수많은 여정을 시작하게 된다. 그리고 드물지 않게 그들의 여정은 달리기로 얻은 교훈 덕에 더욱 행복해지고 건강해질 것이다. 절제, 용기, 희생, 팀워크, 투지가 학생들의 내면에서 영원히 이어질 것이다. 이 상담 교사와 함께 보낸 1년 덕분에 그들의 삶은 영원히 바뀔 것이다.

하지만 아이들만 혜택을 얻는 것은 아니다. 교사가 열정적으로 운동한다면 신체적인 젊음도 유지할 수 있다. 또한 다른 교사들이 여러 해에 걸친 지난한 가르침의 시간 끝에 굴복하고 말 때, 그가 만든 특별한 사람 모임은 그의 생기를 지켜 줄 것이다. 그는 말 그대로 마라톤맨이다.

## 호바트 셰익스피어 연극반의 길고 굽은 길

•

내가 30년간 이어 온 특별활동은 바로 해마다 공연하는 셰익스피어 연극이다. 처음부터 지금 같은 방식은 아니었다. 다양한 아이디어들이 서서히 발전됐고, 여러 해에 걸쳐 형태가 잡히고 꾸준하게 좋아졌다. 이이야기를 하는 것은 셰익스피어를 꼭 가르쳐야 하기 때문이 아니라, 극단의 뒷이야기들을 통해 당신의 특별한 아이디어가 어떻게 학생들의 삶을 구체화하고 특별한 힘을 주는지 가늠해 볼 수 있기 때문이다.

나는 1985년부터 호바트초등학교에서 가르치기 시작했다. 새파란 교사들도 그곳 대부분의 학생들이 평균 수준에 미치지 못하며, 그와 같은 실패에는 빈약한 언어 능력이 공통 요인으로 자리한다는 사실을 쉽게 알 수 있었다. 많은 아이들이 여전히 영어를 배우고 있었으니, 그렇게 뒤처진 이유가 처음부터 능력이 부족한 탓은 아니었을 것이다. 문법과 기본적인 독해 기술에 매달리면 아이들이 따라오는 데 도움이 될지도 모르지만, 나는 학생들이 방과 후에 남아 셰익스피어를 배울 수 있도록 기회를 주면 어떨까 하는 생각이 들었다. 그러면 아이들도 재미있어 할 것 같았다. 물론 윌리엄 아저씨의 작품은 영어에 능숙한 아홉 살이나 열 살 아이들에게도 힘겨울 수 있지만 내 열정이 돕는다면 한번 해 볼 만한 일이라고 생각했다. 당연히 나는 뭔가 새로운 것을 시도하는 교사들이 마주치는 전형적인 걸림돌과 마주쳤으나, 결국 교육구에서 관대하게도 방과 후 학교에 남아 무급으로 아이들을 가르쳐도 좋다고 허락해 줬다.

필요한 일이 아주 많았지만, 이 미친 짓에는 내가 고려하지 못한 아주 커다란 장점이 있었다. 지원제이면서 방과 후에 열리는 프로그램이었기 때문에 활동을 진심으로 지지하는 사람들이 내 주변에 모였다. 정규 수업 시간이라면 정부의 은총으로 그 자리에 억지로 모이게 된 어린 친구들 가운데 무례한 학생들이 끼어들고 여러 문제들이 발생하게 마련이다. 하지만 셰익스피어 연극반에 모인 학생들은 스스로 원해서 왔고, 자신의 품행과 참여 태도가 모범적이지 않다면 언제든 교실에서 나가는 문을 안내받으리라는 사실을 잘 알고 있었다. 결과적으로 마흔 명이 넘는 학생들이 연습 기간 내내 주의를 기울이고 최선을 다하는 모습을 보여 줬다. 교사로서는 지상낙원이나 다름없었다.

그뿐 아니라 셰익스피어 연극반에서 만들어진 긍정적 에너지는 정규 수업 시간에까지 전해졌다. 연극에 참여하는 학생들은 나와 함께 더 많은 시간을 보냈고, 그 결과 매일 수업에도 더 열심히 참여했다. 아이들의 적극적인 태도는 우리 반 분위기를 형성하는 데 기여했고, 많은 아이들이 그런 모습을 보이다 보니 평소 무관심하던 학생들도 교실에서 더 노력을 기울였다.

5년 동안 아이들은 56호 교실에서 기본적인 셰익스피어 연극을 공연했다. 실수도 많았지만 즐거웠고, 학생들은 많은 것을 배웠다.

## 아이들과 함께한 음악 콘서트

•

연극과 동시에 나는 쉬는 시간과 점심시간을 이용해 관심 있는 아이들에게 클래식 기타를 가르치기 시작했다. 나는 음악 수업을 통해 아이들이 즐기는 동시에 근면성과 집중력을 기를 수 있으리라 생각했다. 기타를 배우면서 집중하고 스스로를 갈고닦으며 연습하면 음악 이외의 면에서도 도움이 될 터였고, 실제로도 그랬다. 몇 해가 지나자 나도 기타 강사로서 발전했고, 학교 음악 선생님에게서도 많은 도움을 받았다. 결국 아이들은 콘서트를 열기에 충분한 실력이 됐다.

처음에는 우리 학교에서 악기를 가르치는 훌륭한 음악 선생님이 기타를 연주하는 학생들이 합주단 콘서트에서 한두 곡을 연주할 수 있도록 허락했다. 한 가지 일이 다른 일로 이어져, 몇 년 만에 클래식 기타 연주자들은 자신들의 연주에 건반악기와 보컬, 드럼 파트 등을 더하게 됐다. 얼마 지나지 않아 아이들은 자신들만의 송년 콘서트를 개최했고, 셰익스피어를 공부한 아이들은 우리 교실에서 연극을 무대에 올리며 멋진 기억과 함께 한 해를 마무리했다.

하지만 초반 몇 년 동안 실수를 저지르고 말았다. 연극과 콘서트가 아이들과 마을 주민들 사이에 유명해지면서 처음 활동을 시작한 진짜 이유를 잊고 말았던 것이다. 짧은 기간 동안 연극이 그 자체로 내가 가르치고자 했던 수업보다 더 중요해지고 말았다. 나나 학생들에게 구체적 목표들을 분명하게 규정하지 않은 것이 문제였다. 물론 학생들은 언어에 관해 아주 많이 배우거나 훌륭한 음악가로 성장해 갔지만 최종 결과물에 지나치게 많이 집중하게 됐다. 최종 작품보다는 교육 목적의 결과에 중점을 두는 것이 더 좋을 터였다. 이런 깨달음 덕분에 진로를 바로잡을 수 있었다. 그것이 뭔가를 오래도록 발전시켜 나가는 일의 묘미다.

또 다른 실수는 우리가 학교 강당에서 콘서트를 열었다는 점이다. 합주단이 그곳에서 콘서트를 열고 우리 교실도 그 전례를 따르면서 그런 관행이 시작된 것이다. 그런데 합주단은 100명이나 되는 단원들이 연주를 하므로 강당이 필요했지만 우리는 30명뿐이었다. 나는 강당 공연을 하면서 많은 청중을 기쁘게 하는 쪽으로 초점이 옮겨졌다는 사실을 깨달았다. 갈채를 받는 일은 좋지만 그렇다고 해서 내가 애초에 음악을 가르치기 시작한 이유, 곧 학생들의 음악인으로서의 자세나 작업 습관이 향상되지는 않았다. 나는 콘서트에 얼마나 많은 관객이 들지 걱정하느라 아이들이 더 나은 음악인이 되고 더 좋은 사람이 되도록 도울 수 있는 시간을 허비하고 있었다. 이제 두 가지 좋은 아이디어를 하나로 녹여 마법 같은 일을 만들어 낼 시간이었다.

## 특별활동에 대한 뚜렷한 목표를 마련하자
•

나는 셰익스피어 연극반과 음악 프로그램의 목표들을 목록으로 정리하면서 공통점이 많다는 사실을 발견했다. 당신의 특별 프로그램이 형태를 잡아 간다면 시간을 들여 진정한 목표가 무엇인지 정의를 내려 보는 것이 좋다. 호바트 셰익스피어 연극반의 각 목표들은 단순히 공연이 아니라 학생들의 삶에 유익한 기량들을 익히는 데 초점을 맞추고 있다.

- **학생들이 셰익스피어를 통해 방대한 양의 새로운 어휘들을 배운다.**

— 어휘력이 크게 늘면 학생들의 읽기, 쓰기, 말하기 능력도 향상될 것이다.

- **학생들이 오랜 시간에 걸쳐 집중하는 능력을 기른다.**

— 집중하고 주의를 기울이는 법을 배운 학생이라면 물리에서 예술품 감상에 이르기까지 앞으로의 수업에도 잘 대처할 수 있을 것이다.

- **학생들이 인내심을 기른다.**

— 지름길은 없다는 생각을 심어 줌으로써 학생들은 진정으로 뛰어난 실력이란 수천 시간의 고된 연습을 통해 얻을 수 있다는 점을 배우게 될 것이다.

- **학생들이 팀으로 작업하는 법을 배운다.**

— 우리 공연에서는 모두가 중요하다. 무대에 오르는 학생이라면 누구든 빛을 받을 자격이 있기 때문에 한 장면, 한 곡에서도 다른 친구들이 연습하는 동안 아무것도 안 하는 학생은 없다.

- **학생들이 다른 사람들 앞에서 자신 있게 일어나 말하는 법을 배운다.**

— 수줍음을 이겨 내면 직업적으로도, 사회적으로도, 그리고 물론 학교 생활에서도 도움이 될 것이다. 생생하게 반응하는 청중 앞에서 자신 있게 몇 백 줄의 대사를 외울 수 있는 아이라면 이후 발표나 대학 입학 면접에서 긴장감으로 문제가 될 일은 없을 것이다.

- **학생들이 실수를 두려워하지 않는 법을 배운다.**

— 아이가 배우로서 대사를 외우지 못하거나 피아니스트로서 곡 시간을 지키지 못하는 데 어려움을 겪는다면 다른 친구들이 함께 연습하며

도와줄 것이다. 공감 능력은 소중한 덕목이다. 주는 사람에게나 받는 사람에게나 도움이 될 것이다.

■ **기량을 완벽히 익히려고 스스로 연습하게 된다.**

— 연주자와 연기자에게 마감 기한을 주지 않는다. 누구도 학생들에게 어느 시점까지 대사나 곡을 완벽하게 준비해야 한다고 말하지 않는다. 대신 학생들은 집에 가서 연습을 한다. 학교 연습에 자신이 맡은 부분을 완벽하게 준비해 오는 학생이 있으면, 다른 아이들도 자극을 받아 똑같이 해 오게 된다. 이처럼 스스로 하는 것의 중요성을 보여 주는 것이 앞으로의 삶을 성공적으로 살아가는 데 특히 도움이 된다.

■ **한 해를 바쳐 프로젝트에 헌신하고 자신이 시작한 일을 마무리 짓는다.**

— 많은 학생들이 너무 일찍 포기해 버린다. 시작한 일을 마무리 짓는 것의 중요성을 마음속에 새김으로써 학생들은 수업과 과제, 그리고 결국에는 대학을 잘 마치게 된다.

목표 목록에 셰익스피어 연극 공연에 관한 언급이 없다는 점에 주목하라. 우리는 공연 자체에 대해서는 별다른 이야기를 하지 않는다. 대신 우리는 뭔가를 발견해 내는 긴 여정에서 배워 갈 중요한 능력들에 주목한다. 이런 목표들에 대해서는 아이들과 함께 거의 매일같이 토론한다.

학교를 더 재미있게 만들고 도전의식을 심어 주려고 시작한 시도들이 56호 교실과 교실에서 진행되는 모든 활동의 토대로 발전했다. 내가 한 발 물러나 공연 목표를 분명히 정의하면서 모든 면이 한결 나아졌다. 학생들은 훨씬 훌륭한 음악인이자 가수가 됐다. 배우들은 그 전에는 없던 자신만의 언어를 갖게 됐다. 나는 더 좋은 교사가 됐다. 공연 때문에 연습을 하는 것이 아니다. 대신 아이들이 셰익스피어의 언어를 입으로 말하면서 자신의 리듬을 찾는 데 하루에 90분을 사용한다. 아이들은 말을 더 잘 할수록 더 발전하고 싶어 한다. 이안 맥켈런 경[Sir Ian McKellen]은 이렇게 말한 바 있다. "호바트 셰익스피어 연극반의 가장 훌륭한 점은 아이들이 자신이 무엇을 말하고 있는지 안다는 것으로, 셰익스피어 작품으로 공연하는 프로 배우에게도 이런 말은 못 한다."

## 학생들은 교사 생활의 동력
•

다음 장에도 나오겠지만, 많은 음악 전문가들이 호바트 셰익스피어 연극반에 승선해 도움을 줬다. 간단한 음악을 연주하고 노래하는, 나쁘지 않던 연주 모임은 몇 년 만에 역동적인 보컬과 화음을 갖춘 흥미로운 밴드가 됐다. 노래를 맡은 학생들이 더 가까이 모여 말 그대로 서로의 입을 쳐다보며 화음이 잘 짜여 있는지 확인해 가는 동안 아이들의 집중력도 자극을 받았다. 이런 능력은 수학 문제를 정확하게 계산하고 작문과 다른 과제들을 꼼꼼하게 제출하는 데도 직접적인 영향을 미쳤다. 나는 호바트 셰익스피어 연극반을 통해 어른들이 학생들의 집중력 부족을 걱정하는 시대에 음악이 집중력을 높여 주는 훌륭한 초점 조절 장치가 된다는 사실을 배웠다.

내가 오페라에 관심을 기울인 뒤로 마지막 퍼즐 조각이 제자리를 찾았다. 오페라라는 예술에 대해서 거의 지식이 없던 나는 더 많은 것을 배우고 싶었다. 오페라의 훌륭한 점 가운데 하나는 목소리를 통해 동시에 몇 번이고 이야기를 전달할 수 있다는 것이었다. 셰익스피어 연극을 하는 동안 두 배우가 동시에 각자의 대사를 하면, 관객은 잘 못 알아듣고 이야기는 엉망이 된다. 하지만 오페라는 다르다. 서로 다른 두 목소리가 한번에 나와도 이야기를 망치기보다 오히려 어우러지면서 향상시킨다.

공연을 하면서 우리는 셰익스피어 연극에 음악을 섞는데, 어느 한쪽도 방해를 받지 않는다. 학생들은 맥켈런이나 올리비에$^{Olivier}$(영국의 배우 겸 연출가로, 셰익스피어 극의 명배우로 자리를 굳혔다 — 편집자)처럼 정확하게 셰익스피어의 대사를 읊는다. 대사가 흐르는 가운데 음악이 삽입돼 이야기 전개를 돕는데, 이 노래들은 보통 성인들이나 가능한 실력으로 연주되고 불린다. 〈한여름 밤의 꿈〉에서 사랑하는 이에게 버려진 헬레나의 탄식은 도노반$^{Donovan}$의 아름다운 발라드 〈캐치 더 윈드$^{Catch the Wind}$〉와 함께 어우러진다. 원래는 여배우 한 명이 나왔던 장면을 이제는 열 몇명의 아이들이 함께 연기한다. 네 명의 중창단이 뛰어난 화음을 만든다. 다른 아이들은 기타와 베이스, 심지어 하모니카까지 연주한다. 이 아이들의 귀는 아주 훌륭해서 무대 위에 있는 모든 학생은 헬레나의 대사와, 노래 시작을 알리는 베이스 기타의 신호와, 세 화음으로 노래하는 다른 아이들의 목소리를 놓치지 않는다.

30년간 발전해 온 끝에 우리는 관객들에게 놀라움을 안겨 주고 있다. 그럼에도 호바트 셰익스피어 연극반의 목표가 가진 가장 뛰어난 부분을 아직 남겨 두고 있는데, 이와 같은 활동의 진정한 가치는 여러 해 동안은 제대로 평가할 수 없을 것이다. 지금은 대학교 신입생으로, 학교

수구 팀에서 활동하는 연극반 출신의 한 학생이 보낸 편지를 소개한다.

레이프 선생님께,

다시 과제를 하러 가기 전에 말씀드리고 싶은 게 있어요.

최근에는 학교 일로 정말 바빴어요. 다음 주에 결승전이 있고, 팀 수영 시즌이 이제 막 시작되어 정말 지치도록 훈련을 하고 있거든요.

그래도 힘든 훈련을 하며 물 밑에서 숨 한 번 쉬지 않고 다리를 찰 때마다 헨리 5세의 대사가 기억에서 쏟아져 나오기 시작해요. 온몸이 덜덜 떨리고 폐는 당장이라도 터질 것 같지만 티모시[Timothi]와 루디[Rudy]의 위엄 있는 목소리가 저를 움직이게 하고 끝까지 힘을 내게 해요. 저희 팀에 25명이 있는데 숨 쉬지 않고서 연습을 제대로 마치는 사람은 저를 비롯해 몇 명밖에 없어요. 56호 교실에서 처음 들은 이후로 들을 때마다 제 마음속에 영원토록 힘과 눈물을 퍼뜨려 놓는 대사가 있어요.

"얼마 되지 않는 우리, 행복한 소수, 우리 형제들이여! 오늘 나와 함께 피를 흘리는 자 나의 형제가 될 것이다."

"오늘 그는 신사가 될 것이오. 그리고 지금 잉글랜드에서 잠들어 있는 신사는 여기 있지 못한 것을 저주로 여길 것이오. 그리고 짐과 함께 크리스피누스 축일에 함께 싸웠다고 말하는 이 앞에서는 자신을 사내답지 못하다 여기게 될 것이오!!!!"

레이프 선생님, 선생님이 하신 일에 감사드려요. 아직도 56호 교실에서 매일 이 대사를 하고 있을 행복한 소수를 기억하면 행복해져요. 어떻게 다 감사할 수 있을까요, 레이프 선생님! 이제 에세이를 쓰러 가야겠네요!

당신이 만든 특별 프로그램은 수많은 사람들이 씁쓸함과 패배감을 느끼며 떠나가는 이 직업을 계속 해 나갈 수 있게 만들 것이다. 더 좋은 점은, 그때 배운 것들이 갈채가 사그라진 뒤에도 유용한 능력을 가진 젊은이들을 오랫동안 지탱해 준다는 사실이다. 셰익스피어가 그러하듯 좋은 프로그램은 어느 한 시기만이 아니라 영원토록 아이들에게 도움을 줄 것이다.

# ⟶ 에스퀴스의 제안 ⟵

◆ 좋아하는 일을 골라서 학생들과 한 해의 틀을 잡아 줄 만한 프로
  젝트를 만들라. 학생들이 퀼트를 만들든, 스크래블 게임(보드 게임
  의 하나—편집자)의 대가가 되든, 서핑을 배우든 특별 프로젝트가
  당신의 하루를 모든 면에서 더 낫게 만들 것이다.

◆ 프로젝트의 목표를 선생님과 학생 모두 분명하게 알고 있어야
  한다.

◆ 학생들은 당신이 최선의 노력을 바친다는 사실을 행운으로 알아
  야 한다. 학생들 또한 노력을 다함으로써 당신의 노력에 보답해야
  한다.

◆ 방과 후 활동에 참여하는 학생들은 프로그램에 참여할 때는 물론
  이고 언제나 훌륭한 인성을 보여야 한다.

◆ 늘 앞으로 나아가라. 프로젝트에 뭔가를 더하거나 보완이 필요한
  부분을 완벽하게 다듬어서 매해를 특별하게 만들라.

<br>

$$\Big\{\quad\text{뜻이 있으면 누군가는}\atop\text{손을 내밀어 준다}\quad\Big\}$$

<br>

가르치는 일은 고독한 직업이기 쉽지만 꼭 그렇지만은 않다. 모든 일에 전문가인 사람은 없으며, 학생들이 불가능해 보이는 일을 이룰 수 있도록 도우려면 여러 사람들이 필요하다. 다른 사람과 협력할 수 있다면 당신의 교실과 당신의 삶은 보다 행복해지고 덜 고달파질 것이다. 30년 가까이 아이들을 가르치고 나니 다양한 분야에 걸쳐 놀라운 능력을 가진 사람들이 주변에 있게 됐고, 그들의 지식과 기술이 56호 교실로 찾아와 수많은 학생들에게 문을 열어 주고 그들의 삶을 더 낫게 만들어 줬다.

몇 년이 걸릴 수도 있는 일이지만, 교실에 남는 것을 최고의 운명으로 여기는 교사들이라면 시간은 그들의 편이다. 학생들을 도와준 사람들은 차례로 호바트 셰익스피어 연극반의 가족이 됐고, 그중 누구도 연극반을 떠나려 하지 않는다.

많은 교사들이 팀을 조직해 학생들을 가르치고, 물론 이는 학생들에게 다가가는 더없이 멋진 전략이 되곤 한다. 시간이 점점 더 촉박해지는 가운데 수백 명의 학생들을 가르쳐야 한다는, 여간해서는 불가능한 일도 다른 선생님들과 함께하면 아주 효과적일 수 있다.

어쨌든 이 장에서는 여러 종류의 팀에 대해 쓸 것이다. 몇 년 경험이 쌓이면, 학생들이 당신과 함께하는 동안 무엇을 얻어 갔으면 하는지 자신만의 그림이 그려질 것이다. 안타까운 현실이라면, 아이들을 위한 고귀한 목표들을 세운다 해도 그 그림만큼 아이들을 끌어올려 주기에는 실제 능력이나 재능이 미치지 못할 수 있다는 점이다.

우리 학교에는 놀랍도록 뛰어난 동료 교사들이 있지만, 그들도 우리 반 학생들에게 뭔가를 가르치기 위한 시간과 재능과 지식을 항상 갖고 있는 것은 아니다. 도움을 줄 만한 사람을 만나기 위해 학교라는 세상 밖을 살펴봐야 할 때가 있다. 나는 운 좋게도 56호 교실을 그럭저럭 괜찮은 작은 공립학교 교실에서 배움과 즐거움이 공존하는 특별한 곳으로 끌어올려 준 몇몇 훌륭한 사람들과 인연을 맺게 됐다. 이 팀이 그 모든 차이를 만들어 낸 것이다.

그런 사람들을 찾는 일이 쉽지는 않다. 사실 도움을 줄 사람을 찾으면 좋겠다는 생각을 했을 때도 어떤 사람이 학생들에게 진정 가치 있는 사람인지 분명하게 확신할 수가 없었다. 하지만 결국 나는 내가 찾는 사람을 한 단어로 어떻게 표현할 수 있는지, 나뿐만 아니라 학생들에게도 핵심적인 요소가 무엇인지 정의 내릴 수 있게 됐다.

하워드 호크스$^{Howard\ Hawks}$의 영화 대사처럼 들릴 위험이 있지만 나는 오직 프로다운 사람과만 함께한다. 똑바로 생각해 보자. 대학교를 보더라도 모든 교수가 프로다운 것은 아니다. 프로답다는 것은 시간에 관한 것이다. 프로는 자신의 일을 진지하게 대한다. 프로 무용가는 인기 있는 영화배우를 가르치든 열 살짜리 아이를 가르치든 똑같은 관심과 강도로 가르친다. 프로는 적절한 옷차림을 한다. 만약 동료와 의견 대립이 생기더라도 성숙하고 친근한 태도로 처리한다. 언제까지나 56호 교실을 더 나은 교실로 만드는 데 도움을 주기로 약속한 더없이 뛰어난 프로들을 소개하려고 하는데, 이를 통해 당신도 바로 담장 너머에서 기다리고 있을 재능 있는 사람들에 관해 아이디어를 얻을 수 있을 것이다.

**바로 주변을 살펴라**

•

누구나 다른 사람의 지원을 받을 수 있다는 점을 이해하게 되면서 나는 도움을 찾아 나섰다. 도로시가 우리에게 가르쳐 준 것처럼, 나는 굳이 뒤뜰 너머까지 내다볼 필요가 없었다.

하루는 3학년 학생들이 노래 부르는 모습을 보게 됐다. 노래를 잘하긴 했지만 어린 합창단 가운데 제2의 엘라 피츠제럴드$^{Ella\ Fitzgerald}$(최고로 일컬어지는 재즈 가수 — 편집자)로 보일 만한 아이는 없었다. 하지만 놀랍게도 아이들은 노래를 부르면서 수화를 하고 있었다. 기계적으로 적당히 하는 수화가 아니었다. 아이들은 대중 집회나 정치 집회에서 볼 수 있는 능숙한 수준으로 자신 있게 수화를 하고 있었다.

그 아이들의 선생님이었던 바바라 헤이든<sup>Babara Hayden</sup>은 수화에 능숙하고 아이들에게 수화를 가르치는 데도 탁월했다. 나는 그녀에게 혹시 우리 반 아이들도 가르쳐 줄 수 있겠느냐고 물었고, 그녀는 우리를 도와줄 생각에 신이 났다. 그 질문을 통해 나는 우리 아이들에게 큰 도움이 될 수 있는 두 가지 중요한 교훈을 얻었다. 첫 번째, 열정이 있는 교사들은 다른 동료가 도움을 요청해도 자신이 손해를 본다고 생각하지 않는다는 점이었다. 좋은 교사들은 자신의 지식을 즐겁게 나눠 준다. 이제 헤이든 15년 넘게 몇백 시간이나 흔쾌히 내주면서 우리 반 아이들을 가르치고 있다. 그녀는 자기 수업을 하며 기꺼이 노력할 뿐 누구도 자신에게 빚을 지고 있다고 생각하지 않았다. 헤이든은 박식하고, 확실하며, 큰 기대를 갖고 참을성 있게 아이들을 대한다. 아이들은 그녀의 수화 수업을 사랑한다. 그녀는 프로다.

두 번째, 나는 헤이든에게 도움을 구하면서 아이들이 체득하기를 바라던 바로 그 행동을 본보기로 보여 주고 있었다. 모든 교사는 아이들로 하여금 질문하게 하느라 고생할 때가 있다. 어린 친구들을 사로잡고 있는 두려움 때문에 어떤 아이들은 친구들 앞에서 창피를 당하느니 차라리 모르는 채로 있는 편을 택한다. 우리 반 학생들은 내가 능력이 부족하거나 모르는 것이 있어서 전문가를 찾아가는 모습을 보면서 똑같이 해도 되겠다는 힘을 얻는다. 우리 교실을 돕는 전문가들이 늘어날수록 학생들과 나 사이의 신뢰도 높아진다. 내가 다른 사람을 찾아가는 모습을 본 아이들은 기꺼이 나를 찾아온다.

56호 교실을 더 높은 정상으로 이끌어 주는 두 번째 멤버는 커트 잉엄Kurt Ingham이란 사람이다. 역시 같은 학교 동료 교사인 커트는 몇 년 전에 우리 교실에 와서 셰익스피어 연극을 본 적이 있다. 그와 그의 아내 헤더 해리스Heather Harris는 공연을 굉장히 즐겁게 본 뒤에 워싱턴과 그랜드캐니언 등에서 찍은 우리 반 학생들 사진이 벽에 걸려 있는 것을 발견했다. 두 사람은 다음 공연 때 자신들이 사진을 찍어 줘도 좋겠느냐고 물었다.

괜찮다고 말할 때만 해도 두 사람이 대중 음악사에서 가장 상징적인 사진을 찍은 탁월한 사진가라는 사실을 까맣게 모르고 있었다. 아마 당신도 그 사진을 찍은 사람이 누구인지 모른 채 그들이 찍은 짐 모리슨, 밥 말리, 또는 롤링 스톤스의 사진을 몇 장쯤은 본 일이 있을 것이다. 커트와 헤더는 연극반 배우들 사진을 전문적으로 찍어 공연 포스터도 만들어 주겠다고 제안했다. 진정한 프로답게 그들은 언제까지나 우리를 돕겠다고 약속했다. 학생들은 두 사람과 함께하는 촬영을 더없이 좋아했고, 두 사람이 56호 교실로 가져온 복잡한 장비들에 매혹됐다. 많은 학생들이 중학교와 고등학교에 진학해서 사진 수업을 듣게 된 것도 놀랄 일이 아니다. 커트와 헤더가 찍은 사진들이 우리 반 교실을 장식했고, 아이들의 집에도 그 사진들이 놓였다. 그 사진들이 포착해 낸 분위기와 행복감은 내 사진 실력으로는 어림도 없는 것이었다. 그렇게 두 사람의 작업은 56호 교실의 시각적인 모습을 규정했고, 새로 교실에 온 학생들은 자신들에게 어떤 기회가 기다리고 있는지를 생생히 그려 볼 수 있었다.

프로들은 자신들의 작업에 크게 헌신하는 모습을 보여 준다. 바로 지난해에 커트는 후두암 4기라는 끔찍한 진단을 받았다. 커트에게는 혹독한 한 해였고, 두렵고 고통스러운 치료가 이어졌다. 다행스럽게도 그는 용감하게 병을 무찌르고 다시 학교로 돌아왔다. 놀랍게도 그는 끔찍한 항암 치료를 받으며 집에서 요양하는 동안 내게 걱정하지 말라고 연락해 왔다. 그는 학생들 사진을 어떻게 찍을지 아이디어를 떠올리고 있었다. 학생들은 이 얘기를 듣고 그 어느 때보다 열심히 공부할 의지를 얻었다. 커트는 프로라고, 아이들은 내게 말했다. 암에서 회복 중인 사람이 여전히 훌륭한 작업을 위해 헌신하는 모습을 보여 줄 수 있다면 아이들도 그 뒤를 따를 것이다.

### 학교 밖까지 살펴보기

•

여기까지 오는 데는 여러 해가 걸렸지만, 56호 교실은 끝내준다. 해마다 아이들은 비발디에서 라디오헤드에 이르는 다양한 음악을 연주하고, 게다가 잘하기까지 한다. 아이들의 공연을 본 로스앤젤레스 필하모닉 연주 단원들도 기껏해야 학교 합주단에서 1년 정도 연주했거나 대개는 그 전에 악기를 다뤄 본 적도 없는 열 살짜리 아이들이 음악인으로서 갖는 자세를 보고 깜짝 놀라 돌아갔다.

나는 15년 가까이 관심을 보이는 아이들에게 기타를 가르치다가, 내 아마추어 실력이 우리 반의 발목을 붙잡고 있다는 사실을 깨달았다. 연주하고 싶은 곡이 있으면 인터넷에서 가져온 악보를 보고 아이들이 연주했는데, 그럭저럭 들어 줄 만했다. 하지만 아이들은 훨씬 좋은 연주를 할 수 있었다. 내가 아이들의 발목을 붙잡고 있었다. 아이들은 아마추어에게 지도를 받고 있었고, 그 이상이 필요했다.

이제 프로 기타리스트이자 교사이기도 한 댄 시아팔리아<sup>Dan Ciarfalia</sup>가 등장한다. 나는 내 실력을 키워서 아이들을 가르치려고 댄이 지도하는 기타 강습에 등록했다. 하지만 댄은 학생들에게 무엇이 필요한지 잘 알았다. 기타를 어떻게 연주해야 하는지 내가 보여 줄 수는 있었지만, 아이들은 여러 악기가 어떻게 어우러지는지 진정으로 이해할 필요가 있었다. 그래서 댄은 나를 가르치기보다 우리 반 연주자들이 보고 연주할 수 있는 프로들의 악보를 그려 주기 시작했다. 그는 인터넷에 있는 악보들은 대부분 틀리다고 말해 줬다. 사람들은 좋은 뜻으로 기타 악보를 올렸겠지만 그들의 실수가 다른 어린 연주자에게 전해질 수 있고, 그 때문에 정확한 방법으로 음악에 접근하고 연주를 위한 제대로 된 이해를 가다듬을 수 있는 기회를 놓친다는 것이었다.

해마다 나는 댄에게 학생들이 셰익스피어 공연에서 연주할 곡으로 약 열여섯 가지 목록을 전한다. 컴퓨터 기술과 반세기에 가까운 음악적 지식 및 전문성을 바탕으로 그는 각 곡의 정확한 악보를 그려 준다. 학생들은 악보 읽는 법을 배우고, 거기서 베이스 기타와 리듬 기타와 리드 기타가 어떻게 함께 연주되는지 파악한다. 어린 학생들이 더 후를 연주할 때면 그저 더 후 비슷한 소리를 따라 하는 것이 아니라, 놀랄 만한 열정과 실력으로 존 엔트위슬<sup>John Entwistle</sup>이나 피트 타운센드<sup>Pete Townshend</sup>(더 후의 멤버들—편집자)와 연결돼 실제로 더 후 그 자체가 된다.

프로 기타리스트가 우리를 도우려고 승선했을 때의 미덕은 다른 곳에서도 빛난다. 우리 밴드가 결성되면서 댄은 우리 팀에 자신의 친구를 데려오게 됐다.

### 진짜 프로를 찾다

•

기타 문제를 댄이 해결해 준 뒤로 우리는 서서히 밴드를 꾸려 갔고, 나는 저렴한 드럼 세트를 구매했다. 가장 기본적인 박자만 겨우 연주할 수 있었고 아이들을 가르치기는 더욱 힘들었기 때문에 나는 도움이 필요했다. 한 학생이 이미 교회에서 드럼 강습을 받고 있다고 해서 나는 강사의 이름과 전화번호를 얻었다.

1년여 동안 두 학생이 매주 그에게 가서 강습을 받았으며 강습비는 내가 지불했다. 아이들이 내가 가르쳐 줄 수 있는 것보다 확실히 많이 배워 오는 모습을 보고 나는 아주 행복했고, 우리 반 밴드는 차고에서 시작한 밴드들 같은, 아주 훌륭하지는 않아도 끔찍하지 않은 연주를 할 수 있었다.

그런데 다음 해 한 여자아이가 첫 번째 강습을 받은 뒤에 시무룩해져서 돌아왔다. 아이는 강사를 마음에 들어 하지 않았다. 아이는 다소 장황하게 불평을 늘어놨는데, 불평을 이리저리 꿰맞춰 보니 드럼 강사가 좋은 친구이며 훌륭한 드러머이긴 하지만 우리 교실에 꼭 맞는 사람은 아니라는 것이 분명해졌다. 아이는 강사가 자기 가게에서 하는 강습에 늦었다고 말했다. 둘은 한 시간 정도 수업을 했는데, 그는 아이의 이름도 물어보지 않았다. 아이가 어떤 사람이고 왜 드럼을 연주하고 싶어 하는지도 전혀 궁금해하지 않았다.

몇 해가 지나 나는 이 현상을 이해할 수 있었다. 그는 고용된 총잡이였지 프로는 아니었다. 학생들을 도와줄 누군가를 선택했을 때 어쩌면 그가 나만큼 아이들에게 감정을 쏟아붓지 않으리라는 사실을 알았지만, 그래도 학생에게 진정한 관심을 갖지 않는다면 수업은 피상적으로 이루어지고 아이들의 잠재력을 최대한으로 끌어낼 수 없을 것이다.

다행스럽게도 당신이 학생들을 도와줄 인맥을 만들어 뒀다면 문제가 일어나도 어딘가 찾아갈 곳은 있게 마련이다. 나는 댄에게 전화해 문제를 설명하고 혹시 우리 반에 꼭 맞는 드럼 강사를 아느냐고 물었다. 그는 마이크 클라크<sup>Mike Clarke</sup>라는 남자를 소개해 줬는데, 그러면서 마이크는 아주 엄격한 선생님이라고 경고했다. 그는 그저 드럼 연주자를 가르치는 것이 아니라 음악인을 가르친다는 것이다. 그는 자신이 가르치는 학생들에게 바른 수업 태도와 악기에 대한 진지한 헌신을 요구했다. 나는 그 자리에서 넘어갔다.

우리 학생들도 그랬다. 아이들이 즐겨 얘기하는 대로, 마이크는 프로였다. 스미소니언박물관에 전시된 드럼 연주 관련 서적에도 그에 관한 내용이 있었다. 그의 강습을 받으면서 학생들은 매주 그야말로 형언할 수 없을 만큼 굉장하게 성장해 나갔다. 더 중요한 것은 마이크가 매번 아이들에게 그동안 무슨 일이 있었는지를 물으며 수업을 시작했다는 점이다. 그는 공연에 올 때면 제자들이 장비를 쉽게 들고 다닐 수 있도록 악기 가방 등을 선물로 사 오곤 했다. 다시 한 번 말하지만 사람들에게 도움을 요청하고 전문가들로 이뤄진 인맥을 구축한 것은 56호 교실 학생들이 거둔 성과에 지대한 영향을 미쳤다.

## 꼭 맞는 사람을 찾는다는 것

•

교실에 꼭 맞는 사람을 데려오는 것이 열쇠지만, 그에 못지않게 일이 제대로 안 됐을 때 어떻게 변화를 줘야 할지 아는 것도 중요하다. 자기 분야에서 뛰어난 실력을 갖췄다 해도 학생들에게 꼭 맞는 사람은 아닐 수 있다. 때로는 강사의 철학이 교실 목표에 부합하지 않는 경우도 있다.

'매년 새로운 시도를 하라'는 주제 아래 나는 우리 셰익스피어 연극에 무용 장면을 추가하기로 했다. 셰익스피어도 자신의 여러 희곡에 무용 장면을 넣었다. 몇 년 동안 나는 영화에서 본 동작들을 가져와 무용 장면에 활용하려고 했지만, 엉망진창이라는 말로도 부족할 정도였다. 도움이 필요했다.

나는 무용 학원에 갔다가 몇몇 수업 장면을 보고 깊은 인상을 받아, 그 강사에게 우리 학생들을 가르쳐 볼 생각이 있느냐고 물었다. 그녀는 여러 방면에서 탁월했다. 그녀의 아이디어는 훌륭했고, 다음 해 우리 반 공연은 그 어느 때보다 화려했다. 무용 장면은 환상적이었다. 하지만 확실히 무대 뒤에는 놓치고 있는 것이 있었다. 그녀의 교육 철학은 우리 교실의 목표와 잘 맞지 않았다. 나무랄 데 없는 그녀의 목표는 공연을 위해 아주 멋진 무용을 해내는 것이었다. 그 와중에 여러 착한 아이들이 춤을 그렇게 잘 추지 못하는 바람에 몇몇 장면에서 제외돼 마음에 상처를 입었다. 우리 교실에서는 마음씨가 착하고 열심히 노력하는 아이라면 진 켈리<sup>Gene Kelly</sup>(미국의 영화배우이자 무용수 — 편집자)처럼 춤을 추든 왼발만 두 개가 달린 것처럼 추든 상관없이 어떤 식으로든 늘 공연에 참여할 수 있었다.

학생들의 이야기를 듣고 나는 1년만 더 시험해 보기로 했지만, 아이들은 무용 연습 때면 셰익스피어 연극이나 음악 연습 때만큼 행복하지 않은 게 분명해 보였다. 여기서 얻은 교훈은 그녀가 훌륭한 선생님이고 좋은 사람이긴 하지만 우리 교실에는 잘 맞지 않는다는 것이었다. 학생들이 다양한 사람을 만나고 다양한 교육 방법을 접하는 것은 좋은 일이지만, 결국 가장 중요한 것은 어른과 학생이 함께 노를 저어 나아가야 한다는 점이었다. 이번에는 그렇지 못했고, 변화를 줘야 할 때였다.

다시 길을 잃은 나는 여러 친구들에게 아는 사람이 없느냐고 물었다. 해마다 아이들 사진을 찍어 주는 커트와 헤더 부부가 자신들이 열성적으로 즐기는 또 다른 활동인 승마를 통해 만난 사라 쉬어저<sup>Sarah Scherger</sup>를 소개해 줬다.

사라가 가장 먼저 하고자 한 일은 아이들에게 찾아와 함께 시간을 보내며 아이들이 어떤 사람이고 무엇을 원하는지 이해하는 것이었다. 빙고! 그녀는 셰익스피어에 대해서는 잘 알지 못했지만 춤을 가르치는 것이라면 뭐든지 알고 있었다. 그녀는 전 세계 프로 무용기들의 인무를 짜봤지만, 그 자신이 프로였던 그녀는 아이들과 작업하면서도 브로드웨이나 라스베이거스에서 할 때와 똑같은 열정과 능력을 쏟아부었다. 아이들은 그녀를 떠받들었고, 그녀가 교실로 들어오면 정말로 우렁찬 박수갈채를 보냈다. 아이들은 그녀와 함께하는 연습을 사랑했다.

그녀는 만만치 않았다. 아이들이 사라와 한 시간쯤 연습하고 나면 바닥이 땀으로 흥건했다. 하지만 사라의 세계에서는 아이들 하나하나가 다 중요했다. 대단한 무용가가 아니더라도 노력만 한다면 그녀는 무대 가운데 자리를 찾아 줬다. 그녀는 우리 교실이 믿는 모든 가치를 대변했고, 그녀가 학생들과 작업하는 모습을 보면 힘이 솟았다. 그녀가 다른 안무가들보다 무용에 대해 더 많이 아는 것은 아니겠지만 우리 공연과 목표에는 꼭 들어맞았다. 그녀는 우리 공연과 더없이 조화를 잘 이루어, 아이들이나 내가 아직 생각을 완전히 가다듬지도 못한 채로 아이디어를 내거나 말을 꺼내면 그 생각과 문장을 먼저 완성할 수 있었다. 이제는 우리 교실의 그 누구도 그녀가 참여하지 않는 공연을 상상할 수 없을 정도다.

**아이들을 제대로 비춰 주는 '엄마 조명'**

•

때로는 당신을 지원해 줄 팀을 모집하는 데 운이 크게 작용하기도 한다. 어느 날 저녁, 내가 교사들이 가져온 내 책에 사인을 하고 있을 때 린제이Lindsey라는 젊은 여성이 잠깐 얘기를 할 수 있겠느냐고 물었다. 그녀는 자신의 남자 친구가 우리 학생들을 도울 수 있을 거라고 말했다. 나는 고개를 끄덕이며 미소를 지었지만, 속으로는 '누가 도움을 줄 수 있다고 말할 때마다 내가 동전 하나씩만 모았더라면' 하고 생각했다.

지금은 린제이의 남편이 됐지만 당시 남자 친구였던 크레이그 하우스닉<sup>Craig Housenick</sup>은 스테이플스센터의 로스앤젤레스 킹스<sup>Los Angeles Kings</sup> 경기와 〈아메리칸 아이돌<sup>American Idol</sup>〉같은 텔레비전 프로그램, 심지어는 라스베이거스에서 댄스 팀 자바워키즈<sup>Jabbawockeez</sup> 공연의 조명을 맡기도 했던 탁월한 조명 디자이너였다. 크레이그는 공연을 보고 아주 즐거워했지만 나중에 부드럽게 '엄마 조명'을 지적했다.

"엄마 조명이 뭐죠?" 내가 물었다.

"엄마들이 볼 수 있게 아이들 얼굴에 조명을 주는 걸 말합니다. 공연과 음악은 뛰어난데 기술적인 면들이 아쉬워요. 제가 도움을 드리고 싶네요."

이듬해 크레이그와 그의 여러 친구들은 내가 영원히 이해할 수 없을 법한 온갖 장비를 들고 왔다. 나는 조금 걱정됐지만 크레이그는 프로였고 주문을 외웠다. 그는 내게 자신이 직접 공연에 와서 조명을 설치할 수는 없을 거라고 경고했다. 조명을 설계하기는 할 테지만 아이들이 공연 제작 과정에 참여하기를 원한다는 것이었다. 나는 황홀할 지경이었지만 그래도 걱정은 남았다.

"멋지군요." 나는 말을 쏟아 냈다. "그런데 내년에는 어떡하죠? 아이들이 로열셰익스피어극단과 다를 바 없어 보이는 공연을 했는데, 그다음 해에 당신과 모든 장비가 사라져 버린다면?"

"내년에도 올 거고, 매년 그럴 겁니다." 그가 나를 안심시켰다. "어제까지나 함께할 거예요. 우리는 당신이 하는 일을 아주 좋아합니다. 또 아이들을 실망시키지 않을 거예요."

크레이그는 그 말보다 더 나은 사람이었다. 그 역시 전문성 이상의 것을 학생들에게 가져다줬는데, 헌신의 본보기가 됨으로써 아이들에게 필요한 신의를 지키며 믿고 의지할 수 있는 사람이 되는 일의 중요성을 이해시켜 준 것이다. 크레이그는 조용한 가운데 일하기를 좋아했고, 나는 아이들에게 그가 눈부신 조명 효과를 설계하는 밤 시간이나 토요일에는 교실을 떠나도 좋다고 말했다. 하지만 아무도 자리를 뜨지 않았다. 아이들은 그를 바라보기를 좋아했다. 아이들은 그와 같은 어른이 되고 싶어 했다. 그는 당신이 교실에 초대하고 싶어 할 바로 그런 사람이다.

### 추억과 동료들이 차곡차곡

•

크레이그는 줄어들지 않는 선물 바구니였다. 그는 내가 객석 자리를 만드느라 끙끙대는 모습을 보고, 지역 회사에서 대여한 의자들에 웃음을 터뜨렸다. 크레이그는 내게 탁월한 목수이자 디자이너인 동시에 무대 설치를 가르치는 교수인 매트 스카피노Matt Scarpino를 소개해 줬다. 매트는 관객이 앉을 수 있는 편하고 효율적인 의자뿐 아니라 아이들이 이야기를 들려주는 데 도움일 될 만한 소품과 장치를 솜씨 좋게 만들어 줬다. 우리는 〈헛소동The Comedy of Errors〉에 사용할 경고등 달린 출입문이나 〈법에는 법으로〉에 쓸 구금 시설이 필요할 때 그의 전화번호만 누르면 끝이었다. 그는 다른 팀원들처럼 친절했고, 열심히 일했으며, 의지할 수 있었고, 프로였다.

마지막 퍼즐 조각 하나가 남아 있었다. 우리는 이제 프로 극단에 필적할 만한 공연을 할 수 있었다. 하지만 아이들을 위한 이 멋진 추억을 기록해 둘 방법이 없었다. 우리 팀의 마지막 한 명은 영화제 수상 다큐멘터리 작가인 알렉스 로타루^Alex Rotaru였다. 몇 년 전 우리 교실을 방문해 PBS에서 방송될 다큐멘터리를 찍은 뒤로 아이들에게 빠져든 알렉스는 해마다 카메라를 들고 돌아와 공연이 영원히 남도록 기록해 주고 있다. 이 영상들을 통해 광란 뒤에 숨겨진 교육 방법을 알고 싶은 선생님에게도 도움을 줄 수 있고, 아이들은 두 눈으로 볼 수 있는 추억을 얻는다. 나는 절대 그러지 못했을 것이다. 나는 겨우 카메라를 들고 찍을 수 있을 뿐이지만 알렉스는 프로 영화인이다. 56호 교실 학생들은 셰익스피어 연극반 시절을 영원히 기억할 것이며, 알렉스가 이를 가능하게 만든 전문가다.

### 최고의 팀원들, 최고의 친구들

•

팀을 만드는 것은 모두가 성공할 수 있는 확실한 시나리오다. 멋진 지원 체계를 갖춤으로써 당신과 학생들을 도울 수 있고, 프로그램을 성공으로 이끄는 데 커다란 공을 세운 사람들은 굉장한 즐거움을 누릴 수 있다. 팀원들은 동료 교사여도 좋고, 학교 외부 인사여도 좋다.

하지만 누구보다 가장 큰 도움을 주는 사람은 앞서 말했던 비밀 무기, 바로 졸업생들이다. 최근에 졸업한 학생들이 할 수 있는 여러 가치 있는 일들에 대해서는 이미 몇 가지 얘기했지만, 성인이 된 졸업생들도 똑같이 강력하면서 또 다른 방식으로 도움을 줄 수 있다. 교실에서 페인트를 쏟거나 숙제를 빼먹던 아이들이 훌륭한 어른으로 성장해 도움을 주는 것보다 선생님을 흐뭇하게 만드는 일도 없을 것이다.

　이제는 마케트대학교에서 법학 교수가 된 매튜 팔로<sup>Matthew Parlow</sup>가 공연과 여행에 필요한 재정을 마련할 수 있는 기금을 설립해 줬다. UC버클리 출신 엔지니어인 송인용<sup>In Yong Song</sup>과 송휘용<sup>Hwi Yong Song</sup>은 사람들이 우리 교실의 활동을 보고 기부도 할 수 있는 우리 반 웹사이트를 만들어 관리해 준다. 그리고 노스웨스턴대학을 졸업하고 UC샌타바버라에서 음악으로 박사 학위를 딴 조안 조<sup>Joann Cho</sup>는 우리 밴드의 키보드 악보를 모두 그려 주며, 아이들에게 피아노를 가르치고 보컬 화음을 짜 주려고 돌아오기도 한다.

## 여럿이 모인 하나

•

당신이 교실에서 자리를 잡게 되면, 당신의 성공을 바라는 재능 있고 친절한 사람들이 있다는 사실을 기억하라. 잠시만 시간을 내서 www. hobartshakespeareans.org를 방문하거나 유튜브에 들어가 두 가지 영상을 봤으면 좋겠다. 먼저 우리 반 밴드가 〈맥베스〉 연극 중에 도어스<sup>The Doors</sup>(미국의 록 그룹 ─ 편집자)의 유명한 곡 〈라이더스 온 더 스톰<sup>Riders on the Storm</sup>〉을 연주하는 장면을 보자. 그다음에는 〈한여름 밤의 꿈〉이다. 미소를 짓는 동안 다음 사실들을 떠올리자.

　나는 해마다 셰익스피어 공연을 웹사이트에 올릴 생각을 하고 있었는데, 휘용과 인용이 이를 가능하게 해 줬다. 내가 아이들에게 기타를 몇 곡쯤 가르쳐 줄 수도 있었겠지만 저 모든 악보를 그려 주고 가야 할 길을 제시해 준 것은 댄이었다. 〈라이더스 온 더 스톰〉에서 존의 솔로는 정말 멋지지 않은가? 조안이 악보를 그려 주고 연주하는 방법을 가르쳐 줬다. 〈한여름 밤의 꿈〉의 〈비너스 앤드 마르스<sup>Venus and Mars</sup>〉 부분의 놀라운 조명 디자인을 보라. 전부 크레이그 하우스닉의 작품이다. 아이들이 랜디 뉴먼<sup>Randy Newman</sup>의 〈숏 피플<sup>Short People</sup>〉에 맞춰 춤추는 장면도 정말 재미있지 않은가? 그것은 사라의 최고 작품으로, 학생들은 공연을 위해서라면 다른 사람 앞에서 우스꽝스러워 보일까 봐 겁내지 않는다. 매트 팔로는 기금을 모아 악기와 장비를 구입할 수 있게 해 줬다. 마이크 클라크는 우리 밴드가 저렇게 안정적으로 연주할 수 있는 이유다. 웹사이트는 커트와 헤더가 찍어 준 사진들로 가득하다. 모두가 함께 노를 저어 나아가고 있다.

◆ 교사로서 성장해 가는 동안 많은 곳에 도움을 청하자. 서두르지는 말고, 확실하게 당신의 능력이 부족한 분야에서 당신의 반을 도와줄 수 있는 사람들을 찾자. 우리 모두가 다른 이들의 지원을 활용할 수 있다.

◆ 전문가로는 부족하다. 성품이 리트머스시험지가 된다. 학생들의 능력뿐 아니라 인격까지 길러 주고 싶다면, 아이들 주변에 전문 분야를 넘어 다방면으로 우러러볼 만한 사람을 두는 것이 가장 좋은 방법이다.

◆ 학생들에게 당신이 다른 곳에 도움을 청하는 이유를 말해 주자. 아이들이 앞으로의 삶을 꾸려 가는 데 큰 도움이 되는 모범을 보여 줄 좋은 기회다.

◆ 한 발 떨어져 있자. 전문가들이 자신의 일을 하게 하자. 나는 사라가 가르치는 동작이나 댄과 조안의 음악적 아이디어에 의문을 제기하지 않는다. 내가 그들을 승선시킨 것은 그들이 나보다 더 잘 알기 때문이다. 문 앞에서 당신의 자아를 확인하고, 당신이 열 수 없는 문으로 프로들이 학생들을 이끌도록 하자.

◆ 팀원들이 주변에 없을 때는 아이들이 왜 그들을 존경하는지 토론해 보자. 아이들로 하여금 이 훌륭한 사람들이 뛰어난 능력을 가졌을 뿐 아니라 가장 최고의 덕목인, 그들 자체로 멋진 사람이라는 사실을 깨닫게 해줘야 한다.

# Part 3

66

이제 떠날 때가 되었다고 생각하니 허탈합니다.
오늘따라 교단이 유난히 높아 보이네요.
저의 경험을 어떻게 널리 나눌 수 있을지 고민입니다.

99

# 오늘을 정리하는
# 당신을 위해

• 베테랑 교사에게 건네는 조언 •

베테랑 교사인 당신의 기술과 지식이 계속 전달되고,

당신의 지혜와 노력과 교수법에 대한 헌신 덕분에 세상은 더 나은 곳이 됩니다.

당신은 좋은 교실이 교사들의 말로 만들어지는 게 아니라는 것을 알고 있습니다.

좋은 교실을 만드는 데 필요한 것은 학생들의 행동입니다.

학생들이 교사의 가르침을 그저 시험 성적을 올리는 지식으로만

여기게 해서는 안 됩니다. 학교에서 배운 것을 행동으로 실천하게끔

인도해야 합니다. 만약 학생들이 역사를 배운다면,

중요한 것은 역사 지식이 아니라 역사를 경험하는 것입니다.

그리고 역사를 사는 것입니다.

당신의 지도가 있다면 학생들은 역사를 만들 것입니다.

학생들에게는 그 어느 때보다 베테랑 교사가 필요합니다.

그렇기 때문에 당신은 강해져야 합니다.

쉬엄쉬엄, 그러나 꾸준하게 걸으면서

학생들 앞에서 등을 보여 줘야 합니다.

chapter
23

{ 당신은 지금도
조금씩 성장하고 있다 }

경험은 아름다운 것이 될 수 있지만 베테랑 교사가 된다고 우수성이 보장되지는 않는다. 교사인 우리가 학생이었을 때보다 훨씬 전에 퇴직했어야 하는 교사들이 있다. 하지만 그들은 여전히 교실에 남아 위험을 감수하고 실수에서 교훈을 얻어 성장해 감으로써 가르치는 일에 대한 열정이 오히려 더욱 불타오르는 것을 발견할지 모른다. 영화 〈사랑의 블랙홀Groundhog Day〉에서 빌 머레이Bill Murray가 분한 필이라는 인물처럼 교사들은 한때 별것 아니었던 수업들을 더욱 발전된 모습으로 가다듬고, 심지어는 완벽하게 만들 기회를 갖는다.

잘하는 일을 하면 즐거움이 따라온다. 베테랑 교사가 된다는 것은 흥분되는 일이다. 학생과 동료 교사들을 돕는 데서 기쁨을 얻는다. 베테랑 교사들은 타성에 젖지 않는다. 훌륭한 교사는 몇 년간의 시행착오를 겪으며 얻은 자신감으로, 학생들에게 더 높은 기준을 제시하듯 스스로에게도 더 많은 것을 이루도록 도전장을 던진다.

시력은 나이가 들면서 흐려지기 마련이지만 교실에서는 시야가 더 넓어질 수 있다. 초보 교사 시절 보던 것보다 훨씬 더 많은 것을 보고, 문제가 일어나기 전에 예측하게 된다. 자신이 하는 일을 명확하게 알고 있는 스승을 둔 학생들은 안정감을 느낀다.

학생들은 프로를 한눈에 알아본다.

손턴 와일더Thornton Wilder의 걸작 〈우리 읍내Our Town〉에서 에밀리는 죽음을 맞이한 후 다시 살아 있는 세상으로 돌아가길 원한다. 하루만 이승에 다녀올 수 있게 허락받은 에밀리는 자신의 생일이나 다른 특별한 기념일을 선택하고 싶어 하지만, 현명한 무대감독은 "인생에서 가장 중요하지 않았던 날을 선택해도 충분히 중요할 것"이라고 말한다.

그의 말이 옳다. 훌륭한 교실에서 보내는 하루하루는 대단히 특별하다. 베테랑 교사라면 교실에서 얻는 즐거움은 두 배가 된다. 첫째, 베테랑 교사는 많은 아이들이 더 나은 삶을 살 수 있게 돕는다. 훌륭한 교사들이 애초에 교사가 된 것도 모두 그 때문이다. 둘째, 스스로가 발전하는 모습을 보게 된다. 한때는 괜찮은 수업 또는 좋은 수업으로만 여기던 것들을 완벽하게 다듬으면서 이전의 노력을 뛰어넘게 되는데, 그 기분은 엄청나게 황홀하다.

예를 들어 아침 과학 수업의 주제가 태양에너지라고 하자. 학생들은 알루미늄 통에 담긴 물을 데우기 위해 반사판을 이용해 태양에너지를 더 많이 모으려고 할 것이다. 아이들은 이 실험을 좋아한다. 친구들과 작은 그룹을 만들어 생소한 재료들을 갖고 실험하고, 또 경우에 따라서는 바깥으로 나가 발전소를 설치하기도 하기 때문이다.

이 자체로도 훌륭한 수업이지만 해가 거듭되면서 경험이 쌓이다 보면 수업은 과거보다 훨씬 더 좋아진다. 예전에는 필요한 재료를 모으는 데 몇 시간이 걸렸다. 주말마다 이 가게 저 가게를 전전하며 수업에 필요한 물품들을 샀다. 지금은 전화 한 통이면 모든 물품이 이틀 안에 학교로 배달된다. 예전에는 실습이 성공적으로 이뤄져도 예상보다 시간이 길어져 읽기 수업 시간까지 잡아먹는 일이 많았다. 지금은 태양에너지를 측정하는 시간을 어떻게 짜야 하는지 알기 때문에 아이들이 과학 개념을 좀 더 빨리 이해한다. 과학 수업만 나아지는 게 아니라 이어지는 읽기 시간도 더 나아진다. 아이들이 성공적으로, 그리고 효율적으로 수업을 마치면 '호바트 셰익스피어 연극반은 때와 장소를 가려 행동한다'는 급훈이 한 번 더 지켜진 셈이다.

더 열심히만 한다고 능사가 아니다. 경험과 발전이 베테랑 교사의 수업을 더욱 정교하게 만드는 것이다.

오후에 우리는 주로 미술 프로젝트를 진행한다. 하지만 모두가 똑같은 것을 하지 않고 일부 아이들은 쓰기 과제를 한다. 반을 여러 프로젝트로 나눠 열 명 남짓한 아이들만 쓰기 과제를 하게 하면, 쓰기 과제를 하는 아이들 사이를 돌아다니면서 글을 손봐 줄 수 있다. 나는 모든 아이가 매듭 장식 고리 프로젝트를 마치고, 또 훌륭한 글도 쓰기를 바란다. 하지만 초보 교사 시절에는 언어 능력이 떨어지는 학생들이 쓴 솔직한 이야기들을 다듬는 데 주말과 저녁 시간을 모조리 쏟아부었다.

더 이상은 아니다. 학교 밖에서까지 아이들 작문을 봐 주느라 시간을 쓰지 않아도 된다. 몇 명씩 그룹을 지어 작문 과제를 하기 때문에 전년도 학생들보다 실력이 훨씬 좋아졌다. 이제는 앞에 쌓인 재난과도 같은 서른 페이지의 작문을 교정하느라 밤을 새지 않고, 학교에서 작문하는 아이들과 이야기를 나누고 작문하는 동안 생각을 발전시킬 수 있도록 도와주면서 시간을 보낼 수 있다. 이제는 예전보다 훨씬 빨리 잠자리에 들고, 그래서 다음 날 최선을 다해 아이들을 돕는 데 지장이 없을 만큼 충분히 잘 수 있다.

러그 작품도 한층 아름다워졌다. 내가 더 좋은 재료를 생산하는 회사들을 찾았기 때문이다. 아이들은 내가 처음 시작했을 때는 알지 못했던 다양한 분류 기술로 재료를 더 효율적으로 정리한다.

사실 초기에는 미술 프로젝트를 끝내지 못하는 아이들도 있었다. 요즘에는 한 명도 빠짐없이 각자의 작품을 완성한다. 예전에는 삽화를 곁들여 책으로 묶어 평생 간직할 만큼 좋은 글을 쓰는 아이들이 몇 명 있었다. 요즘에는 누구나 자기만의 책을 갖게 된다. 경험은 교사로서의 효율을 높여 줄 수 있다.

그 경험은 이런 식으로 하루 종일 이어진다. 경험 많은 교사는 타이밍에 관한 한 기막힌 감각을 갖고 있다. 역사 수업과 지리 수업은 더 부드럽게 진행될 뿐 아니라 훨씬 더 많은 아이들이 수업을 즐기고 그 가치를 마음에 새긴다. 차분한 자신감은 교실 운영 문제가 훨씬 더 줄어들게 되리라는 것을 의미한다. 점점 더 많은 학생들이 선생님의 가르침에 기꺼이 귀 기울일 것이기 때문이다. 가르침에 귀 기울이지 않는 아이들이 있더라도, 그동안 쌓인 경험이 한때는 손에 잡히지 않던 다루기 힘든 아이들에게도 손을 뻗을 수 있게 도와줄 것이다. 그리고 점점 더 많은 목표를 이루게 될 것이다. 56호 교실에서 배려하고 최선을 다하며 자주성을 보이자는 목표를 비롯한 다른 모든 급훈은 교실 벽에서만 빛을 발하는 껍데기뿐인 슬로건이 아니다. 그것은 모든 수업의 핵심이 되는 진짜 기량이고, 학생들이 익히려고 애쓰는 기량이다. 하지만 늘 그랬던 것은 아니다. 훌륭한 교실이 완성되기까지는 시간이 걸린다. 베테랑 교사는 예술가다. 매일 자신의 노력으로 어제보다 한결 나아진 교실로 걸어 들어간다는 것은 전율이 느껴지는 일이다.

나는 매 주말 학교 준비를 하는 데 두 시간 정도만 쓴다(자세한 이야기는 25장에서 하겠다). 나머지는 자유 시간이다. 가족이나 친구들과 함께 시간을 보낸다. 연극을 보면서 학교에 대해 걱정하지 않는다.

영화 〈사랑의 블랙홀〉 초반에 필은 펑수토니에서 나가 피츠버그로 돌아가고 싶어 안달한다. 영화가 끝날 무렵 필은 한때 그토록 증오하던 곳에서 살기를 원한다. 모든 일이 원만하게 흘러가고 아이들은 멋진 인생을 만들어 가는 데 유용한 진짜 기량들을 배울 수 있는데, 교사가 떠날 이유가 뭐겠는가? 삶이 늘 멋지지만은 않지만 그런 삶을 살아 보는 것도 끔찍하게 멋진 길이다.

◆ 베테랑 교사는 틀에 박힐 필요가 없다. 매년 같은 수업을 가르친 다고 해도 발전이 있다면, 그것은 같은 수업이 아니다.

◆ 당신의 입장을 지켜라. 꾸준하고 일관된 태도를 보여라. 몇 년을 교실에서 지내면서 기쁨과 흥분을 만들어 낸다는 것은 학생들에 게 대단히 멋진 롤모델이 돼 주는 것이다. 당신이 하는 일을 아이 들이 안다면 아이들은 당신의 수업을 훨씬 더 아낄 것이다.

◆ 30년간 교사 생활을 하고 있다고 해서 문제 될 것은 전혀 없다. 많 은 교사들이 '위로 올라가서' 행정관이 되고 싶어 한다. 그것도 괜 찮다. 하지만 우리가 가르침을 사명으로 삼는 몇십만 명의 베테랑 교사를 키워 낼 수 있다면 그것이 최근의 교육 동향이나 교육 규 정보다 공교육에 더 많은 도움이 될 것이다.

chapter
24

$\Big[$ 준비하지 않는 태도는
사고를 준비하는 것이다 $\Big]$

베테랑 교사는 학교에 오는 일이 즐겁다. 싸움을 일으키고, 교과과정을 따라가느라 바쁘고, 학교에서 벌어지는 온갖 말도 안 되는 상황들을 걱정하던 시절은 갔다. 자만심은 아니다. 무엇을 얻기 위해 애쓰고 있는지를 알고 특정 목표를 달성하는 데 필요한 도구들을 가진 자의 여유 있는 자신감이다. 인생은 멋진 것이다.

탁월한 교실 운영 기술을 가진 일급 베테랑 교사는 사실 아름다운 존재이다. 하지만 사방이 벽으로 둘러싸인 공간에서 가르치는 일에는 한계가 있다. 어떤 교사들은 이 상자, 그러니까 교실 바깥에서 가르치고 싶어 한다. 현장학습을 위해 아이들을 밖으로 데리고 나가는 일은 모두가 좀 더 높은 곳에 도달하는 데 도움이 될 수 있다. 헨리 데이비드 소로

Henry David Thoreau 의 다음 두 가지 말을 생각해 보자.

가장 깊이 있고 가장 독창적인 사상가가 가장 오래 남는다.

딸기 철이 되면 학교들은 방학을 하고 수많은 어린 손가락들은 이 작은 열매를 따느라 분주하다. 학교에 가지 않고 반나절을 근처 동산에 올라 혼자서 가족과 저녁때 먹을 푸딩의 재료로 월귤나무 열매를 땄을 때 나는 얼마나 기뻤는지 모른다. 아, 가족은 푸딩밖에 얻은 게 없지만 나는 값진 증거까지 얻었다.

대부분 학교는 학생들에게 현장학습을 제공한다. 아침 시간에 박물관을 방문하는 것에서부터 워싱턴으로 견학을 떠나는 것까지 그 종류는 다양하다. 그런데 이러한 여행이 아이들에게 굉장히 중요한 기회가 될 수 있을 텐데도 달성해야 할 목표에 한참 못 미치는 허술한 계획으로 현장학습을 마치는 일이 허다하다. 똑같은 제도적 허술함의 대부분은 학교가 학생들의 진정한 우수성을 발현해 내는 일을 방해해 기차가 역을 떠나 보기도 전에 기차를 탈선시키고 만다. 모든 아이가 참여해야 한다는 상정은 잘못된 것이다. 학생도 교사도 충분한 사전 준비가 안 돼 있다. 당연히 지루하고 목적 없는 에너지 낭비만 하게 된다.

베테랑 교사는 적극적으로 나서서, 학교에서 벗어날 특권을 얻은 아이들에게 삶을 바꿀 만한 여행을 만들어 줄 수 있다. 하지만 아이들을 수도에 데려가든 시내 박물관에 데려가든 좀 더 나은 결과를 원하는 베테랑 교사에게는 여행 계획과 구성을 살펴보는 것이 도움이 된다.

앞으로 나아가기 위한 첫걸음은 한 발짝 물러서서 학생들을 데리고 여행을 떠나려는 이유에 대해 곰곰이 생각해 보는 것이다. 머릿속에 명확한 목표가 세워져 있다면 이 목표를 중심으로 학생들과 모든 단계를 체계적으로 준비할 수 있다. 여행을 준비하고 드디어 출발하게 됐을 때, 나는 학생들이 다음과 같은 것들을 배웠으면 한다.

**목표**

- 학생들이 남은 인생 동안 유용하게 쓸 수 있는 기량을 배운다.
- 학생들이 혼자 힘으로 스스로를 챙기는 법을 배운다.
- 학생들이 좀 더 체계적으로 행동한다.
- 학생들이 다른 사람들을 좀 더 배려하는 법을 배운다.
- 학생들이 교실에서 배운 지식을 보강한다.
- 학생들이 좀 더 성장한 아들, 딸, 형제, 자매가 되어 집에 돌아온다.

이러한 목표는 나뿐 아니라 학생들의 마음속에 명확하게 새겨져 있어야 한다. 위 목록을 잘 살펴보면 공원에서 원반던지기 놀이를 할 때도 적용할 수 있다는 걸 알 수 있다. 학생들은 그곳에 있는 가족들을 방해하지 않아야 한다. 원반을 잘 잡고 던지려면 집중해야 하는데, 다음 주 수학 문제를 풀 때도 똑같은 집중력이 도움이 된다. 또 가족과 함께하는 놀이인 만큼 모든 식구에게 골고루 원반이 돌아가도록 해야 한다. 음식과 음료수, 운동 기구 등을 가져와야 하고 집에 갈 때는 물건을 잘 챙겨

야 한다. 실제로 나는 학생들에게 우리는 결코 교실을 떠난 게 아니라고
말한다. 그저 교실을 다른 장소로 옮겼을 뿐이다.

## 그곳에 누구와 갈까

•

하루 동안 박물관에 다녀온 학생이든 한 달 동안 유럽에 다녀온 학생이
든 좋은 아이라면 한번 물어보라. 그 아이는 그중 몇몇은 그곳에 전혀
볼일이 없었다고 얘기할 것이다. 나쁜 행동은 다른 학생의 하루까지도
망치고 학교 명성에도 해를 입힐 수 있다. 이 문제가 널리 퍼진 이유는
많은 사람들이 학생은 누구나 수학여행을 가야 한다는 사고방식을 갖
고 있기 때문이다. 현장학습을 떠나는 일은 획득해야 하는 특권 같은 것
이 돼야 한다. 워싱턴 방문 같은 멋진 여행에 초대받는 일은 구하기 힘
든 티켓을 얻는 일 같아야 한다. 학생들을 데리고 여행을 떠나는 교사들
이 직면하는 문제 중 하나는 함께 가야 할 아이들을 선택하는 것이고,
선택한 아이들이 학급 전부가 아닐 수도 있다는 점을 인정하는 것이다.
  아래에 우리 반이 해마다 떠나는 워싱턴 여행의 세부적인 내용을 몇
가지 적어 두었다. 하지만 그 내용들의 기본 정신은 아이들과 영화나 연
극을 보러 갈 때도 쉽게 적용할 수 있다. 시내 나들이든 다른 도시로 떠
나는 여행이든 기본 원칙은 동일하다. 여행을 통해 기대되는 합당한 결
과들을 학생과 학부모에게 명확히 설명해야 한다. 이 여행은 학생들로
하여금 배려하고 최선을 다하도록 하려고 막대 끝에 매달아 놓은 보상
같은 것이 아니다. 그저 버스를 타고 비행기에 탑승할 준비가 됐다는 점

을 스스로 보여 주기만 한다면 아이들이 배울 수 있는 또 하나의 기회일 뿐이다.

학생과 학부모는 우리가 여행을 떠나기 최소 6개월 전에 워싱턴 수학여행에 대한 정보를 받는다. 알림장과 이어지는 회의를 통해 여행 일자와 목적을 자세히 설명한다. 학생들 대부분이 비행기를 타거나 호텔에 묵어 본 적이 없기 때문에, 이 여행에 아이들을 보낸 경험이 있는 학부모들이 여행의 안전성과 가치에 대해 확인해 주고자 회의에 참석한다. 무엇보다 학부모들은 자녀들이 자리를 얻어야 한다는 것을 알게 된다. 장학금과 학교 수행평가가 여행 참여 여부를 결정하는 주요 요소이긴 하지만, 시험 성적보다는 성격적 특성과 행동이 훨씬 더 많이 강조된다.

선별 과정에는 다른 두 가지 요소가 있다. 첫 번째, 나는 정규 교과 활동의 하나로 워싱턴 수학여행을 떠나는 게 아니다. 학생들의 상황은 저마다 다르지만 내 경험상 교육청 관할 구역에서 벗어난 활동에는 그 나름의 장점이 있다. 여행이 허가받은 학교 활동일 경우 최종 명단 결정권 같은 주요 요소에 대한 제어권을 가질 수 없다. 그러나 이 여행이 내가 개인적으로 추진하는 나들이가 되면, 학부모들은 자기 자녀의 참여 여부를 결정하는 최종 권한이 내게 있음을 이해한다. 워싱턴 수학여행은 방학 중에 진행되기 때문에 학생들은 학교에 빠질 일이 없다.

학생들을 선별하는 과정의 두 번째 부분은 학생이 여행에 빠질 수도 있는 이유에 관한 것이다. 학교에서 행실이 바르지 못한 학생은 워싱턴에 못 가게 된다. 불만 있는 학부모라도 쉽게 납득할 만한 이유다. 첫 회의에서 여행 참가를 위한 요구 사항의 하나로 일정 평균 점수 이상을 명확하게 제시한다면, 시험 성적과 수행평가 등이 반영돼 결정된 최종 명단 결정을 학부모에게 이해시키는 데 도움이 될 것이다.

그러나 학생을 여행에서 제외하는 일에서 가장 어려운 부분은 그 이유가 된 나쁜 행동을 인정하는 것이다. 이런 학생들에게 그 이유를 설명할 때 내가 쓰는 방법이 있는데, 어쩌면 당신에게도 도움이 될지 모르겠다. 나는 학부모에게 자녀가 안전 문제로 여행을 같이 못 가게 됐다고 말한다. 그런 여행에서 나의 최우선 임무는 모든 학생이 늘 안전하도록 만전을 기하는 것이라고 설명한다. 나는 학생이 수업 시간에 말을 듣지 않았던 수많은 상황들을 기록해 둔다. 그리고 집중력이 떨어지는 아이를 여행에 데려가는 위험을 감수할 수는 없다는 뜻을 학부모에게 전한다. 그 학생을 싫어하기 때문이 아니라, 그의 안전에 신경 쓸 만큼 굉장히 아끼기 때문에 그러는 것이다. 펜실베이니아 애버뉴(백악관에 이르는 길―편집자)를 건널 때 그 학생이 내 말에 집중하지 않아서 내가 외치는 안전 수칙들을 듣지 못했다면 무슨 일이 일어나겠는가? 나는 결코 학부모에게 당신 자녀의 행실이 바르지 못해 수학여행 명단에 들지 못했다고 말하지 않는다. 자녀의 안전이 보장되지 못할 텐데 그런 위험을 감수할 수는 없다고 말한다.

도로에 나설 때는 개선 '프로젝트'를 잠시 접어 둔다. 도로는 상황 판단이 느린 어린아이들이 스스로 뭔가를 하도록 도와주는 장소로는 너무 위험하다. 워싱턴 여행은 교실 밖으로 나갈 준비가 됐음을 입증하는 정서적 지능을 일관되게 보여 준 아이들을 위한 특권이 돼야 한다.

내가 아이들을 학교 밖으로 데리고 나갈 때는 언제나 이 논리가 적용된다. 최근 학생 열여섯 명을 데리고 일주일 동안 요세미티국립공원에 다녀왔다. 멋진 여행이었다. 요세미티에서 가장 인기 있는 하이킹 중 하나는 '행복한 섬$^{Happy \, Isles}$'이라 불리는 곳에서 시작하는데, 그곳에서 사람들은 버널 폭포와 네바다 폭포에 오를 수 있다. 진짜 모험을 원한다면 하프돔$^{Half \, Dome}$까지 올라갈 수도 있다.

버널 폭포 다리에는 강 가까이 가지 말라고 경고하는 표지판이 여기저기 붙어 있다. 아름답고 매혹적이지만 치명적인 강이다. 우리가 그곳에 도착했을 때 수많은 어른과 그 자녀들이 경고문을 무시한 채 성난 물살 가까이 내려가는 모습이 보였다. 학생들은 믿을 수 없다는 눈빛으로 나를 바라보았다. 내가 미리 저런 어리석은 행동을 하는 사람들이 분명 있을 거라고 얘기해 줬기 때문이다. 아이들은 그날 폭포 꼭대기까지 몇 킬로미터를 걸었고 내 말을 잘 들어 준 덕에 모두 무사했다. 이 여행에 데려오고 싶은 아이들이 많았지만 아직은 여행에 참여하는 데 필요한 듣기 기술을 더 키워야 했다. 여행을 함께한 아이들은 길을 걸으며 멋진 시간을 보냈고, 그날 밤 긁힌 데 하나 없이 산장으로 돌아왔다.

꼭 2주 뒤에 우리가 걸었던 바로 그 자리에서 두 어린이가 목숨을 잃었다. 일어나지 말았어야 할 끔찍한 비극이다. 그러지 말라는 경고 표지판이 버젓이 붙어 있는데도 강 옆에서 놀다가 사고를 당한 것이다. 그해 우리 반 모든 학생은 이 사고에 관한 기사를 복사해 읽었다. 앞으로 나를 만나는 모든 학생도 그럴 것이다. 나는 오늘도 그 기사를 읽었다.

나는 학생들과 여행할 때 책임보험을 꺼낸다. 또 이 여행이 공식 수학여행이 아니며 내가 학생들의 안전에 대한 모든 책임을 받아들이는 여행이라는 점을 확실히 이해시키기 위해 부모들에게 로스앤젤레스 통합 교육구와 적절한 서류에 서명하도록 한다. 그러나 서류란 어디까지나 법률적인 내용일 뿐이다. 당신이 꺼낼 수 있는 최고의 책임보험은 여행이 시작되기 전에 적절한 학생들을 선택하는 것이다.

## 사소하지만 중요한 예방주사

워싱턴 수학여행은 일주일쯤 걸리지만 우리 반은 몇 달씩 준비한다. 학생들은 미국 역사를 훑으면서 수도에 있는 동안 마주칠 대통령과 주요 사건에 대한 정보에 특히 주의를 기울인다. 그러나 준비의 대부분은 아이들이 길에서, 그리고 그 너머의 세상에서 유익하게 쓰게 될 인생 기술에 초점이 맞춰진다.

매주 우리는 방과 이후 한두 시간씩 여행을 준비하는 데 쓴다. '규칙'이라는 말은 절대 언급되지 않는다. 학생들은 규칙을 배우는 게 아니다. 일을 하는 데는 여러 방법이 있다는 점에 대해 이야기하고 이해하는 것이다. 그렇게 비행기에 탑승할 때쯤에는 여행을 재미있고 효율적으로 즐기게 해 줄 값진 지식을 터득하고 새기게 된다.

이보다 앞서 출간된 나의 책《아이 머리에 불을 댕겨라》에서 나는 워싱턴 여행을 떠나기 전 밟는 계획 단계들과 실제 활동 일정에 대해 자세히 설명했다. 그 내용을 요약해 여기서 간단히 소개하겠다.

**비행기로 여행할 때**

•

학생들은 이미 가방에 꼬리표를 달아 두었고 짐을 어떻게 부쳐야 하는지도 알고 있다. 보안 검색대를 통과하는 방법, 탑승권을 안전하게 소지하는 방법, 조용하고 질서 있게 공항을 통과해 비행기에 탑승하는 방법을 연습했다. 탑승하기 전에 비행기 구조도 알아 두었다.

비행 중에는 가져온 책을 읽거나 역사 퍼즐을 공책에 푼다. 비행기에서 음식을 주문하는 방법도 알고 있다. 승무원과 눈을 맞추고, 음식을 가져다준 승무원에게는 감사 인사를 한다.

학생들은 비행기에서 내리는 방법도 잘 알고 있다. 앞에 줄을 선 사람들이 다 내릴 때까지 조용히 기다렸다가 내린다.

**숙소에 도착했을 때**

•

같이 방을 쓸 사람과 샤워 순서를 미리 정해 둔다. 학생들은 각자 세탁물을 담을 봉지를 준비해 온다. 객실 전자 열쇠를 사용하는 방법을 알고 있고, 호텔 객실 안에서는 굉장히 조용히 군다. 청소부에게도 친절하고 감사 쪽지와 함께 팁을 남겨 둔다. 그리고 방도 깨끗이!

학생들은 저녁 8시에 잠자리에 든다. 잘 준비가 되면 내 방으로 전화를 걸어 알린다. 이후에는 다음 날 아침 식사 때까지 누구도 객실을 떠나지 않는다. 많은 학교들이 밤에 학생들이 이탈하는 것을 막으려고 객실 문에 테이프를 붙여 둔다. 호바트 셰익스피어 연극반 학생들에게는 이런 조치가 필요 없다. 문제를 일으키고 싶지 않아서가 아니라 그러는 게 안전하다는 것을 알기 때문에 모두가 객실 밖으로 나가지 않는다.

## 지하철로 이동할 때

학생들은 워싱턴에서 운행되는 지하철을 타기 위해 지하철 승차권을 각자 지니고 다닌다. 승차권은 항상 같은 주머니에 넣어 둔다. 그래야 잃어버릴 일이 없다. 질서를 지키며 지하철을 타고 내리는 방법을 알고 있으며, 나이 든 승객이 서 있으면 자리를 양보한다. 또 지하철을 놓치거나 일행과 떨어졌을 때의 대처 방법에 대해서도 안다. 아이들은 우리가 가는 길을 알고 있다.

## 이해하고 정리하기

학생들은 집합 장소를 이용하는 방법을 연습한다. 어떤 구역을 빠져나가거나 들어갈 때 첫 번째 학생은 문에서 최소 15미터 이상 떨어진 탁트인 공간을 찾는다. 나머지 학생들은 지나다니는 다른 사람들에게 방해가 되지 않게 앞장선 학생 주위에 모인다.

학생들은 휴대전화, 지하철 승차권, 객실 열쇠 등을 따로 보관할 별도의 주머니를 지니거나 배낭을 사용할 계획을 세운다. 그렇게 하면 전자 열쇠의 자기가 소거되거나 다른 물건을 분실할 염려가 없다.

학생들은 '정리'의 기술을 연습한다. 국립기념관에서 가져온 정보 책자와 카메라나 다른 물건들을 함께 들고 있으면 잃어버리기 십상이다. 학생들은 여러 물건들을 하나의 가방에 정리해서 넣어 두는 방법을 배운다.

조용히 길을 건너는 법도 배운다. 신호등과 잠재적인 위험에 모든 주의를 집중해야 한다. 선생님에게서 건너도 좋다는 말이 떨어질 때까지는 누구도 도로에 발을 내디뎌서는 안 된다. 녹색등은 개의치 않는다. 선생님의 지시 없이는 누구도 위험 구역으로 이동해서는 안 된다. 그리고 걸을 때는 사진을 찍거나 전화를 하지 않는다.

화장실에 갈 때는 반드시 친구와 함께 가야 한다. 나는 아이들을 네 명씩 짝지어 화장실을 오갈 때 함께 이동하게 한다. 자신은 화장실을 가고 싶지 않아도 가고 싶은 친구가 있을 때는 함께 가야 한다.

**밖에서 식사를 할 때**

•

학생들은 교실에서 메뉴를 보고 음식을 주문하는 방법을 미리 연습해 뒀기 때문에 종업원이 주문할 음식을 물을 때 대답할 수 있다.

식사 중에는 물만 마시고 몸에 좋은 음식을 고른다. 끼니때마다 각각의 아이들이 과일이나 야채를 주문한다. 아이들은 또 과식에 대해서도 알고 있다. 충분히 배가 부르지 않으면 얼마든지 더 주문할 수 있다는 것을 알기 때문에 적은 양을 주문한다. 우리는 음식을 남기지 않는다. 식사하기 전에는 모두가 손을 씻는다.

학생들은 박물관 식당에서 식탁을 치우는 법을 배운다.

박물관에서 샐러드 값을 지불할 때 샐러드를 저울에 달아야 하므로 그 방법을 연습한다.

학생들은 박물관에서 줄을 서서 음식 값을 지불할 때 함께 모이는 방법을 배운다. 쟁반을 함께 놓으면 직원이 영수증을 스무 장이 아니라 한 장만 내준다.

## 여행에서 배운 것들

•

학생들은 연습 시간을 굉장히 좋아한다. 연습할 때는 비행기에 타거나 식당에 있는 상황을 연출한다. 추상적인 규칙들을 억지로 삼켜 기억하기보다 규칙들이 실제로 어떻게 적용되는지를 직접 체험할 수 있다. 또 모든 연습에 대해 이야기를 나누고 일을 하는 데는 합리적인 방식이 있음을 이해한다.

이제는 내가 가르친 학생들이 일류 사립학교 선생님이 되어 학생들을 워싱턴에 데려간다. 아이들은 여행을 좋아했지만 우리가 함께한 시간이 더 좋았다고 이야기했다. 성가신 일들도 있었다. 이를테면 휴대전화가 허용되지 않았다. 몇 년 전 한 남학생이 친구들과 휴대전화로 성인 동영상을 돌려 본 사건 이후로 생긴 규칙이었다. 이 일을 계기로 학교는 이후의 모든 현장학습에서 휴대전화를 전면 금지했다. 학교의 걱정은 이해하지만 이것이 요즘 10대의 문제라는 사실을 인정하고 학생들과 대화를 나눈 뒤 휴대전화를 바르게 사용하도록 가르치는 방법도 얼마든지 생각할 수 있었을 것이다.

우리가 일을 하는 방식 뒤에 숨은 이유를 아이들이 받아들인다면 여행은 아름답게 흘러갈 것이다. 시간을 두고 어리석은 행동을 멈출 수 있는 방법을 설명하라. 그러면 실제로 여행을 떠날 때는 어리석은 행동이 나오지 않을 것이다.

◆ 코치 시절 존 우든은 준비하지 않는 것은 실패할 준비를 하는 것
이라고 가르쳤다. 준비가 최고다.

◆ '모든 일을 대신 해 주는' 여행사는 피하자. 편리할지는 몰라도 전
세 버스는 학생들이 스스로 대중교통을 이용해 볼 수 있는 기회를
빼앗는다. 학생들이 스스로 행동할 수 있도록 가르치는 것이 미래
의 그들에게 더 유익하다.

◆ 당신이 해야 할 가장 중요한 단 하나의 결정은 누구를 여행에 데
리고 갈 것인가이다. 항상 신중을 기하라.

◆ 여행 일정을 고수할 필요는 없다. 유연하게 대처하라. 날씨와 그
밖의 예상치 못한 요인들 때문에 일정 순서를 바꿔야 할 수도 있
다. 학생들에게 유연하게 대처할 수 있는 방법을 가르치는 것이
당초 계획했던 활동보다 더 좋은 교육이 될 수 있다.

아이들에게 신경 쓰려면
자신부터 신경 써야 한다

나는 예순 살이 넘었다.

베테랑 교사가 되려면 힘겨운 노력과 재능 이상의 것이 필요하다. 바로 체력이다. 최근 교감 선생님이 땀범벅이 되어 헐떡거리며 우리 교실로 왔을 때 나는 그 점을 떠올렸다. 교감 선생님은 마흔다섯 살이다.

"운동 좀 해야겠어요." 몇 차례 가쁘게 숨을 들이마시더니 그가 말했다.

"네. 여기까지 오는 계단이 스물한 개지요."

그 계단들이 매일같이 예순은 서른이 아니라는 점을 일깨워 준다.

30년 동안 에너지를 가득 안고 교실로 들어서기란 쉬운 일이 아니지만 불가능한 꿈도 아니다. 이제 교사 생활 30년 차인 나는 여전히 언제든지 출발할 수 있게 엔진을 충분히 달군 상태로 교실에 나타날 수 있다. 아무리 훌륭한 사람도 에너지는 타 없어지기 마련이므로, 배터리를 가득 충전해 교실에 들어서기 위해 내가 사용하는 몇 가지 방법을 소개하고 자 한다. 처음 두 가지는 쉽게 이해할 수 있는 방법이지만, 세 번째는 좋은 교사들의 연료 통을 비워 버리는 적과 정면으로 맞서는 방법이다.

## 육체적인 힘

•

나는 일부러 교실에 책상을 두지 않는다. 그러니까 앉질 않는 셈이다. 매일 내리 여덟 시간을 두 발로 서 있다. 교실을 돌면서 학생들이 더 높은 목표를 세우도록 다독이고 긍정적이고 안전한 교실 분위기를 조성하는 것은 굉장히 힘든 일이다. 더군다나 늘 차분한 태도를 보여야 하는 데서 오는 진정한 에너지 소모는 사람을 지치게 만든다. 구제 불능의 아이들을 다루면서 냉정을 잃지 않는 것은 10킬로미터 달리기보다 더 피곤한 일일 것이다. 집에 돌아온 교사들이 텔레비전 앞 소파에 쓰러지는 것도 충분히 이해할 수 있다. 집에 밥을 먹여야 할 아이들과 신경 써야 할 배우자가 있다면 그나마 남은 힘마저 저녁에는 모두 소진되고, 이렇게 30년을 지내고 나면 저 스물한 개 계단이 에베레스트 산처럼 느껴질 것이다.

하지만 꼭 그런 식일 필요는 없다. 내 사위는 소아과의 정형외과 의사이다. 오전에 수술 두 건을 처리하고, 오후에 보호자를 만나며, 저녁에 의학 잡지를 읽으면서 아내와 딸과 함께 시간을 보내는 것이 그의 일상적인 하루다. 그런데도 그는 매일 밤 운동을 한다. 수술을 하느라 매일 여섯 시간에서 여덟 시간씩 서 있어야 하기 때문에 체력을 쌓아야 하며, 헬스클럽을 찾을 시간이 저녁때뿐이라면 그때라도 가야 한다고 그는 내게 설명했다.

당신도 가르치는 일에 걸맞은 체력을 키워야 한다. 자가용은 그냥 세워두고, 또는 버스를 타지 말고 매일 몇 킬로미터씩 걸어라. 러닝머신을 이용해라. 농구를 하거나 테니스를 쳐라. 그러면 에너지 흐름이 더 향상될 것이다.

매일같이 저녁때라도 한 시간씩 운동하는 것이 습관이 되면 15년은 더 교실을 효과적으로 운영할 수 있는 힘을 얻게 된다. 나는 아직도 관광할 때 젊은 10대들을 쉽게 앞지를 수 있다.

또 잠을 자라! 필요한 만큼 잠을 자려면 훈련이 필요하다. 나는 몇 년 전 수면 부족으로 심하게 아프고 나서 힘들게 이 교훈을 얻었다. 텔레비전을 끄고 눈을 감아라. 절대 휴식의 가치를 과소평가하지 마라.

마지막으로 매일 과일과 야채를 싸 와서 휴식 시간이나 점심시간에 교실에서 채점하는 동안 먹어라. 이 규칙을 지키고 담배와 여러 가지 기분 전환용 약물을 멀리할 수 있다면 스물한 개 계단은 당신이 여전히 강하다는 것을 매일같이 확인시켜 줄 것이다.


## 사회적인 체력 분배

•

젊은 교사들이 자기 삶이 없다면서 불평하거나 쓴웃음을 지으며 참는 모습을 종종 본다. 어떤 교사들은 아이들의 인생을 바꿔 주겠다며 살인적인 스케줄로 일을 하기도 한다. 저녁마다 유인물을 만들고, 채점을 하고, 수업을 계획하고, 학생들의 집을 방문하면서 시간을 보낸다. 이러다 보면 고통이 늘어날 수밖에 없고, 빨리 움직이려고 서두를 수밖에 없다. 안타까운 일은 그 때문에 많은 교사들이 몇 년 지나지 않아 교실을 떠난다는 것이다.

교사 생활을 이어 가며 살아남으려면 자기 삶이 있어야 하고, 여기에는 시간이 필요하다. 가정을 꾸리려면 '엄청난' 시간이 필요하다. 하지만 불가능한 일은 아니다. 베테랑 교사는 교실에서 훌륭하게 일을 해내면서 자식도, 손자도, 그리고 친구도 만들 수 있다. 현실적으로 바람직한 사회생활을 한다는 것은 매일 행복하고 긍정적인 기운을 갖고 교실에 들어선다는 것이므로 교실에서 더 훌륭한 일을 하게 됨을 의미한다.

베테랑 교사는 앞서 나가려고 서두르지 않는다. 수업과 학습 물품을 준비하는 시간을 훨씬 덜 쓰면서도 더 효과적으로 가르친다. 경험 많은 교사들은 채점을 하는 데도 시간이 덜 든다.

나 역시 경험이 있어 한 주를 계획하고 일요일 오전 두세 시간이면 학습 물품을 구입할 수 있다. 수학 개념을 하나 가르치는 데, 또는 과학 실험을 하나 준비하는 데 얼마나 많은 시간이 걸리는지 잘 알고 있다. 우리 학교 복사기는 좀처럼 말을 듣지 않지만, 나는 일요일 아침 일찍 킨코스에서 필요한 것들을 모두 준비할 수 있다. 밤에 수업을 계획하는 일도 없다. 다음 날 아침 진행해야 할 프로젝트에 중요한 재료를 깜빡 잊고 준비하지 않아 저녁에 허둥지둥 가게로 달려가는 일도 없다. 절박함으로 고통스러워하던 날들은 지났다. 경험이 좋다는 건 이런 것이다. 여전히 교실에서 잘하기 위해 신경 쓰지만 그러려고 나 스스로를 죽일 필요까진 없다.

가난한 학생들을 위해 여분의 계산기 두 개를 찾는 데 쏟아부었던 저녁 시간들을 이제는 가족이나 친구와 함께 보낼 수 있다. 당신이 정리를 잘하는 사람이라면, 그리고 30년간 아이들을 가르쳤다면 당신의 방에는 오피스디포보다 필요한 물건이 더 잘 갖춰져 있을 것이다.

요즘에는 채점하는 일도 쉬워졌다. 기술이 큰 도움이 됐다. 나를 포함한 많은 교사들이 강의 관리 프로그램 같은 멋진 시스템을 이용한다. 나는 점심 휴식 시간에, 그리고 오후 셰익스피어 연습이 끝난 직후 시험지를 채점한다. 또 인터넷 사이트에 성적을 입력하면 과제가 제출된 바로 그날 학생과 학부모가 점수를 볼 수 있다. 따라서 교사와 학부모와 학생의 커뮤니케이션이 향상되고, 교사는 자기 시간을 더 많이 갖게 된다. 최근에 열린 학부모 회의에서 학부모가 자녀의 성적에 놀랐는지 실망했는지 나는 모른다. 학부모와 내가 거의 동시에 정보를 얻기 때문이다.

나는 일찍 일어난다. 그래서 일요일 아침이 내가 계획을 세우는 시간이다. 하지만 채점은 이미 학교에서 끝낸 상태다. 저녁 시간은 아내와 아이, 그리고 손자에게 쓴다. 동료들이 가끔 내게 참 긍정적인 성격을 지녔다고 얘기한다. 전날 저녁이 즐거우면 다음 날 학교에서 긍정적으로 임하기가 더 쉽다. 젊은 교사들은 분명 완성된 교실의 모습을 만들려고 엄청난 시간을 희생할 것이다. 지불할 것은 지불해야 한다. 하지만 그러고 나면 그 희생 뒤로 멋진 보상이 기다리고 있다. 자기 삶을 즐기면서도 학교에서 만족스러운 시간을 보내게 된다.

## 정신적인 뚝심

•

육체적으로나 정신적으로나 늘 건강해야 한다. 경험은 시간을 더 잘 관리하게 도와주고, 최고의 교사가 되도록 도와주며, 교실 밖에서도 삶을 즐길 수 있게 도와준다. 하지만 자주 간과되는 혹독한 진실이 하나 있다. 바로 교사들이 가르치는 일에 따른 감정적 비용 때문에 나가떨어진다는 것이다.

문제는 이것이다. 교사의 감정적 체력을 떨어뜨리는 최대의 적은 제도 자체다. 체력을 키우고 학교생활과 개인의 삶 사이에서 균형을 찾는 것이 문제에 맞서는 데 도움이 되긴 하지만, 이 두 가지를 갖추고도 제 기능을 하지 못해 조지 오웰$^{George\ Orwell}$의 제대로 된 설명이 필요할 것 같은 교육 제도에 맞서기에는 역부족인 경우가 많다.

훌륭한교사라면 자기 일에 자부심을 느껴야 하지만, 이는 무리한 요구다. 아주 기초적인 수준의 읽기와 쓰기 능력도 갖추지 못한 채 학교에 오는 수백 명의 어린아이들을 여러 해 동안 다루다 보면 감정이 닳고 닳아 상처를 입는다. 학교 자체도 엉망이다. 천장은 비가 새고, 바닥은 삐걱거리며, 식수는 안전하지 않다. 악질 학부모가 쳐들어와 자신의 귀한 자식을 괄시했다고 욕을 퍼붓고, 자신의 '완벽한' 아이에게 심각한 문제가 있을 리 없다며 현실을 철저히 부정하기도 한다. 관현악단과 도서실 규모가 줄어들거나, 심지어 없어지기도 한다. 모든 교육 문제의 근원으로 묘사되는 전형적인 부패 교사가 등장하는 영화도 1~2년에 한 편씩은 개봉된다.

이런 일이 가능한 것은 제도 때문이다. 교사를 격려하고 지지하기는 커녕 실망을 안겨 주려고 애쓴다. 몇 년 단위로 교육 환경을 바꿀 획기적 정책이 발표되면서 새로운 기준들이 소개되지만 제도는 절대 변하지 않는다. 베테랑 교사는 이러한 기준이 과거의 것과 다르지 않다는 점을 안다.

리더들은 중앙위원회에서 보조 견습생을 데려와 교사 개발 회의가 열리는 방 앞에 서서 '신세계 질서'를 위한 요구와 예측을 제시한다. 훌륭한 교사들은 웃어야 할지 울어야 할지, 아니면 그만둬야 할지 알 수 없다. 가장 최근의 산상수훈은 '공통 핵심 기준<sup>Common Core Standards</sup>'이라는 형태로 우리를 찾아왔다. 지어낸 얘기가 아니다. 첫 교육에서 만난 발표자는 교사로서의 우리 의무가 '학생들이 국제사회에서 일할 수 있도록 준비시키는 것'이라고 설명했다. 또 아이들은 논픽션을 더 많이 읽어야 하기 때문에 순수 창작 문학을 강조하는 일은 줄여야 한다고도 말했다.

마크 트웨인, 존 스타인벡, C. S. 루이스, 그리고 수십 명의 뉴베리 상 작가 작품들은 신세계 질서에서 중요하다고 생각하는 시험에는 등장하지 않을 것이다. 문득 수백 권의 값진 문학작품을 도서 목록에서 없애려고 저 스물한 개 계단을 그토록 오랜 세월 오르내렸단 말인가 하는 생각이 들었다. 자그마치 30년이다.

당신의 결심이 무너지지 않도록, 그리고 당신의 감정적 체력이 굳건히 유지되도록 두 가지 제안을 한다. 첫째, 조지 오웰이 정부 제도를 공격했다는 점을 마음에 새겨라. 그는 권력이 늘 의제로 내세우는 것으로 보이는 인간의 위선과 부패를 폭로했다. 어쨌든 지금 우리가 사는 이 나라는 노예를 부리면서 억압으로부터의 해방을 요구하는 선언문에 서명한 자들이 세운 나라가 아니던가. 이 관점을 기억한다면, 오늘날 교사들에게 벌어지는 일들이 전혀 새로운 게 아님을 이해하는 데 도움이 될 것이다. 조지 오웰과 하룻밤을 보낸다면 외로움이 조금은 가실 것이다. 제도의 부조리함을 알고 있는 사람이 당신 혼자만은 아니다.

진짜 교사는 진짜 가르침이 공통 핵심 기준이나 혼합학습(온라인 학습과 오프라인 학습의 장점을 결합한 학습법—옮긴이)이나 화요일 교직원 회의 때 나눠 준 최신 규정집에서 나오는 게 아니라는 것을 안다. 바로 지난주 회의 때 나눠 준 유인물의 내용처럼 모든 학생이 대학에 들어갈 준비를 마친 상태로 학교를 떠날 것이라는 우스운 믿음을 고려할 때, 베테랑 교사는 이제 그 어느 때보다 현실을 직시해야 한다. 제도에 심각한 결함이 있음을 인정하면 감정적으로 약해지지 않는 데 도움이 된다.

많은 이들이 훌륭한 가르침이 어떤 모습이어야 하는지를 잊어버렸다. 요즘 개혁가들이 교사들에게 표준화 시험 성적이 좋은 학생들을 키우는 데 모든 시간을 바치라고 강요하는 현실은 참으로 비극적이다. 이런 시험은 미래의 성공이나 행복과 거의 상관이 없다. 그런 사고방식은 베테랑 교사로 발전하는 데 필요한 감정적 체력을 감소시킨다. 이 방향이 잘못됐음을 이해한다면 감정적 체력을 꾸준히 유지할 수 있을 것이다.

두 번째 제안은 〈위대한 승부Searching for Bobby Fischer〉라는 영화를 보라는 것이다. 스티븐 자일리언Steven Zaillian이 각본과 감독을 맡은 이 영화는 프레드 웨이츠킨$^{Fred\ Waitzkin}$의 회고록에 바탕을 두었다. 영화에서 어린 조시 웨이츠킨$^{Josh\ Waitzkin}$은 체스 대회에 참가하고, 마지막 경기에서 굉장히 힘든 상대를 만난다. 조시의 교사 중 하나인 브루스 판돌피니$^{Bruce\ Pandolfini}$ 역은 연기파 배우 벤 킹슬리$^{Ben\ Kingsley}$가 맡았는데, 그는 다른 방에서 텔레비전 화면을 통해 자신의 제자를 지켜본다. 조시는 지고 있다. 그때 놀랍게도 상대 선수가 실수를 한다.

브루스는 조시가 체스 판을 살피는 모습을 본다. 이 어려운 고비만 잘 넘기면 경기를 이길 수 있다. 브루스는 자신의 눈에 보이는 것이 조시의 눈에도 보이길 희망한다. 갑자기 조시가 아무 말도 하지 않았는데 선생님은 자리에서 일어서더니 웃으며 말한다. "됐어!" 조시의 아빠도 아직 상황을 모르고 있는데 선생님은 조시가 게임에서 이길 것을 알았다.

선생님은 안다. 컴퓨터도, 제도도, 표준화 시험도 아이의 눈을 들여다보고 진정으로 아이를 이해할 순 없다. 선생님은 할 수 있다. 선생님은 몸짓의 의미를 읽을 줄 알고, 힘든 하루를 보낸 아이의 이야기에 공감을 표할 수 있으며, 인생을 바꿀 수도 있는 열린 문을 아이에게 보여 줄 수 있다. 혹시 저 스물한 개 계단을 오를 감정적 체력이 남아 있지 않다고 느껴지더라도, 할 수 있다는 것을 잊지 마라. 계단 끝에서 당신을 기다리는 사람이 있을 것이다. 아이의 눈빛에 담긴 의미와 그 너머를 들여다볼 수 있는 능력을 제도는 결코 갖지 못한다.

하지만 진짜 교사는 이해한다. 감정적으로 강해져라. 그리고 연락을 끊지 마라. 그것이 무엇보다 중요한 데이터다.

예전에 가르쳤던 주디라는 학생이 있다. 일류 대학 3학년에 재학 중인 주디는 현재 이스탄불에 나가 공부하고 있는데, 내게 이런 편지를 보냈다.

레이프 선생님, 안녕하세요! (아니면 터키 말로, 메르하바!)

선생님 소식을 듣게 돼서 너무 기뻐요. 답장이 늦어진 건 죄송해요. 터키 인터넷은 자주 끊겨서요. 굉장히 바쁘신 줄 알지만 잠깐이라도 저에 대해 생각해 보시고 답장을 주신다면 제게는 큰 의미가 될 거예요. 연극도 훌륭하게 완성되고 있겠지요. 〈템페스트〉 배역은 다 정하셨나요? 그 공연을 보려면 몇 달을 기다려야 하다니, 도저히 못 참겠어요!

지난 금요일에 떠나서 이곳에 온 지 이제 겨우 며칠밖에 되지 않았는데 아주 멋진 경험을 하고 있어요. 친절한 사람들도 만나고 세계 각지에서 온 친구들도 사귀었어요. 지금은 제 방에서 터키인 룸메이트 세 명과 차를 마시면서 앉아 있어요. 친구들이 하는 이야기를 전혀 알아들을 수가 없어서 그게 조금 힘들지만, 수업이 시작되면 이 친구들과 어울려 다니는 게 터키어를 배우는 데 큰 도움이 될 거라 생각해요. 이곳에 이렇게 앉아 있자니 선생님을 만난 게 얼마나 행운이었는지 모른다는 생각뿐이에요. 10년 전 선생님의 교실에 앉아 있던 그때가 제 인생의 전환점이었어요. 선생님과의 시간이 없었다면 저는 지금 이곳에 있지도 않았을 거고 오늘 같은 모습도 아니었을 거예요. 선생님께 정말 감사드려요.

제가 이곳에 있게 되리라 상상도 못 했을 거예요. 코리아타운을 떠날 꿈도 못 꿨을 거예요. 하지만 이제 저는 대서양 연안을 고향이라 부르고 대서양을 건너 이스탄불까지 오게 됐어요.

제가 뭘 원하든간에 선생님을 믿을 수 있다는 것만은 알 수 있어요. 이곳에서의 여행과 경험에 대해 또 알려 드릴게요. 건강하세요!! 그리고 (터키에 있는) 제가 사모님과 5학년 학생들에게 안부 전하더라고 해 주세요. 그럼 안녕히 계세요.

주디 올림


베테랑 교사인 당신은 인생을 바꾸는 데 도움을 준다. 당신은 인생의 전환점이다. 당신의 기술과 지식이 계속 전달되고, 당신의 지혜와 노력과 교수법에 대한 헌신 덕분에 세상은 더 나은 곳이 된다.

당신은 훌륭한 교실이 교사들의 '말'로 만들어지는 게 아님을 배웠다. 훌륭한 교실을 만드는 데 필요한 것은 학생들의 '행동'이다. 학생들은 그저 〈햄릿〉에 관한 시험을 치는 데만 몰두해서는 안 된다. 〈햄릿〉을 행동으로 옮겨야 한다.

기타 천재인 양 행동하기보다 기타를 연주할 줄 알아야 한다. 역사를 공부하기만 할 게 아니라 역사를 경험해야 한다. 역사를 살아야 한다. 당신의 지도가 있다면 학생들은 역사를 만들 것이다.

학생들에게는 그 어느 때보다 지금 베테랑 교사가 필요하다. 그렇기 때문에 당신은 감정적 체력을 유지해서 그다음 주디를 도와주고 30년 동안 저 스물한 개 계단을 올라야 한다. 강해져라. 저 계단은 에베레스트 산이 아니다. 천국으로 가는 계단이다.

## 후퇴하지도 말고,
## 항복하지도 말라

바뀌는 게 많을수록 바뀌지 않는 것도 많다.

우리 교사들은 바뀔 수 있다. 인내와 용기를 갖고, 여러 감정에 휩싸여 지금까지 걸어온 긴 시간을 돌아볼 수 있다. 너무 많은 실패에 따른 흉터도 있을 것이다. 하지만 이러한 상처는 다른 기억으로, 우리 노력 덕분에 더 나은 삶을 살게 된 아이들에 대한 기억으로 아물 수 있다. 끝까지 교실을 지키며 성장하고 가르침의 기술을 터득하게 된 용감한 교사들은 그 결과에 얼마든지 자부심을 느껴도 된다.

하지만 바뀌지 않는 것도 있다. 우리는 결코 우리가 받아야 할 몫을 받지 못할 것이다. 이것은 우리 모두가 받아들여야 할 슬픈 현실이다.

오래전 나는 젊은 교사들에게 강연을 해 달라는 요청을 받았다. 다른 도시로 비행기를 타고 날아가 교사로서의 첫발을 내디디려는 젊은이들에게 내 이야기를 들려준다는 것은 큰 영광이었다. 나는 나 자신을 까다로운 사람이라고 생각하지 않지만, 강연이 있기 전날 밤 숙소를 안내받고 충격을 받았다는 사실은 고백해야겠다. 나는 차고의 탁구대 아래 놓인 작은 아기 침대에서 잠을 잤다. 다리는 갈 곳이 없어 침대 끝에 매달려 있고 머리 위에는 생긴 지 얼마 안 된 거미줄이 매달려 있었으니 편하게 잤을 리 없다.

상황이 더 나아져야 한다는 것을 알았다. 결국에는 헌신적인 교사들이 마땅한 몫을 받겠지만, 그렇지 않을 수도 있다.

거의 30년이 흐른 뒤, 물 위에 떠 있는 아름다운 도시에서 교사들에게 강연을 해 달라는 초청을 받았다. 리츠호텔 스위트룸을 기대하지는 않았지만 공항에서 나를 태운 택시 기사가 은퇴자 숙소 앞에 내려 줬을 때는 큰 소리로 웃지 않을 수 없었다.

농담이 아니다. 강연 주최 측이 내가 머물 곳으로 은퇴자 거주 시설을 선택한 것이다. 작은 감방 같은 곳이었지만 적어도 내 머리 위엔 탁구대가 아닌 천장이 있었다. 얼마나 큰 발전인가! 하지만 그날 저녁 잠자리에 들면서 나는 한 가지 진실을 알게 됐다. 바로 내가 은퇴할 준비가 되지 않았다는 것이다. 그리고 당신 또한 포기할 계획은 세우지 않았으면 한다. 해야 할 일이 매우 많고 즐겨야 할 좋은 날도 아주 많다. 2루를 어떻게 지켜야 하는지 모르는 아이들이 있다. 미래의 에릭 클랩튼이 자신만의 블루스를 연주할 준비를 하고 당신의 교실에 앉아 있다. 가르쳐야할 과학 수업도 있다. 과학 수업을 듣는 학생 중 하나가 암 치료제를 개발할지도 모른다. 마크 트웨인에 대해 한 번도 들어 보지 못한 학생들이 당신을 기다리고 있다. 우리 반도 아직 〈심벨린Cymbeline〉은 한 번도 무대에 올려 보지 못했다.

그들은 나를 은퇴자 숙소에서 재울 수 있지만 30년이 지난 지금도 나는 은퇴할 준비가 되지 않았다. 바바라에게는 아직 새 주방이 필요하고, 매우 많은 아이들이 우리를 필요로 하고 있다.

후퇴하지도 말고, 항복하지도 말라.

# 부록

“

에스퀴스 선생님의 하루 스케줄을 알고 싶어요.
호바트 셰익스피어 연극반은 어떻게 운영되나요.

”

## 레이프 에스퀴스는
## 이렇게 가르치고 있다

# ⟦ 레이프 에스퀴스의 수업 일과 ⟧

많은 교사들이 교실에서 보내는 내 일과를 알려 달라며 편지를 쓰거나 전화를 한다. 그래서 여기에 2012년 3월 어느 목요일의 내 일과를 적어 두었다. 모든 교사가 다르고 하루하루가 다르지만, 교실에서 새겨야 하는 중요한 메시지를 학생들이 하는 모든 일과 어떻게 연관 지어 전달해야 하는지를 보여 주었으면 한다.

또한 내 일상적인 하루가 성공적인 하루를 한층 더 성공적인 하루로 만들어 나가는 좋은 아이디어에 보탬이 되기를 바란다.

오전 5시 : 목요일이다. 나는 알람이 울리기 전에 잠에서 깬다. 전날 잠자리에 일찍 든 덕분에 충분히 쉰 느낌이다. 몸을 돌려 아내에게 키스하고 화장실로 가 면도와 샤워를 한다.

오전 5시 20분 : 이렇게 든든한 아내가 있어 얼마나 다행인지. 바바라가 깨끗한 셔츠와 넥타이를 꺼내 두었다. 아이들에게 모범을 보이는 게 중요하다. 옷은 깔끔하게 다림질돼 있다. 내 아디다스 스탠스미스 운동화도 준비됐다. 좋은 교사는 하루 종일 서 있는다는 것을 잊지 않으려고 나는 테니스 신발을 신는다.

오전 5시 22분 : 아침 식사를 하면서 오늘 학교에서 해야 할 일들을 마음속으로 정리해 본다. 가장 중요한 일은 학생들이 《파리대왕 Lord of the Flies》에서 랄프가 처한 모순적 상황을 이해하는 것이다. 섬에서 필사적으로 구조를 기다리는 상황은 이해하지만, 진정한 구조란 없다는 윌리엄 골딩 William Golding의 핵심은 이해하지 못하고 있다. 오늘 아이들이 이 교훈을 이해할 수 있도록 도와줄 것이다.

오전 5시 50분 : 학교까지는 차로 15분이 걸린다. 주차장은 칠흑같이 어둡다. 잠시 차에 앉아 심호흡을 한 뒤 오늘 할 일에 집중한다. 오늘은 야구를 할 때 상황별 주루에 대해 배울 것이다. 또 바비의 숙제를 세심하게 챙겨야 한다. 바비가 어제 실 공예 프로젝트를 시작하고 싶다고 말했지만 아직 과제를 끝내지 못했다. 읽기 과제를 모두 마치면 프로젝트를 시작할 권리를 얻게 될 것이라고 말해 두었다.

오전 6시 5분 : 본관은 잠겨 있다. 예산 삭감으로 오전 8시까지는 사무관이 출근하지 않는다. 다행히 우리 교실은 다른 건물에 있어서 일찍 출근할 수 있다. 어제 오후 4시 넘어서 끝난 춤 연습 때문에 교실이 다소 어질러져 있다. 흐트러진 책상과 의자의 줄을 맞추고 교실을 정돈한다.

오전 6시 15분 : 오늘 교과의 보충 자료로 아이들에게 나눠 줄 몇 가지 유인물을 준비한다. 오늘 아침에는 수학 팀을 위해 특별한 낱말 문제를 준비했다. 8시 30분이 되면 남북전쟁과 관련된 역사 용어를 다룬 유인물을 나눠 줄 것이다.

오전 6시 35분 : 어제 치른 수학 복습 시험지가 아직 채점이 덜 된 상태로 키보드 위에 놓여 있다. 그 옆에는 데이비드 보위<sup>David Bowie</sup>의 〈체인지스<sup>Changes</sup>〉 악보가 놓여 있다. 기타와 피아노를 맡은 학생들을 위해 열두 부를 인쇄해 두었다. 반에서 가장 부지런한 학생 셋이 활기차게 인사하며 교실로 들어선다. 휴고가 빗자루를 잡고, 어제 셰익스피어 연극에 들어갈 춤을 연습하느라 서른 명 넘는 아이들이 남겨 놓은 쓰레기를 쓸기 시작한다. 셰익스피어 공연까지는 이제 넉 달 남았다. 로사와 엔지는 '고성능 대포'(우리 반에서 사용하는 아주 뛰어난 기능의 구멍 뚫는 기구)를 가져다가 학생들의 책상에 올려 둘 다양한 유인물을 준비한다. 이런 식으로 하면 유인물을 나눠 주느라 시간을 낭비하지 않아도 된다. 교실에서는 1분, 1초가 중요하다.

오전 6시 45분 : 이제 교실에는 열 명 남짓한 학생들이 있다. 바깥은 여전히 어둡다. 루이스와 알렉시스가 내 수학책을 빌려, 어제 치른 분수의 곱셈에 관한 선다형 시험을 신속하게 채점한다. 점수는 성적 기록부에 입력되고, 시험지는 학생들의 책상에 놓인다. 절반이 넘는 학생들이 만점을 맞았다. 이 학생들은 우리 교실 경제에서 사용하는 보너스를 획득하게 된다. 은행장 중 한 명이자 일찍 등교하는 레오가 모노폴리 돈처럼 생긴 학급 현금 다발을 꺼내 만점 받은 학생들의 책상 위에 하나씩 놓고 나머지는 화이트보드 옆 선반에 놔둔다. 뻔히 보이는 곳에 놓여 있지만 은행장 넷을 제외하고는 누구도 돈에 손대지 않는다. '호바트 셰익스피어 연극반은 정직하다.'

오전 7시 : 올해 우리 반 학생들은 전부 서른네 명이다. 이때쯤이면 스물다섯 명이 이미 도착해 있다. 몇몇은 색실 보관함을 살펴보면서 그날 오후 프로젝트에 사용할 색실을 고른다. 아이들은 기대에 들떠 있다. 사흘 전, 오늘부터 실제로 실 작업이 시작될 거라고 말해 둔 터였다. 이제 한 달쯤 프로젝트를 진행해 왔기 때문에, 디자인을 완성하는 과정에서 가장 성취감이 큰 마지막 단계를 시작할 때는 아이들의 흥분 지수가 높다. 다른 아이들은 교실 벽을 청소하고 있다. 몇몇은 무리를 지어 셰익스피어 대사를 연습하고 있다. 오늘은 4막을 연습할 계획인데, 몇몇은 '대본 없이' 기억력에 의존해 장면들을 연습해 볼 것이다.

**오전 7시 15분** : 리드기타 연주를 맡은 4학년 에밀리와 함께 밴드 텐 이어스 애프터$^{\text{Ten Years After}}$가 부른 〈세상을 바꾸고 싶어요$^{\text{I'd Love to Change the World}}$〉라는 곡을 연습한다. 팔분음표 리프로 구성된 곡의 한 마디를 가르친다. 에밀리는 잘 따라오고 있다. 어려운 릭(노래의 일부로, 기타 등으로 연주하는 짧은 곡조 — 옮긴이)을 하나씩 하나씩 익히고 있다. 올해가 끝날 무렵이면 프로처럼 연주할 수 있을 것이다. 피아노를 맡은 학생 중 하나인 카렌은 키보드 앞에 앉아 에밀리가 타이밍을 잘 맞출 수 있도록 맡은 부분을 천천히 연주한다. 음악적인 부분은 모두 이런 식으로 시작된다. 음악 연습은 처음부터 속도를 내다가 엉망으로 연주하느니 속도는 느리지만 정확하게 연습하는 것이 더 좋다. 속도는 시간이 지나면 빨라질 것이다. 지금은 곡을 박자에 맞춰 연주하는 것이 더 중요하다. 아이들은 박자를 맞추는 것이 음표 자체보다 더 중요하다는 것을 배운다.

**오전 7시 25분** : 수학 팀의 문제 풀이가 시작된다. 스물다섯 명의 학생들이 교실에 있다. 수학 팀은 학교에 일찍 와서 문제 해결력과 비판적 사고력을 기르고 싶은 아이들이 자발적으로 참여하는 활동이다. 오늘은 차트와 표를 만드는 전략과 관련된 문제를 풀 것이다. 차트를 완성하려면 패턴을 찾아야 한다. 우리는 문제를 해결하기 위한 단계를 검토한다. 먼저 관련 데이터를 수집해 문제를 이해한다. 그러고 나서 문제를 해결하는 데 적절한 전략을 선택한다. 그다음에 문제를 푼다. 마지막으로 정답이 일리 있는지를 보기 위해 결과를 분석한다. 아이들은 매일 아침 이러한 단계를 수행한다. 아이들이 문제를 이해한 것 같으면 나는 서너 명씩 그룹을 지어 스스로 차트를 만들고 정답을 찾도록 내버려 둔다. 오늘 아침 문제는 유난히 복잡하지만 학생들은 즐거워한다. 두런두런 얘기를 나누면서 함께 정답을 찾느라 분주하다.

**오전 7시 40분** : 교실 전화가 울린다. 일리노이에서 온 교사 두 명이 오늘 아침 참관하러 오기로 돼 있다. 학생 둘이 이들 두 선생님을 맞이하는 역할을 맡기로 했다. 둘은 교무실로 내려가 방문 교사에게 인사를 하고 교실로 모셔 온다. 오늘 하루 동안 방문 교사에게 필요한 자료를 준비해 주고 수업을 안내하는 일은 이 녀석들의 몫이다. 또 방문 교사에게 물과 주스, 탄산음료를 제공하고 화장실을 안내하는 일도 맡는다.

**오전 7시 44분** : 그룹 하나가 정답을 찾았다고 선언한다. 답을 말하지만 나머지 아이들이 답에서 오류를 발견한다. 모두가 다시 문제에 집중한다.

**오전 7시 49분** : 한 그룹이 문제를 풀었다. 나는 다른 친구들이 답을 찾을 수도 있으니 잠시 기다리자고 말한다. 정답을 찾은 아이들은 친구들이 정답을 찾을 때까지 인내심을 갖고 기다린다. 교실에 있는 모든 아이가 중요하다. 나는 모든 그룹에게 찾은 정답을 말해 보라고 한다. 한 그룹을 제외하고는 모두가 정답을 찾아 차트를 정확하게 완성했다. 정답을 찾지 못한 네 아이는 자신들의 실수가 무엇인지 이해한다. 아이들은 자리를 치운다. 공식 수업 시작이 얼마 남지 않았다.

오전 7시 57분 : 일찍 등교한 아이들은 수업이 시작되기 전에 화장실에 다녀온다. 아무도 화장실에 따라가지 않는다. 아이들은 혼자서도 잘하며, 긴 오전 수업이 시작되기 전에 화장실에 다녀와야 한다는 것을 안다. 이제 교실이 가득 찼다. 일찍 오지 않은 학생들은 교실 밖에서 10분 정도 기다렸다가 수학 팀 아이들이 화장실에 갈 때 교실에 들어온다. 몇몇 아이들은 야구 글러브가 보관돼 있는 사물함으로 간다. 글러브를 꺼내 문 근처 바닥에 놓는다. 그러면 선수들은 오늘 아침 사용하고 싶은 글러브를 선택할 수 있다.

오전 8시 : 종이 울린다. 15초 만에 교실에 있던 모든 아이가 계단을 내려가 운동장으로 나간다. 다른 반도 바깥에서 줄을 서고 있다. 선생님들이 줄을 선 아이들을 데려간다. 우리는 '시작'이라는 말과 함께 에너지를 불태운다. '호바트 셰익스피어 연극반은 시간을 잘 쓸 줄 안다.'

오전 8시 1분 : 올해가 끝날 무렵이면 반 아이들 중 4분의 3이 1.6킬로미터를 8분 안에 뛸 수 있을 것이다. 운동장을 뛰는 이유는 건강에 좋기 때문이다. 아이들은 혼자서도 잘한다. 운동장 열 바퀴를 다 뛰는지 감시하지 않아도 된다. 나는 운동장 반대편에 있다. 이곳에는 네트를 걸 수 있는 기둥과 경계선이 그려진 배구 코트가 있다. 안타깝게도 우리 학교는 배구 코트에 네트를 건 적이 없다. 학생들이 매번 찢어 놓는 바람에 더 이상 네트를 걸지 않는다. 아이들이 운동장을 뛰는 동안 나는 털실 뭉치를 가져와 기둥에 묶어, 배구공을 넘기는 기준선을 만든다.

오전 8시 12분 : 반을 세 팀으로 나눈다. 오늘은 자신들을 '흑룡'이라고 부르는 팀이 한쪽에서 배구를 할 것이다. 그사이 나는 다른 두 팀과 야구 경기를 위한 내야를 그린다. 배구 경기는 지켜보지 않아도 된다. 학생들은 서로 협력해서 게임을 잘 치른다. 학년 초 스포츠맨 정신을 보여 주지 못하면 게임을 뛸 수 없다는 것을 배웠다. 이런 재미를 놓치고 싶어 하는 아이는 아무도 없다.

학생들이 운동장을 뛰는 동안 브라이언이 교실에서 분필을 가져왔다. 최근 운동장을 보수한 인부들이 누를 잘못 그려 놓았다. 누 간 거리가 1학년 학생들에게나 적당한 거리여서, 조금 길게 한 세트 더 그렸어야 했는데 잊어버린 것이다. 그래서 브라이언은 분필로 5학년 야구 경기에 적합한 누를 그린다.

나머지 두 팀 간 경기가 시작된다. '신' 팀이 먼저 공격이다. 어제는 이 팀이 배구를 했다. '마음대로 불러'라는 이름의 홈팀은 어제 경기를 이겨 오늘 다시 경기에 나선다. 한 팀이 연달아 두 번 경기를 하면 그다음 날에는 배구를 한다. 이렇게 하면 세 팀이 모두 돌아가면서 야구와 배구를 하게 된다.

나는 두 팀의 투수 역할을 맡는다. 1학년부터 지금까지 대부분 아이들이 체육 수업을 받지 않았다. 오후 3시 수업 종료가 2시 19분으로 당겨지고 교과과정이 표준화 시험에 맞춰져 있는 탓에 교사 대부분은 스포츠나 게임을 즐기기 위해 아이들과 바깥으로 나가지 않는다.

아이들은 오늘 아침 3이닝의 경기를 아주 좋아한다. 아직까지 썩 좋은 경기는 아니지만 경기 방식만은 잘 알고 있다. 아이들의 스포츠맨 정신은 감탄할 정도다. 모든 아이가 다른 친구를 응원한다. 모든 팀이 이기기를 원하지만 욕설은 절대 나오지 않는다. 배려하자는 약속이 잘 지켜지고 있다.

**오전 8시 22분** : 오마르가 뜬공에 누를 떠났다가 붙잡히는 실수를 저지른다. 아직 진루해야 하는 상황을 잘 이해하지 못해서 병살을 당했다. 나는 게임을 중지시키거나 오마르에게 야구 규칙을 가르치지 않는다. 오늘 오마르는 몇 주 만에 처음으로 누를 밟았다. 태그업$^{tag up}$(타자의 타구가 뜬공일 때, 주자가 누를 밟은 상태에 있다 수비 팀이 그 뜬공을 잡는 순간 다음 누를 향해 달려가는 동작—옮긴이)에 대해서는 경기가 끝나고 가르쳐도 된다.

**오전 8시 26분** : 발레리가 3루 쪽 땅볼을 잡아 2루로 보내는 멋진 플레이를 보여 준다. 발레리 팀이 봉살을 이끌어 낸다. 학생들은 상황에 따라 적절한 누를 지키는 방법을 배운다.

**오전 8시 29분** : 다나가 삼진을 당한다. 여전히 공을 끝까지 쳐다보지 못해 놓치고 말지만 늘 열심히 노력한다. 포수 뒤쪽 자리로 돌아갈 때 팀 친구들 모두가 다나와 하이파이브를 한다.

경기가 끝난다. 나는 오늘 처음으로 진루한 오마르를 칭찬한다. 그러고 나서 1분간 태그업에 대해 설명한다. 아이들은 투 아웃일 때 뜬공이 나오면 전속력으로 달려야 하지만 다른 상황에서는 신중해야 한다는 걸 배운다. 몇몇 아이들은 이 개념을 잘 이해하지 못하지만 나중에 다시 진루 상황에 대해 이야기할 발판은 마련된 셈이다.

**오전 8시 35분** : 아이들은 야구장을 떠나면서 잠시 뒤를 돌아본다. 재킷 하나가 남겨져 있어 챙긴 뒤 아이들은 운동장을 떠나기 시작한다. 반대편에서 배구를 하던 아이들이 야구 경기가 끝난 것을 보고 합류한다. 조나단이 네트 치는 데 사용한 털실 뭉치를 잊지 않고 챙겨 온다.

**오전 8시 37분** : 학생들은 학교 건물까지 이동하는 동안 재잘거린다. 하지만 운동장과 교실 구역을 나누는 문을 넘는 순간 모든 이야기는 중단된다. '호바트 셰익스피어 연극반은 때와 장소를 가려 행동한다.'

**오전 8시 38분** : 학생들은 각자 알아서 화장실로 가서 씻은 후 56호 교실로 돌아와 미국 역사를 배울 준비를 한다.

**오전 8시 41분** : 방문 교사들이 아이들의 독립심에 대해 내게 이야기한다. 아이들이 실수를 하거나 잘못 행동하기도 하느냐고 묻는다. 당연하다. 어린아이들이 아닌가. 하지만 아이들이 알아서 행동하고 심지어 가끔은 잘못된 판단을 내리도록 두지 않는다면 어떻게 스스로 생각하는 법을 배울 수 있겠는가?

교직원 화장실을 나서면서 손을 말린다. 학생들은 나 역시 그들과 마찬가지로 손을 씻는다는 것을 본다. 아이들은 우측통행으로 계단을 올라 교실로 간다. 계단에 다른 학생들은 없지만 어디서나 예의를 지키는 게 몸에 배어 있다. 아이들은 항상 오른쪽으로 걷는다.

**오전 8시 40분** : 켄 번즈의 영화 〈남북전쟁〉 중 한 부분을 시청하려고 텔레비전을 미리 준비해 두었다. 학생들은 게티즈버그Gettysburg 전투 사흘째 장면들을 시청한다. 아이들은 군대 규모와 유혈 사태를 보고 놀란다.

**오전 8시 50분** : 아이들은 오늘 아침 일찍 책상에 놓여 있던 목록에 필요한 사항을 기록한 후 각자의 기록함에 정리해 놓는다. 이 상자는 아이들이 각자의 정보를 저장해 두는 색인 카드 홀더다. 프레더릭 더글러스 Frederick Douglass, 스톤월 잭슨Stonewall Jackson, 게티즈버그, 빅스버그Vicksburg, 그리고 다른 서른 개 용어가 며칠 안에 그들의 지식 중 일부가 될 것이다.

오전 9시 2분 : 나는 곧 과학 실험이 시작될 테니 기록함을 치우라고 말한다. 30초 안에 기록함이 사라지고 모두가 각자의 폴더에서 태양에너지 기록을 꺼낸다. '호바트 셰익스피어 연극반은 시간을 잘 쓸 줄 안다.'

오전 9시 4분 : 아이들은 태양열 집열기를 사용하는 방법을 이미 배워 두었다. 오늘 수업은 태양열 집열기의 각도에 따라 수집되는 에너지의 양을 늘릴 수 있는지를 실험해 보는 것이다.

넷씩 그룹을 지어 태양열 집열기를 바깥으로 가지고 나와 운동장 옆 조그마한 풀밭에 놓는다. 아이들은 내가 집에서 가져온 물통의 물을 집열기에 쏟아 넣는다. 교실 개수대 물은 오염돼 사용 못 하게 돼 있다. 반에서 제일 힘센 아이 셋이 다른 팀들이 사용할 수 있도록 2리터짜리 물통을 운동장까지 날랐다. 각 팀은 내 지시가 없이도 태양열 집열기를 물로 채운 뒤에 온도계를 사용해 물 온도를 잰다. '호바트 셰익스피어 연극반은 자주성이 있다.'

오전 9시 25분 : 마지막 15분 동안 아이들은 관찰한 내용을 깔끔하게 적는다. '호바트 셰익스피어 연극반은 보여 주기의 중요성을 안다.' 최종 결과를 표로 정리한 후 결론을 낸다. 교구는 교실로 가져와 적절한 장소에 가져다 둔다. 조용히, 그리고 스스로 학생들은 《파리대왕》을 꺼낸다.

오전 9시 30분 : 학생들은 이 무시무시한 이야기를 빨리 읽고 싶어 안달이다. 오늘 읽을 장에서 시몬의 죽음을 알면 충격을 받을 것이다. 이 장에서 표현하고 있는 수많은 역설적 상황들을 아이들에게 이해시켜야 한다.

레오가 상처 입은 시몬의 머리(시몬은 나무와 충돌했다)가 가시면류관을 쓴 그리스도의 상처와 닮았다며 뛰어난 관찰력을 보여 준다.

오전 9시 58분 : 발레리가 자원해서 문단을 읽는다. 큰 소리로 읽는 걸 좋아하지 않는 아이지만 자신감이 붙은 느낌이다. 읽기가 서투른 다른 아이들도 이번 주 열심히 노력했고 어느 누구도 친구들의 비웃음을 사지 않았다. 우리 교실은 안전한 천국이다. '호바트 셰익스피어 연극반은 배려한다.'

오전 10시 20분 : 루이스는 반에서 글을 가장 잘 읽고 생각이 깊은 아이 중 한 명이다. 역시나 기대를 저버리지 않고 내가 바라던 의견을 내놓는다. 랄프라는 인물은 끊임없이 구조되고 싶다는 바람을 내보이지만, 루이스는 아이들이 이 섬에 오게 된 것이 핵전쟁 때문이라고 지적한다. "사실 구조란 건 없는 거 아닌가요?" 루이스가 묻자 아이들이 헉하고 숨을 쉰다. "정말 우울하네요." 안젤라가 덧붙인다.

오전 10시 25분 : 시몬이라는 인물은 아이들을 공포에 떨게 한 것으로 추정되는 괴물이 그저 전쟁에서 사망한 낙하산 부대원이라는 진실을 알아낸다. 다른 이들에게 이 사실을 알리려고 그는 어둠 속에서 산을 내려간다. 교실은 공동묘지처럼 조용하다. 뭔가 끔찍한 일이 벌어질 것을 직감한 아이들이 바짝 긴장한다. 서른네 명의 아이들이 거의 한 시간가량 책에서 눈을 떼지 않고 있다. '호바트 셰익스피어 연극반은 집중한다.'

오전 10시 40분 : 시몬이 다른 아이들에게 죽임을 당한다. 학생들 몇몇은 울음을 터뜨린다. 아무도 말을 하지 않는다. 끔찍하지만 멋진 순간이다.

독서는 이런 모습이어야 한다. 1분 넘게 교실의 침묵은 깨지지 않는다. 이제 아이들은 앞으로 어떻게 될지 걱정하며 이야기를 나누느라 가만히 있지 않을 것이다. 나는 아주 멋진 일들이 기다리고 있다고 말해 준다. 그런 다음, 이제 쉬는 시간이니 책을 덮어야 한다고 말한다. 아이들은 아쉬운 신음 소리를 내며 더 읽자고 간청한다. 쉬는 시간을 생략하자는 아이들도 있다. 나는 내일 더 읽을 것이라고 말해 준다.

오전 10시 45분 : 몇몇 아이들이 쉬러 가고 나머지는 교실에서 기타를 연습한다. 오늘은 피아노와 리드기타가 더 후의 〈더 시커The Seeker〉를 맞춰 보는 연습을 한다.

오전 10시 46분 : 학생이 방문 교사를 화장실로 안내한다.

오전 10시 55분 : 조이가 리드 릭을 완벽하게 연주해 낸다. 하지만 키보드를 맡은 카렌과는 아직 잘 맞지 않는다. 학생들은 같은 곡을 연달아 세 번 연주한다. 매번 조금씩 나아진다. '호바트 셰익스피어 연극반은 최선을 다한다.'

오전 11시 : 보컬리스트 네 명이 화음을 맞추기 위해 연습에 합류한다. 첫 두 소절은 멋지게 마쳤지만 마지막 소절이 불안하다. 하지만 아무도 걱정하지 않는다. 지금까지 계속 잘해 왔으니 앞으로 몇 달 지내면서 기량을 더 갈고닦으면 된다. '지름길은 없다.'

오전 11시 5분 : 쉬는 시간이 끝난다. 기타를 맡았던 아이들은 악기를 케이스에 넣어 제자리에 가져다 둔다. 밖에 있던 아이들이 교실로 들어와 수학 교재를 꺼낸다. 기타를 치던 아이들은 각자 알아서 화장실에 다녀온다. 학교에서는 보통 화장실에 혼자 다니는 것을 금지한다. 음악 연습을 하던 아이들은 쉬는 시간에 화장실에 다녀올 수가 없었다. 나는 아이들을 믿는다. '호바트 셰익스피어 연극반은 정직하다.'

**오전 11시 6분** : 교실에 있는 학생들은 '몸 풀기'로 마시 쿡$^{Marcy Cook}$의 수학 타일을 꺼낸다. 아이들이 가장 좋아하는 암산 문제는 다음과 같은 식이다. '펜실베이니아 상원의원 수를 가지고 시작해 볼까. 이 숫자에 미국 대법원 판사의 수를 더하세요. 거기에 포트나이트$^{fortnight}$(2주일—편집자)가 몇 주일인지 그 개수를 더하세요. 1야드가 피트의 몇 배인지 그 수를 더하세요. 그 숫자의 10퍼센트를 구하세요. 6.5를 더하세요. 그 숫자의 제곱근은 얼마인가요?' 거의 모든 아이가 3이라는 숫자를 정확하게 구해 낸다.

**오전 11시 10분** : 모든 학생이 교실로 돌아와 책 284쪽을 편다. 나는 아침 일찍 학생들이 볼 수 있도록 숙제를 칠판에 적어 두었다. 이 숙제는 내 수업 계획서에도 적혀 있다. 오늘은 대분수를 나누는 공식을 소개한다.

오늘 당장 문제지를 거두거나 채점하지 않는다. 그럴 시간이 없다. 한 학년 중 이 시기가 되면 서른네 명의 우리 반 아이들 중 스물일곱 명 정도는 80퍼센트 이상의 정답률로 거의 모든 수학 시험을 통과한다. 반 아이들 중 절반가량은 100퍼센트로 통과한다. 그러니 아이들의 연습 문제를 채점하는 일은 시간 낭비가 될 것이다. 아이들이 알고 있다는 사실을 나는 알고 있다.

대신 나는 대분수를 가분수로 바꾸는 과정에서 자주 저지르는 실수에 대해 살펴본다. 나는 문제를 푸는 데 어려움을 느끼는 학생들에게 주로 질문을 해서 제대로 이해하고 있는지를 확인한다.

연습 문제를 풀기 전에 나는 학생들의 자리를 바꿔 앉힌다. 문제를 푸는 데 어려움을 느끼는 학생들 옆에는 문제를 잘 푸는 학생들을 앉혀서 이해가 안 되는 부분을 바로바로 물어보고 확인할 수 있게 한다.

오전 11시 30분 : 이제 학생들은 내가 내준 열다섯 문제를 조용히 풀고 있다. 교재와 보충 자료에는 100개가 넘는 문제가 있지만, 나는 그보다 훨씬 적게 문제를 낸다. 열다섯 문제를 풀 수 있는데 굳이 100개나 되는 문제를 다 풀 필요는 없다. 물론 열다섯 개를 풀지 못하면 절대 100개는 풀지 못할 것이다.

모든 학생이 문제를 완벽하게 푼 것은 아니지만 모두가 절반은 훨씬 지나왔다. 학생들을 호명해 정답을 물어본다. 이해가 안 되는 학생은 질문을 한다. 질문하는 동안에는 아무도 웃거나 떠들지 않는다. 이곳은 안전한 피난처. '호바트 셰익스피어 연극반은 질문을 결코 두려워하지 않는다.'

오전 11시 55분 : 대부분 학생들이 문제 풀이를 마쳤다. 교재 뒤에 있는 연습 문제를 찾아 스스로 자신의 실력을 테스트해 본다. '호바트 셰익스피어 연극반은 자주성이 있다.'

오전 11시 57분 : 새런의 과제를 점검해 보니 진전이 보인다. 마침내 구구단을 완벽히 익히고 나아지고 있다. 새런은 자넷과 함께 공부하기를 좋아한다. 자넷은 우등생이지만 새런의 공부를 참을성 있게 도와준다. 나는 새런을 칭찬한다. 새런에게서 빛이 난다. 자넷은 지난 몇 주 동안 새런이 마음을 가다듬을 수 있게 도와주고 있지만 아무 말도 하지 않는다. '호바트 셰익스피어 연극반은 겸손하다.'

오후 12시 12분 : 전 시간에 두 학생이 문제를 다 풀지 못했다. 함께 점심 식사를 하면서 문제 풀이를 마칠지, 아니면 미술 시간에 숙제를 마칠지 선택하게 한다. 둘은 나와 함께 점심시간에 문제 풀이를 마치기로 한다.

방문 교사들에게 건물을 따라 가다 보면 나오는, 점심 식사를 할 수 있는 식당을 안내해 준다. 방문 교사들은 점심 식사를 마친 후 교실로 돌아와 오전 참관에서 궁금했던 점에 대해 나와 이야기를 나눈다.

오후 12시 15분 : 아이들이 점심을 먹으러 걸어간다. 학생들 대부분은 학교에서 제공하는 무료 급식을 이용하지 않고 도시락을 싸 온다. 아이들이 싸 오는 음식이 더 건강에 이롭고 맛도 훨씬 더 좋다. 편식하지 않고 조용히, 하지만 신속하게 먹는다. 빨리 교실로 돌아가 기타 수업을 듣고 싶기 때문이다. 음악 시간을 조금도 놓치고 싶지 않은 것이다. 복도를 지나 교실로 걸어 돌아올 때는 우측으로 붙어 반대편에서 오는 다른 아이들이 지나갈 수 있는 공간을 남겨 둔다. '호바트 셰익스피어 연극반은 때와 장소를 가려 행동한다.'

오후 12시 27분 : 교무실에서 우편물을 수거하고 화장실에 들르는 데 4분쯤 걸린다. 내가 과일과 야채를 좀 먹으려고 교실에 도착하는 바로 그때 최소한 열 명의 아이들이 한꺼번에 교실로 몰려 들어온다. 아이들은 빨리 곡을 연습하고 싶어 한다. 점심시간 동안 밴드는 너바나$^{Nirvana}$의 〈올 어 팔로지스$^{All\ Apologies}$〉와 라디오헤드$^{Radiohead}$의 〈누드$^{Nude}$〉를 연습한다.

오후 12시 36분 : 4학년 첼로 연주자 리디아가 점심 식사를 끝내고 연습에 합류한다. 리디아는 너바나 곡의 첼로 부분을 연습하고 있다. 졸업생 조안이 첼로 악보를 썼다.

곡을 연주할 악기는 있지만 리디아는 아직 준비가 안 됐다. 중학교, 고등학교에서 첼로를 연주하는 다른 졸업생들이 리디아를 가르쳐 줄 계획이다. 연습 중에 키보드를 연주하던 아이 하나가 리디아와 함께 첼로 섹션을 연주하며 리디아가 맡은 부분의 타이밍을 느낄 수 있도록 도와준다.

**오후 12시 40분** : 보컬을 맡은 아이 세 명이 화음을 맞춰 본다. 나는 밴드에게 연주를 멈춰 달라고 한다. 아이들이 모여 아카펠라를 노래한다. 밴드는 숨소리도 내지 않고 앉아서 노래하는 아이들이 집중할 수 있도록 배려한다.

**오후 12시 42분** : 천장 구멍 때문에 교육청에서 폐쇄한 옆 교실이 비어 있다. 두 기타리스트가 그곳에서 라디오헤드의 곡을 연습하고 있다. 곡의 리듬이 복잡해서 베이스와 리드기타가 음을 맞추고 있다. 인부들이 허락도 없이 이 교실을 들락거리며 우리 기타 연주를 보았기 때문에 학생들은 이 교실이 안전하다는 걸 알고 있다. 이 교실은 현재 교육청의 무관심 속에 거의 2년 가까이 비어 있다.

**오후 12시 45분** : 방문 교사가 훌륭한 질문을 한다. 음악 연습을 하지 않는 몇몇 아이들이 우리와 함께 이야기를 나눈다. 이 교사들은 우리가 수업 시간에 읽은 문학작품에 가장 관심이 많다. 그들은 논란이 많은 그런 책으로 어떻게 용케 수업을 해내고 있는지 궁금해한다. 나는 제도를 뛰어넘을 수 있는 최선의 방법은 제도가 제시한 게임을 하는 것이라고 설명한다. 점심 식사가 끝나면 아이들은 간단하지만 효과적으로 시험을 준비한다. 그런 식으로 논란을 잠재우는 것이다. 시험 점수만 높으면 게임에서 이길 수 있다.

**오후 12시 48분** : 베이스와 기타리스트가 선생님의 도움 없이 곡을 끝냈다. 그 누구도 이 숙제를 내주지 않았다. 그저 아이들 스스로가 곡을 끝내고 싶었을 뿐이며, 이제 반 전체 아이들에게 들려줄 생각에 들떠 있다. '호바트 셰익스피어 연극반은 자주성이 있다.'

**오후 12시 52분** : 아이들이 라디오헤드 노래를 멋지게 부른다. 기타 두 대도 마찬가지다. 키보드와 드럼 파트는 아직 준비되지 않았지만 아이들은 만족한다. 다른 악기는 나중에 더 추가하면 된다. 우리는 서두르지 않는다. '지름길은 없다.'

**오후 12시 55분** : 점심시간이 끝났음을 알리는 종이 울린다. 기타를 치던 아이들이 악기를 챙겨 라벨에 맞춰 케이스에 넣는다. 기타를 담은 케이스는 순서대로 벽에 기대어 둔다. '호바트 셰익스피어 연극반은 정리 정돈을 잘한다.'

**오후 12시 57분** : 휴식 시간에 바깥에서 놀던 아이들이 교실로 들어온다. 클레이버가 교실로 오는 계단에서 20달러짜리 지폐를 주워 주인을 찾아달라며 가져온다. 우리 반에는 돈을 잃어버린 아이가 없어 클레이버는 지폐를 교무실에 가져다준다. '호바트 셰익스피어 연극반은 정직하다.'

**오후 12시 58분** : 학생들은 읽기 이해도 평가를 위해 간단한 시험 준비를 한다. 여러 달 동안 해 온 덕에 꽤 잘 하고 있다. 해양에 서식하는 켈프에 관한 한 쪽짜리 이야기와 그에 관한 문제 다섯 개가 오늘 시험 준비의 내용이다. 거의 모든 학생이 네다섯 문제를 맞힌다. 실수가 가장 많은 것은 세 번째 문제다. 학생들은 함정에 빠진 문제에 대해 토의한다.

정답이 될 수 있는 대부분 항목들이 정답을 직접적으로 알려 주기보다는 단락에서 정답이 될 만한 구절을 반복적으로 언급한다는 점을 아이들에게 상기시킨다. 문제를 놓친 아이들은 열린 마음으로 솔직하게 실수를 되돌아본다. 이 교실은 안전하다. 그 누구도 조롱당하지 않는다.

**오후 1시 20분** : 대부분 학생들이 지난 시간에 이어 실 공예 프로젝트를 시작한다. 받아쓰기를 통과하지 못한 학생 셋은 오늘 프로젝트에 참여하지 않을 것이다. 참여하려면 보충 단어 공부를 마쳐야 한다. 두 명의 다른 학생은 러그를 만들 것이다. 시작한 일은 끝낸다. 이 두 학생은 러그 만들기를 끝내고 실 공예를 시작해야 한다.

**오후 1시 23분** : 학생들이 이제 네 부류로 나뉘었다. 실 공예에 쓸 나무를 사포질할 아이들은 교실에 먼지가 쌓이지 않도록 밖으로 나간다. 바깥 탁자에 나무판을 올려놓고 못질을 하는 아이들도 있다. 아이들을 감독하는 사람은 없다. 모든 학생이 이미 안전 수칙에 대해 간단한 설명을 들었다.

**오후 1시 30분** : 다른 학생들은 교실에서 배경을 칠하고 있다. 마지막으로, 세 명씩 모여 이미 칠한 판자에 테이프로 패턴을 만든다. 패턴이 나무 중앙에 정확히 위치하도록 자와 T자를 사용한다. '호바트 셰익스피어 연극반은 보여 주기의 중요성을 안다.'

**오후 1시 45분** : 못질을 하기 전에 나무판에 점을 찍는 방법이 궁금한 발레리가 내게 와서 묻는다. 나도 확실히 답을 몰라 잠시 책에서 찾아보고 대답해 주겠다고 말한다. 발레리는 작품을 내게 맡기고 내가 부탁하지 않았는데도 다른 학생을 도우러 간다. '호바트 셰익스피어 연극반은 자

주성이 있다.'

오후 2시 : 나무판을 페인트칠하던 학생들이 작업을 마쳤다. 학생들은 페인트칠이 끝났다고 내게 말하지 않고, 붓을 씻고 페인트 통 뚜껑을 덮어서 원래 자리에 가져다 둔다. 내일 작업을 계속하려면 나무판에 칠한 페인트가 말라야 하기 때문에 이 아이들은 도울 친구들이 있나 찾아본다.

오후 2시 9분 : 나는 바깥으로 나와 사포질과 못질을 하는 아이들에게 정리할 시간이라고 알린다. 청소를 끝낸 교실 안 아이들이 시키지도 않았는데 밖으로 나가 친구들을 도와 미술 도구를 챙겨 온다. 또 못이나 사포 조각이 떨어지지 않았는지 바닥을 확인한다.

오후 2시 15분 : 모든 학생이 교실로 돌아와 정규 일과를 마치는 종례를 준비한다. 우리는 '칭찬 게임'을 통해 반 친구에 대해 좋은 이야기를 할 수 있는 시간을 갖는다. 몇몇 학생들이 실 공예 프로젝트를 도와준 다른 친구들에게 감사 인사를 전한다. 한 학생이 품행이 바르지 못하던 친구가 운동장에서 친절하게 행동한 데 대해 칭찬한다. 이런 식으로 기분 좋게 학생들을 집으로 돌려보낸다.

오후 2시 30분 : 마흔 명의 학생들이 교실에 모여 셰익스피어 공연 연습을 준비한다. 우리 반 아이들은 서른 명이 좀 넘고 나머지는 다른 반에서 온 4~5학년 학생들이다. 연습은 세 부분으로 나뉜다. 오늘은 〈법에는 법으로〉 4막 1장을 연습할 것이다. 배우들이 대사를 살펴보고 낭송하면 모든 학생이 따라 한다. 이렇게 모든 학생이 다 함께 어휘를 익힌다. 아이들이 연기를 제대로 하려면 말의 의미를 이해해야 한다.

오후 2시 50분 : 아이들이 대사의 의미를 알았다고 판단되면 장면을 훑어

가면서 입장과 퇴장을 포함해 누가 어디에 설 것인지를 결정한다. 장면에 등장하지 않는 학생들은 제자리에서 숨을 죽이고 있다. 연기하고 있는 친구들을 배려하는 것이다. '호바트 셰익스피어 연극반은 배려한다.'

오후 2시 55분: 휴고가 미구엘과 대본을 함께 보고 있는 모습이 눈에 띄어 나는 휴고에게 대본을 잃어버렸는지 물어본다. 잠시의 망설임도 없이 휴고는 대본을 집에 두고 왔다고 말한다. 어디 두었는지 알고 있으니 내일은 반드시 가져오겠다고 대답한다. 전혀 문제 될 것이 없다. 연습은 계속된다. '호바트 셰익스피어 연극반은 정직하다.'

오후 3시 10분: 연습한 1장이 괜찮아 보인다. 모든 배우가 맡은 역할을 잘 연기하고 있다. 집에 가서 대사를 외워 오라는 숙제는 내주지 않는다. 언제부터 대본 없이 연습할지 정해 두지도 않았다. 하지만 아이들은 곧 대본 없이 연습할 것이다. '호바트 셰익스피어 연극반은 최선을 다한다.'

오후 3시 15분: 연습의 두 번째 부분은 2막 1장을 복습하는 것이다. 학생들은 이 장을 벌써 두 달 넘게 연습해 오고 있다. 모든 배우가 대사를 알고 있다. 오늘은 언어유희로 잘 알려진 순경 엘보우와 안젤로의 대사에다 사라가 안무한, 아직은 덜 다듬어진 춤을 맞춰 볼 것이다.

오후 3시 20분: 밴드의 연주가 괜찮다. 배우들의 연기도 괜찮다. 하지만 아직은 완벽하게 어울리지 않는다. 배우들이 베이스 기타 소리를 들을 수 있도록, 특정 음을 신호 삼아 대사를 시작하거나 춤을 시작할 수 있도록 속도를 조금 늦춘다. 15분 후 멋진 장면이 완성되고 아이들도 그렇게 느낀다. 두 달 전만 해도 힘들었던 이 장면이 철저한 연습으로 드

디어 완성됐다. '지름길은 없다.'

오후 3시 25분 : 순경 엘보우 역을 맡은 엘빈이 자기가 영어를 잘못 사용하는 것을 전체 관중이 들을 수 있도록 발의 위치를 바꾸는 연습을 한다. 엘빈이 교실 양쪽에 앉아 있는 사람들과 눈을 맞추며 연기하는 연습을 할 수 있도록 다른 아이들은 관중 역할을 해 준다.

오후 3시 30분 : 〈제일하우스 록<sup>Jailhouse Rock</sup>〉에 추가된 새로운 춤을 연습한다. 연습한 지 일주일밖에 안 됐으므로 아직은 춤이 엉성하다. 사라가 어제 남녀가 짝을 지어 춤을 추는 어려운 동작을 보여 주었다. 모든 여학생이 각자 파트너 남학생의 팔을 360도 도는 동작이다. 모두 네 쌍인데, 여학생들이 다치지 않게 두 명이 보조하면서 모두가 동작을 완성한다. 이 동작 연습을 끝낸 아이들은 동작을 다 익힌 프린스<sup>Prince</sup>의 〈크림<sup>Cream</sup>〉을 연습한다. 유난히 자극적인 가사가 많은 곡이지만 우리가 준비하는 연극이 〈법에는 법으로〉가 아닌가. 보는 사람을 기분 나쁘게 하려고 작정한 희곡이다.

오후 3시 40분 : 아이들이 춤 연습을 하는 동안 문이 열리고 열 명 남짓한 중학생들이 교실로 들어온다. 안부 인사차 들른 이들은 아이들의 춤을 봐 주고 교실 청소와 채점을 돕는다. 신시아는 피콜로를 가져왔다. 셰익스피어 연습이 끝나는 4시에 시온에게 피콜로를 가르쳐 줄 계획이다.

오후 3시 47분 : 프린스 곡의 리드기타리스트인 에일린이 리프의 타이밍을 맞추는 데 어려움을 겪고 있다. 졸업생 중 하나인 엘사가 믹싱 보드(다양한 청각적 요소들을 결합하는 데 사용된다 — 옮긴이)를 사용해 에일린을 도와서, 내게는 다른 아이들을 봐줄 여유 시간이 생긴다.

**오후 3시 56분 :** 교실의 모든 아이가 연습에 참여했다. 아이들에게 내일은 4막을 끝낼 것이라고 다시 한 번 알려 준다. 부모님이 기다리고 있는 몇몇 아이들은 서둘러 교실을 나가지만, 나머지는 교실을 청소하기 시작한다. 이 어린아이들 대다수가 아침 6시 15분부터 교실에 있었다. 나는 아이들에게 교실은 놔두고 어서 집에 가라고 손짓한다. 레오와 그의 친구들이 야구공과 글러브를 빌릴 수 있느냐고 묻는다. 당연히 빌릴 수 있다. 아이들이 학교에서 야구를 하며 하루를 시작하고 끝낼 수 있다는 것은 얼마나 멋진 일인가!

아이들 몇몇이 방문 교사를 차까지 안내하고 방향을 확인시켜 준다. 품위 있는 손님들이었다. 좀 더 발전하기 위한 아이디어를 얻으러 찾아오는 선생님들과 만나다니, 아이들에게는 큰 귀감이 됐다. 나는 늘 우리 교실을 찾는 사람보다는 우리가 더 많은 것을 얻는다고 생각한다.

**오후 4시 5분 :** 대부분의 셰익스피어 배우들이 집으로 돌아가거나 밖에서 놀고 있다. 운동장에서 노는 아이들도 보통 5시 이전에 집으로 돌아가는데, 5시가 넘으면 주변 동네가 어린아이들이 놀기에 안전하지 않기 때문이다.

**오후 4시 15분 :** 56호 교실에 카렌과 앤지가 남아 보위^Bowie의 〈체인지스^Changes〉를 키보드로 연습하고 있다. 둘은 부모님이 데리러 오는 5시까지 교실에 남아 있다. 옆 교실에서는 시우이 신시아의 도움으로 피콜로를 연습하고 있다.

**오후 4시 22분 :** 졸업생들이 내일 쓸 모든 학습 자료를 분류해서 정리한다. 일찍 등교하는 아이들이 내일 아침 다른 아이들에게 나눠 줄 수 있도록 책상 위에 놓아둔다.

　중학생인 헤더와 엘사가 중학교에서 보낸 하루에 대해 이야기한다. 헤더는 행실이 나쁜 한 남자아이를 교무실로 데려가다가 복도에서 남자아이와 몸싸움을 벌였고, 그 후 56호 교실로 오는 버스를 타려다가 넘어졌다. 중학교는 만만치 않다.

오후 4시 57분 : 나는 학교를 나선다. 그때까지 연습을 하며 교실에 남아 있던 몇몇 아이들은 악기 플러그를 뽑고 열쇠로 잠근다. 나는 졸업생들에게 작별 인사를 하고 토요일에 보자고 말한다. 중학생이 된 아이들도 바쁘다는 걸 알기 때문에 의무감으로 56호 교실에 오는 것은 원하지 않는데, 좀체 말을 듣지 않는다.

오후 5시 : 집으로 향한다. 이제 바바라를 비롯해 다른 가족들과 네 시간쯤 함께 보낼 것이다. 오늘 밤에는 연극 준비에 딱 30분만 쓸 생각이다. 조언을 얻고자 하는 몇몇 선생님들에게 연락을 할 테지만 저녁 시간은 아내와 가족의 것이다.

오후 9시 15분 : 잠자리에 들 시간이다. 오늘 56호 교실 학생들은 야구를 하고, 역사를 눈으로 보고, 과학 실험을 하고, 위대한 문학작품을 읽으면서 인간의 가장 어두운 내면을 생각해 보고, 수학 실력을 쌓고, 음악을 연주하고, 미술 작품을 만들고, 셰익스피어를 연기했다. 이 전부를 모두가 서로 배려하는 편안한 환경에서 이뤄 냈다. 오늘도 역시 많은 것을 얻은 하루였다.

# 〚 호바트 셰익스피어 연극반의 1년 〛

많은 연극 교사들과 특별활동으로 연극을 하려는 이들이 호바트 셰익스피어 연극반의 작품이 어떤 과정으로 완성되는지 묻는다. 그래서 여기에 56호 교실에서 1년 동안 연극이 완성되는 과정을 소개한다.

"우리는 꿈을 이루는 데 쓰이는 재료 같은 겁니다."

그러한 꿈을 현실로 만드는 데는 엄청난 노력이 필요하다. 학생들에게 지름길은 없다는 것을 이해시키는 일이 1년 동안 셰익스피어 작품을 완성하는 데 가장 중요한 부분을 차지한다. 기대 수준은 높게 설정되지만 서두르지 않는다. 노력. 기쁨. 인내. 팀워크. 위험. 발전. 이 모든 것이 매 연습의 일부가 돼야 할 주제들이다. 과정이 가장 중요하다.

## 6월

지난해 7월부터 연습을 계속해 온 호바트 셰익스피어 연극반은 이달 〈헛소동〉을 선보인다. 공연이 있는 날에는 3~4학년 학생들을 56호 교실로 초대한다. 연극반 경험이 있는 아이들이 3~4학년 학생들을 위해 몇 가지 장면을 보여 준다. 교실 조명과 음향 장비에 관객들은 입을 다물지 못한다. 3~4학년 학생들의 대다수가 드럼을 연주하는 법을 배울 수 있는지 묻는다. 아이들은 내년에 공연할 〈한여름 밤의 꿈〉이 7월부터 연습에 들어간다는 얘기를 듣는다. 관심 있는 학생들은 셰익스피어 수업 일정과 함께 기타 수업을 신청하는 방법에 관한 정보를 얻는다.

## 7월

7월에는 학교가 문을 닫지만 우리 교실은 이용이 가능하다. 그리고 여름방학 첫 6주 동안은 호바트 학생들을 위한 방과 후 프로그램이 열려 있다. 7월 두 주 동안 호바트 셰익스피어 연극반에 새로 들어온 학생들을 56호 교실로 초대한다. 셰익스피어 수업은 오전 8시부터 오후 3시 30분까지 이어진다. 아이들에게는 점심 식사와 간식이 제공된다.

대략 스물다섯 명의 학생들이 찾아온다. 9월에는 더 많은 아이들이 올 것이다. 부모가 다른 계획을 세워 둔 탓에 여름에는 셰익스피어 수업을 듣지 못하는 아이들이 있다. 이와 관련해, 이 여름 수업은 또 다른 목적이 있다. 7월에는 숨겨진 재능을 드러내는 학생들을 찾을 수 있다. 이 학생들은 새롭고 어려운 과제에 기꺼이 도전해 보려고 한다. 반면에 부모가 보모를 찾는 동안 어린 동생을 돌봐야 해서 수업을 중단하는 학생들도 있다. 7월의 두 주는 이렇게 내년 작품을 함께할 아이들이 어떤 아이들인지를 판단하는 시간이다.

이달에 아이들은 윌리엄 셰익스피어의 삶에 대해 배운다. 게임을 통해 아이들이 연극 제목을 모두 기억할 수 있도록 도와준다. 또한 엘리자베스 시대 잉글랜드의 열악했던 극장 환경과 연극의 모든 부분은 남성들이 도맡아 했다는 사실에 대해서도 소개한다.

마세트 슈트Marchette Chute의 훌륭한 저서 《셰익스피어 이야기Stories from Shakespeare》는 도입 부분에도 올해의 연극에 대해 소개돼 있다. 모든 아이는 첫날 아침 한 시간여 동안 함께 큰 소리로 읽었던 요약본을 한 부씩 받는다. 그러고 나서 본격적인 대본 읽기로 들어간다. 모든 학생은 폴저 셰익스피어 도서관에 소장된 《한여름 밤의 꿈》 사본을 받는다. 폴저 버전을 사용하는 데는 두 가지 이유가 있다. 각 장면이 시작되기 전에 그 장면에 대한 내용이 간략하게 요약돼 있다. 또한 대사를 설명하는 참고 사항이 읽고 있는 페이지 건너편에 나와 있어 편리하다. 대본에서 대사 위치를 놓치지 않고 따라갈 수 있다.

많은 교사들이 《스파크노트SparkNotes》나 《셰익스피어 쉽게 읽기Shakespeare Made Easy》 시리즈를 선호한다. 이러한 대본은 한쪽에 셰익스피어 원본이 나와 있고 반대쪽에 현대 언어로 옮긴 '번역본'이 나와 있다. 이것도 굉장히 유용할 수 있지만, 내 목표는 아이들이 셰익스피어가 원래 의도했던 대사를 그대로 말하도록 가르치는 것이기 때문에 나는 이 교재를 사용하지 않는다. 현대적 번역본을 사용하면 좀 더 어려운 원본 대사에 집중하지 못할 수 있다. 셰익스피어를 가르치는 목적이 연극 내용만을 알게 하려는 것이라면 번역본도 훌륭하다. 하지만 우리 반은 언어 자체를 중요하게 여기기 때문에 원본을 고집한다.

이 두 주 동안에는 대본을 읽지 않는다. 인터넷에서 오디오 파일을 다운로드해서 들으면서 대사를 눈으로 따라간다. 나는 자주 오디오를 멈추고 특정 구절을 설명한다. 어려운 대사들은 간략하게만 설명한다. 우리에겐 이 연극을 알아 갈 수 있는 1년이라는 시간이 있다. 이 첫 두 주는 그냥 시작일 뿐이다. 그래도 7월이 끝날 때쯤이면 학생들은 인물들에 대해 꽤 많이 알게 되고, 내가 대사를 읽어 주면 누구의 대사인지 알 수 있는 수준이 된다.

7월은 기타 수업이 시작되는 달이기도 하다. 열다섯 명의 아이들이 이 선택 수업에 참여하겠다고 지원했다. 이 학생들은 90분을 더 학교에 남아 있다가 오후 5시에 집에 간다. 이들이 기본적인 악보 보는 법과 간단한 화음을 연주하는 법을 배울 수 있을 만큼 충분한 수의 클래식 기타가 있다. 모든 학생이 기타 수업을 끝까지 마치지는 못할 것이다. 많은 학생들이 지난달 밴드의 멋진 공연을 봤기 때문에 어서 빨리 곡을 연주하고 싶어 안달이다. 하지만 일부는 그에 대한 대가를 지불하지 않으려 할 것이다. 기타 수업에는 많은 시간과 노력을 투자해야 한다. 7월은 어떤 학생들이 날 준비가 되었고 어떤 학생들이 걷는 법을 배우고 있는지를 판가름하는 시간이다. 각 학생들에게 맞는 자리를 찾아 주는 것이 내 일이 된다.

연습 마지막 날, 학생들은 8월 수업표를 받는다. 8월에는 일주일만 학생들을 만난다. 작년에 담임을 맡았던 반 아이들과 여행을 가야 하고 아내와의 휴가 계획도 세워 두었기 때문이다. 아이들은 7월 한 달을 훌륭하게 마쳤고, 모두가 몇 주 후에 다시 보자고 약속한다. 시간이 말해 줄 것이다.

## 8월

8월에는 첫 한 주만 학생들을 만난다. 그 뒤로 학교는 노동절(미국의 경우 9월 첫째 월요일로 공휴일 — 옮긴이) 이후 새 학년이 시작될 때까지 완전히 폐쇄된다. 그렇더라도 이 닷새의 시간은 굉장히 중요하다.

7월에 참석했던 학생들이 거의 다 돌아왔다. 세 명이 빠졌는데, 아직은 이유를 모르겠다. 그만두기로 했을 수도 있고, 이번 주에는 학교에 나오지 못할 사정이 있을 수도 있으며, 이사를 갔거나 심지어 다른 나라로 떠났을 수도 있다. 하지만 새로운 학생이 몇 명 들어왔다. 대부분의 경우 7월에 수업을 들은 아이들이 친구들에게 연락해서 함께 하자고 부추긴 것이다.

이 주에는 수업에 나온 각 학생들에게 우리가 연극할 작품의 모든 음악이 담긴 CD를 나눠 준다. 바흐$^{Bach}$, 엘비스 코스텔로$^{Elvis\ Costello}$, 퀸$^{Queen}$, 비틀스$^{Beatles}$, 비치 보이스$^{Beach\ Boys}$, 랜디 뉴먼$^{Randy\ Newman}$, 더 킨크스의 곡들이 들어 있다. 아이들에게 노래 가사도 나눠 준다. 이제 매일 일정 시간 이 노래들을 연습하고 연극에 어떤 식으로 들어가는지를 배울 것이다. 예를 들어 헬레나와 허미아가 허미아의 작은 키를 두고 농담 섞인 재미난 논쟁을 시작할 때, 아이들은 랜디 뉴먼의 〈키 작은 사람들$^{Short\ People}$〉에 맞춰 춤을 춘다. 또 테세우스 공작이 축하연 관리원장$^{Master\ of\ the\ Revels}$인 필로스트레이트에게 "아테네 젊은이들의 흥을 돋우라"고 주문하는 장면에서는 엘비스 코스텔로의 〈펌프 잇 업$^{Pump\ It\ Up}$〉에 맞춰 신 나는 스트리트 댄스를 선보일 것이다.

이 주 노래 연습에서 중요한 부분은 아이들이 서로를 비웃지 않는 분위기를 조성하는 것이다. 노래를 암기한 아이들은 마이크 네 개 중 하나에 대고 노래를 부르며 자신들의 목소리를 공개한다. 친구들 앞에서 노래를 쉽게 잘 부르는 학생들은 당연히 자신감이 있다. 다른 학생들은 도전해 보지만 박자를 못 맞추거나 인쇄물을 보고 읽으면서도 가사를 잘 기억하지 못하기도 한다. 웃는 사람이 없으면 노래를 잘 못 부른 학생도 다시 노력한다. 셰익스피어를 배우는 것보다 훨씬 더 중요한 교훈을 마음에 새기게 되는 것이다. 우리는 서로 비웃지 않는다. 우리 교실은 안전하다.

처음으로, 몇몇 용감한 학생들이 지금까지 오디오로 들은 대사를 읽기 시작한다. 우리는 몇몇 장면들의 대사를 직접 연습해 본다. 어려운 대사를 더듬거리며 읽어 가는 친구들을 서로 응원하며 놀리지 않을 때 다시 한 번 두려움은 사라진다. 나는 목소리가 좋은 학생들을 발견한다. 이 아이들은 연극을 주도적으로 이끌어 가는 역할을 맡게 될 것이다. 아이들은 당장 연극을 해 보고 싶어 하지만 10월까지 기다려야 할 것이다. "우리는 이제 막 아주 긴 여행을 시작했단다." 나는 아이들에게 설명한다.

## 9월

이 달에는 공식적으로 새 학년이 시작된다. 이제 연습 시간을 바꿔야 한다. 우리는 일주일에 네 번 만나 오후 2시 30분부터 4시까지 연습한다. 여름방학 때 참여했던 몇몇 학생들이 연습에서 빠졌다. 부모들이 다른 방과 후 계획을 세워 두었기 때문이다. 하지만 15~20명쯤 되는 다른 아이들이 새로 들어왔다. 대부분 여름에 학교에 나올 수 없었던 아이들이다. 문제는 7월부터 참여한 아이들이 이미 올해에 공연할 연극 대본을 다 읽은 상태인데 새로 온 학생들은 '한여름 밤'이라는 단어도 제대로 쓰지 못한다는 것이다. 먼저 시작한 아이들을 따라잡으려면 할 일이 많다.

9월에는 연극을 다시 듣는다. 다만 이번에는 영화도 같이 본다. 〈한여름 밤의 꿈〉을 준비하면서 우리는 이 연극의 영화를 세 가지 버전으로 관람하는 호사를 누린다. 이렇게 하면 연극에 대한 아이들의 이해를 높이는 데 도움이 된다. 우선 미키 루니<sup>Mickey Rooney</sup>와 조 브라운<sup>Joe E. Brown</sup>이 주연한 맥스 라인하르트<sup>Max Reinhardt</sup>의 1935년도 영화가 있다. 올해 후반 일부 아이들은 우리 영화 클럽에서 〈뜨거운 것이 좋아<sup>Some Like It Hot</sup>〉를 관람하게 될 텐데, 맥스 라인하르트에 대해서는 그때 다시 한 번 살펴볼 것이다. 케빈 클라인<sup>Kevin Kline</sup> 주연의 1999년도 영화는 영화의 제작 가치만큼 기술적 완성도가 더 높아졌다. 그리고 셋 중에서 내가 가장 좋아하는 피터 홀<sup>Peter Hall</sup>의 아름다운 1968년도 작품이 있다. 다이애나 리그<sup>Diana Rigg</sup>, 헬렌 미렌<sup>Helen Mirren</sup>, 주디 덴치<sup>Judi Dench</sup>, 이안 홀름<sup>Ian Holm</sup>이 주연한 이 작품이 아마도 〈한여름 밤의 꿈〉의 대사를 가장 잘 살린 영화일 것이다.

연습은 세 부분으로 나뉜다. 30분은 극에 사용할 노래 두세 곡을 부르는 데 쓴다. 원하는 아이들은 마이크에 대고 부르는 기회도 얻는다. 밴드는 아직 연주 준비가 되지 않았기 때문에 내가 가볍게 기본적인 리듬을 치며 박자를 맞춘다. 9월은 공연에서 대부분의 노래를 맡게 될 예닐곱 목소리를 발견하는 달이다.

그런 다음 연극의 두 장면을 들어 보고 내용을 이해한다. 여기서 내가 사용하는 핵심 기법은 모든 것을 일일이 설명하지 않는 것이다. 이제 겨우 9월이다. 오베론이 옥슬립 앵초에 대해 말할 때면 아이들이 잘 이해할 수 있도록 옥슬립 사진을 보여 준다. 하지만 나인 멘스 모리스<sup>Nine Men's Morris</sup>에 대한 티타니아의 언급은 생략할 수도 있다. 결국에는 아이들도 이것이 어린이가 즐기는 게임임을 알게 되겠지만, 아무리 많은 정보를 줘 봤자 아홉 살이나 열 살 아이들은 하루에 다 소화할 수 없다.

마지막으로, 우리는 장면들을 영화로 본다. 학생들은 셰익스피어를 연기하는 데 절대적으로 '옳은' 한 가지 방법만 있는 게 아님을 알게 된다. 아이들은 세 가지 다른 방식으로 연출된 똑같은 장면을 본다. 그리고 세 영화에 묘사된 퍽의 모습이 매우 다르다는 것을 눈치챈다. 여기서 교훈은, 결국 중요한 것은 '그들이' 연기하는 퍽임을 깨닫는 것이다. 아이들은 언어를 배우고, 다른 사람을 관찰하고, 마지막으로 자신만의 개성과 믿음으로 그 모든 정보를 걸러 내 그들만의 무엇인가를 만들어 낼 것이다. 모든 아이가 도전과 모험이 가득한 흥미진진한 여행길에 올라 있다.

수요일에는 사라와 춤 연습을 한다. 아이들은 사라를 존중하고 좋아한다. 처음 연습 때는 안무를 짜 오지 않는다. 몸을 움직이는 방법을 알려 주고, 최선을 다할 것을 요구하며, 아이들이 전문가처럼 연습에 임하길 기대한다. 아이들은 사라의 말을 잘 따른다.

이 달은 배역을 고민하며 보낸다. 요정 세계를 멋지게 표현해 줄 학생들이 많다. 지난해 공연에 4학년으로 참가했던 재니스가 티타니아 역을 맡으면 완벽할 것이다. 새로 들어온 이반은 목소리가 멋져서 테세우스와 오베론을 모두 맡기면 어떨까 생각 중이다. 픽은 쉽다. 실제로도 픽과 매우 닮은 남자아이가 있다. 연인들 배역도 쉽게 정할 수 있을 것이다. 몇몇 남자아이와 여자아이가 연인들을 연기할 만한 자신감과 의욕과 재능을 보여 주었다.

올해 처음 연극반에 들어온 5학년 학생 가운데 닉 보텀 역을 훌륭하게 해낼 아이가 있다. 하지만 걱정거리가 하나 있다. 기계공들을 연기할 학생들이 별로 눈에 띄지 않는다. 사람들을 즐겁게 만드는 일은 쉽지 않다. 이 시기가 되면 나는 웃음이 많지 않은 〈한여름 밤의 꿈〉을 무대에 올리게 될까 봐 초조해하며 잠자리에 든다. 하지만 시간은 내 편에 있다. 아이들을 더 많이 알게 되면 생각보다 더 좋은 배역을 편성할 수 있을 것이다.

## 10월

10월쯤 되면 아이들이 수업의 리듬을 완벽히 이해하게 된다. 학교는 오후 2시 19분에 끝나고, 아이들은 셰익스피어가 시작되기 전에 화장실에 들른다. 이런 식으로 90분의 연습 중에는 (말 그대로) 흐름이 끊기는 일이 없다.

학생들 열다섯 명이 여름을 보내면서 기타 연주를 시작했다. 몇몇은 도중에 그만두었고 한 명은 이사를 갔다. 연습도 안 하고, 그래서 실력이 나아지지 않는 한 여학생에게는 그만두라고 했다. 이 여학생은 여전히 셰익스피어 연극반에 있지만, 밴드에 남기 위해 필요한 엄청난 시간을 투자할 뜻이 없었다. 다른 아이들은 수업이 너무 어렵다는 이유로 그만두었다. 그렇게 열 명이 남아 여전히 매일 쉬는 시간과 점심시간에 기타 연습을 하고 있다. 아직은 걸음마 수준이지만 모두가 기본 화음을 알고 있고, 느린 속도로나마 곡을 연주할 수 있다. 간단한 포크송 몇 곡을 연주할 수 있는데, 이 달에는 처음으로 댄이 연극에 쓰일 곡을 연주하는 모습을 보게 될 것이다. 베이스 파트가 매우 단순한 도노반의 〈캐치 더 윈드Catch the Wind〉로 시작할 것이다.

10월은 연극 배역을 정하는 달이다. 모든 학생이 종이에 원하는 배역과 이유를 자세히 적어 도전한다. 연극에서 배우 역할을 맡는 것은 수많은 옵션 중 하나일 뿐이다. 아이들은 밴드에서 특정 악기를 연주하고 싶다고 요구할 수도 있다. 기타를 담당하는 아이들은 정해졌지만 키보드, 하모니카, 드럼, 첼로, 플루트, 트라이앵글, 그리고 무디 블루스Moody Blues 노래에 사용할 이국적 느낌의 퍼커션도 필요하다.

배역을 맡은 아이들도 조명이나 음향 설계 같은 공연의 기술적 측면을 담당할 수 있다. 많은 학생들이 극에서 춤을 추는 역할을 가장 하고 싶어 한다. 그리고 그보다 더 많은 아이들이 배우고 싶은 기술로, 그리고 공연에 도움을 줄 수 있는 기술로 수화를 꼽는다.

학생들은 여러 옵션을 선택할 수도 있다. 배우를 맡은 학생이 연기를 하면서 두 가지 악기 연주도 하고, 노래도 하고, 노래에 맞춰 수화도 하는 것은 드문 일이 아니다. 이 아이들은 르네상스의 아이들이다.

말하는 역할을 원하는 학생들은 극 중 일부 대사를 선택해 읽어 본다. 1년 중 이 시기에는 연기력이 중요하지 않다. 나는 목소리가 큰지, 발음이 명확한지 들어 본다.

할로윈쯤 되면 배역이 모두 정해진다. 하지만 나는 이 배역이 임시 배역임을 강조한다. 시간이 지날수록 많은 변화가 있을 것이다. 10월까지는 두각을 나타내지 않던 아이들이 2월이 되면 대담한 연기를 펼쳐 보이면서, 열심히 노력하지 않거나 기대치를 충족시키지 못한 학생들의 자리를 대신할 수 있다. 처음 배역이 발표될 때는 아무것도 정해진 게 없다.

보텀 무리를 맡을 학생들에 대한 내 걱정은 아직 누그러지지 않았다.

퀸스와 손이 거친 아테네의 남자들을 대충 골라 두었지만 이 여섯 아이들이 기계공들을 그토록 아름답게 만들어 줄 만큼 진지하면서도 성실한 노력을 기울여 줄지 모르겠다. 이들의 첫 번째 장면은 11월에 연출에 들어갈 것이다. 그때까지 아이들의 실력이 좀 더 나아지길 바란다.

## 11월

11월이 시작되면 연극반의 분위기는 특히 좋아진다. 1년 중 가장 빛나는 때이기도 하다. 아이들이 내 친구 메리의 집에서 열린 할로윈 파티에 초대받아 즐거운 시간을 보낸 뒤라, 교실에는 친근하고 따뜻한 분위기가 감돌고 학생들은 더욱 적극적으로 연습에 참여한다.

11월은 실험적으로 정한 배역을 바탕으로 연극 모습을 만들어 갈 수 있는 시기다. 사라는 이제 누가 어느 부분을 맡는지 알고 있고, 그래서 우리는 사라가 짜 온 안무를 진지하게 연습할 수 있다. 수요일에는 테세우스의 "장탄식은 초상집으로 쫓아 버려라. 그 창백한 녀석은 우리 잔치에 어울리지 않으니"라는 대사에 맞춰 시끌벅적한 엘비스 코스텔로의 노래 〈펌프 잇 업〉 연습을 시작한다.

늘 그렇듯이 사라는 톡톡 튀는 아이디어를 곧잘 내놓는다. 거리 장면은 남자아이들과 여자아이들이 서로 자리를 차지하려고 옥신각신하다가 모두가 한데 어우러져 도시의 불을 밝히는 방식으로 연출될 것이다.

11월은 1막과 관련된 달이기도 하다. 1막에는 두 개의 장이 있는데, 이 달에는 모든 배우가 각자 있어야 할 위치를 익히는 데 초점을 맞춰 연습을 진행한다. 이 연습은 생각만큼 간단치가 않다. 연극은 우리의 작은 교실에서 열린다. 우리는 관객이 착석하고 장비가 제자리에 놓였을 때 학생들이 각자의 위치를 식별할 수 있도록 바닥에 테이프를 붙여 둔다. 약 서른다섯 명의 손님이 좌석에서 공연을 지켜보기 때문에 매트 스카피노는 연기하고 춤추고 노래하고 음악을 연주하는 공간을 작게 구성했다. 학생들은 11월에 값진 교훈을 얻는다. 무대 밖에서의 움직임도 무대 위에서의 움직임만큼 중요하다는 것이다. 조용히 자리를 옮기는 것은 무대 위 배우와 관객에 대한 존중의 표시다.

만일 첫 주에 두 학생이 무대 밖에서 떠들면, 이들은 즉시 연습을 그만두고 교실에서 나가야 한다. 여기에는 어떤 설명도, 관대한 질책도 없다. 둘에게 그날 연습은 그것으로 끝이다. 나머지 배역은 내게 고개를 끄덕여 보인다. 이해한다는 뜻이다. 완벽하게 좋은 아이들이지만, 우리는 장면을 연기하고 있을 때 말하지 않는다. 두 학생은 내일 또 다른 기회를 가질 것이다. 하지만 다시 연습으로 돌아온다면 다른 친구들이 무대에서 연기 중일 때는 침묵해야 한다는 사실을 이해해야 한다. 이 문제

만큼은 타협의 여지가 없다. 이 엄청난 존중의 마음을 내면화하는 학생들은 스스로의 행실에 자신감을 갖게 된다. 우리는 전문 연극단이다.

추수감사절 만찬 무렵이면 연습이 계획대로 진행된다. 1막의 연출과 연기 지도가 끝났다. 모든 아이가 어디로 등장하고 퇴장해야 하는지를 알고 있다. 주연 배우들은 어떤 대사를 해야 하는지 알고 셰익스피어식 리듬을 찾기 시작한다. 모든 배우가 장면을 연기할 때 여전히 손에 대본을 들고 있다. 대사를 언제까지 완전히 암기해야 한다는 식의 기한은 없다. 연습을 매우 자주 하기 때문에 연말쯤 되면 반 전체가 모든 대사를 기억하게 된다.

처음 두 노래가 특히 어렵지만 자리를 잡은 밴드가 댄의 곡을 연습하고 있다. 모두들 노력하고 있지만 보컬을 맡은 아이들이 비치보이스의 〈그러면 좋지 않을까요Wouldn't It Be Nice〉의 복잡한 화음을 아직 제대로 소화하지 못하고 있다. 그래도 걱정하는 사람은 없다. 다음 주 대학에 다니는 조안이 오면 모든 게 잘될 것이다.

추수감사절 파티를 앞둔 아이들은 걱정이 없다. 하지만 내겐 걱정이 있다. 1막 2장이 재미있어야 하는데 그렇지가 않다. 기계공을 맡은 아이들이 최선을 다하고 있지만 아무래도 역할에 적합하지 않은 것 같다. 〈자동차 대소동〉을 보면서 자지러지게 웃는 아이들의 웃음소리를 들으며 교실 뒤편에 서 있는데, 약간의 후회가 밀려온다. 올해 우리 반 학생들 가운데 셰익스피어 연극반에 들어오진 않았지만 타고난 웃음꾼들이 몇 있다. 좋은 아이들이지만 종례 종소리 이후에도 학교가 계속될 수 있다는 개념을 받아들이지 못했다. 나머지 반 아이들처럼 이 아이들도 추수감사절 만찬에 와 있다. 그중 몇이라도 어떻게든 셰익스피어 프로그램에 참가하기로 마음을 먹었으면 싶다.

저녁 시간이 끝나고 아이들이 서로 인사를 나누며 주차장으로 향하는데, 이들 남자아이 여섯이 내게 다가온다.

무리의 대장인 미구엘이 말한다. "레이프 선생님, 아주 즐거운 밤이었어요. 혹시 저희도 다시 오면 셰익스피어에 참여할 수 있을까요?"

이럴 수가! 올해는 크리스마스가 일찍 왔다.

## 12월

활기찬 여섯 남학생의 합류는 배우들에게 필요한 불꽃이 됐다. 지금까지도 좋았지만 이 녀석들 덕분에 한층 더 좋아졌다. 때를 맞추지 못한 실수는 했지만 마음씨 좋은 학생들이다. 다른 아이들이 연기하는 모습을 지켜보면서 지난 몇 달간 이 교실에 자리 잡은 다른 친구들에 대한 조용한 존중을 받아들이기 시작했다.

12월은 3막에만 집중한다. 다시 말해 요정 왕국이 관심의 중심이 된다는 뜻이다. 재니스가 티타니아를 연기할 것이다. 재니스는 배역을 맡은 다른 아이들에게서도 인정받는 주연이다. 재니스는 4학년 때 〈헛소동〉에도 참여해 애드리아나 역을 맡았었다. 결과적으로 다른 학생들보다 대사를 더 잘 한다. 아이들은 재니스를 무대에서 돋보이게 하는 것이 재능뿐만 아니라 경험임을 이해한다. 〈한여름 밤의 꿈〉 배역을 맡은 몇몇 학생들은 지난해 공연에 참여한 덕에 호바트 셰익스피어 연극반은 어떤 모습을 보여 줘야 하는지에 대한 구체적인 본보기가 된다.

이제 모든 연습에 30분의 춤이 포함된다. 여기에는 두 가지 목적이 있다. 첫째, 사라는 아이들에게 '다음 연습 때까지의 시간'의 중요성에 대해 가르친다. 사라는 일주일에 한 번 아이들을 만나 특정 동작들을 가르치는데, 매번 만날 때마다 아이들이 훨씬 더 나아져 있길 기대한다. 아이들은 매일같이 스텝을 완벽하게 다듬으면서, 음악과 동작을 일치시키는 법을 배우면서 시간을 보낸다. 아이들은 사라에게 일주일 전에 함께 연습했을 때와는 달라진 모습을 보여 줄 수 있기를 원한다. 성실하게 연습해야 한다는 이와 같은 필요의 내면화가 셰익스피어 연극반의 핵심이다. 밤에는 내가 따로 '숙제'를 내주지 않아도, 배역을 맡은 아이들은 대사를 연습하고, 음악을 맡은 아이들은 최근에 배운 악구를 연습하며, 춤을 맡은 아이들은 침실에서 음악을 틀어 놓고 다음 날 56호 교실에서 다시 만날 때를 상상한다. 매일같이 아이들은 서로의 발전을 목격하고, 거기서 오는 흥분은 아이들로 하여금 한층 더 열심히 노력하게 만든다. 셰익스피어 연극반의 사명은 배려하고 최선을 다하는 것이다. 우리 아이들은 사명을 잘 수행하고 있다.

하지만 가끔은 돌부리에 걸리기도 한다. 12월은 생활기록부와 학부모 회의의 달이기도 하다. 다른 반에서 온 5학년 학생 하나가 학업에 충실하게 임하지 않고 있다. 셰익스피어 연극반에서는 잘하는데, 담임선생님은 이 학생이 숙제를 빠뜨리고 학급 활동에 대체로 무관심해서 언짢아한다. 우리는 학생과 이야기를 나눈다. 아이가 눈물을 흘리며 셰익스피어 연극반에서 빠지고 싶지 않다고 말한다. 하지만 우선순위를 이해해야 한다. 기본적인 학업이 가장 중요하다. 우리는 12월 동안 이 남학생을 셰익스피어 수업에서 빼기로 결정한다. 만일 개선된 모습을 보여 준다면 1월에 얼마든지 다시 합류할 수 있을 것이다. 남학생의 부모님도 이 계획에 동의한다. 이제 나머지는 학생에게 달렸다. 문은 열려 있을 것이다. 그 문으로 걸어 들어오는 것은 그 자신이 돼야 한다.

12월은 17일 시작되는 방학 때문에 연습 시간이 부족하다는 문제가 있다. 지난 몇 년 동안은 방학 중에도 교실을 이용할 수 있었기 때문에 크게 문제 되지 않았지만, 앞서 이 책에서도 설명했듯이 나는 더 이상 열쇠를 갖고 있지 않다. 크리스마스 전날까지는 경비들이 학교에 나와 있을 테니 한 주 더 연습할 계획을 세울 수 있다. 4~5일은 하루 종일 연습할 수 있고 그만큼 연습 진도도 많이 나갈 수 있다는 사실을 알고 아이들이 기뻐한다.

하지만 비가 오는 바람에 우리는 학교에서 나가야 할 처지가 되고, 아이들은 앞서 언급했듯이 폭풍우 속에서 연습한다. 12월에는 모두가 이것으로 만족해야 할 것 같다는 데 동의한다. 굉장히 훌륭한 배우들이고, 시간을 빼앗긴 것이 실망스럽긴 하나 학생에게나 교사에게나 이런 일은 자주 일어난다. 앞으로 나아가는 날이 있으면 뒤로 물러서야 하는 날도 있다. 그래도 배우들의 정신 상태는 건강하다. 모두가 연휴를 즐기러 집으로 돌아갔다가 1월 둘째 주에 다시 연습하러 돌아올 것이다.

## 1월

이 달의 계획은 2막의 연출과 연기 지도를 끝내고 3막 연습에 들어가는 것이다. 한창 속도를 올리던 연극 연습에 3주간의 휴식이 악영향을 미처 지지부진해질까 걱정을 했다. 내 우려는 완전히 빗나갔다.

학생들에게 신뢰를 준다는 것은 아이들이 예상치 못한 놀라움을 선물한다는 점에서 기분 좋은 일이기도 하다. 많은 아이들이 연습에 나와 대본 없이 연습을 한다. 이미 각자의 대사를 다 외운 상태이고, 심지어 아직 구체적으로 준비하지 못한 장면의 대사들까지 외우고 있다. 장면을 연기하다가 대사를 잊어버리면 힘차게 "대사" 하고 소리친다. 그러면 무대 밖에서 대본을 들고 있는 아이들이 대사를 기억하도록 도와준다. 이런 식으로 모든 학생이 대사와 언어를 배운다. 무대에 서 있는 아이들은 서너 명일 수 있지만 사실상 모두가 장면을 연기하고 있는 셈이다. 무대 안팎을 가리지 않고 이루어지는 이 같은 협력으로 아이들은 서로 더 가까워지고, 발전된 연기를 보였을 때는 서로에게 응원을 보내 준다. 친구들은 안전망 같은 존재다. 다 같이 만들어 내는 편안한 분위기가 아이들을 상상할 수 없는 높이까지 솟아오르게 만든다.

아마도 가장 눈에 띄는 변화를 보이는 아이는 프랜시스 플루트를 연기하며 밴드에서 드럼도 연주하는 스티븐인 것 같다. 마이크 클라크와 함께 연습하고 있는 스티븐은 원체 박자감이 좋긴 하지만, 정말로 감탄할 만한 것은 그의 에너지다. 드럼을 처음 시작하는 아이들은 대부분 빠른 리듬 때문에 금방 체력이 바닥나는 것을 느낀다. 〈펌프 잇 업〉 같은 빠른 곡이나 사라가 최근에 추가한 퀸의 〈크레이지 리틀 씽 콜드 러브 Crazy Little Thing Called Love〉 같은 댄스음악을 연주하는 스티븐이 속도를 늦추는 모습을 자주 볼 수 있다. 연습을 시작하고 처음 몇 달은 음악이 춤을 따라가지 못해 콤팩트 디스크를 틀어놓고 춤 연습을 해야 했다.

하지만 1월이 되자 스티븐은 자기 속도를 찾았다. 스티븐의 지칠 줄 모르는 열정과 마이크의 훌륭한 가르침, 그리고 몇 달 동안 스티븐을 응원한 마흔 명의 친구들 덕분에 실력 있는 드러머가 탄생한 것이다. 몇 달 전만 해도 화음 세 개를 연주하지 못하던 밴드가 이제는 폭주 열차가 됐다. 머릿속에서만 맴돌던 소리가 실제로 음악이 되어 나오는 모습을 지켜보는 아이들은 흥분을 감추지 못한다.

밴드가 제 기능을 하니 춤도 뒤질세라 함께 날아오른다. 한 학생의 발전이 그토록 많은 측면에 영향을 미치다니, 놀라울 따름이다. 이제 밴드의 연주 실력은 눈으로 확인될 정도로 향상되고 있다. 춤추는 아이들도 더 이상 무대 위에서 서로를 쳐다보지 않고 음악 박자가 보내는 신호를 따른다. 이것이 일사불란한 동작으로 이어져 멋진 장면을 연출한다.

모든 것에 속도가 붙었다. 1막의 연출과 연기 지도를 마쳤으니, 이제 이달 말쯤 되면 2막과 3막도 완성할 수 있을 것이다. 사실상 매일같이 월등히 향상된 연기 실력으로 다른 배우들을 놀라게 하는 학생들이 한 명씩 나온다. 배역을 맡은 아이들에게서 지난 7월까지만 해도 없던 조용한 자신감이 생겨나고 있다. 아이들 대부분이 믿지 않았던 일이 현실이 되고 있다.

## 2월

이번 달에는 새로운 악기가 공연에 흥을 더한다. 시타르(기타 비슷한 남아시아 악기 — 옮긴이)는 모든 악기 중 단연 최고다. 공연은 두 부분으로 진행되는데, 2부는 비틀스의 〈노르웨이 숲<sup>Norwegian Wood</sup>〉으로 막이 오를 것이다. 조지 해리슨<sup>George Harrison</sup>이 존 레논<sup>John Lennon</sup>의 아름다운 선율이 담긴 원곡을 시타르로 연주했다. 문제는 내게 시타르를 어디서 구입하고 어떻게 연주해야 하는지에 대한 지식이 전혀 없다는 것이다.

기타를 가르치는 댄이 시타르를 구입하는 것은 실수가 될 수도 있다는 의견을 내놓는다. 매우 비싼 악기인데, 공연이 끝나면 꽃나무 옆 장식품으로 전락할 수 있다는 것이다. 그는 어쿠스틱 기타의 현 사이에 종이를 끼우면 비슷한 소리를 낼 수 있을 것이라고 제안한다. 그의 말이 다 옳다. 하지만 이국적인 악기가 풍기는 신비로움과 그런 악기를 다뤄보고 싶은 도전 의식은 나와 학생 모두에게 좋은 자극이 될 것이다.

나는 괜찮은 음악상에서 시타르를 하나 구입해 어설프게 소리를 내본다. 티타니아 역을 맡은 재니스는 음악적 재능이 뛰어난 아이다. 바이올린, 첼로, 기타를 다루는 솜씨가 수준급이다. 재니스는 자신이 시타르를 연주해도 되겠느냐고 묻는다. 아이들 모두 재니스가 시타르에 제격이라고 생각한다. 시타르가 재니스의 몸집보다 크다는 사실이 문제였지만, 시간이 지나자 우리가 공부하는 시타르 교본에 나와 있는 대로 악기를 잡고 앉아 있는 게 점점 편해졌다. 재니스가 시타르를 연습하는 이 달은 이 연극의 모든 것이 담겨 있는 축소판이다.

새로움. 도전. 위험. 하지만 재니스는 혼자가 아니다. 다른 아이들은 재니스가 시타르를 연주하는 데만 에너지를 쏟을 수 있도록 재니스에게 편안한 자리를 마련해 준 다음 시타르를 케이스에서 꺼내 재니스의 손에 쥐여 준다. 재니스는 조용히 응원을 보내는 친구들에게 둘러싸여 하루에 약 30분 정도 시타르를 연습한다. 연습이 끝나면 친구들이 시타르를 건네받아 케이스에 넣고 잠근다. 밸런타인데이가 되자 재니스는 곡의 유명한 리프를 연주할 수 있게 된다. 그리고 이달 말쯤에는 드디어 시타르 연주자가 탄생한다.

한편 4막이 준비를 마쳤다. 연출과 연기 지도가 끝났고 〈크레이지 리틀 씽 콜드 러브〉에 맞춘 춤도 자리를 잡았다. 공연이 구체적인 모습을 갖춰 갈수록 연습할 것도 많아지기 때문에 연습은 정신없이 이어진다. 춤 연습 30분, 새로 익힌 장면의 연기 지도 30분, 지금까지 익힌 다른 장면들의 연습 30분이 끝나면 집에 갈 시간이 된다.

2월은 모든 게 희미하다. 하지만 얼마나 잘 달려 왔는가. 그리고 3월은 연극의 끝을 의미한다. 아이들은 날아오르고 있다.

## 3월

한 달 한 달 지날수록 열기가 고조된다. 3월에는 유쾌한 5막의 연출과 연기 지도가 끝난다. 5막에는 기계공들이 주인공이 되는 '피라무스와 티스비Pyramus and Thisbe'가 들어 있다. 드레스를 입은 스티븐(티스비), 역사상 가장 긴 죽음 장면을 과장된 연기로 보여 주는 주호(보텀), 사자가 애인을 '먹은' 게 아니라 '삼킨' 거라며 보텀의 실수를 바로잡아 주는 엘런(퀸스)의 모습에 한바탕 웃음이 교실 벽을 때린다.

또 3월은 셔츠를 입는 달이기도 하다. 공연에서 중요한 부분은 학생들이 의상을 입지 않는다는 것이다. 학생들은 호바트 셰익스피어 연극반 티셔츠와 청바지를 입고 연기한다. 이렇게 하면 언어가 공연의 별이 된다. 배우들은 이야기를 들려주기 위해 여기에 있는 것이다. 화려한 의

상의 도움 없이도 이야기를 전달할 수 있는 아이들의 능력이 이 공연의 핵심이 된다.

우리는 이야기를 좀 더 쉽게 전달하고자 다른 색깔의 셔츠를 입는다. 왕은 보통 보라색을 입고, 질투심 많은 남편은 녹색을 입는다. 〈한여름 밤의 꿈〉에서 기계공들은 황갈색을 입는다. 보텀은 기계공들 사이에서 구분되도록 어두운 갈색을 입는다. 요정들은 크레이그가 설계한 마법 조명 아래에서 화려하게 빛날 형광 분홍색을 입는다. 두 무리의 연인들은 빨간색과 금색을 쌍으로 입어 관객들로 하여금 누가 누구와 짝인지를 쉽게 구분할 수 있게 한다. 아이들이 우리가 사용할 색상에 대한 아이디어를 내는 과정은 즐겁다. 우리는 이야기를 들려주기 위해 이곳에 있다. 그리고 아이들은 이야기가 전달되는 방식을 구성하는 설계자들이다.

셰익스피어 연극을 여러 차례 보아 온 관객 대다수는 대사가 이렇게까지 명확하게 들리는 공연은 본 적이 없다고 해마다 칭찬을 해 온다. 일부 학교에서는 연극 무대와 의상에 대해 걱정하느라 많은 시간을 허비하기도 한다. 우리 공연은 사실상 의상이나 소품이 전혀 없는 텅 빈 무대에서 열리기 때문에 아이들은 언어를 이해하고 아름답게 표현하도록 노력하는 데 더 많은 시간을 쓴다. 본연의 임무로 돌아가 언어를 자유자재로 구사할 줄 아는 학생들은 그 앞에 미래로 향하는 문이 열리게 될 것이다. 우리가 몇천 시간을 언어에 쏟아붓는 이유도 이 때문이다. 모든 것을 고려해 볼 때 사실 연극은 중요한 것이 아니다. 중요한 것은 학생들이다.

사실상 모든 학생이 여러 가지 역할을 동시에 맡기 때문에 연극이 진행되는 동안 조용하고 신속하게 셔츠를 갈아입어야 한다. 예를 들어 재니스는 티타니아를 연기할 때 빨간색을 입지만 밴드에서 악기를 연주할 때는 청록색을 입는다. 아이들 마흔 명이 작은 교실 이곳저곳을 쉴 새 없이 움직여 다녀야 하기 때문에 3월에는 사흘 동안 무대 밖에서 벌어지는 일을 연습한다. 각각의 학생이 언제 셔츠를 갈아입어야 하는지, 그리고 언제 다음 장면에 사용할 수 있도록 다른 셔츠를 깔끔하게 준비해 두어야 하는지를 안다. 관객들은 내게 마치 공연을 두 번 보는 것 같다고 말한다. 한 번은 공연 자체를 관람하고, 또 한 번은 무대 뒤에서 벌어지는 일을 지켜본다는 뜻이다. 객석으로 마련된 계단에 앉은 관객 주변에서(그리고 때로는 밑에서) 움직여야 하는 안무는 대사만큼이나 익히기가 어렵다. 하지만 그만큼 즐겁다.

## 4월

공연의 연출과 연기 지도가 끝났다. 이제는 더 이상 연극을 여러 부분으로 나눠 연습하지 않는다. 대신 매일 다섯 막 중에서 하나를 연습한다. 막 하나에 걸리는 시간은 30분이다.

4월은 공연 티켓 판매가 시작되는 달이다. 우리 웹사이트에 공연 일정이 게시된다. 〈한여름 밤의 꿈〉은 6월에 열두 번 공연된다. 수요일, 목요일, 금요일에는 저녁 공연이 있다. 토요일 마티네(낮 공연)는 일하는 부모님과 다른 주나 국가에서 오는 손님이 주말에 공연을 볼 수 있도록 마련된 것이다. 티켓은 무료지만 예약은 필수다. 티켓은 금방 매진된다.

학생들은 이제 대본을 보지 않는다. 일부 대사는 여전히 불안하지만 무대 위 친구들과 무대 밖 친구들 사이에 펼쳐진 10여 개가 넘는 안전망이 대사를 잊어버리는 친구를 안전하게 잡아 준다. 학생들은 실수해도 괜찮다는 것을 익히 알고 있다. 대사를 잊어버려도 아무도 당황하지 않는다. 오히려 실수는 상황을 창의적으로 고칠 수 있는 방법을 찾는 기회가 되기도 한다. 아이들이 '망칠까 봐' 두려워하지 않으면 실제로 망치는 일이 거의 없다.

4월은 두려운 '평가'의 달이기 때문에 아이들은 웃는다. 지난해에 참여했던 5학년 학생들은 내가 노란색 리갈 패드(줄이 쳐진 황색 용지 묶음 — 옮긴이)를 한 아름 꺼내 놓으면 웃음소리와 신음 소리를 동시에 토해 낸다. 나머지 아이들은 무슨 일인가 하고 의아해한다. 4월 연습 중에는 아이들이 연기를 하는 동안 나는 교실 뒤쪽에 앉아 미친 듯이 뭔가를 갈겨쓴다. 단 30분 만에 나는 개선이 필요해 보이는 최소 50가지 사항을 메모한다. 퀸스는 목소리를 키워야 한다, 헬레나는 등장이 늦다, 밴드는 서로를 바라보면서 연주해야 한다, 수화를 하는 아이들의 동작이 완벽하게 일치하지 않는다 등등이다.

30분의 연습이 끝나고 아이들이 모이면 나는 메모를 읽어 준다. 아이들은 내 기대치를 너무 잘 알기 때문에 내가 어떤 내용을 말하려는지 미리 간파하고 얘기하기도 한다. 메모 사항을 전달하고 나면 학생들은 그 내용을 마음에 새기며 충분한 시간을 갖고 다시 연기한다. 두 번째 연기는 첫 번째 연기보다 훨씬 더 나아진다.

아이들은 점점 더 나아진다. 하지만 매 연습은 똑같은 질문과 대답으로 끝난다. "우리는 언제 끝나지?" 아이들에게 묻는다.

"절대 안 끝나요." 아이들이 한목소리로 외친다. 아이들은 이 같은 현
실에 부담을 느끼지 않는다. 아이들은 이제 60일도 채 남지 않은 공연
에 대해서는 조금도 걱정하지 않는다. 중요한 것은 목적지가 아니라 여
정이다.

## 5월

아이들은 준비됐다. 대사도 모두 익혔고 각자 맡은 인물도 이해하고 있
다. 연습 때마다 개선된 모습이 보인다. 아이들이 진심으로 기뻐하고 이
제 곧 더 큰 기쁨을 얻을 것이다.

매트 스카피노가 관객 좌석과 작은 무대에 추가 단을 만들어 주려고
들렀다. 이렇게 하면 배우들이 세 가지 높이에서 연기를 하게 돼 다양한
각도에서 이야기를 전달할 수 있으므로 극의 흐름이 더 매끄러워진다.
매트가 객석과 단을 완성하고 나니 마치 유치원 첫날로 돌아간 것 같다.
지난 열 달에 걸친 연습에서는 없었던 객석과 단을 고려해 동선을 다시
짜야 하기 때문이다. 물론 객석과 단이 놓이게 될 자리에 미리 테이프를
붙여 두긴 했지만, 발을 헛디디면 떨어질 수 있는 45센티미터 단 위에
서 춤 동작을 맞춰야 하는 것은 또 다른 문제다. 아이들에게 새로운 환
경에 익숙해지는 것은 도전이자 즐거움이다.

진짜 불꽃놀이는 아직 시작되지도 않았다. 크레이그는 공연을 위한
조명을 설계할 때 불꽃놀이 같은 효과를 준비한다. 아이들은 조명이 이
야기를 전달하는 데 얼마나 큰 도움이 되는지를 알고서 놀라움을 금치

못한다. 학생들 뒤로 늘어뜨려진 천은 영상을 이용한 장면을 연출하는 데 사용되는데, 제각각 다른 각도에서 수천 가지 색이 뿜어져 나오며 결코 잊지 못할 영상을 만들어 낸다. 5월의 작업이 끝나면 배우들은 조명이 어떤 식으로 작동하는지를 알고 10센티미터만 위치가 바뀌어도 장면의 효과가 살 수도, 죽을 수도 있다는 점을 이해한다. 이 같은 기술이 효과를 발휘하려면 집중력과 고도의 연습이 필요하지만, 아이들은 1년 내내 이 기술들을 연습해 왔다. 메모리얼 데이(미국에서의 전몰 장병 추모일 —편집자)쯤 되면 아이들은 공연할 준비가 된다.

학생들이 인사를 하는 방식과 관련된 좋은 전통이 하나 있다. 오리건 셰익스피어 페스티벌에서는 엘리자베스 시대의 극장 바깥에 지금까지 그곳에서 상연된 모든 연극의 제목과 연도를 기록한 방패가 걸려 있다.

우리 반도 똑같이 한다. 연극이 시작되면 학생들은 벽에 방패를 걸어 목적지를 눈앞에 둔 이 여정을 이미 마친 과거의 학생들에게 경의를 표한다. 마지막 인사 때 모든 학생이 무대에 나와 우레 같은 박수갈채를 받을 때 5학년 학생들이 먼저 퇴장한다. 내년에도 다시 이곳을 찾을 4학년 학생들은 셰익스피어 사진 뒤에 숨겨진 방패를 꺼낸다. 이 방패에는 내년에 상연할 연극의 제목이 적혀 있다. 4학년 학생들은 관객에게 손을 흔들며 "내년에 만나요!"라고 외친다. 올해 〈한여름 밤의 꿈〉을 공연하는 4학년 학생들은 〈법에는 법으로〉가 내년 공연이 될 것이라고 발표한다.

마지막으로 할 작업은 연극 전, 중간 휴식 시간, 연극 후에 도움을 줄 학생들을 준비시키는 일이다. 진행 요원이라 불리는 이들은 매우 진지하게 임해야 하는 특별한 역할을 맡는다. 바로 공연이 시작되기 전 주차장에서 우리 교실을 찾은 모든 손님에게 인사를 건네는 것이다.

손님들을 공연장까지 안내하고 편안하게 공연을 즐길 수 있도록 살피는 것도 이들의 몫이다. 이 아이들은 중간 휴식 시간의 계획을 돕는다. 공연 1부가 끝난 뒤 쉬는 시간에는 할 일이 많다. 맛있는 스낵과 함께 뜨거운 음료와 시원한 음료가 바로 옆 교실에서 제공된다. 이 아이들은 또한 쉬는 시간에 이용할 교실을 꽃과 지난 공연 사진으로 장식하는 일도 돕는다. 진행 요원들은 손님들에게 먹을거리를 내주고 공연을 보러 와 주어 감사하다는 뜻을 전한다. 화장실을 안내하고 계단을 오르내리기가 불편할 수 있는 나이 든 손님들을 부축해 준다. 공연이 끝난 후에는 모든 손님이 편안하게 귀가할 수 있도록 주차장까지 안전하게 안내한다. 배역을 맡은 거의 모든 학생이 이 일을 한다. 아이들은 손님을 맞이하는 일도 연극 공연 자체만큼 중요하다고 생각한다. 그들이 옳다.

## 6월

공연은 말로 표현할 수 없을 만큼 재미있다. 첫째 날 밤에는 학생들 대부분이 긴장된 모습을 보이지만 이 긴장은 5분을 넘기지 않는다. 자신들이 이 멋진 작품의 일부라는 점을 깨닫고 웃고 축하하며 6월을 보낸다. 연습 때마다 계속해서 발전된 모습을 보이고 새로운 것들을 시도한다. 낮에는 3학년과 4학년 학생들을 초대해 몇 가지 장면을 보여 준다. 아직 프로그램에 참여하지 않은 학생들은 내년도 연극반에 참여할 수 있는 방법을 알게 된다.

매일 저녁 1부를 연습하는 동안 이전 학생들이 교실에 들러 모든 게 순조롭게 진행되도록 돕는다. 휴게실에 머물면서 배고픈 손님들이 들어오기 전에 신선한 빵이나 시원한 음료를 준비해 둔다. 또 쉬는 시간 동안 악기를 조율하고, 켜진 불이 있으면 끈다. 기타 현이 끊어지거나 조명 케이블이 연결되지 않았거나 하는 등의 상황이 발생하면 "셰익스 피어"라는 말이 떨어지기가 무섭게 졸업생들이 순식간에 해결한다. 공연 중에도 이 어린 팬들이 본받았으면 하는 넓은 아량의 졸업생들이 재학생들과 함께 모여 있다.

나는 아이들에게 잠을 충분히 자고 평소보다 늦잠도 좀 자라고 애원한다. 주에서 치르는 시험도 끝났고 교과과정도 마무리됐으니 학교에 일찍 나올 이유는 없다. 하지만 말을 듣지 않는다.

매일 아침 모든 학생이 한 명도 빠지지 않고 6시 30분이면 등교해 그 전날 밤 공연으로 어질러진 교실을 청소하고 새로운 공연을 위한 준비를 시작한다. 이 아이들은 예전에는 그 누구도 경험해 보지 못한 동지애로 똘똘 뭉친 하나의 공동체다. 마지막 주가 다가올수록 몇몇 아이들은 토요일 오후 공연을 한 번만 더 하면 모든 게 끝난다며 아쉬움을 드러내기도 한다.

학생들이 마지막 인사를 할 때는 주저앉아 울음을 터뜨린다. 나는 공연은 끝났지만 공연을 통해 배운 교훈은 남은 평생 함께할 것이라며 아이들을 다독인다. 또 "그 일이 끝났다고 울지 말고 그 일이 있었다는 데 기뻐하라"는 닥터 수스(미국의 유명한 작가이자 만화가 ― 편집자)의 지혜를 인용해 아이들의 기운을 북돋워 준다.

표준화 시험이 강요되고 부정확한 데이터를 맹신하는 사람들이 가득한 요즘 시대에 이와 같은 공연의 가치를 어떻게 측정할 수 있을까? 장기적으로 볼 때, 이 아이들이 계속해서 불리한 상황을 극복하고 우수한 대학교에 입학하고 있다는 사실부터가 그 가치를 가늠할 수 있는 좋은 출발점이 될 것이다. 이 아이들은 대부분 56호 교실을 다시 찾아와 공연을 준비하면서 얻은 교훈들로 좋은 시간을 갖기도 하고, 나쁜 시간을 갖기도 했다고 내게 말한다.

하지만 단기적으로는 텍사스 오스틴에 사는 클레이튼 스트롬버거 Clayton Stromberger라는 훌륭한 교사에게서 공연의 가치에 대한 상세한 평가를 들을 수 있겠다. 클레이튼은 아이들에게 셰익스피어를 가르치며 텍사스대학교에서도 일하고 있다. 그는 호바트 연극반 같은 연극을 가르쳐 주는 훌륭한 셰익스피어 캠프인 와인데일Winedale의 관계자다. 아이들을 데리고 호바트 연극반 공연을 두 번이나 보러 왔던 클레이튼은 우리 셰익스피어 연극을 보고 다음과 같은 평을 해 주었다. 프로그램에 연극을 넣고 싶은 교사들은 연극을 통해 시작된 일이 아이들과 그들을 지켜보는 관객에게 어떤 의미가 될 수 있는지와 관련해 클레이튼의 현명한 사고를 따르면 좋을 것이다.

레이프 선생님께,

아직 늦지 않았다면 저의 진심 어린 축하의 말을 모든 호바트 셰익스피어 연극반 아이들에게 전해 주세요. 이번 연극은 제가 오래 알고 지낸 셰익스피어 교수님이 좋아하는, 하지만 최고일 때만 사용하려고 아껴 두는 문구 중 하나를 인용하자면, 모든 면에서 훌륭했습니다.

오늘 밤이 또 다른 특별한 순간이 될 거라는, 어쩌면 가장 특별한 순간이 될 거라는 확신이 듭니다.

오늘 아침, 셰익스피어를 연기하는 배우가 '누구든', 초등학교 4학년 학생이든 로열셰익스피어극단의 전문 배우든 제게는 훌륭한 셰익스피어 작품을 판단하는 다섯 가지 기준이 있다는 걸 생각하고 있었습니다. (세 가지 기준으로 줄이려고 하는데 어느 것 하나 뺄 게 없습니다!)


1· 연극에 관해 무언가 새로운 것을 알았는가?

2· 나도 배우들과 함께 연극에 참여하고 싶다는 마음이 들었는가?

3· 모든 단원 하나하나가 대사의 단어를 깊이 존중하고, 닉 더 위버Nick the Weaver의 말처럼 "바닥이 없는" 극의 신비로움을 위해 자기 자신을 완전히 던짐으로써, 그 두 시간 동안 극단이 각 단원이 모인 집단이라는 것을 뛰어넘어 그 이상의 무엇이라는 것을 분명하게 드러냈는가? (쉽게 말해 셰익스피어와 그의 단원들이 어깨를 나란히 할 만한 창의적 경험을 겪었는가?)

4· 공연을 보고 나서 보기 전보다 세상이 더 아름답다고 느끼게 되었는가?

5· 어느 시점에서는 웃음과 울음이 동시에 보였는가?


이 다섯 가지 질문에 대해 확실히 '그렇다'고 대답할 수 있다면, 특히 제 경험상 아주 드문 경우이긴 한데 2번에 대해 확실히 '그렇다'고 대답할 수 있다면(정말이지 나도 모르게 같이 노래를 부르고 팔을 흔들고 엉덩이를 들썩이고 드럼을 치고 싶었어, 나 원 참!), 이안 경도 그 점에서는 내 말에 동의할 겁니다.

그러니 선생님과 아이들 모두 축하합니다. 아주 열심히 준비했습니다.

저희는 에너지와 영감을 가득 안고, 특히 보텀이라는 인물을 용기와 기쁨과 열정으로 어느 역할이든 기꺼이 도맡을 준비가 되어 있는 영혼으로 다시 한 번 느끼면서 텍사스로 돌아왔습니다. 달콤한 미소를 지닌 그레이스의 사자는 한동안 잊지 못할 것 같습니다. 앤서니의 혹사당하는 스타블링(완전 감사합니다), 유진의 쾌활한 퍽, 신디의 진심이 느껴지는 헬레나, 주호의 따뜻하고 장난기 많은 닉 보텀, 이반이 연기한 테세우스와 오베론의 신 나는 수수께끼, 신시아의 터프한 히폴리타, 오스카의 불평불만 가득하지만 서정적인 에게우스, 줄리의 날카로운 허미아, 브랜든과 저스틴이 연기한 결투하는 드미트리우스와 라이샌더, 카를로스의 전혀 말이 안 되지 않는 필로스트레이트, 아, 그리고 스티븐의 훌륭한 티스비, 그 하얀 가발과 드레스에 떠다니던 얼굴, 루디의 거친 벽, 재니스의 실재하는 듯하면서도 딴 세상에서 온 듯한 티타니아(어떻게 그런 연기를 할 수 있죠?), 요정을 연기한 아이들과 춤추는 아이들, 노래하는 아이들 모두, 그리고 물론 악기를 연주한 아이들(앞서 이야기한 아이들의 이름이 대부분 다시 나오겠군요. 이러다간 끝이 안 나겠어요!)도 빼놓을 수 없고요.

혹시라도 빠뜨린 아이가 있나요? 그러지 않았길 바랍니다. 하지만 혹시도 그랬더라도 오늘 늦게 마음속으로 공연 장면을 되새기다 보면 빠뜨린 아이들이 기억날 겁니다. 이 연극을 두 번 본다는 것은 뭔가 엄청난, 그러니까 경이로움으로 가득 찬 것을 완성해 가는 작은 세부 사항들을 모두 놓치지 않고 알아차리게 된다는 뜻이니까요.

저는 맨 앞줄에 앉아 첫날 저녁에는 보지 못한 것을 보았습니다. 오프닝 장면 중에 서로에게 속삭이는 '시민들'이었습니다. 이반과 신디가 가운데 객석에 그토록 오랜 시간 그저 '생각하고' '느끼면서' 앉아 있는 모습에 다시 한 번 감동했습니다. 뭔가를 '보여 주겠다'는 성급함 같은 것은 없었습니다. 우리 관객에게 궁금해할 시간과 질문을 던질 시간을 충분히 허락했지요. 슬프게도 제가 지금껏 본 대부분의 전문 연극들에서는 볼 수 없는 모습이었습니다. '스타'가 되어 과시하고, 공연이 끝난 후 화려한 파티를 열고, 사람들에게 준비된 칭찬을 듣고, 그리고 기본적으로 그 옛날 지루한 셰익스피어 씨보다 자신이 훨씬 더 똑똑하다는 것을 자랑하느라 여념이 없는 고등학교 연극 활동의 잘못된 관습이 그대로 이어진 게 아닌가 싶습니다.

물론 그 수준을 훨씬 뛰어넘은 전문가도 있을 겁니다. 하지만 찾기가 쉽지 않습니다. 선생님도 나이가 들면서 이런 생각을 하시겠지요. 호바트 느낌은 다 어디로 갔지, 하고 말이에요. (저 같은 경우 '와인데일' 느낌이 되겠네요.) 왜 이 배우들은 그런 기쁨을 느끼지 못하는 걸까요?

아, 레이프 선생님 같은 스승을 만나지 못해서이겠군요! 아니면 제 스승이었던 아이리스 박사님 같은 분을요. 선생님은 그 누구도 갖지 못한 눈을 선물 받았습니다. 그 눈을 감지 마세요. (마치 제가 아이들에게 이야기를 하고 있는 것 같군요. 물론 아이들은 제 이야기를 듣지 못하겠지만요!)

호바트 셰익스피어 연극반 아이들이 언어와 이야기와 연극, 그리고 400여 년 전 깃펜을 갖고 이 모든 것을 종이 위에서 만들어 낸 그 셰익스피어를 사랑하고 존중하는 방식이 대단히 마음에 듭니다. 약 30년 전 텍사스대학교에서 셰익스피어 연극 활동을 하면서 제 스승님이 제게 일깨워 준 존경심도 바로 그것이었습니다. 그 후 몇십 년을 지나면서 스승님과 같은 접근 방식이 얼마나 드문지를 깨닫고 충격을 받았습니다.

선생님의 아이들은 이 모든 것을 가졌습니다. 그것이 이안 경이 그곳에 앉아 연극을 관람하는 이유입니다. 선생님과 아이들은 서로의 말에, 언어에, 언어 뒤에 숨은 음악에 귀를 기울입니다. 선생님과 아이들은 햄릿이 "내 수수께끼의 핵심"— 연극은 결코 '완성'되었다고 말할 수 없음을, 탐구하고 발전시키는 과정을 결코 멈출 수 없음을, 그리고 극장의 불이 다시 켜지고 우리가 차를 몰고 혹은 자전거를 타고 집으로 돌아간 후에도 계속됨을 이해하는 것 — 이라고 부르는 것을 존중합니다.

그러니 수수께끼가 맞습니다. 선생님은 셰익스피어의 작품에서 이 사실을 이해하셨으니 인생도 마찬가지라는 것을 아시겠지요. 셰익스피어는 어떻게 이해했을까요? 아마도 우리는 절대 모를 겁니다. 하지만 어쨌든 그의 작품을 깊이 파고드는 것은 삶 자체를 파고드는 것과 같습니다. 선생님과 아이들은 그 일을 해냈습니다. 그 결과는 선생님과 아이들 곁에서 남은 평생을 함께하겠지요. 저와 제 학생들 또한 그럴 겁니다. 저희는 손으로 만든 값진 선물을 받았습니다.

선생님과 아이들의 노력과 따뜻한 환대, 배려에 감사드립니다. 그리고 당연히 내년에도 〈법에는 법으로〉를 관람하러 가겠습니다!

안녕히 계세요.

클레이튼 (그리고 당연히 오기와 엠마도) 드림

## 〖 친구들의 도움으로 이 책을 펴내며 〗

아주 오래전인 1985년, 나는 한 주에 닷새를 새벽 4시에 텅 빈 버스 정류장에 혼자 앉아 있곤 했다. 호바트에서는 첫해였고 교사 생활을 한 지는 3년째 되는 해였다. 학교에서 거의 50킬로미터 떨어진 작은 집에 살았고 차도 없었다. 번 돈은 모두 교실에 쏟아부었다.

원대한 계획 따위는 없었다. 기술도 없고 지식은 더더욱 없이 그저 최선을 다하기 위해 몸부림치고 있었다. 그때는 밤 11시까지 부업을 하다가 새벽 3시 15분에 일어나 일하러 가는 것이 미친 짓처럼 느껴지지 않았다. 그러나 그것은 미친 짓이었다.

그러다 바바라를 만났다. 이 여자와 결혼하는 남자는 행운이겠다 싶은 바로 그런 여자였다. 바바라는 열정에만 취한 내가 차분하게 이성을 찾을 수 있도록 이끌었다. 바바라와 우리 가족은 미친 짓을 그만두고 모든 상황을 정상으로 되돌렸다.

한때는 혼자였지만 나는 더 이상 혼자가 아니다. 버스 정류장 벤치에 앉아 있는 내게 다가와 자신들의 도움을 받으라고 북돋워 준 많은 이들이 있다.

나의 네 번째 책인 이 책은 56호 교실의 이야기가 다른 이들에게 도움이 될 수도 있음을 처음 알아봐 준 보니 솔로우Bonnie Solow 덕분에 탄생했다. 나의 에이전트이자 친구인 보니는 내가 다른 사람과 나눌 수 있는 전망과 가능성을 보았다. 그녀에게는 어떤 말로도 감사를 다 전할 수는 없다.

보니는 내게 펭귄Penguin 출판사의 새 친구들을 소개해 주었다. 클레어 페라로Clare Ferraro는 나의 학생들과 그들의 재능을 진심으로 좋아해 주는 보기 드문 사람이었다. 전설적인 웬디 울프Wendy Wolf는 스스로에게 누구도 의심할 수 없는 진정성이 있다면 모두에게 인정받는 유능한 최고의 편집자가 될 수 있다는 신념을 갖고 있었다. 책을 쓰는 저자는 자신을 돕는 사람들을 신뢰할 수 있어야 한다. 내가 어찌 케빈 도튼Kevin Doughten을 신뢰하지 않을 수 있겠는가? 그는 내가 쓴 단락들을 공들여 다듬어 주었다. 뿐만 아니라 우리는 레이 데이비스Ray Davies와 더 킨크스에 관한 대화를 주고받기도 했다. 케빈은 정말 존경받아 마땅한 사람이다.

이 책은 이 친구들 덕에 빛을 보게 됐지만 이야기가 없는 책은 없다. 56호 교실은 모든 것을 가능하게 만든 사랑스러운 인물들로 가득 차 있다.

이안 맥켈런 경은 간달프가 생명을 얻기 훨씬 전부터 호바트 셰익스피어 연극반의 마법사였다. 그리고 할 홀브룩Hal Holbrook은 미시시피 강을 따라가는 여정에 언제나 학생들과 함께했다.

메리 올든Mary Alden, 빌 앤더슨Bill Anderson, 헬렌 빙Helen Bing, 조안 버튼Joann

Burton, 주디 캠벨Judy Campbell, 브루스Bruce와 마티 코피Marty Coffey, 폴 커민스Paul Cummins, 크레이그Craigr와 릴리 포스터Lili Foster, 빌 그레이엄Bill Graham, 리처드Richard와 하이디 랜더스Heidi Landers, 피터Peter와 마수 맥니콜Marsue MacNicol, 버즈 맥코이Buzz McCoy, 얀 밀러Jan Miller, 스티븐Stephen과 케이 온더동크Kay Onderdonk, 래리 스미드Larry Smead, 빌Bill과 미셸 테저Michelle Tessier, 케이 톤보그Kay Tornborg, 앤 왕Ann Wang, 그리고 아이들에게 그 많은 문을 활짝 열어준 수십여 재단에 감사를 전한다.

로이스 사르키샨Lois Sarkisian과 리 코헨Lee Cohen은 가장 멋진 친구들이다. 아낌없는 웃음과 기억에 남을 만한 저녁 시간, 스토브 톱 스터핑(1972년 제너럴 푸즈General Foods에서 처음 출시한 즉석 음식의 일종 — 옮긴이), 그리고 더 무디 블루스The Moody Blues가 로큰롤 밴드로 불려야 마땅한지 같은 중요한 문제를 두고 싸워 준 데 대해 감사한다.

전 세계 훌륭한 교사들이 매일같이 56호 교실을 방문한다. 일일이 이름을 나열할 수 없을 정도로 많다. 그 많은 웃음과 눈물을 함께해 줘 고맙다는 말을 전한다. 우리는 새벽 4시에 버스를 기다리며 혼자 앉아 있을 이유는 없다며 서로를 격려한다.

내게 사랑과 신뢰를 보내 준 학부모들도 너무 많다. 덕과 신디에게 감사하고, 딸들이 56호 교실을 떠난 지 15년이 흘렀는데도 여전히 해마다 생일 케이크를 보내 주는 리 부부에게도 고마움을 전한다. 마지막으로 당연히 누구보다 소중한 호바트 셰익스피어 연극반의 멋진 학생들에게도 감사하고 싶다.

고맙다, 조안, 내가 평생 가르친 학생이 너 하나뿐이었더라도 나는 그걸로 족했을 것 같구나. 너는 내가 준 가르침보다 더 많은 가르침을 내게 준 학생이었단다.

고맙다, 맷, 제퍼슨, 앤젤라, 인영, 희영, 조안나, 엘리자베스, 오스카, 지연, 루디, 앨버트, 트레이시, 린다, 압딜, 다미안, 엘사. 너희들의 사랑과 지지가 얼마나 큰 의미인지 너희는 모를 거란다.

내게 그토록 많은 지지를 보내 준 모든 분에게 감사한다. 아주 오래전에 나는 홀로 벤치에 앉아 있었다. 여러분 덕분에 이제 나는 혼자가 아니다. 좋은 시간들이 점점 더 좋아지고 있다. 친구들의 작은 도움으로 나는 지금껏 잘 버텨 왔다.

# 〚 그들과 함께하며 그들을 믿으며 〛

　　친구인 옮긴이에게서 《당신이 최고의 교사입니다》에 실을 짧은 글을 써 보지 않겠냐는 제안을 받았다. 번역가인 자신보다는 학생들과 직접 마주보는 교사의 생생한 목소리가 책에 더 어울릴 것 같다는 이유에서였다. 얼떨결에 수락했지만, 평생을 학생들에게 헌신한 삶에 대해 어떤 교사인들 쉽게 말을 보탤 수가 있을까. 그래서 책을 읽고 말해야 할 때, 나는 겨우 내 이야기밖에 할 수 없을 것 같다.

　　글을 쓰기로 한 다음 지금 내가 다니고 있는 학교와, 머무는 교실과, 함께하는 학생들을 떠올린다. 매일 반복되는 시간표와, 줄 세우기를 통해 우열을 가리는 숨 막히는 교실에서 웃음기를 잃고 지친 녀석들. 요즘 내가 매일 같이 바라보는 학교의 풍경이다.

　　그럼에도 아침이면 여전히 설렘을 가지고 녀석들을 만나러 이곳에 온다. 학생들을 마주하는 오늘이 어제보다 더 행복할 것이라고 믿기 때문이다. 그래서 고3 녀석들과 정신없이 진도를 나가야 하는 귀중한 시간에도 꼭 이런 말을 넋두리처럼 늘어놓고는 한다.

"공부만이 중요한 건 아니야. 모두 알 필요는 없어. 너희가 할 수 있는 만큼에서 조금만 더 노력해 봐. 그리고 도움이 필요하면 언제든 손을 내밀어. 내가 꼭 잡아줄게. 그리고 말이지, 너희가 정말 행복한 일을 찾아 봐. 뭐가 너희를 즐겁고 달뜨게 하는지 말이야."

나는 그저 녀석들의 웃음을 보는 게 좋다. 5교시에 시험일지라도 점심시간이 되면 운동장으로 뛰어나가 땀 흘리며 축구하는 녀석들을 보는 게 행복하고, 수업시간 중에 어이없는 행동과 농담으로 웃는 녀석들을 보는 순간이 행복하다.

첫 녀석들을 만난 13년 전의 나는 어땠을까. 누군가에게 선생님으로 불리기 시작할 무렵, 나는 내 눈높이에 녀석들이 맞춰주기를 바랐다. 그 눈높이가 녀석들에게 얼마나 벅찬 기준이었을지는 미처 생각하지 못했다. 사랑한다고 말하는 데 참 오래 걸렸던 초보 교사는 지각한 녀석들을 향한 잔소리로 하루를 시작했고, 수업시간에는 딴 짓하는 녀석들을 향해 잔소리를 했고, 집으로 돌아가는 녀석들의 뒤통수에도 잔소리를 하며 하루를 마감했었다.

그때는 그랬다. 녀석들의 마음보다는 나의 기준이 옳다고 생각했다. 너희는 세상을 모르니 그저 내 말을 잘 듣고, 잘 따라해야 한다고 말이다. 아마 에스퀴스 선생님이 봤으면 어떤 조언을 해주셨을지도 모르겠다. 그러나 나는 녀석들과 함께하는 시간을 거치면서 하나하나 체득할 수밖에 없었다. 그렇게 한 해 두 해 지나 녀석들의 눈물과 나의 눈물이 뒤섞였던 시간들을 새기면서, 나는 그제야 녀석들의 눈을 볼 수 있게 되었다.

에스퀴스 선생님의 흉내를 내서, 이제 교단을 처음 밟는 선생님들에게 꼭 해주고 싶은 말이 있다.

"녀석들은 우리와 다릅니다. 우리가 지내왔던 시간처럼 녀석들이 지내길 강요하지 말고 녀석들의 눈높이에서, 녀석들이 무엇을 원하고 있는지, 무엇에 행복해하고 있는지 들어주고 지켜주기를 바랍니다. 그리고 녀석들을 끊임없이 믿어주고 배신당하세요. 그 배신도 언젠가는 우리를 향한 사랑과 믿음으로 돌아오기 마련이더라고요."

책을 읽는 내내 '처음 교단에 섰을 때 내게 이런 조언을 해 주는 존재가 있었으면 어땠을까' 하는 아쉬움이 들었지만, 한편으로는 자신의 교직 인생을 기꺼이 고백한 에스퀴스 선생님의 글에서 지금도, 그리고 앞으로도 새겨들을 부분이 많아 반가웠다.

누군가에게 내 이야기를 하기에 나 역시 걸었던 길보다 걸어야 할 길이 한참 남아 있는 초보 교사이다. 다만 녀석들과 만날 설렘으로, 녀석들과 함께할 수 있음에 감사함으로 남은 길을 열심히 걸어야겠다. 에스퀴스 선생님이 그러지 않았는가. "당신은 지금도 조금씩 성장하고 있습니다."

정서영(구리 인창고등학교 수학교사)